Über dieses Buch

Hans Graf von Lehndorff leitete Anfang 1945 ein Lazarett in Königsberg. Er erlebt die Einnahme der Stadt durch die Russen. Am 9. April 1945 schreibt er in sein Tagebuch: »Was ist das eigentlich, so frage ich mich, was wir hier erleben? Hat das noch etwas mit natürlicher Wildheit zu tun oder mit Rache? Mit Rache vielleicht, aber in einem anderen Sinn. Rächt sich hier nicht in einer und derselben Person das Geschöpf am Menschen, das Fleisch an dem Geist, den man ihm aufgezwungen hat? Woher kommen diese Typen, Menschen wie wir, im Banne von Trieben, die zu ihrer äußeren Erscheinung in einem grauenvollen Mißverhältnis stehen? Welch ein Bemühen, das Chaos zur Schau zu tragen! ... Das hat nichts mit Rußland zu tun, nichts mit einem bestimmten Volk oder einer Rasse – das ist der Mensch ohne Gott, die Fratze des Menschen.« Allein sein starker Glaube läßt Lehndorff an diesem Chaos nicht irre werden. Er weiß, daß nur eine starke helfende Hand die Not lindern kann, und er findet Gleichgesinnte, die mit ihm zusammen Beispielhaftes leisten. Durch ihre feste Haltung geben sie vielen Menschen die Kraft zu überleben. Erst 1947 verläßt Lehndorff – zögernd – seine Heimat. Mit bangen Gedanken an das neue Dasein schließen seine Aufzeichnungen: »Wird es ein gleichgültiges sein, eins das gar nicht gelebt zu werden brauchte? Oder wird ... mir und all denen, die das gleiche erfahren haben, die Gnade zuteil ..., durch unser Leben etwas aussagen zu dürfen von dem, was wir gesehen und gehört haben?«

# Hans Graf von Lehndorff:
# Ostpreußisches Tagebuch

Aufzeichnungen eines Arztes
aus den Jahren 1945–1947

Deutscher
Taschenbuch
Verlag

dtv

Ungekürzte Ausgabe
1. Auflage April 1967
5. Auflage April 1973: 56. bis 65. Tausend
Deutscher Taschenbuch Verlag GmbH & Co. KG,
München

Umschlaggestaltung: Celestino Piatti
Umschlagbild: Insterburg
Foto: Ullstein
Gesamtherstellung: C. H. Beck'sche Buchdruckerei,
Nördlingen
Printed in Germany · ISBN 3-423-00416-9

Inhalt

Kapitel 1: Insterburg . . . . . . . . . . . . . . . . . . . 9
Sommer 1944 bis 20. Januar 1945
Kapitel 2: Festung Königsberg . . . . . . . . . . . . 16
21. Januar bis 8. April 1945
Kapitel 3: Königsberg unter den Russen . . . . . . . . 64
9. bis 24. April 1945
Kapitel 4: Lager Rothenstein . . . . . . . . . . . . . . 104
Ende April bis Mitte Juni 1945
Kapitel 5: Deutsches Zentralkrankenhaus . . . . . . . 138
Mitte Juni bis Mitte Oktober 1945
Kapitel 6: Grasnitz . . . . . . . . . . . . . . . . . . . 168
19. Oktober 1945 bis 20. Januar 1946
Kapitel 7: Januschau . . . . . . . . . . . . . . . . . . 213
21. Januar bis 2. August 1946
Kapitel 8: Rosenberg . . . . . . . . . . . . . . . . . . 258
6. August 1946 bis Mai 1947
Karte . . . . . . . . . . . . . . . . . . . . . . . . . . 288

Diese Aufzeichnungen sind erstmals als 3. Beiheft zur ›Dokumentation der Vertreibung der Deutschen aus Ost-Mitteleuropa‹, herausgegeben vom Bundesministerium für Vertriebene, Bonn, erschienen.

»Wir sahen seine Herrlichkeit.«

Dieser Bericht ist 1947 niedergeschrieben worden, teils nach herübergeretteten Tagebuchaufzeichnungen, teils aus der noch überwachen Erinnerung. Der Verfasser hat ihn bisher zurückgehalten, weil er selber noch keinen genügenden Abstand dazu gewinnen konnte. Inzwischen aber ist aus dem Geschehen der damaligen Zeit Geschichte geworden und das Persönliche aus den Grenzen der Person herausgetreten. Deshalb soll es jetzt gewagt werden, Erlebtes aus der Hand zu geben, auch auf die Gefahr hin, altes Leid von neuem in Bewegung zu bringen.

Mögen diese Blätter mithelfen, ein Stück Vergangenheit zu begreifen und dem Leben dienstbar zu machen, das täglich seine Forderungen an uns stellt.

H. L.

## 1
## Insterburg
*Sommer 1944 bis 20. Januar 1945*

Noch einmal, ehe die Kriegswalze darüber hinging, entfaltete sich meine ostpreußische Heimat in ihrer ganzen rätselvollen Pracht. Wer die letzten Monate mit offenen Sinnen erlebte, dem schien es, als sei noch nie vorher das Licht so stark, der Himmel so hoch, die Ferne so mächtig gewesen. Und all das Ungreifbare, das aus der Landschaft heraus die Seele zum Schwingen bringt, nahm in einer Weise Gestalt an, wie es nur in der Abschiedsstunde Ereignis zu werden vermag.

Die Vorboten der Katastrophe machten sich bereits in den letzten Junitagen 1944 bemerkbar – leichte, kaum ins Bewußtsein dringende Stöße, die das sonnendurchglühte Land wie von fernem Erdbeben erzittern ließen. Und dann waren die Straßen auf einmal überfüllt mit Flüchtlingen aus Litauen, und herrenloses Vieh streifte quer durch die erntereifen Felder, dem gleichen unwiderstehlichen Drang nach Westen folgend.

Noch war es schwer zu begreifen, was da geschah, und niemand durfte es wagen, seinen geheimen Befürchtungen offen Ausdruck zu geben. Aber als der Sommer ging und die Störche zum Abflug rüsteten, ließ sich das bessere Wissen von dem, was bevorstand, nicht länger verborgen halten. Überall in den Dörfern sah man Menschen stehen und zum Himmel starren, wo die großen vertrauten Vögel ihre Kreise zogen, so als sollte es diesmal der letzte Abschied sein. Und jeder mochte bei ihrem Anblick etwa das gleiche empfinden: »Ja, ihr fliegt nun fort! Und wir? Was soll aus uns und unserem Land werden?«

Nicht lange danach kamen riesige Viehherden an den Flußläufen entlang und sammelten sich in dem flachen Tal, das vom Pregel in vielen Windungen durchflossen wird. Sie waren aus dem östlichsten Teil der Provinz abgetrieben worden und standen nun, einen überwältigenden Anblick bietend, zu Tausenden in den weiten Wiesen. Dort gab es zunächst noch Futter genug. Wer aber näher heranging und die Tiere im einzelnen beobachtete, dem krampfte sich jetzt schon das Herz zusammen. Ohne Beziehung zueinander, den Menschen als Feind ansehend, so stolperten sie durch das Land, traten die Zäune nieder, brachen hemmungslos in Koppeln und Gärten ein und fraßen

Büsche und Bäume kahl. Sie schienen aus einem Lande zu kommen, in dem es keine Ordnung gab. Dabei konnte man es vielen noch ansehen, daß sie aus hervorragenden Zuchten stammten. Aber das Schützende, das sie zur Herde machte, war schon von ihnen gewichen.

In den Nächten sah man zu dieser Zeit die östlichen Grenzstädte wie auf der Landkarte vor sich aufgereiht. Memel, Tilsit, Schirwindt, Eydtkuhnen – das waren die hellsten, wieder und wieder unter Bombeneinschlägen aufzuckenden Punkte im Verlauf einer im Bogen von Norden nach Süden ziehenden Feuerlinie. Und eines Tages wurde bekannt, daß die Landesgrenze preisgegeben worden sei. Zwanzig, dreißig Kilometer war der Feind schon darüber hinaus, dann kam die Front noch einmal zum Stehen. Wie es dahinter aussah, wußte niemand zu sagen. Man konnte nur hoffen, daß keiner zurückgeblieben sei, denn was aus einigen vorgeschobenen Orten berichtet wurde, die der Feind nach kurzer Besetzung wieder aufgegeben hatte, ließ das Blut erstarren.

Ein paar Tage noch unermeßliches Flüchtlingselend auf allen Straßen – dann trat auf einmal Ruhe ein, eine fast unbegreifliche Ruhe. Das Dröhnen der Front verstummte, die Feuer erloschen, sogar die nächtlichen Störflugzeuge blieben aus. Wie verzaubert lag das verlassene Land mit seinen Höfen und Dörfern im Glanze eines unvergleichlichen Herbstes da, Erlebnisse von unergründlicher Tiefe den wenigen bietend, die aus weiter westlich gelegenen Kreisen wiederkehrten, um noch etwas aus ihrem Hause zu holen oder um zurückgelassenes Vieh zu versorgen.

Unheimlich still blieb es auch dann noch, als die Novemberstürme das Land schon kahlgefegt hatten und der Frost das letzte Gras auf den Wiesen erstarren ließ. Meilenweit über die Felder verteilt, an den Straßen und Bahnstrecken sah man jetzt, einzeln oder in kleinen Gruppen, all die verwilderten Kühe stehen, kaum einer Bewegung mehr fähig, mit vertrocknetem Euter und hochgezogenem Rücken, drohend und anklagend. Und als der erste Schnee fiel, sanken sie, eine nach der anderen, lautlos in sich zusammen.

Weihnachten kam und konnte von allen, die noch in ihren eigenen Häusern saßen, fast wie im Frieden gefeiert werden. Sogar Jagden wurden veranstaltet, und Menschen trafen sich, um noch einmal in altgewohnter Weise das Jahr miteinander zu beschließen.

Vierzehn Tage später war alles vorbei. Drei Monate hatte der Russe sich Zeit gelassen, den letzten Sturm vorzubereiten – nun brach er mit voller Gewalt herein.

*13. Januar*
Morgens gegen sieben Uhr weckt mich ein gleichförmiges Rollen und Dröhnen. Die Fensterscheiben vibrieren. Es hört sich an, als stünden viele schwere Wagen mit unentwegt laufenden Motoren um das Haus herum. Im Dämmerlicht ist noch nichts zu erkennen. Ich stehe am Fenster und sammle meine Gedanken. Dies kann nur das Ende bedeuten.

Gegen Mittag wird das Rollen so stark wie Lawinenfall. Luftstöße kommen, vor denen man den Atem anhält. Die Menschen sehen einander bedeutungsvoll an und versuchen, sich mit der Vorstellung zu trösten, das könne nur die Wirkung unserer neuen Wunderwaffe sein.

Später wird es ganz plötzlich still. In der Abenddämmerung kommen Flugzeuge. Drei, vier Jäger stoßen aus den grauen Winterwolken herab, nehmen den Bahnhof, den Flugplatz unter Feuer. Weitere folgen. Es entwickeln sich Luftkämpfe – nach wenigen Minuten ist der Spuk vorbei.

*17. Januar*
Die Russen sind an vielen Stellen durchgebrochen und rücken vor. Gumbinnen brennt. Nachts ist der ganze Osten ein Flammenmeer. Einzelne Flugzeuge kommen bis zu uns und werfen Leuchtschirme. Wir haben alle Patienten, die sich noch im Hause befinden, in die unterste Etage gebracht.

*18. Januar*
Man kann noch telephonieren. Ich sprach mit meiner Mutter und mit meinem ältesten Bruder, der vom südlichen Teil der Ostfront gerade auf Urlaub nach Hause gekommen ist. Sie sind dabei, einen Treck vorzubereiten. Das muß heimlich geschehen, weil noch keine offizielle Genehmigung dazu vorliegt. Mein Vater spielt mit dem Gedanken, noch eine Wildjagd zu geben. Im Walde ist so viel Rotwild wie noch nie. Nur weiß er nicht, wo er die Schützen herbekommen soll.

*19. Januar*
Unser Krankenhaus wird geräumt. Alle Patienten und die meisten Schwestern fahren nach Pommern ab, wo sie in einem

Privathaus auf dem Lande unterkommen sollen. Wir bleiben ohne Arbeit. Ich packe ein paar Gegenstände, die mir wert sind, in eine der vielen tausend Kisten, die seit Monaten laufend fabriziert werden, um das ganze Inventar der Stadt nach Westen zu befördern. Mit dem Rodelschlitten bringe ich sie zum Güterbahnhof. Dort verschwindet sie unter Hunderten ihresgleichen.

Auf dem Rückweg fällt mir eine Dame auf, die, von Paketen umgeben, am Straßenrand steht. Als ich zögernd vorübergehe, spricht sie mich an: »Ach, würden Sie mir bitte eine Speditionsfirma nennen! Ich möchte meine antike Wohnungseinrichtung von hier aus weiterbefördern. Wir haben sie eben mit vieler Mühe aus Gumbinnen herausgeholt, aber die Soldaten, die mir dabei geholfen haben, konnten mich nicht weiter mitnehmen. Es sind alles wertvolle Stücke, die ich wegen der Bomben vor zwei Jahren aus Wuppertal zu Bekannten nach Gumbinnen gebracht habe. Dies hier sind nur die kleinen Sachen, die großen stehen dort drüben in einem Hof.« Wir gehen über die Straße, um sie in Augenschein zu nehmen. Es handelt sich um acht riesige Stücke, darunter ein eichenes Büfett von mindestens zehn Zentnern Gewicht. Ich staune, wie sie das alles aus der brennenden und auf drei Seiten vom Feind umgebenen Stadt herausgeschafft hat. Und dann stellen wir uns wieder an die Straße, um den Versuch zu machen, eines der in wildem Tempo vorbeirasenden Militärfahrzeuge anzuhalten, denn eine aktionsfähige Speditionsfirma dürfte kaum mehr aufzutreiben sein. Inzwischen nehme ich einen schüchternen Anlauf, die Dame zur Abreise ohne ihre Möbel zu bewegen. Aber davon will sie nichts wissen. Ihr Mann ist gefallen, Kinder hat sie nicht, ihr Haus ist zerstört – dies ist das einzige, was ihr noch gehört und woran sie hängt.

Während wir noch sprechen, erscheinen schwere Flugzeuge in niedriger Höhe über der Stadt. Ich traue meinen Augen nicht, als ich sämtliche Soldaten von der Straße gedankenschnell in den umliegenden Häusern untertauchen sehe. Nur die Zivilisten bleiben übrig. Aber dann fängt es da oben schon an zu blitzen und zu knattern. Ach, ach so! Das sind ja die Russen! Und so nah! So nah haben wir sie bei Tage noch nicht zu sehen bekommen. Sie machen einen Bogen und nehmen den Bahnhof unter Feuer. Da endlich setzt unsere Flak ein. Wie Schiffe auf hoher See heben und senken sich die schweren, von Jagdflugzeugen begleiteten Maschinen und drehen nach Osten ab. Als ob er sich verbrannt hätte, zieht der Riese seine Fühler noch einmal zurück. Aber das Tor hat er schon aufgestoßen. Auf dem Rückweg zum Krankenhaus spüre ich den eisigen Lufthauch.

Am Nachmittag bleibt alles still. Nur hoch am Himmel ziehen unsichtbare Flieger ihre kühnen Kondensstreifen. Ich gehe noch einmal über den Turnierplatz und an der Angerapp entlang, durch Sonne und tiefen Schnee. Die Seidenschwänze sind da und picken rote Beeren von den Sträuchern. Kein Mensch mehr auf dieser Seite. Sie haben alle schon Abschied genommen.

Und abends bei Dunkelheit bin ich noch einmal in unserer Kirche. Seit dem Bombenangriff im letzten Sommer sind wir hier täglich zur Abendandacht zusammengekommen. Die Türen sind herausgeschlagen, durch den Haupteingang läuft eine Schneewehe zwischen den Bänken hin. Ich setze mich unter die Kanzel und singe zum Abschied das Lied: »Mein schönste Zier und Kleinod bist auf Erden du, Herr Jesus Christ. Dich will ich lassen walten.«

*20. Januar*

Auf meinem Erkundungsgang zum Bahnhof finde ich die Möbel der Dame aus dem Westen noch vollzählig vor. Sie selbst ist damit beschäftigt, aus den kleineren Gegenständen ein paar handliche Pakete zu machen, die sie mit Bahnexpreß abschicken will. Ich begleite sie zum Bahnhof. Dort wimmelt es von Menschen, die noch Kisten und Koffer wegschicken wollen. Als wir in einer langen Schlange vor dem Schalter stehen, gibt es plötzlich einen Knall, und Fensterscheiben fliegen uns um die Ohren. Alles rennt zum Ausgang, blickt nach oben, zieht schnell den Kopf ein und beschleunigt das Tempo. Ich packe meine Begleiterin bei der Hand und renne mit ihr los. Über uns stehen zehn oder zwölf Schlachtflieger wie Drachen in der Luft. Wir überqueren den Vorplatz und springen in den mit Menschen bereits überfüllten Schutzgraben. Im gleichen Augenblick kommt mit gewaltigem Rauschen die Bombenlast herunter. Ein kurzes, ohrenzerreißendes Splittern und Krachen – dann quillt der Menschenstrom wieder aus der Erde hervor und verteilt sich in Windeseile nach allen Seiten. Neben uns liegen dampfend zwei tote Pferde auf dem Straßenpflaster. Dahinter das Hotel ist zersiebt wie eine Papierkulisse. Überall knattert das Feuer. Durch meinen Sinn zucken Blitze aus glückseligen Kindertagen, die mich oft an dieser Stelle vorbeigeführt haben, wenn wir von Trakehnen aus zum Turnier nach Insterburg fuhren. – Nun geht das Gericht über die Welt.

Der Bahnhof ist vorerst nicht getroffen worden. Dort stehen Lazarettzüge mit vielen Verwundeten. Unsere Flak hat diesmal geschwiegen. Auch der Flugplatz soll schon geräumt sein.

Die Danziger Straße entlanggehend, sehe ich neue Schlachtflieger kommen, springe in den Keller eines leeren Hauses und warte, bis sie ihre Bomben abgeladen haben, diesmal offenbar mehr im Zentrum der Stadt. Und dann sehe ich sie auf einmal in großer Zahl nordöstlich unserer Stadt hin und her pendeln. Dort wird also die Front sein. Schon nähert sich wieder ein neuer Verband dem Stadtgebiet. Da tauchen drei Jäger auf und stürzen sich, von Westen anfliegend, in gerader Richtung auf den Feind. Wie ein Flug Wildgänse, der von Falken angegriffen wird, taumeln die ungefügen Maschinen durcheinander, und dann spielen sich dicht über den Häusern Einzelkämpfe ab. Mit wenigen Metern Abstand rasen zwei Jäger hintereinander über unsere Köpfe hinweg, der hintere jagt einen kontinuierlichen Feuerstoß in den vorderen hinein. Dieser skelettiert sich vor unseren Augen. Dicht vor den Speichern sieht man den Piloten herausspringen und schwer zu Boden schlagen, ehe der Fallschirm sich öffnet. Seine Maschine fliegt brennend weiter, während der Verfolger steil nach oben abdreht.

Als ich mich umsehe, steht Doktora neben mir, unsere junge Assistenzärztin. Sie ist eben aus Königsberg gekommen, wo wir sie hingeschickt hatten, um sich bei ihren Eltern von einer schweren Diphtherie zu erholen. Dort hat sie es aber nicht lange ausgehalten, sondern ist, von Unruhe geplagt, die Nacht durch auf Umwegen mit Militärautos bis in die Nähe unserer Stadt gelangt. Hier geriet sie in den ihr entgegenkommenden Flüchtlingsstrom hinein und wäre fast wieder umgekehrt, weil man ihr versicherte, die Russen wären schon in der Stadt. Nun freuen wir uns miteinander, daß sie durchgekommen ist, obgleich sie bei uns eigentlich nichts mehr zu suchen hat.

Gegen drei Uhr nachmittags ertönen Hornsignale – der Ersatz für die nicht mehr funktionierenden Sirenen – zum Zeichen für die restlichen Einwohner, die Stadt endgültig zu verlassen. Wir begleiten die übriggebliebenen Schwestern zum Bahnhof, wo der letzte Zug unter Dampf steht, und winken ihnen erleichtert nach, als sie bei hereinbrechender Dunkelheit aus dem gefährdeten Bahnhofsgebiet heraus langsam nach Westen abrollen. Mit uns auf dem Bahnsteig zurückgeblieben ist die Dame aus dem Westen, die uns vorher schon im Krankenhaus aufgesucht und geholfen hat, die mit den Koffern der Schwestern beladenen Krankentragen zum Bahnhof zu schieben. Sie hat sich inzwischen innerlich und äußerlich von ihren Möbeln freigemacht und verspricht lachend, mit der nächsten Autogelegenheit das Weite zu suchen.

Zum Krankenhaus zurückgekehrt, essen wir uns in der Küche noch einmal richtig satt. Die Schränke stehen offen, und es ist noch von allem etwas da. Nachdem wir seit vielen Monaten in Gedanken täglich Abschied genommen haben, gelingt es uns jetzt nicht, traurig zu sein. Die letzten Stunden eines Zeitalters wollen mit klaren und frohen Sinnen erlebt werden. Nun fordert Gott das anvertraute Gut zurück und fragt, was wir daraus gemacht haben.

Spät abends kommt der Chef unseres Krankenhauses mit seinem Wagen, uns abzuholen. Ihm folgt ein Lastwagen vom Roten Kreuz, den wir mit den wertvollsten Gegenständen aus unserem Operationssaal beladen. Währenddessen kommen wieder einzelne Flugzeuge, um Leuchtschirme und Brandbomben abzuwerfen. Auf der Straße stehen Volkssturmmänner mit Schrotflinten und sehen uns zu. Als letztes werfe ich mein Fahrrad auf den Wagen, dann fahren wir langsam unter Vermeidung der Mauertrümmer und herunterhängenden Drähte aus der von Bränden erhellten Stadt hinaus. Gegen Mitternacht sind wir in Gerdauen. Wir wollten dem Flüchtlingsstrom und entgegenkommenden Militärfahrzeugen ausweichen, hatten aber doch nicht erwartet, die Straßen auf diesem Umweg derartig leer zu finden. Nicht ein Fahrzeug, nirgends auch nur das geringste Zeichen dafür, daß noch die Absicht besteht, Ostpreußen auf dieser Seite zu verteidigen. Man fährt schon wie durch Niemandsland.

Morgens gegen vier Uhr fahren wir bei grimmiger Kälte in Königsberg ein. Gespensterhaft gleiten die verschneiten Trümmer von Sackheim an unseren Augen vorüber. Dann trennen sich unsere Wege. Bei Doktoras Eltern in Juditten, einem Vorort von Königsberg, finde ich zunächst ein Unterkommen.

## 2
## Festung Königsberg
## *21. Januar bis 8. April 1945*

*Sonntag, den 21. Januar*
Ein strahlender Wintertag! Die Gärten dick verschneit, auf den Zaunpfählen hohe Schneehauben, alle Kinder mit Rodelschlitten unterwegs. Ich begebe mich zur Zentralstelle des Roten Kreuzes in der Kastanienallee und treffe dort mit meinem Chef zusammen. An Hand einer großen Landkarte hält man uns einen Vortrag über die militärische Lage. Danach zu urteilen, besteht kein Anlaß zu irgendwelchen Befürchtungen. Der Führer hat befohlen, Ostpreußen zu halten; und für den Fall, daß die Russen an der Weichsel vorstoßen und die Provinz abschneiden sollten – ein Gedanke, auf den ich noch gar nicht verfallen bin –, bleibt immer noch der Seeweg offen. Wir hören andächtig zu und verzichten darauf zu fragen, wie man sich diesen Weg für mehrere Millionen Menschen mitten im Winter vorzustellen habe.

Die Ärztekammer, bei der ich mir Arbeit suche, schickt mich zum Hauptbahnhof, wo ein Transport mit verletzten Zivilisten angekommen ist. In der Gegend von Tapiau ist ein Zug von Bomben getroffen worden oder auf eine Mine gefahren. Es ging so schnell, daß niemand sagen kann, was es eigentlich war. Ein Arzt und mehrere Helferinnen sind bereits dabei, die Verwundeten zu verbinden und ihre Weiterbeförderung in die verschiedenen Krankenhäuser zu veranlassen. Eine der Helferinnen, mit der ich ins Gespräch komme, flüstert mir zu, russische Panzer wären von Süden bereits bis Elbing vorgestoßen, und die Züge nach Westen kämen nicht mehr durch. Ich halte den Atem an – das bedeutet das Ende für alle jene Orte, die mir im Sinn liegen. Die Eltern, der Bruder, Schwester und Schwager – zu ihnen findet die Sorge schon nicht mehr hin. »Da fliegen schon die Bonzen mit ihrem Gepäck«, äußert die Helferin, als ein paar Transportflugzeuge über uns hinwegbrausen. Gott sei Dank! Die sind wir nun los! Endlich kann man wieder frei atmen.

Doktora erscheint, um mir zu helfen. Nach und nach sammeln sich Flüchtlinge aus den östlichen Teilen der Provinz in und vor dem Bahnhofsgebäude, zum Teil in abenteuerlichen Zusammenstellungen. Da bin ich zum Beispiel plötzlich umringt von fünfzehn Polinnen, die alle dicht vor der Niederkunft stehen. Bei dreien geht es schon los. Sie werden zunächst im Zeitungskiosk untergebracht, dann findet sich schließlich ein leidliches Quartier für sie in den Ausländerbaracken hinter dem Bahnhof.

Es dunkelt schon, als wir mit unseren Rädern nach Juditten zurückfahren. Unterwegs kommen wir an der Nervenklinik vorbei und besuchen deren Leiter, der als höherer Sanitätsoffizier über die militärische Lage einigermaßen im Bilde ist. Nach seinen Informationen rücken die Russen bereits gegen die Deime-Linie vor! Die Deime-Linie! Wie großartig das klingt! Ich frage mich, ob der feindliche Koloß, wenn er dieses schöne kleine Flußtal erreicht hat, überhaupt merken wird, daß es eine Verteidigungslinie sein soll. Im vergangenen Herbst sind die Ostwallarbeiter dort gewesen, haben die Parks am westlichen Ufer abgeholzt, die Hänge senkrecht abgestochen und die Ortschaften ringförmig mit einem Graben umgeben, um sogenannte Igelstellungen zu schaffen. Jetzt ist das Ganze wahrscheinlich von Volkssturmmännern mit Schrotflinten und Beinprothesen besetzt.

*22. Januar*

Am Vormittag bin ich im Vorort Ponarth. Dort soll im Restaurant »Südpark«, einem großen Glaskasten neben der Brauerei, eine Notunterkunft geschaffen werden für Kranke, die aus der Provinz zu erwarten sind. Zur Zeit werden dreitausend Arbeiter täglich hier beköstigt. Der Wirt, dem ich von der geplanten Veränderung Mitteilung mache, äußert sich sehr zufrieden, da die vielen Esser ihm offenbar große Mühe gemacht haben. Kranke sind noch nicht eingetroffen, nur ein paar Männer, die aus der benachbarten Schule die dort aufgestapelten Notbetten herüberholen sollen.

Da der Nachmittag noch frei ist, benutze ich ihn, um meine Verwandten in Preyl zu besuchen. Der Weg dorthin ist wie ausgestorben; ganz allein mahle ich mit meinem Rad durch den unberührten Schnee. Auch der neue Flugplatz, an dem ich vorüberkomme, scheint kaum mehr benutzt. Rechts und links in den Feldern sind ein paar Laufgräben ausgehoben worden. Meine Verwandten sind noch da; nach längerem Suchen finde ich meine Tante in einem Winkel ihres von Militär besetzten Hauses. Mein Onkel kommt später auf seinem Schimmel Jaromir von einem Ritt zurück. Sie haben noch keine festen Entschlüsse gefaßt, wissen auch nicht, was ihre Tochter beschlossen hat, die hundert Kilometer entfernt wohnt und mit der sie keine telephonische Verbindung mehr bekommen können.

Abends sitzen wir gemütlich beisammen, ohne Sorge um das, was bevorsteht. Es ist nicht mehr so wichtig, was aus uns wird, nachdem sie einer nach dem anderen gefallen sind, die Söhne dieses Hauses, die Brüder, die Hoffnung des Landes, an dem wir hängen. Ich bleibe die Nacht und träume von schönsten Stunden, die wir in diesem Hause verlebt haben.

*23. Januar*

Am Morgen finde ich den weiten Platz vor dem Königsberger Hauptbahnhof mit Flüchtlingen übersät. Hochbepackte Leiterwagen sind in dichten Reihen aufgefahren, und aus den Seitenstraßen kommen immer noch neue dazu, die meisten von Frauen gesteuert. Man wagt nicht daran zu denken, wie das enden soll. Vom Westen kommen die Züge schon zurück, weil der Weg versperrt ist. Es bleibt nur noch die Straße nach Pillau übrig. Aber das scheint die Leute zunächst noch nicht zu beunruhigen. Gemächlich, nur auf den Vordermann achtend, kutschieren sie durch die Straßen und versuchen, sich irgendwo einzureihen. Von dem Haberberger Pfarrer Müller, den ich im Vorbeigehen besuche, werde ich in einen großen Raum geführt, in dem eine Anzahl dieser Flüchtlinge die Nacht verbracht hat. Es sind ein paar Kranke darunter, die ich mir ansehen soll. Auch hier herrschen Ruhe und Ordnung wie bei einer Übung. Ich habe den Eindruck, als sei sich keiner der Anwesenden über die wirkliche Situation im klaren. Eine Frau streckt mir ihr Bein entgegen, an dem sie ein großes Krampfadergeschwür hat. Es ist schon ein paar Jahre alt, aber bisher hat sie nie Zeit gehabt, sich deswegen behandeln zu lassen. Nun soll ich es tun. Ich versuche ihr klarzumachen, daß es wichtiger sei, erst einmal von Königsberg fortzukommen. Sie könne sich dann später anderswo behandeln lassen, wenn sie mehr Ruhe hätte. »Wohin wollen Sie denn?« frage ich. Das weiß sie nicht; nur, daß sie alle ins Reich kommen sollen. Und dann fügt sie noch überraschend hinzu: »Unterm Russ' läßt uns der Führer nicht fallen, da vergast er uns lieber.« Ich sehe verstohlen in die Runde, aber keiner scheint an diesem Ausspruch etwas zu finden. Lieber Gott, denke ich, zu dir müßte mal einer so viel Vertrauen haben!

In Ponarth haben sich Kranke eingefunden, Insassen der Siechenhäuser verschiedener östlich gelegener Städte, dazu ein paar zerzauste Schwestern, die ein fünfzig Kilometer entferntes

Krankenhaus Hals über Kopf haben räumen müssen. Arzt und Oberschwester haben sich schon vorher aus dem Staube gemacht – unter Mitnahme von zwei Zentnern Butter, wie mir die aufgeregten Schwestern versichern. Bei den Schwerkranken ist eine junge Ärztin zurückgeblieben.

Meine neuen Patienten liegen schon in Betten. Die wenigsten von ihnen haben eine Ahnung, warum man sie hierhergebracht hat. Für ihr Essen ist gesorgt; auch ich erhalte eine Festmahlzeit, wie ich sie schon lange nicht mehr genossen habe. In unmittelbarer Nähe des Südparks nehme ich mir ein Zimmer und lasse meinen Rucksack dort.

Nachmittags bin ich in Maraunenhof, um meinen Chef zu verabschieden. Er will versuchen, mit seinem Wagen über Elbing–Marienburg nach dem Westen durchzukommen. Die Russen sollen bisher nur mit einzelnen Panzern bis Elbing vorgestoßen sein. Später bin ich wieder beim Roten Kreuz und versuche, etwas von dem Operationsmaterial herauszuholen, das wir aus Insterburg mitgebracht haben. Es lagert inmitten einer Unmenge ähnlichen Materials, das aus anderen inzwischen geräumten Krankenhäusern stammt. Die Kraftfahrer, die untätig vor den Baracken sitzen, sind offenbar bereits sich selbst überlassen und scheinen geneigt, mir gegenüber eine drohende Haltung einzunehmen. Mit Hilfe meiner Ellbogen gelingt es mir aber, soviel herauszuholen, wie ich auf meinem Fahrrad befördern kann.

Abends treffe ich Doktora verabredungsgemäß in der Nervenklinik. Dort weiß man, daß die Russen inzwischen über die Deime-Linie hinweg sind und mit Spitzen vor Königsberg stehen. Die Stadt hat von dieser Tatsache noch keine Kenntnis genommen. Nach wie vor fahren die Straßenbahnen, man läßt sich die Haare schneiden und geht ins Kino.

*24. Januar*

Die Hauptmasse der vom Lande in die Stadt hereingekommenen Flüchtlinge setzt sich langsam in Bewegung. Ein Wagen nach dem anderen fährt aus der Reihe heraus und steuert die Alte Pillauer Landstraße an, auf welcher eine endlose Kette von Fahrzeugen westwärts rollt. Wie man hört, liegen im Pillauer Hafen bereits mehrere überfüllte Schiffe, die wegen der Minengefahr nicht auslaufen können. Auf ihnen befinden sich auch die Kranken aus mehreren evakuierten Königsberger Kliniken.

Ich treffe Doktora bei ihren Eltern in Juditten. Sie hat mehrere

Angebote abgelehnt, die Stadt als ärztliche Begleiterin von Flüchtlingstransporten zu verlassen, und statt dessen die Praxis eines Arztes übernommen, der anderweitig dienstlich beansprucht wird. Wir sind gerade dabei, mit den Eltern zu beratschlagen, ob und auf welche Weise sie fliehen sollen, als uns ein Telephonanruf nach der Kinderklinik holt. Dort wird ein großer Kindertransport erwartet. Wir finden die Klinik leer. Nur ein paar Leute vom Personal sind noch vorhanden. Das Haus ist geheizt. Wir nehmen Besen und Scheuerlappen zur Hand und setzen ein paar Krankenzimmer instand, warten dann aber vergeblich auf die angemeldeten Kinder.

Gegen Mitternacht verbreitet sich das Gerücht, eins der Schiffe sei aus Pillau abgefahren und untergegangen. Im unteren Flur geht der Oberarzt der Klinik geistesabwesend an uns vorüber. Er kommt gerade aus Pillau zurück, wo er seine Frau mit sieben eigenen Kindern aufs Schiff gebracht hat.

*25. Januar*

Am Vormittag ist noch alles still. Ich halte mich im Ponarther Südpark auf, wo sich inzwischen eine größere Zahl alter und gebrechlicher Menschen angesammelt hat. Sie sind pflegebedürftig, haben aber besondere ärztliche Betreuung nicht unbedingt nötig. Abends kommt Doktora, um mein neues Tätigkeitsfeld in Augenschein zu nehmen. Als sie zu später Nachtstunde aufs Rad steigt, um nach Juditten zurückzufahren, hören wir Flugzeuge kommen. Da es – abgesehen von der Gefährlichkeit des langen Weges – sehr kalt geworden ist und Doktora ihre Handschuhe verloren hat, versuche ich, sie zurückzuhalten. Nach einigem Hin und Her fährt sie schließlich doch ab. Kaum ist sie um die erste Biegung herum, da flammt die ganze Gegend schwefelgelb auf. Hoch über uns hängen Leuchtschirme, wie Ampeln in der Werkstatt eines Riesen. Ich laufe hinter Doktora her und halte sie zurück. Wir stehn und staunen: jenseits einer weiten gelben Schneefläche liegt vor unseren Augen die Stadt Königsberg mit ihren Dächern und Türmen, deutlicher noch als am Tage. Und während wir langsam darauf zugehn, fallen da und dort einzelne Bomben.

*26. Januar*

Russische Artillerie beginnt in die Stadt hineinzuschießen. Da ich in Ponarth nur wenig in Anspruch genommen werde, begebe ich mich zum Reservelazarett nach Maraunenhof, um mich dort für den Bedarfsfall als Chirurg zu verdingen. Das Lazarett hat aber gerade ein paar Treffer erhalten, und als ich eben im Gespräch mit einer Bekannten bin, die dort als Operationsschwester tätig ist, kommt der Räumungsbefehl. Ein Teil der Verwundeten soll nach Pillau gebracht werden, obgleich die Nachrichten von dort nicht sehr hoffnungsvoll sind. Die Menschen stauen sich in den Dünen. Von Zeit zu Zeit erscheinen russische Flugzeuge und kreisen über dem Hafen. Die Schiffe, die vollgestopft mit Menschen vor Anker liegen, sind dauernd in Gefahr, durch Bomben versenkt zu werden.

Ich melde mich beim Generalarzt und frage, ob er mich in einem der übrigen Lazarette brauchen könne, da ich nicht ausgelastet sei. Ich bin ihm kein Fremder, da er schon seit Jahren bestrebt ist, mich zum Wehrdienst einzuziehen. Aber auch diesmal haben wir miteinander kein Glück. Ein Telephonanruf bei dem Leiter der Ärztekammer ergibt, daß man mich noch nicht freizugeben gedenkt.

Den Haberberger Pfarrer treffe ich an diesem Abend allein an. Er hat seine Frau und Tochter zum Hafen gebracht, wo sie auf dem kleinen Dampfer eines Bekannten noch Platz gefunden haben. Von seiner Gemeinde sind noch viele in der Stadt, da auf dem Haberberg die meisten Häuser bei den sommerlichen Bombenangriffen verschont geblieben sind. Für den kommenden Sonntag plant er einen Gottesdienst in seiner Wohnung und lädt mich dazu ein.

Später treffe ich Doktora wieder in der Nervenklinik. Dort haben sich mehrere Professoren der Medizinischen Fakultät versammelt. Als Inhaber höherer militärischer Ränge haben sie den Befehl bekommen, die Stadt zu verlassen. Offenbar besteht von seiten der Heeresleitung die Absicht, mit Königsberg nicht anders zu verfahren als mit jeder x-beliebigen Stadt in Feindesland, die man hat aufgeben müssen. Daran muß man sich erst gewöhnen. Und es wurmt mich fast, die Herren diesem Befehl so bereitwillig Folge leisten zu sehen. Unwillkürlich fallen mir die sieben Lehrstühle ein, die man noch vor einem halben Jahr anläßlich der 400-Jahr-Feier der Universität neu zu stiften die Stirne gehabt hat, darunter mehrere von der Medizinischen Fakultät. Jetzt soll auf tausend Verwundete angeblich nur ein Arzt zurückbleiben zur Übergabe an die Russen. Genaueres ist noch nicht bekannt geworden. Immerhin ist bereits eine große Klinik, jetzt Reservelazarett, ohne ärztliche Aufsicht geblieben. Und als mir der Vorschlag gemacht wird, mich dorthin zu begeben, nehme ich diesen Auftrag als ein Geschenk Gottes mit Freuden entgegen. Doktora läßt sich von einem der Herren den Schlüssel zu seinem Dienstzimmer geben, in dem es angeblich noch sehr gemütlich ist. Besonders empfohlen wird uns ein Schrank mit nahrhaftem Inhalt, der dort stehen soll.

Als wir das Haus verlassen, ist es Nacht. Auf der Alten Pillauer Landstraße knirschen die Wagenräder in endloser Folge an uns vorüber. Dazwischen ziehen Menschen jedes Alters und Standes ihre Rodelschlitten oder schieben vollbepackte Kinderwagen vor sich her – niemand sieht zurück. Wer denkt da nicht an die Worte der Heiligen Schrift: »Bittet, daß eure Flucht nicht im Winter geschehe.« Es ist ein Glück, die Losungen der Brüdergemeinde zur Hand zu haben, das einzige, woran man sich noch orientieren kann.

Die Chirurgische Klinik ist leidlich erhalten, obgleich sie hart am Rande des von Bomben vernichteten Stadtzentrums liegt. Die oberen Stockwerke sind geräumt; alle Verwundeten, etwa 180 an der Zahl, liegen im Kellergeschoß auf Matratzen und im Seitenflügel auf zweistöckigen Feldbetten. Vom Hof aus geht man einige Stufen hinunter, dann steht man schon mitten zwischen ihnen. Gleich gegenüber dem Eingang befindet sich der Raum, in dem operiert wird. Dort finden wir zu unserer Überraschung einen uns bekannten Insterburger Frauenarzt, der zufällig hereingeschneit ist und von den Schwestern gebeten wurde, die inzwischen fällig gewordenen Operationen auszuführen. Wir arbeiten ein paar Stunden gemeinsam, dann überläßt er uns das Feld.

*27. Januar*

Beim Hellwerden wird die für einige Stunden unterbrochene Arbeit wiederaufgenommen. Der Artilleriebeschuß ist etwas stärker geworden, und da nichts darauf hindeutet, daß die Stadt verteidigt wird, nehmen wir an, daß die Russen im Laufe des Tages bei uns erscheinen werden.

Die Losungen haben heute eine besondere Überraschung für uns: »Gib mir, mein Sohn, dein Herz und laß deinen Augen meine Wege wohlgefallen.« Das ist mein Taufspruch und kann nur höchste Alarmbereitschaft bedeuten. Bleib hier, halt die Augen offen! Denk nicht mehr: Wie komm' ich hier heraus? Sieh doch, wie sie alle den Kopf verlieren, die so denken. Bleib hier, ganz nah bei mir, dann sollst du meine Herrlichkeit sehen.

Am Nachmittag hört der Beschuß plötzlich auf. Schlachtflieger kommen und schießen aus geringer Höhe in die Straßen. Das harte Tacken der Maschinengewehre wechselt ab mit dem groben Toff, Toff, Toff der Bordkanonen. Die Menschen merken jetzt erst richtig, was los ist. Nicht weit von uns, unter dem Platz an der Kirche, da drängt sich alles in den großen Luftschutzbunker. Man muß sich wundern, daß die Ausländer, unter den Männern weit in der Überzahl, nicht schon längst das Heft in der Hand haben. Auch in unsere Keller hinein strömen die Menschen von der Straße, um Schutz zu suchen, wenn Flugzeuge kommen. Als der Angriff vorbei ist, werden Verletzte zu uns gebracht, begleitet von ihren Angehörigen, die sich von ihnen nicht mehr trennen wollen. Es wird immer voller bei uns, wie im Rettungsboot. Ich lasse es gehn. Die Schwestern und Sanitäter bewahren eine großartige Ruhe. Wir arbeiten, als wären wir seit Jahren aufeinander eingespielt.

Abends erreicht uns ein Anruf der Armeeoberin – erstaunlicherweise geht das Telephon noch –, alle weiblichen Hilfskräfte sollten sofort entlassen werden und versuchen, die Stadt noch während der Nacht auf eigene Faust zu verlassen. Unsere Schwestern beratschlagen einen Augenblick, dann kommt die Oberschwester zu mir und fragt, ob ich einverstanden sei, wenn sie dem Befehl nicht Folge leisteten. Es wäre ihnen wichtiger, bei den Verwundeten zu bleiben. Ich sage ihr, wie froh ich bin, daß sie so entschieden haben. Die Hausangestellten werden mit dem Hinweis auf die Gefahren, die ihnen seitens der Russen drohen, offiziell entlassen. Da sie sich aber von den Schwestern nicht trennen wollen, bleibt alles, wie es war, und die Arbeit kann unvermindert fortgesetzt werden.

Im Operationssaal ist inzwischen der frühere Oberarzt der Klinik, Dr. Hetzar, wieder aufgetaucht. Man hat ihn mehrere Tage lang auf irgendeiner militärischen Dienststelle festgehalten und dann wieder sich selbst überlassen, als die Stelle sich auflöste. Der Platz im Auto, den man ihm versprochen hatte, ist anderweitig besetzt worden, und da er sich seines lahmen Beines wegen auf einen Fußmarsch nach Pillau nicht einlassen wollte, ist er zur Klinik zurückgekehrt. Er macht den Eindruck eines geschlagenen Mannes und fängt als einziger von allen immer wieder an, von seinem baldigen Tode zu sprechen.

*28. Januar*

Eine ruhige Nacht ist vorübergegangen. Früh morgens fällt Schnee in dicken Flocken. Es ist so still, daß man annehmen muß, die Stadt sei schon in Feindeshand. Gegen zehn Uhr wird aber schon wieder geschossen. Mir fällt plötzlich ein, daß der Haberberger Pfarrer vielleicht gerade im Begriff ist, seinen angekündigten Gottesdienst zu halten. Und da im Augenblick nichts Wichtigeres zu tun ist, glauben wir uns diesen Abstecher leisten zu können. Mit unseren Rädern sind wir schnell dort. Im Pfarrhaus begegnet uns zu unserer besonderen Freude als erster »Bruder Martin«. Er ist mit seiner militärischen Dienststelle, von Insterburg kommend, ebenfalls in Königsberg gelandet und in der Trommelplatzkaserne untergekommen. – Im Gottesdienst hören etwa vierzig versammelte Menschen die Predigt über die Epistel des Tages aus dem 1. Korintherbrief: »Wisset ihr nicht, daß die, so in den Schranken laufen, die laufen alle, aber einer erlangt das Kleinod. Laufet also, daß ihr's ergreifet.« Und während der nachfolgenden Austeilung des Heiligen Abendmahls brausen schon wieder Schlachtflieger über die Stadt hin.

Zur Klinik zurückgekehrt, finden wir neue Verwundete vor. Die Trommelplatzkaserne hat einen schweren Artillerietreffer bekommen, und mehrere Nachrichtenhelferinnen sind so schwer verletzt worden, daß ihnen ärztlich nicht mehr zu helfen ist. Sie bleiben auf Tragen im Flur liegen, weil nirgends mehr Platz zu schaffen ist. Andere Verletzte sind zu Fuß gekommen und warten geduldig, bis sie an der Reihe sind. Auch unter ihnen befinden sich einige mit schweren Verwundungen, wenn ihnen das auch noch nicht zum Bewußtsein gekommen ist. So hält mir zum Beispiel eine Frau ihren linken Arm hin, der im Ellbogengelenk von einem besenstielstarken Holzsplitter durchbohrt ist und wie ein Kreuz aussieht. Sie bittet, ich möchte das Holz doch herausziehen. Sie selbst und andere hätten es schon vergeblich versucht.

Am späten Nachmittag sind wir einen Augenblick in Juditten, um nach Doktoras Eltern zu sehn. Sie haben sich zur Flucht nicht entschließen können und tragen sich mit dem Gedanken, ihrem Leben ein Ende zu machen. Die Vorstellung, nach dreißigjähriger glücklicher Ehe womöglich gewaltsam getrennt zu werden, ist ihnen unerträglich. Ihren Argumenten gegenüber bleibt uns nichts anderes, als auf die ewige Wahrheit hinzuweisen, nach der nicht wir es sind, die unser Leben bestimmen.

Sie stehen nicht allein vor dieser Entscheidung. Wo man auch hinhört, überall wird heute von Zyankali gesprochen, das anscheinend in jeder Menge zu haben ist. Dabei steht die Frage, ob man überhaupt dazu greifen soll, gar nicht zur Debatte. Nur über die notwendige Menge wird verhandelt, und das in einer leichten, nachlässigen Art, wie man sonst etwa über das Essen spricht.

Und dann sind wir nachts noch einmal in Juditten, finden die beiden Toten in ihren Betten, sorgfältig zurechtgelegt von der älteren Tochter, die das Haus schon verlassen hat. Das Fenster steht offen, im Zimmer ist es eisig. Eine Weile stehen wir stumm. Draußen auf der Treppe sprechen wir das Vaterunser. Als wir aus der Haustür treten, stürzt uns von der gegenüberliegenden Straßenseite eine Frau entgegen und schreit: »Frau Doktor, sind Sie es? Kommen Sie schnell, mein Mann hat sich mit Gas vergiftet!« Sie geht. Ich folge nach einer Weile und finde einen dicken Mann am Boden liegend. Doktora, die neben ihm kniet, um ihn zu untersuchen, steht gerade auf und befiehlt den aufgeregten Frauen, ihn jetzt in Ruhe zu lassen. Dann sieht sie mich einen Augenblick ganz fest an und sagt, daß wir gehen können.

In der Klinik erwartet uns schon Doktoras Schwester. Sie ist auf einem Umweg hergekommen und will nun als Schwester Ina bei uns arbeiten.

*29. Januar*

Auch diese Nacht ist vergangen, ohne daß sich an unserer Situation etwas geändert hat.

Am Vormittag gibt es unter den Verwundeten plötzlich Aufruhr, als ein tschechischer Sanitäter sich anschickt, ihnen die Waffen abzunehmen. Er ist mir durch seine aalglatte Art schon aufgefallen. Zur Rede gestellt, erklärt er, man müsse unbedingt verhindern, daß auf die Russen geschossen würde, wenn sie kämen. Ich gebe ihm zu verstehen, daß dies nicht seine Sache sei, und bitte einen verwundeten Major, der schon lange im Lazarett ist und herumgehen kann, die ihm notwendig erscheinenden Vorkehrungen zu treffen. Er schlägt vor, diese Frage mit dem Oberarzt zu besprechen und gegen dreizehn Uhr in dessen Zimmer zusammenzukommen.

Als der verabredete Zeitpunkt da ist, bin ich gerade mit einer Operation beschäftigt, während Dr. Hetzar schon zum ersten Stock hinaufgeht, um den Major nicht warten zu lassen. Da rauscht es mit einemmal über uns, es folgen ein paar betäubende Einschläge, die Wände wackeln, wir sind in eine Kalkwolke gehüllt. Der mir gegenüberstehende Sanitäter blutet an der Stirn, im Hintergrund schreit eine Frau gellend auf. Dann kommt aus dem Nebel die beschwichtigende Stimme der alten Operationsschwester Ida: »Seien Sie doch still, es ist ja gar nichts passiert.« Als die Wolke sich senkt, sehen wir, daß sie recht hat. In unserer Umgebung sind nur kleine Verletzungen durch Ziegelsplitter entstanden. Der Sanitäter vor mir löst sich als erster aus der Erstarrung. Er winkt mir und läuft aus der Tür. Ich folge ihm die Treppe hinauf zum ersten Stock. Dort sieht es wüst aus. Alle Türen und die meisten Zwischenwände sind herausgeflogen, im Zimmer des Oberarztes, auf das wir zusteuern, fehlt die ganze Außenwand. Auf dem Fußboden liegt ein Haufen von zersplittertem Holz, bedeckt mit einer rötlichen Schicht aus Ziegel- und Mörtelpulver. Darunter finden wir zuerst Dr. Hetzar, tot, mit einer großen klaffenden Kopfwunde. Dann, nach einigem Suchen, den Major, in dem noch Leben ist. Wir ziehen ihn hervor. Sein Gesicht ist von tausend kleinen Ziegelsplittern durchbohrt und sieht wie Sandpapier aus. Beide Augen sind zerstört, sonst ist er unverletzt geblieben. Wir tragen ihn nach unten. Seine Frau, die in der Nähe bei einer Dienststelle des Roten Kreuzes arbeitet, wird geholt, um bei ihm zu bleiben.

Ich laufe durchs Haus, um die Schäden festzustellen. Im Keller sind nur die Vorratsräume aufgerissen, den Kranken ist nichts passiert. Auf der Hofseite füllt ein Bombentrichter von riesigem Ausmaß den ganzen Raum zwischen Operations- und Seitenflügel aus. Die Hauswand, hinter der die Verwundeten dicht an dicht liegen, hat standgehalten. Draußen in der grauen Winterluft riecht es nach Pulver, Eisen und Schnee. Bäume liegen entwurzelt, in den Nachbarhäusern wühlt das Feuer. Ein toter Mann, ein blinder – und ich, gänzlich unversehrt. Doktora ist leise zu mir getreten. Wir starren eine Zeitlang in den grauen Dunst.

Inzwischen ist der Operationssaal wieder in Ordnung gebracht worden. Der Angriff hat uns neue Verwundete zugeführt, und die nächsten Stunden vergehen im Hochgefühl schönsten Zusammenwirkens aller Kräfte. Sogar die Küche ist, obgleich stark mitgenommen, in großer Form und stellt Wachposten auf, um die richtigen Augenblicke zum Einsatz nicht zu verpassen. Alle Nebensächlichkeiten sind außer Kraft gesetzt.

Spät abends erscheinen überraschend drei Offiziere von der aktiven Truppe, um den Zustand des Lazaretts zu prüfen. Sie lassen sich von mir erklären, wie ich zu meinem Amt an dieser Stelle gekommen bin. Dann sehen sie sich die Schäden an und stellen eine Sanitätskolonne in Aussicht, die möglicherweise noch im Laufe der Nacht erscheinen wird, um die Verwundeten zum Bahnhof zu bringen. Dort steht ein Zug unter Dampf, der soll versuchen, vor Tagesanbruch noch aus der Stadt herauszukommen. Der blinde Major wird von den Offizieren gleich mitgenommen, um ihn, seinem Wunsche entsprechend, einem Augenarzt zu zeigen.

Inzwischen ist im Hause eine Veränderung vor sich gegangen, deren Ursache ich mir zunächst nicht erklären kann. Das Sanitätspersonal, welches bis dahin vorbildlich funktioniert hat, befindet sich in einem Zustand wachsender Unruhe. Hastig laufen die Männer hin und her, und plötzlich sehe ich einen mit mehreren Flaschen unter dem Arm auf mich zukommen. Ich vertrete ihm den Weg, er fällt hin und wälzt sich in einer Rotweinpfütze. Der Alkohol beginnt mitzuspielen. Fremdes Volk von der Straße ist durch die Mauerlöcher eingedrungen und plündert unsere Vorräte. Ein Teil unserer Leute hat sich mit den Eindringlingen in ein Handgemenge eingelassen und dabei selbst angefangen zu raffen. Auf die Verwundeten wird keine Rücksicht mehr genommen, die Jagd geht über sie hinweg. Es ist zum Verzweifeln. Da erscheinen zum Glück die Sanitätswagen. Einer nach dem anderen fährt vor. Unsere Leute besinnen sich, die Fremden flüchten, und dann werden in Ruhe die Verwundeten verladen. Nur die Sterbenden bleiben zurück.

Gegen elf Uhr nachts setzt sich die lange Reihe der Wagen in Bewegung, jeder mit neun Verwundeten beladen, und es folgt eine gespenstische Fahrt durch die verschneite Altstadt, die in einer Bombennacht zum Trümmerfeld geworden ist. Auf der Straße ist keine Menschenseele zu erblicken. Kalt und klar steht der Mond über den dächerlosen Häuserreihen. Einzelne Artilleriegeschosse pfeifen durch die Luft, um irgendwo krachend einzuschlagen.

Die Kraftfahrer sind sehr nervös; in windender Fahrt geht es zum Güterbahnhof. Dort steht auf dem allerletzten Gleis ein langer Zug, in dem schon viele Verwundete aus anderen Lazaretten Platz gefunden haben. Die meisten tragen Schienen an Armen und Beinen und liegen zu zweien auf einer Bettstelle. Die Verladerampe ist so schräg, daß die Wagen umzukippen drohen. Das Verladen dauert eine endlose Zeit. Die Sanitäter fluchen, der Transportführer ist kaum ansprechbar, Doktora geht die ganze Nacht beschwichtigend zwischen den überreizten Männern umher. Nach dem Feuerschein zu urteilen, ist die Stadt schon vollständig eingeschlossen und wenig Aussicht vorhanden, daß der Zug noch hinauskommen wird. Über die Höhe von Ponarth hinweg, auf der schon einige Häuser brennen, kommen einzelne Artilleriegeschosse und schlagen zwischen den Geleisen ein. Die Nacht ist bitterkalt.

Gegen vier Uhr morgens gelingt es Doktora, einen der Fahrer zur Rückkehr in die Stadt zu bewegen. Wir wollen die Schwestern abholen, die sich auf meinen Rat für alle Fälle bereithalten. Ein zweiter Wagen folgt uns. Als wir vor der Klinik halten, stürzt sich sofort ein Haufen fremden Volks mit Koffern auf die Wagen, ehe die Schwestern einsteigen können. Ich lasse die Wagen langsam in einer verkehrten Richtung fortfahren, bis ein Fahrgast nach dem anderen wieder abgesprungen ist. Dann kehren sie auf einem Umweg wieder zurück und halten da, wo die Schwestern sich aufgestellt haben. Die steigen schnell ein und fahren ab. Für sie ist noch Platz im Lazarettzug, und man braucht sie dort auch.

In der Klinik ist es sehr still geworden. Der Tscheche ist dageblieben und empfängt uns gewissermaßen als Hausherr. Zwei Damen haben sich zu ihm gesellt, eine blonde und eine schwarze. Sie haben sich den Operationsraum häuslich eingerichtet und bieten uns Kaffee an zum Aufwärmen. Dann gehen wir noch einmal zu den Sterbenden, deren Pflege der Tscheche übernommen hat. Zwischen zweien von ihnen liegt ein neugeborenes Kind auf der Matratze. Eine Polin ist hereingekommen, um es zur Welt zu bringen. Dann ist sie wieder verschwunden, hat aber versprochen, das Kind später abzuholen. – Es ist schon fast Tag, als wir uns schlafen legen.

*30. Januar*

Im Laufe des Vormittags kommen zwei junge Leute sich verabschieden, die während der letzten Tage als Assistenten wertvolle Dienste bei uns geleistet haben. Wie ich erst jetzt erfahre, handelt es sich um Medizinstudenten, die in Ermangelung besserer Gelegenheit ihren dreitägigen Urlaub von der Truppe bei uns verbracht haben. Zum Glück findet sich in dem früher erwähnten Schrank noch eine Flasche Sekt, roter sogar, die trinken wir miteinander aus. Ich schreibe jedem von ihnen eine Bescheinigung darüber, wo sie sich inzwischen aufgehalten haben. Dann machen sie sich auf, um ihren Truppenteil ausfindig zu machen, von dem sie nicht ahnen, ob er noch existiert.

Inzwischen hat sich das Straßenbild wieder geändert. Einzelne Offiziere gehen mit gezogener Pistole umher und suchen Bunker und Keller nach versteckten Soldaten ab. Auf meine Bitte kommt einer von ihnen mit in den Keller der Klinik, wo die Plünderer wieder am Werk sind. Er gibt ein paar Schüsse ab, worauf sie wie Ratten zu den Ausgängen huschen.

Wir verabschieden uns von dem Tschechen und bringen unser Gepäck zur Kinderklinik. Dort liegen fünfzig Zivilkranke in einem Bunker, der in den Hang eingebaut ist. Von ihnen sind die meisten eingegipst und deshalb fast unbeweglich. Eine eiserne Tür führt in den Berg. Dahinter läuft ein schmaler Gang zwischen zweistöckigen Lagern entlang, um mehrere Ecken bis zu einer zweiten Tür, die wieder ins Freie führt. Die fünf Schwestern, die dort pflegen, haben noch Platz für uns und nehmen uns sehr freundlich auf. Daneben in der leeren Kinderklinik gibt es immer noch heißes Wasser zum Baden – eine Gelegenheit, die wir mit Begeisterung wahrnehmen. Als ich an der Reihe bin, sind die Schlachtflieger schon wieder unterwegs, und ich sehe mich genötigt, die im zweiten Stock stehende Wanne zweimal hintereinander für kurze Zeit zu verlassen.

Am Nachmittag liegt dicker Schnee und die Sonne scheint. Kein Mensch auf der Straße, die noch vor wenigen Tagen dem Flüchtlingsstrom gedient hat. Einzelne feindliche Jagdflieger streichen wie Falken über die Stadt hin. Ich mache mich auf den Weg nach Ponarth, diesmal zu Fuß, denn der Schnee ist zu tief für das Rad. Doktora und ihre Schwester wollen inzwischen die Innenstadt auskundschaften und sehen, ob es irgendwo neue Arbeit für uns gibt..

In einer merkwürdigen Hochstimmung ziehe ich meine Spur durch den Pulverschnee, so, als ob die ganze Stadt mit ihrem Schicksal mir allein gehörte. Im Gehen singe ich ein Lied zu Gottes Ehre, und meine Stimme rührt mich bis zu Freudentränen. Wenn das Weltgericht ganz nah ist, kommen die größten Augenblicke im Leben eines Menschen. Wie eine Kugel dreht sich der Erdball unter seinen Füßen hin.

Als ich am Bahnhof vorbeikomme, muß ich zu meinem Schrecken feststellen, daß der Zug mit meinen Verwundeten immer noch auf den Geleisen steht. Er ist im Morgengrauen erst abgefahren und nicht durchgekommen. Nun steht er wieder hier und wartet auf die nächste Nacht. Es ist nicht auszudenken, was aus den tausend jungen Menschen in ihrem hilflosen Zustand werden soll, wenn sie nicht herauskommen. Noch sind sie alle voll Hoffnung, daß es beim nächsten Mal glücken wird.

Ponarth hat schon unter Artilleriebeschuß gelitten. Auf der Südseite finden sich große Löcher in den Häusern. Auch das Haus, in dem ich mich einquartiert habe, ist getroffen worden, und ein altes Ehepaar im zweiten Stock ist dabei ums Leben gekommen. Ein paar Frauen kommen mir eiligen Schrittes entgegen; sie wollen noch nach Pillau entweichen.

Deutsche Panzer fahren vorbei. Die Mannschaften werfen den Kindern, die auf der Straße spielen, Schokoladentafeln zu. Vielleicht soll das die Stimmung heben. Die Kinder greifen freudig zu.

Der Südpark hat den größten Teil seines Daches eingebüßt, und alles Glas liegt in der Umgebung verstreut. Die Kranken haben sich in den Keller verzogen. In der Küche steht eine junge Frau am Herd und kocht inmitten von lauter Scherben das Essen für die ganze Belegschaft. Neben ihr steht ein junger Unteroffizier von den Panzern und macht sich mit dem Taschenmesser seine Bratkartoffeln zurecht. Ich nehme am Küchentisch Platz und werde während eines ohrenzerreißenden Krachens über die Lage orientiert. Augenblicklich ist gerade ein Panzergefecht im Gange. Die Russen haben es auf die Straßenkreuzung abgesehen, an der unser Südpark liegt. Sie schießen aber zu hoch und treffen infolgedessen immer nur das Dach. Unsere Panzer, die das Feuer erwidern, stehen etwa hundert Meter entfernt. Ich frage, ob man die russischen Panzer von hier aus sehen könne. Nein, sie stünden etwas tiefer als wir, etwa 1500 Meter entfernt, in der Richtung auf Wundlacken.

Während wir gemeinsam die Bratkartoffeln verzehren, höre ich mehr über unsere Panzer. Sie sind kürzlich aus Tilsit gekommen und dabei zweimal durch die russischen Linien hindurchgefahren. Das werden sie auch wieder tun, wenn die Russen hierherkommen, vielleicht schon in der nächsten Stunde. Ich sehe nach dem Mädchen hin, das seelenruhig weiterkocht, als ginge sie die Sache gar nichts an. Die weitere Erzählung höre ich nur noch mit halbem Ohr. Schließlich schlägt mir der Unteroffizier vor, mitzukommen. Sein Hauptmann sei ein prima Mann und würde sich sehr freuen. Ich schwanke einen Augenblick. Der Gedanke, so kurz vor Toresschluß noch einmal mit Leuten zu fahren, die sich wenigstens wehren können, ist zu verlockend. Aber dann hört die Knallerei plötzlich auf, die Besinnung kehrt wieder, und wir trennen uns mit den besten Wünschen. Er stammt aus der Gegend von Berlin, und Königsberg ist für ihn nur eine von vielen Stationen auf seiner abenteuerlichen Fahrt.

Auf dem Rückweg zur Stadt sehe ich, daß die Bahnhofsgeleise leer sind. Der Zug scheint also doch noch einmal abgefahren zu sein. Über die weite Fläche kommen mir Soldaten im Laufschritt entgegen, werfen sich bäuchlings in den Schnee, stehen wieder auf und laufen weiter. Einen, der sich dicht neben mir hinwirft, frage ich erstaunt, was das zu bedeuten habe. »Infanteriebeschuß«, ruft er und läuft hastig weiter. Meine Ohren dröhnen noch so, daß mir die kleinen dumpfen Einschläge im Acker nicht aufgefallen sind. Auch die Bewohner des großen Häuserblocks an der Rückseite des Bahnhofs haben offenbar noch nichts gemerkt. Im Vorbeigehen sehe ich die Frauen vor den Türen fegen und die Kinder in den Gärten Schneemänner bauen.

In der Nähe des Haberberger Pfarrhauses ziehen Soldaten in Eile eine Barriere aus Holz und Reisig über die Straße. Eine Panzersperre soll das vorstellen. Man würde es eher für eine Rennhürde halten.

Der Pfarrer ist zu Hause und lädt mich zum Kaffee ein. Wir sitzen am Fenster und halten Ausschau in der Richtung, aus der die Panzer kommen müssen. Dabei höre ich von dem schweren Dienst des Pfarrers. An jedem Morgen liegen unbekannte Tote vor der Kirchentür, manche davon völlig nackt. Die müssen unter die Erde gebracht werden, was bei dem festgefrorenen Boden kaum zu bewältigen ist.

Als ich kurze Zeit später die Altstädtische Langgasse stadteinwärts gehe, kommen mir wieder Leute entgegengelaufen, Soldaten und Zivilisten. Sie verkrümeln sich nach rechts und links in die Seitenstraßen. Ursache ihrer Eile ist offenbar ein Panzer, der die Pregelbrücke sperrt. Ob das schon ein Russe ist? Dann hat das Auskneifen keinen Zweck mehr. Ich gehe ruhig darauf zu, erkenne aber beim Näherkommen, daß es doch ein deutscher Panzer ist und daß der Mann, der obendrauf steht, eine flammende Rede hält. Jeder Passant scheint dort festgenommen zu werden. Und als etwas von »unser geliebter Führer Adolf Hitler« zu meinen Ohren dringt, ziehe auch ich es vor, schleunigst in einer Seitenstraße zu verschwinden.

Es ist schon fast Nacht, als ich zu unserem Bunker zurückkomme. Doktora, die mit ihrer Schwester im Krankenhaus der Barmherzigkeit war, ist auch schon eingetroffen und hat ein Plakat mitgebracht, das an diesem Nachmittag an vielen Bäumen und Straßenecken angebracht worden ist. Die Überschrift heißt: »Haß und Rache!« Darunter folgt eine langatmige Beschimpfung der Russen unter Anwendung unflätiger Ausdrücke und schließlich die Aufforderung, sich aller nur denkbaren Mittel zu bedienen, um dem eindringenden Feinde den Garaus zu machen. Dieser Aufruf bringt uns in große Erregung. Und da wir nicht gewillt sind, unter dieser Flagge mitzusegeln, wird beschlossen, den Festungskommandanten aufzusuchen und ihn wegen dieser Plakate zur Rede zu stellen. Möglicherweise weiß er gar nichts davon, obgleich sein Name daruntersteht, allerdings erst in zweiter Linie hinter dem des Kreisleiters, der offenbar den letzten Rest von Macht an sich gerissen hat.

Nach einem nutzlosen Gang zum Generalkommando, der mich noch einmal durch die ganze Stadt führt, finde ich den Gesuchten endlich ganz in unserer Nähe, nämlich im Postpräsidium. Dort hat er sein Quartier aufgeschlagen. Um militärischer zu wirken, habe ich mir meine russische Kommissarpistole umgeschnallt, die mir ein Bekannter geschenkt hat. Die Wachen lassen mich auch glatt passieren. Vor der Tür des Generals werde ich aber von einem Major aufgehalten, der sich mir einfach in den Weg stellt. Der General sei unter keinen Umständen zu sprechen. Wenn es sich um Fragen der Verteidigung handle, müsse ich mich schon an ihn wenden. Er sei dafür zuständig. Ich frage, wofür man sonst hier noch zuständig sein will, und wir geraten in einen ziemlich erregten Wortwechsel. Dabei muß ich feststellen, daß man hier überhaupt noch nicht an die Möglichkeit gedacht hat, sich auf eigene Füße zu stellen. Nach wie vor geschieht alles auf Anordnung Adolf Hitlers. Auch mit dem Haß-und-Rache-Aufruf scheint man durchaus einverstanden zu sein. »Wissen Sie denn ein anderes Mittel?« fragt mich der Major ganz freundlich und etwas hilflos. Ich bejahe und bitte ihn nochmals dringend, mich zum Kommandanten zu lassen, weil ich ihm das nur selber sagen könne. Aber vergebens, er hält mich mit Gewalt zurück. Nachdem ich ihn nach seinem Namen gefragt habe, verspricht er mir schließlich, dem General einen Brief abzugeben. Und auf die Rückseite einer Fieberkurve schreibe ich etwa folgendes: »Herr General! Was versprechen Sie sich von dem Aufruf, den wir, mit Ihrer Unterschrift versehen, überall angeschlagen finden? Königsberg ist keine x-beliebige Stadt, sondern hat eine große Geschichte. Wollen Sie nicht lieber der Wahrheit die Ehre geben, die wir voraussichtlich alle demnächst vor Gottes Thron bekennen müssen? Mit »Heil Hitler« locken Sie keinen Hund mehr hinter dem Ofen vor, geschweige denn die armen Landser, die sich jetzt in den Löchern verkriechen. ›Kyrie eleison‹ scheint mir der einzige Schlachtruf zu sein, der für uns noch in Frage kommt. Mit dem ist schon mehr als eine verzweifelte Situation gerettet worden. Ich stehe zu Ihrer Verfügung.«

Es tut mir wohl, dies alles noch einmal zu Papier zu bringen, wenn ich auch daran zweifle, ob es seinen Adressaten erreicht. Ganz erschöpft komme ich zu später Nachtstunde zum Bunker zurück. Rings um die Stadt herum knistert und knattert es. Allenthalben steigen bunte Leuchtraketen aus dem Feuerring auf. Granatwerfer rasseln wie Glücksräder auf dem Jahrmarkt. So ganz begreifen läßt sich die rauhe Wirklichkeit doch nur schwer.

*31. Januar*

Nach vielen Stunden traumlosen Schlafes kommen wir wieder ans Tageslicht und wundern uns, daß sich immer noch nichts geändert hat. Flugzeuge schwirren herum. Aus der Gegend des alten Bahnhofs feuern Geschütze in Abständen flach über uns hinweg. Hin und wieder kommt auch ein Geschoß zurück.

In der Kinderklinik treffe ich den Chef des Hauses, der schon auf dem Schiff war, aber mit Gewalt wieder heruntergeholt worden ist. Da er keine Uniform trägt, muß er hierbleiben. Er äußert sich abfällig über Hitler und den Gauleiter Koch, eine Kritik, die uns schon etwas überholt vorkommt.

Doktora war mit ihrer Schwester in Juditten, um nach ihrem Haus und den toten Eltern zu sehen. Kurz vor dem Ziel wurden sie jedoch wegen unmittelbarer Nähe der Front von Soldaten aufgehalten und mußten unverrichtetersache wieder umkehren. Auf dem Rückweg haben sie festgestellt, daß ein Feldlazarett gerade im Begriff ist, in die Nervenklinik einzuziehen. Und da wir mit der Möglichkeit rechnen, dort gebraucht zu werden, machen wir uns gleich auf den Weg dorthin.

Bei unserer Ankunft stellen wir uns erst einmal am Eingang auf, um zu sehn, was vor sich geht. Ein Sanitätswagen nach dem anderen fährt in Eile durch das enge Tor und wird vor dem Haupteingang ausgeladen. Es muß schnell gehn, weil offenbar noch ein zweites Feldlazarett im Anrollen ist, das bisher am Stadtrand in Ballieth gelegen hat und dort Feuer bekam. Hals über Kopf haben sie räumen müssen. Viele Verwundete liegen nackt, nur notdürftig zugedeckt, auf den Wagen.

Wir drängen uns in das Innere der Klinik hinein und sehen, daß sie bereits bis unter das Dach mit Menschen vollgestopft ist.

In den Gängen liegen sie kreuz und quer durcheinander am Boden und auf Tischen. Im Hörsaal hängen sie in den Klappstühlen. Viele sind offenbar schon nicht mehr am Leben. Bei dem Übermaß an Leiden, das auf einmal auf uns eindringt, fühle ich, wie sich alles in mir dagegen wehrt, an irgendeiner Stelle Anteil zu nehmen.

Über Arme und Beine hinwegtretend, gelangen wir am Ende des unteren Längsganges an eine offenstehende Tür, hinter der es sehr lebhaft zuzugehn scheint. Verwundete werden hinein- und herausgetragen. Wir lassen uns mit durch die Tür schieben und befinden uns in einem kleinen Raum, der von Sanitätspersonal wimmelt. In dem Raum, der sich daran anschließt, sehen wir einen großen dicken Mann mit nackten Armen und einer Gummischürze stehn. Vor ihm auf dem Operationstisch liegt ein splitternackter Verwundeter, an dem er herumhantiert. Sein Anblick erinnert an einen der Cäsaren. Über dem enormen Stirnwulst hält ein Stück Mullbinde die verschwitzten Haare zurück. Mit gröbsten Schimpfworten feuert eine völlig überschrieene Stimme die Sanitäter zur Eile an. »Was für ein Schlächter!« denke ich und werfe Doktora einen vielsagenden Blick zu. »Wer weiß, ob das alles ist«, scheint ihr Ausdruck zu antworten.

Auf einmal blickt er auf, bemerkt uns, fragt barsch nach unserem Begehr. »Adam!« muß ich denken, ein Mensch mit allem dran. Ich erkläre ihm, daß ich Chirurg sei, und frage ihn, ob er mich nicht brauchen könne, und die beiden Frauen auch. Da legt er zu unserer Überraschung das Messer weg, umarmt mich beinah, schiebt mich vor sich her auf den Gang hinaus und dann krächzt er los: »Sehen Sie diese Schweinerei! Seit Tagen bin ich allein damit. Es geht so nicht weiter. Versuchen Sie doch mal, ein bißchen aufzuräumen. Fangen Sie irgendwo an. Und wenn Ihnen einer der Herren Internisten in die Quere kommen sollte ...« Es folgen mehr als drastische Anweisungen über die Art, wie ich in seinem Auftrag mit ihnen verfahren soll.

Wir begeben uns an unsere Arbeit. Im ersten Stock, wo das Licht am besten ist, liegt ein Teil der Verwundeten schon in Reihen nebeneinander. Zwei Unterärzte und mehrere Sanitäter helfen beim Erneuern der Verbände, die nur noch als Lumpen von den zerschossenen Armen und Beinen herunterhängen. Wir knien am Boden und versuchen, den Leuten ihre Gliedmaßen mit Hilfe von Schienen einigermaßen ruhigzustellen. Sie schwimmen im Eiter. Jeden einzelnen müßte man mindestens eine

Stunde lang mit aller Sorgfalt zurechtmachen; hier muß es in fünf Minuten gehn, da Hunderte warten. Viele stecken noch in ihren Uniformen, so wie sie aus dem Graben gekommen sind, und ihre Wunden hat noch keiner gesehen. Während der Arbeit werden wir von unseren Helfern in zuvorkommendster Weise mit Kaffee und dem Inhalt der besten Konservendosen versorgt. Doktora und ihre Schwester sind die ersten Frauen, wir drei die ersten Zivilisten, die an diesem Feldlazarett arbeiten dürfen.

Nachts irgendwann werde ich von dem dicken Stabsarzt, Dr. Bode, heruntergezitiert, um ihm beim Operieren zu helfen. Sehr zu meiner Erleichterung, denn nach sechsstündigem Knien ist mir das Verbinden schon zur Qual geworden. Dagegen sind die Frauen noch ganz frisch. Unten bekomme ich eine Gummischürze verpaßt, dann geht es gleich los. Das Operationsprogramm ist nicht zu schildern, und die nächsten Stunden vergehn wie ein grotesker Traum.

Gegen Morgen operiere ich allein. Der Stabsarzt sitzt in einer Ecke, grunzt vor sich hin, döst, schläft ein bißchen, steht wieder auf, bestimmt die Reihenfolge der Eingriffe und hält mir abwechselnd eine Karbonade, eine Zigarre, ein Glas Sekt oder ein belegtes Brötchen unter die Nase. Das Menü ist der Operationsfolge würdig. Später wird auch Doktora noch zum Assistieren geholt und in der gleichen Weise wie ich von dem Stabsarzt persönlich gefüttert. Während der ganzen Zeit schießt es draußen heftig. Das nicht sehr stabile Haus wackelt bedenklich. Hin und wieder fliegt eine Scheibe heraus. Und plötzlich verbreitet sich das Gerücht, sechs russische Panzer seien auf der Alten Pillauer Landstraße vorbeigefahren und in die Innenstadt eingedrungen.

Irgendwann wird eine Pause eingelegt. Ich liege auf dem Fußboden zwischen den Sanitätern und schlafe eine Stunde. Dann geht es wieder weiter, wohl noch einen ganzen Tag lang, denn als wir schließlich doch abbrechen und halb betäubt vor die Haustür treten, wird es schon wieder dunkel. Draußen ist es ruhiger geworden. Die Winterluft und der bläuliche Schnee tun den Augen wohl. Das weiche Flimmern in den Bäumen des Friedhofs jenseits des Teiches deutet auf Tauwetter hin. Tief befriedigt tappen wir wortlos im Gänsemarsch zu unserem Bunker zurück.

Nachts um zwölf Uhr wird wieder angetreten. Diesmal zu

vieren, denn ich habe aus dem Bunker Schwester Minna mitgenommen, die fünf Jahre als Operationsschwester gearbeitet hat. Es taut. Von den Fronten her kommt nur ein schwacher Lichtschein. Zwischen den Friedhöfen ist es so dunkel und glatt, daß wir für den Weg eine halbe Stunde brauchen. In der Klinik angekommen, tauchen wir sofort wieder im Lazarettbetrieb unter. Links neben dem Haupteingang befand sich früher das Labor. Dort liegen die Neuaufnahmen am Boden um den großen Labortisch herum. Alle haben Kopf- oder Bauchverletzungen oder beides. Was sonst an Verwundungen anfällt, wird von der Front aus gleich auf die fünf Hauptverbandplätze verteilt, die sich in der Festung befinden.

Noch kann von einem planmäßigen Arbeiten nicht die Rede sein. Wer uns am nächsten vor den Füßen liegt, wird auf den Operationstisch genommen. Und von den Neuankömmlingen werden nach Möglichkeit diejenigen herausgesucht, bei denen der Puls noch einigermaßen zu fühlen ist. Den übrigen wird man doch nicht mehr helfen können, da zu einer Behandlung des Wundschocks keine Möglichkeit besteht. An eine Nachbehandlung ist erst recht nicht zu denken. Es läßt sich auch kaum verfolgen, wer eigentlich nach dem Eingriff am Leben bleibt und wo man ihn wiederfindet. Wir können nur für den Augenblick sorgen.

In den oberen Stockwerken ist man inzwischen weiter mit Sortieren beschäftigt. Die Kranken werden in Reihen gelegt, die Toten hinausgetragen und an der Hinterwand des Hauses wie Holz in Klaftern gestapelt. Auf diese Weise entsteht im Hause Platz, so daß Matratzen gelegt und zweistöckige Betten aufgestellt werden können. Ein Chirurg ist dazugekommen. Er gehört zu dem zweiten der beiden Feldlazarette, das mit seinem Personal eine Hälfte des Hauses übernommen hat.

Die zu beiden Lazaretten gehörigen Internisten lassen sich im Operationssaal nur ungern blicken, weil sie von Bode jedesmal mit den gröbsten Verwünschungen überschüttet werden. Schwester Minna ist sofort voll eingesetzt worden. Der Sani, der bis dahin instrumentiert hat, tritt ihr erleichtert seinen Platz ab. Und wenn ich angenommen habe, sie würde zwischen all den Männern zunächst etwas zaghaft sein, so sehe ich mich gleich eines Besseren belehrt. Mit Zischen und Augenrollen scheucht sie die müden Krieger hin und her und sorgt dafür, daß niemand nutzlos herumsteht. Sogar Bode betrachtet sie gelegentlich mit einer gewissen Hochachtung und mindert seine eigene Ausdrucksweise auf ein Mindestmaß an Deutlichkeit, sichtlich erfreut, seine völlig ausgeschrieene Stimme einmal schonen zu können.

Auch eine Augenstation ist im Hause aufgemacht worden. Dort finde ich, auf einer Trage liegend, den blinden Major wieder. Seine Frau ist noch bei ihm und hilft bei der Versorgung der anderen Verwundeten. Weitere Frauen werden zur Pflege herangezogen. Ein paar Diakonissen arbeiten schon mit. Stellenweise kommt etwas Ordnung in das Durcheinander. Dadurch ergibt sich auch die Möglichkeit eines persönlichen Kontaktes mit einzelnen Verwundeten. Und aus der grauen Masse Mensch, zu der das Mitleid schon nicht mehr hinzureichen schien, weil zuviel Elend darüber hingegangen ist, tritt hier und da ein Einzelwesen hervor, das nach einem menschlichen Wort verlangt.

Tage und Nächte gehen bei der Arbeit an den Verwundeten ineinander über. Man ist jedesmal erstaunt, wenn man bemerkt, daß es draußen schon wieder hell oder dunkel wird. Die Russen lassen sich und uns offenbar noch Zeit. In den Straßen fängt man an, Befestigungen zu bauen; Sperren aus Ziegelsteinen, Brettern, Reisig und alten Fahrzeugen, die auf der Flucht am Wege liegengeblieben sind. Die an der Hauswand aufgeschichteten Toten werden jenseits des Teiches auf dem Friedhof in einem riesigen Grab beerdigt, wobei die beiden Lazarettpfarrer, ein evangelischer und ein katholischer, gemeinsam amtieren.

Irgendwann bekommen wir Besuch. Der Wehrkreisarzt ist mit dem Fieseler-Storch in die Stadt zurückgekommen und hat seine Tätigkeit wiederaufgenommen. Bode und ich, beide gleich groß, aber von sehr verschiedenem Bauchumfang, empfangen ihn nebeneinanderstehend im Operationsraum. Der Generalarzt, ehemals berühmt wegen seiner Beleibtheit und auch jetzt noch recht stattlich, erblickt den Stabsarzt als ersten, sieht mißbilligend an ihm herunter und schickt sich an, ihm Vorwürfe wegen der Unordnung im Lazarett zu machen. Da ich befürchten muß, daß dieser ihm an den Hals gehen wird, ergreife ich sein rechtes Handgelenk und halte ihn fest. Zum Glück hat mich der General aber schon erkannt und sich, um vieles freundlicher, mir zugewendet. Er will wissen, an welchem Tag ich eingestellt worden bin. Ich entgegne, daß ich bisher immer noch Zivilist sei und hoffte, es auch bleiben zu können.

Ein paar Stunden später erhält das erste der beiden Lazarette, zu dem unser Stabsarzt gehört, den Befehl, in das Ostpreußenwerk am Nordbahnhof umzuziehn, das für diesen Zweck freigemacht werden soll. Der Umzug geht folgendermaßen vor sich: Ehe man sich's versieht, ist aus der einen Hälfte der Klinik alles, was nicht direkt eingemauert ist, abmontiert, herausgeschleppt und auf die Sanitätswagen verfrachtet. Nur die Verwundeten bleiben zurück und müssen von dem zweiten Lazarett übernommen werden. Dreihundert Kranke sitzen also plötzlich ohne Sanitätspersonal, Eßgeschirr, Steckbecken und Waschgelegenheit da – lauter Dinge, die, wenn auch spärlich, so doch vorhanden gewesen waren. Dem zurückbleibenden Lazarett werde auch ich zugeteilt und bekomme eine eigene Operationsgruppe. Mit Bedauern trennen wir uns von dem Stabsarzt, der uns in seiner wilden Menschlichkeit schon ans Herz gewachsen ist. Zum Abschied erhalte ich von ihm noch ein paar drastische Ratschläge für den Umgang mit Soldaten, besonders mit Stabsärzten.

Zu meiner Gruppe gehören: Doktora, ihre Schwester, ein Unterarzt, vier Sanitäter zum Zufassen und Schwester Minna als Operationsschwester. Herangeholt werden die Verwundeten von russischen Hiwis*. Das Instrumentarium habe ich aus Beständen ergänzt, die unbenutzt in der Stadt herumliegen. Auch einen Gipstisch habe ich mir in der Chirurgischen Klinik aus den Trümmern geholt. Als Neuaufnahmen bekommen wir jetzt nur noch Leute mit Bauchschüssen, das heißt, in der Regel handelt es sich um Granatsplitterverletzte, bei denen außer der Bauchhöhle auch noch andere Körpergegenden betroffen sind. Alle Kopfverletzten werden von jetzt ab ins Ostpreußenwerk gebracht.

Die Wohnung im Klinikbunker haben wir aufgegeben und sind in das Haus des Direktors der Nervenklinik übergesiedelt. Dort sind auch die anderen Ärzte des Lazaretts, Internisten, Augen- und Ohrenarzt, untergebracht. Die Zimmer sind uns aus ruhigeren Tagen gut bekannt. Ich selbst habe das Kinderschlafzimmer im ersten Stock mit Blick auf den Teich erhalten. Dorthin gelange ich durch einen Raum, in dem der evangelische Lazarettpfarrer wohnt. Mit ihm sind wir durch seine häufigen Besuche im Operationssaal schon näher bekannt geworden.

Die beiden Operationsgruppen haben sich die Arbeitszeit jetzt so eingeteilt, daß jede immer zwölf Stunden am Werk bleibt. Die meinige arbeitet nachts und kommt gegen acht Uhr mor-

* Abkürzung für »Hilfswillige«, Angehörige von Freiwilligenverbänden, die aus sowjetischen Kriegsgefangeneneinheiten aufgestellt und innerhalb deutscher Verbände eingesetzt wurden.

gens zum Schlafen. Gerade dann beginnt jenseits des Teiches, keine hundert Schritt entfernt, der Volkssturm mit der Panzerfaust zu üben. Der dadurch verursachte Doppelknall läßt jedesmal die Dachziegel über mir wie Hühnerfedern im Wind auf- und niederklappen, und die Lücken im Dach werden immer größer.

In den bewaldeten Friedhöfen rechts und links der Pillauer Landstraße liegen Berge von Munition. Ein paar Geschütze, die dort postiert sind, feuern von Zeit zu Zeit aus dem Festungsring heraus, irgendwohin. Hin und wieder wird auch zurückgeschossen. Im allgemeinen ist es aber viel ruhiger geworden. Nur an den Außenbezirken spielen sich Kämpfe ab. Das erkennen wir an dem Rasseln der Stalinorgeln und dem Hinundherpendeln der Flugzeuge und ersehen es aus der Tatsache, daß wir laufend neue Verwundete bekommen.

In einer Arbeitspause ist es Schwester Ina gelungen, bis nach Juditten vorzudringen und zwei alte Männer zu werben, die ihr beim Begraben der Eltern helfen wollen. Die Front ist dort nur wenige hundert Meter entfernt, die Häuser sind vom Militär besetzt. Am Tage darauf, dem 7. Februar, gehen Doktora und ich zum Juditter Friedhof. Dort, im hohen Tauschnee, mitten auf freiem Feld, ist ein Grab geschaufelt. Schwester Ina ist schon vorausgegangen, um den Männern zu helfen. Wir treffen sie am Grab, und als die Männer gegangen sind, sprechen wir miteinander den 139. Psalm.

Mehrere Tage lang ist die Stadt ganz eingeschlossen gewesen. Dann ist der Weg nach Pillau zeitweise wieder freigekämpft worden. Neues Militär ist hereingekommen, Verwundete konnten hinausgebracht werden. Die Transporte sind allerdings nur nachts möglich und glücken nicht immer, da die Straße beschossen wird. Oft müssen die Wagen umkehren.

Wohl noch problematischer ist der weitere Transport von Pillau aus. Dort liegen zahllose Menschen ohne Unterkunft in den Dünen. Auch von Heiligenbeil aus kommen jetzt Verwundete über das Haff herüber dorthin. Das Haff selbst ist zur Zeit Schauplatz unermeßlichen Leidens. Viele tausend Flüchtlinge sind mit ihren Wagen unterwegs über das Eis zur Nehrung hin, und über ihnen kreisen die russischen Schlachtflieger. Nachts ist die ganze Gegend durch Leuchtschirme erhellt.

Und sonst rücken die Russen durch Pommern und gegen das Meer vor. Teile von ihnen stehen schon an der Oder, wie uns das Radio belehrt. Was das bedeutet, stellen sich die wenigsten vor. Es wird auch kaum darüber nachgedacht. Der Führer hat bisher für alles gesorgt und kann sich nur etwas Bestimmtes dabei denken, wenn er die Russen so weit hereinkommen läßt. Dazu vertraut man auf die neuen Waffen, von denen gemunkelt wird, wenn auch niemand in der Lage wäre zu sagen, wie sie eingesetzt werden können, ohne daß Freund und Feind miteinander vernichtet werden.

Der Vorort Metgethen ist mehrere Tage in russischer Hand gewesen und dann wiedergenommen worden. Was sich dort abgespielt hat, in welchem Zustand man die Menschen, besonders die Frauen, vorgefunden hat, wird in allen furchtbaren Einzelheiten durch Flugblätter bekanntgegeben. Das geschieht wahrscheinlich in der Absicht, uns zu verzweifeltem Widerstand anzustacheln. Von einer tieferen Wirkung solcher Nachrichten ist aber nicht viel zu merken. Noch sind die Menschen nicht in der Lage, zu begreifen, daß es solche Dinge gibt und daß sie in ihrer unmittelbaren Nähe geschehen.

Mit der Rückkehr der aktiven Sanitätsoffiziere in die Festung hat auch der Papierkrieg wieder eingesetzt und fordert seine Opfer, zu denen auch ich gehöre. Ich werde zum Generalarzt bestellt, um mein Verhältnis zum Militär zu klären, denn es scheint untragbar, daß ich als Zivilist bei den Soldaten tätig bin. Mit umgeschnallter Pistole begebe ich mich zu der betreffenden Dienststelle neben dem Schauspielhaus. Ein Offizier empfängt mich und versucht, mir schonend beizubringen, daß ich jetzt Soldat werden müsse. Ich frage, ob sich das noch lohne für die kurze Zeit und ob es nicht auch ohne Uniform ginge. Meinerseits würde ich mich dadurch nicht stärker gebunden fühlen als bisher, und im Lazarett würde es nur störende Komplikationen geben. Dort würde ich allgemein mit Herr Stabsarzt angeredet, und es sei noch niemandem aufgefallen, daß ich Zivil trüge. Mich aber aus der Arbeit im Operationssaal herauszunehmen, wäre sehr unzweckmäßig, da wir ohnehin schon längst nicht mit dem täglichen Pensum fertig würden. Das sei auch gar nicht vorgesehen, bekomme ich zur Antwort. In Anerkennung meiner bisher freiwillig geleisteten Arbeit wolle man mich mit drei Wochen Rückwirkung zum Unterarzt ernennen und die Grundausbildung mit der Waffe ausnahmsweise auf eine spätere Zeit zurückstellen. Im übrigen sei es vom Standpunkt der Versorgung auch viel günstiger für mich, wenn ich der Wehrmacht angehörte. Meine Versicherung, daß ich im Lazarett auch ohne Gehalt zufrieden sei und satt würde, und daß wir den Russen gegenüber wohl kaum Versorgungsansprüche würden geltend machen können, findet keinen Widerhall. Wir reden offensichtlich aneinander vorbei. So füge ich mich schließlich in mein Schicksal und erkundige mich nach den notwendigen Formalitäten bei meiner Rückkehr ins Lazarett. Das erste sei eine Meldung beim Hauptfeldwebel, alles Weitere werde sich finden.

Als ich mich verabschiede, kommt jemand herein und berichtet von dem Lazarettzug mit meinen Verwundeten aus der Chirurgischen Klinik. Er ist trotz mehrfacher Versuche nicht aus der Stadt hinausgekommen und steht immer noch auf dem Güterbahnhof. Was von den Insassen noch am Leben ist, wird jetzt auf die Lazarette und Hauptverbandplätze der Stadt verteilt. Von den begleitenden Schwestern mußten mehrere ebenfalls als Kranke aufgenommen werden. Meine Phantasie versagt bei dem Versuch, mir vorzustellen, was sie in diesen vierzehn Tagen erlebt haben mögen.

Zum Lazarett zurückgekehrt, melde ich mich befehlsgemäß beim Hauptfeldwebel, dem nichts anderes übrigbleibt, als mit betretener Herablassung das Weitere zu regeln. Worin das besteht, bleibt mir zunächst verborgen, da der Operationsbetrieb mich sofort wieder geschluckt hat. Ich erfahre nur beiläufig, daß hinsichtlich meiner weiteren Teilnahme am Ärztemittagstisch Bedenken aufgetreten seien. Darüber bin ich nun wieder froh, da wir diese Einrichtung nicht besonders schätzen und um die übliche Mittagszeit lieber schlafen, als daß wir Konversation machen. Zur allgemeinen Erleichterung klärt sich die Lage aber schneller als erwartet durch einen plötzlichen Wechsel in der Zentrale. Der Nachfolger des Generalarztes erscheint persönlich, um mir mitzuteilen, es könne alles beim alten bleiben. Um dem Papierkrieg gerecht zu werden, würde man mich amtlich als beratenden Chirurgen bezeichnen.

Mitte Februar sind zwei neue Chirurgen über Pillau zu uns gestoßen, was die Arbeit wesentlich erleichtert. Von vier Gruppen haben nur immer zwei gleichzeitig Dienst. Da bleibt uns Zeit, um Krankenvisite zu machen, was bisher kaum möglich gewesen ist. Jede Gruppe hat jetzt eine gelernte Operationsschwester. Auch auf den Krankenstationen arbeiten richtige Schwestern. Die unterste Etage wird nach Möglichkeit für die Neuaufnahmen freigehalten. Da ist ein dauerndes Kommen und Gehen; denn viele müssen schon nach wenigen Stunden als Tote wieder hinausgetragen werden. Unvergeßliche Menschen arbeiten dort; allen voran die zarte alte Schwester Ursula aus Koblenz, die schon fast über dem Boden schwebt vor Schlaflosigkeit, und neben ihr der Sanitäter Galla, ein Mann von beispielloser Treue.

Dem Lazarettpfarrer ist es gelungen, unsern »Bruder Martin«, den er vom Studium her kennt, aus der Trommelplatzkaserne herauszuholen und ihn als Sanitäter bei uns unterzubringen. Er ist meiner Gruppe zugeteilt worden und muß sofort in den Operationssaal. Den kennt er bisher nur vom Hörensagen. Es wird ihm auch keine Zeit gelassen, sich an den Betrieb zu gewöhnen. Sofort muß er mehrere Arme und Beine, die amputiert werden, halten und wegtragen. Wir sind dankbar, ihn bei uns zu haben. Und es vergeht kein Tag, an dem wir uns nicht zu irgendeiner Zeit zusammenfinden, um miteinander die Losungen zu lesen und den Bibeltext des Tages zu besprechen. Das gibt unserer oft scheinbar so trostlosen Arbeit ihren Sinn und jedem Tag seine besondere Note.

Der sehr enge Operationsraum ist inzwischen erweitert worden. Das angrenzende größere Zimmer wurde freigemacht und dazugenommen. Dort wird operiert. Im Vorraum werden die Verwundeten sortiert, entkleidet, untersucht, geröntgt. Daneben werden Verbände und Transportgipse gemacht. Eine wertvolle Akquisition ist der alte Pfleger Didszus, der dreißig Jahre an der Chirurgischen Klinik gearbeitet hat. Auf sein dringendes Verlangen hin habe ich ihn von der Straße aus engagiert. Da alle seine Griffe sitzen, erspart er zwei Männer und viele Worte.

Nachts um zwölf Uhr ist gewöhnlich Frühstückspause. Dann hocken wir im Kreis auf den verfügbaren Sitzgelegenheiten, beide Operationsgruppen gemeinsam, und nehmen Kaffee und belegte Brötchen zu uns. Bruder Martin holt sie aus der Küche. Jeder freut sich schon darauf, weil bei dieser Gelegenheit gute Gespräche geführt werden und manche heimliche Not Beachtung findet. Außerdem ist uns die zusätzliche Mahlzeit schon recht wichtig geworden, denn das, was es offiziell zu essen gibt, wird täglich knapper. Fleisch gibt es nur noch vom Pferd, das allerdings reichlich, da häufig Pferde von Bomben erschlagen werden.

Unter den Verwundeten, die wir bekommen, mehren sich diejenigen, die nicht mehr als regelrechte Soldaten zu bezeichnen sind. Viele sind über das wehrpflichtige Alter hinaus. Sie werden als Volkssturmmänner in Uniform gesteckt und gleich auf den Feind losgelassen. Manche haben dabei erstaunliche

Leistungen vollbracht. Einer kommt mit sechs Mann Begleitung und einem Schreiben vom Kreisleiter, welches die bevorzugte Behandlung des Mannes fordert. Er ist trotz schwerer Verwundung fast irre vor Begeisterung über sich, weil es ihm gelungen ist, hintereinander vier russische Panzer mit der Panzerfaust abzuschießen.

Daneben bekommen wir fünfzehn- und sechzehnjährige Jungens, die manchmal erst Stunden vorher von der Straße geholt und an die Front befördert worden sind. Da es sich um Einheimische handelt, stellen sich natürlich sehr bald die dazugehörigen Mütter ein. Denen erlauben wir dann, bei ihren Kindern sitzenzubleiben, denn da wir nur die Bauchverletzten bekommen, dauert es in der Mehrzahl der Fälle nicht mehr lange mit ihnen.

Mehrmals bekomme ich überraschend Verwandtenbesuch. Zweimal ist es B. Finckenstein, der ein Bataillon in Metgethen führt. Er ist nach schwerer Verwundung eigentlich noch gar nicht felddienstfähig und läuft auf dick geschwollenen Beinen herum. Als die Front in Ostpreußen zusammenbrach, hat er es aber für notwendig befunden, aus Berlin in die bedrohte Heimat zurückzukehren. Das zweite Mal bringt er mir Kognak und Zigaretten mit – Dinge, mit denen wir im Lazarett kurzgehalten werden, seit der dicke Stabsarzt nicht mehr da ist. Dabei besteht begründeter Anlaß zu der Annahme, daß unsere Vorräte gar nicht so mager sind, wie von den Zuständigen behauptet wird.

Ein anderes Mal ist es mein Vetter Knyphausen, der mich besuchen kommt. Er gehört zum Stab der 5. Panzerdivision, die zwischen Königsberg und Pillau verteilt steht. Sein Quartier ist in Vierbrüderkrug. Bei der Division rechnet niemand mehr mit der Möglichkeit einer wirksamen Verteidigung, wenn der Feind zum letzten Stoß ansetzt. Ich bin froh, eine so ehrliche Auskunft zu erhalten.

Demgegenüber erregt uns ein sogenannter NSFO* durch einen unverschämten Vortrag über die militärische Lage, den er bei einem Besuch in unserem Lazarett gegen Ende Februar vor den Verwundeten hält. Hunderte von deutschen Panzern, so behauptet er, seien kürzlich in Pillau eingetroffen. Sie würden demnächst mit Hilfe der neuen Waffen vorstoßen und sich im Rücken der Russen, etwa bei Warschau, mit einer zweiten Gruppe von Panzern vereinigen, die von Breslau aus unterwegs sei. Das sei der langgehegte Plan des Führers: Die Russen hereinkommen zu lassen, um sie dann um so sicherer zu vernichten.

* Nationalsozialistischer Führungs-Offizier.

Wenn jetzt die Bevölkerung Ostpreußens nach dem Westen auswiche, so wisse jeder, daß er schon nach wenigen Monaten friedlich zurückkehren könne. Zur Frühjahrsbestellung werde man rechtzeitig wieder zur Stelle sein. Ein Defaitist sei jeder, der zu Hause bliebe. Ihn werde das verdiente Schicksal treffen. – Es hat keinen Zweck, ihm etwas zu entgegnen, da er ja selbst weiß, wie sehr er lügt. Aber es macht mir Vergnügen, ihm während seines ganzen Vortrages aus zwei Metern Entfernung unverwandt ins Auge zu sehen. Auf das für den Abend angesetzte »gemütliche Beisammensein« mit dem Vortragenden verzichte ich gern, erhalte aber am folgenden Tag von den besorgten Kollegen eine Rüge wegen meines herausfordernden Verhaltens einer so wichtigen Persönlichkeit gegenüber.

Auch sonst wird uns noch manches geboten. Ein tänzelnder Kaffeehausgeiger in Uniform spielt einen ganzen Nachmittag mit zehn ähnlich unmilitärischen Musikern schmalzige Schlager für die Verwundeten. Und dann wird uns sehr nahegelegt, den Film »Kolberg« anzusehen, der im Schauspielhaus gezeigt wird. Da es sich dabei nur um faustdicke Massenbeeinflussung handeln kann, verzichten wir auf dieses Vergnügen unter Hinweis auf unseren schweren Dienst.

In den ersten Märztagen haben wir Tauwetter und Sonne. Gelegentlich wehen schon ganz unzeitgemäße Frühlingslüfte. Schwäne ziehen in geordneten Formationen über die Stadt. Man bekommt jedesmal Angst, sie könnten von der Flak beschossen werden.

Der Lazarettbetrieb hat sich so weit eingelaufen, daß man schon wieder neugierig wird, wie es draußen aussehn mag. Bei meinem ersten Ausgang begegnet mir zwischen den Friedhöfen ein Stück Rotwild, verhofft, kreuzt die Pillauer Landstraße und verschwindet in den Anlagen. Mein Ziel ist das Postamt V am Hauptbahnhof, in dem ein Hauptverbandplatz liegt. Von dort bekommen wir manchmal Verwundete zugewiesen, die schon ordnungsgemäß versorgt sind. Das Bemerkenswerte an ihnen sind aber die sauber geschriebenen Krankenberichte, die sie mitbringen, denn so etwas ist bei dem allgemeinen Durcheinander längst aus der Mode gekommen. Es interessiert mich, den Mann kennenzulernen, der diese Briefe signiert, Oberarzt Bothmer.

Der Weg zu ihm wird aufregender, als ich dachte. Bevor ich von der Pillauer Landstraße nach rechts abbiege, sehe ich ein paar Leute an der Straßenkreuzung sich plötzlich zu Boden werfen. Automatisch tue ich das gleiche und höre auch schon Flugzeuge über uns hinbrausen. Auf dem Rücken liegend, sehe ich sie in mäßiger Höhe zwischen den Wolken erscheinen, und schon sausen auch die Bomben herunter, ohrenbetäubend wie das Rauschen eines gewaltigen Wasserfalls. Es folgen die Einschläge, und dann springt alles auf, um seinen Weg fortzusetzen.

Wenige Minuten später gehe ich an der Stelle vorbei, wo die Bomben heruntergekommen sind. Es ist die Umgebung des Bahnhofs Holländerbaum. Die Häuser rechts und links der Straße sind durchsiebt, offenbar waren sie schon leer. Aber die Brücke, auf die man es wohl abgesehen hatte, ist heil geblieben. Ich laufe hinüber, so schnell ich kann, denn schon wieder kommen Flugzeuge. Eine Bombe fällt ins Wasser, die übrigen weiter entfernt in die Trümmer. Ein dritter Verband kommt die Bahnstrecke entlanggestrichen, als ich mein Ziel gerade erreicht habe. Ich rutsche in den nächsten Kellereingang und befinde mich in einem großen halbdunklen Raum. Daran schließen sich andere große Räume an, in denen die Verwundeten liegen. Im Hintergrund bewegen sich mehrere Leute in weißen Kitteln. Ich nehme sie etwas genauer in Augenschein und versuche zu taxieren, welches der gesuchte Mann ist. Keiner fällt irgendwie aus dem Rahmen. Aber dann sehe ich ihn schon von der entgegengesetzten Seite herankommen, fast wie einen alten Bekannten. Ich lasse ihn vorbeigehn und folge unauffällig bis zum Röntgenapparat, wo er sich ein paar Aufnahmen zeigen läßt. Als er gerade eine davon gegen das Licht hält, stelle ich aus dem Hintergrund eine Frage dazu. Er antwortet erst und sieht sich dann gemächlich nach dem Fragesteller um. Mit einem Anflug von Neugier mustert er mich von oben bis unten. »Sind Sie Soldat?« »Nein, jedenfalls kein richtiger. Ich arbeite nur an einem Feldlazarett und wollte gern einmal sehn, wer das ist, der uns immer so schöne Krankenberichte schickt.« Er legt die Röntgenaufnahmen hin und nimmt mich mit in den Nebenraum. Dort setzen wir uns auf einen Tisch und sind im Gespräch bald ganz weit weg aus diesem dunklen Kellerloch. Er kommt aus Kiel, wo seine Frau mit zwei kleinen Kindern wohnt. Mit wenigen Worten ist viel gesagt. Wir wollen so lange in Verbindung bleiben, wie es noch geht, zum mindesten mit Hilfe des Telephons, das zwischen den Lazaretten wieder funktioniert.

Anschließend besuche ich den Haberberger Pfarrer, der mit seinem Haus auch diesmal unversehrt geblieben ist. Aber hinter der Kirche sind die Häuser, die den Sommerangriff überstanden haben, während der letzten Stunden getroffen worden. Aus den Bretterhaufen, die auf der Straße liegen, werden Tote herausgetragen. Immer mehr empfindet man das eigene Leben als ein Wunder.

Nach einem Gang durch die Trümmerstadt, deren Gewalt mich jedesmal neu in ihren Bann zieht, endige ich im Ostpreußenwerk. Der dicke Stabsarzt empfängt mich in einem seidenen, fast bis auf den Boden reichenden Kittel, den er in einem verlassenen Sanitätslager der SS gefunden hat. Er sieht aus wie ein Maharadscha. Sehr guten Kognak hat er noch und führt mir einen wunderhübschen Spaniel vor, den er jagdlich ausbilden will, sobald sich Gelegenheit dazu bieten sollte. Das scheint er durchaus für möglich zu halten.

Als ich mich verabschiede, wird es schon dunkel. Das Gebäude der Staatsanwaltschaft, an dem ich vorüberkomme, weckt Erinnerungen, es sieht noch genauso aus wie im vergangenen Herbst: Das Vorderhaus von einer Luftmine aufgerissen, das dahinterliegende Gefängnis unversehrt. Damals befand sich meine Mutter hier als Gefangene der Geheimen Staatspolizei. Im Juni hatte man sie verhaftet.

Ohne von dem Zweck ihrer Reise etwas zu sagen, war sie damals nach Königsberg gefahren, um sich nach dem Verbleib eines uns befreundeten Pfarrers zu erkundigen. Dieser war kurz vorher ebenfalls in dieses Gefängnis eingeliefert worden. Vier Tage blieb meine Mutter unauffindbar. Dann sickerte Nachricht durch, an welcher Stelle man sie suchen müßte. Aber es dauerte noch vier Wochen, bis die Genehmigung erteilt wurde, sie unter Aufsicht zu sprechen. Ein unvergeßlicher Augenblick, als ich sie, nachdem ich eine Stunde im Vorraum gewartet hatte und all die kurzgeschorenen verhungerten Männer und verstörten Frauen in ihrer Sträflingskleidung an mir vorbeigetrieben worden waren, schließlich einen langen, fliesenbelegten Gang herunterkommen hörte und ihre Begleitperson die eiserne Tür aufschloß, die uns noch voneinander trennte. In welcher Verfassung würde ich sie wiederfinden? Aber dann war ich sofort getröstet; sie trug noch ihre eigene Kleidung und wurde von der unser Gespräch überwachenden Wärterin mit unverkennbarer Achtung behandelt. Energiegeladen und voller Empörung über die ihr angetane Freiheitsberaubung legte sie eine ganze Liste von Aufträgen für mich auf den Tisch, die wir der Reihe nach durchgingen. Es handelte sich um lauter Anweisungen für den Haushalt meines Bruders, den sie in seiner Abwesenheit führte. Der wirklichen Gefahr, in der sie sich befand, war sie sich noch gar nicht bewußt.

Sehr viel aufregender verlief meine darauffolgende Verhandlung mit dem Staatsanwalt, der ihren Fall zu bearbeiten hatte. Er wollte mir klarmachen, es sei Hochverrat von ihr gewesen, den Pfarrer nicht anzuzeigen. Sie hätte doch gewußt, daß er ausländische Sender hörte. Zwei Jahre Zuchthaus wären das mindeste, was sie verdiente. Ohne Zweifel hätte er es gern gesehn, wenn ich ihn angebettelt hätte, etwa unter Hinweis auf die gefallenen Brüder und das Leid, das ihr Tod uns gebracht hatte. Aber diesen Gefallen konnte ich ihm nicht tun. Und als wir auseinandergingen, war die Kluft, die uns trennte, noch größer geworden.

Es waren die Tage, in denen Königsberg das vierhundertjährige Bestehen seiner Universität feierte. Die Rektoren aller deutschen Universitäten traten in ihren Ornaten auf, tagelang gab es Festvorträge, Fackelzüge und Konzerte, und wie im tiefsten Frieden wurde um die Ehrenplätze gestritten, während vom Osten schon das dumpfe Dröhnen der russischen Kanonen zu hören war. Ich kam gerade mit frischen Eindrücken aus Berlin, wo ich versucht hatte, in dem von Bomben schon stark angeschlagenen Moabiter Gefängnis einen vom Volksgerichtshof zum Tode verurteilten Freund zu besuchen. Kein Wunder also, daß mir das Treiben der Königsberger doppelt gespenstisch vorkam.

Drei Wochen später war die Situation wieder eine völlig andere. Das Attentat vom 20. Juli war gewesen, und viele meiner Verwandten und Bekannten befanden sich in Haft, einem gänzlich ungewissen Schicksal entgegensehend. Es erschien mir nun fast wie ein Glück, daß meine Mutter schon vorher verhaftet worden war und deshalb in diese neue Sache nicht mehr mit hineingezogen werden konnte.

Als ich sie das zweite Mal sehen durfte, merkte ich gleich an ihrem Verhalten, daß sie über die Ereignisse des Tages genau orientiert war. Sie hatte bereits Kenntnisse in der Klopfzeichensprache der Gefangenen erworben und war diesmal ganz gefaßt, weil sie offenbar begriffen hatte, in wessen Händen sie sich befand. In der Haltung eines wachsam gespannten Tieres, jedes Wortes und jeder Bewegung mächtig, kam sie mir angesichts ihres leidenschaftlichen Temperamentes bewundernswert vor. Daß ich selber immer noch frei herumlaufen konnte, erschien mir damals beschämend.

Kurze Zeit danach fand die Gerichtsverhandlung statt, an der ich teilnehmen durfte. Der Pfarrer, den man für einen Schauprozeß ausersehen hatte, lebte nicht mehr. Das tat dem Interesse an meiner Mutter und den übrigen im gleichen Zusammenhang verhafteten Personen wesentlichen Abbruch. Sie wurde zu neun Monaten Gefängnis verurteilt – nach meiner Rechnung mußten bis dahin längst die Russen da sein.

Noch im gleichen Monat wurde Königsberg durch Bomben vernichtet. Vom Dach unseres Insterburger Krankenhauses sahen wir aus achtzig Kilometern Entfernung die Glut am Nachthimmel aufsteigen. Währenddessen tobten die Gefangenen dort in ihren Zellen, bis ein paar beherzte Wachleute die Gänge hinunterliefen und auf eigene Verantwortung die Riegel zurückrissen.

Drei Tage später war es mir möglich hinzufahren. Überall rauchte und kohlte es noch unter einem strahlenden Septemberhimmel. Durch das unbegreifliche Trümmermeer war für den Verkehr schon wieder ein Weg gebahnt worden. An seinen Rändern lagen die eisernen Gestelle herum, die als rotierende Brandträger heruntergekommen waren. Das Gefängnis stand noch, hart davor hatte die Vernichtung haltgemacht. Nur das Dach hatte Feuer gefangen und war mit Hilfe der Gefangenen gelöscht worden. Das Vorderhaus war durch eine Luftmine aufgerissen worden, so daß man ungehindert hineingehen und in den knietief den Boden bedeckenden Akten der Staatsanwaltschaft herumwühlen konnte.

Unter Hinweis auf die Verwüstung und die zu weiteren Angriffen herausfordernden Außenbezirke der Stadt fragte ich einen der Staatsanwälte, ob er mir meine Mutter nicht herausgeben wolle, und fand ihn durch die Ereignisse erschüttert genug, um mich wenigstens anzuhören. Aber dann berief er sich auf die Akten, ohne die er nichts machen könne. Ich fragte ihn, wo sie ungefähr sein könnten, und wurde in einen großen Raum gewiesen, der im ersten Stock lag.

Nachdem ich mindestens eine Stunde planlos in einem riesigen Haufen Papier herumgesucht hatte, sprach mich ein alter Büroangestellter an, der im Nebenraum an einem Tisch saß. Ich erklärte ihm meine Lage und fand an ihm einen rührenden Bundesgenossen. Er kannte den Fall meiner Mutter und flüsterte mir seine Meinung über unsere derzeitigen Machthaber zu.

Es wäre nicht zu glauben, wie die mit Menschen umgingen. Dann riet er mir, mein aussichtsloses Bemühen einzustellen, und ging selber zu dem Staatsanwalt, mit dem ich zuletzt gesprochen hatte. Nach einer halben Stunde kam er mich holen und bearbeitete in meiner Gegenwart den schon halb weichgemachten Staatsanwalt so lange, bis dieser versprach, auf begründeten Antrag hin meine Mutter für einen Monat zu beurlauben. Auch dies ging schnell. Mein Helfer holte eine Sekretärin heran, die mußte den gemeinsam aufgesetzten Antrag gleich tippen. Dann wurde ich außen herum zum Gefängnis geschickt, und als ich dort kaum fünf Minuten gewartet hatte, kam meine Mutter bereits die Treppe herunter, eskortiert von mehreren Wärterinnen. Diese verabschiedeten sich sehr herzlich von ihr und gaben der Hoffnung Ausdruck, daß sie nun endgültig frei sein möchte. Offiziell hatte sie die Weisung bekommen, sich nach Ablauf eines Monats im Frauengefängnis in Stuhm in Westpreußen zu melden. Glücklicherweise konnte auch dies dann verhindert werden. –

Am Eingang zum Lazarett treffe ich Doktora, die mit dem Rad in Vierbrüderkrug gewesen ist und begeistert von dieser etwas gewagten Unternehmung berichtet.

An einem der folgenden Abende hat sich der neue Freund vom Hauptverbandplatz zum Besuch bei uns angesagt. Da er den Weg nicht kennt, gehe ich ihn abholen. Als ich gegen 20 Uhr unser Lazarett verlasse, regnet es in Strömen. Man kann die Hand nicht vor Augen sehen. Nach wenigen Schritten schon werde ich von einem Posten angehalten und nach dem Losungswort gefragt. »Theater?« Ich antworte »Vorhang« und darf weitergehn.

Unmittelbar darauf höre ich schon wieder Flugzeuge anfliegen. Es fallen einzelne Bomben, und in der nahen Hafengegend leuchtet es düsterrot auf. Ganz niedrig und langsam klappern die feindlichen Maschinen über der Stadt herum. Hier und da wird eine vom Scheinwerferlicht erfaßt, um gleich darauf wieder in einer dicken Wolkenwand unterzutauchen, verfolgt von der Leuchtspur der Flakgeschütze. Von Bord wird heftig zurückgeschossen. Es wird immer heller von Feuern. Ich zögere einen Augenblick, fasse mir dann aber ein Herz und laufe die menschenleeren Straßen hinunter, bis ich ganz außer Atem am Hauptbahnhof ankomme. Als der Angriff vorüber ist, gehen wir den glutrot erleuchteten Weg zurück.

Später erzählt uns Bothmer von seinen Erlebnissen in Afrika.

Er war zwei Jahre dort, um einen vielbeschäftigten Arzt zu vertreten. Bei Kriegsausbruch war seine Verlobte gerade unterwegs zu ihm, während er, nichts davon ahnend, auf dem Landweg nach Deutschland zurückzukehren versuchte. Ihr Schiff wurde vor der Küste von Kapstadt torpediert. Sie mußte an Land schwimmen und ein Jahr dortbleiben, bis es auch ihr gelang, nach Deutschland zurückzukehren.

Als ich unsern Gast nach Hause begleite, ist die Nacht schon weit vorgeschritten. Wir sprechen von dem, was allein noch wichtig ist. Er gehört zu den wenigen, die sich keine Illusionen machen hinsichtlich dessen, was uns bevorsteht. Als wir uns an der Brücke vom Holländerbaum trennen, rauscht ein Flug schwerer Vögel über uns hinweg durch die Vorfrühlingsnacht.

Im allgemeinen herrscht immer noch die Vorstellung, der Führer verfolge einen bestimmten Plan mit der Art von Kriegführung, bei der er jetzt angelangt ist. Und die Tatsache, daß die Russen bereits an der Oder stehen und wir nur noch wie auf einer fernen Insel leben, wird kaum als Wirklichkeit empfunden. Das erlebt man alle Tage in teils gespenstischer, teils humorvoller Weise. So hat zum Beispiel die Wiedereröffnung der Bank große Beruhigung ausgelöst. Die Möglichkeit, wieder Geld einzuzahlen und abzuheben, beweist offenbar zur Genüge, daß es mit uns nicht so schlimm stehen kann.

Ähnlich ist das, was ich im Gespräch mit einer unserer Schwestern erlebe. Sie ist jahrelang Gemeindeschwester in L. gewesen, und ich werfe die Frage auf, wie es dort jetzt wohl unter den Russen aussehn mag. Sie sieht mich sprachlos an: die Russen in L.? Das ist doch wohl nicht gut möglich. Und ich habe den Eindruck, als verhielte sich die Schwester mir gegenüber seitdem wesentlich reservierter.

Bezeichnend ist auch folgendes Erlebnis: Auf dem Wege zur Kinderklinik, wo noch eine Menge Patienten eingegipst im Bunker liegen, begegne ich vielen Pferdefuhrwerken, die mit Menschen beladen in westlicher Richtung fahren, ein Bild, das man schon wochenlang nicht mehr gesehen hat. Ich frage eine der Diakonissen im Bunker, was die Leute wohl bewogen haben könnte, ihre Häuser gerade jetzt zu verlassen, wo es einigermaßen ruhig geworden sei, um den gefährlichen Weg nach Pillau anzutreten. Sie nennt mir folgenden Grund: »Erst wollten sie ja nicht. Aber nun hat man ihnen wohl Angst gemacht, die Engländer möchten kommen und alles mit Bomben verwüsten – nun gehn sie.«

General von Thadden, der als Kommandeur der sogenannten 1. Division – von der ich nicht weiß, wieweit sie überhaupt existiert – über Stettin nach Königsberg gekommen ist, erzählt mir bei meinem Besuch in seinem Bunker im Postpräsidium eine ähnliche Geschichte: Ein Königsberger Maler hat ihn aufgesucht und begeistert von den vielen Anregungen gesprochen, die ihm als Künstler jetzt in Königsberg geboten würden. Ganz beeindruckt hat der General ihm seine Anerkennung ausgesprochen und ihn so nebenbei gefragt, wo er denn seine Familie hingeschickt hätte. Oh, die wäre noch zu Hause und es ginge allen gut. »Aber schießt es denn dort nicht zu sehr? Die Russen sind doch keine tausend Meter von Ihnen entfernt.« »Das wohl. Oben ist schon zweimal hineingeschossen worden. Aber wir wohnen ja parterre.« Und als der General ihn dann vorsichtig fragte, ob er seine Frau und Kinder nicht doch lieber aus der Stadt hinausbringen wolle, solange es noch möglich sei, bekam er ganz treuherzig zur Antwort: »Halten Sie das für notwendig, Herr General?« »Notwendig? Es kommt darauf an, was Sie mit Ihrer Familie – im Sinn haben.« Wie sollte er es ihm unauffällig beibringen, ohne als Defaitist verschrien zu werden? Schließlich bedankte sich der Gast für den Hinweis und versprach, die Angelegenheit mit seiner Frau zu besprechen.

Das Radio ist unverwüstlich. Wir erfahren von den furchtbaren Bombenangriffen auf Dresden, hören auch die unverschämte Rede von Goebbels, in der er zugibt, man könne jetzt wie die Römer zwar sagen: Hannibal ante portas! Es habe aber wohlgemerkt nicht nur einen, sondern drei punische Kriege gegeben, und schließlich seien die Römer doch Sieger geblieben.

Bei den Internisten des Lazaretts, die sich neben dem ausschließlich chirurgischen Betrieb immer etwas deplaciert vorkommen, stehe ich in dem Ruf, die feindlichen Flugzeuge anzulocken. Und in der Tat, fast jedesmal, wenn ich ausgehe, ganz gleich ob bei Tage oder bei Nacht, dauert es keine zehn Minuten, und schon sind sie zur Stelle. Man hat mich deshalb bereits ernsthaft vermahnt, mein Ausgehen vorher allgemein bekanntzugeben, damit man sich einrichten könne.

Diese Flieger sind auch wirklich zermürbend. Stundenlang brummen sie einzeln über der Stadt herum und lassen ab und an eine Bombe fallen. Dazu ist unser Lazarett in weitem Umkreis das einzige große Gebäude, welches als lohnendes Ziel in Frage kommt. Wer nichts zu tun hat, begibt sich nach Möglichkeit in den Keller. Nur Doktora und ihre Schwester sind den Bomben gegenüber von einer fast beleidigenden Gleichgültigkeit. Bei Angriffen sind sie jedesmal in der obersten Etage zu finden, wo sie den Verwundeten Mut zusprechen.

Nur ein einziges Mal erleben wir einen für beide Teile überraschenden Gegenangriff. Ich sehe, wie eine Gruppe anfliegender Maschinen plötzlich auseinanderfährt, als wäre ein Habicht dazwischengestoßen. Ein einzelner Jäger, dreimal so schnell wie die Russen, fegt mehrmals durch das Blickfeld. Eine Maschine fängt Feuer, acht Insassen springen heraus und hängen an Fallschirmen über den Hafenanlagen. Die übrigen Flugzeuge haben das Weite gesucht. Später hören wir, der Jäger habe sie alle der Reihe nach abgeschossen. Wenn das auch stark bezweifelt werden muß, so ist durch diese wirkungsvolle Abwehr doch wenigstens ein gewisses Spannungsmoment in unser Festungsdasein gekommen.

Was gehen einem hier alles für Menschen durch die Hände! Und was für furchtbare Verwundungen! Das »Recht auf Gesundheit« ist vollständig zur Gnade geworden. Ein paar einzelne, zu denen der Zufall eine besondere Verbindung geschaffen hat, haben wir in unmittelbarer Nähe des Operationsraumes untergebracht, um hin und wieder schnell einmal nach ihnen sehen zu können. Da ist vor allem der neunzehnjährige Sepp, ein bärenstarker Innsbrucker. Er hat ein Auge verloren, und ein Bein mußte hoch im Oberschenkel amputiert werden. Auch das andere Bein ist immer noch in Gefahr. Man hört ihn oft schreien vor Schmerz. Aber wenn man zu ihm kommt, ist er gleich still, und sein ganzer Ausdruck sagt: »Lieber Doktor, ich weiß, du hast gar keine Zeit, und ich bin ja auch nur einer von vielen, aber bleib einen kleinen Augenblick hier, ich will auch ganz artig sein.« Und dann erzählt er, was er alles für Pläne hat, wenn es zum Skilaufen nicht mehr reichen sollte. Und man geht getröstet wieder fort.

Auch ein Gestütswärter aus Trakehnen ist dabei, den wir als Kinder wegen seines waghalsigen Reitens bewundert und geschätzt haben. Er ist bei Lauth als Volkssturmmann auf eine Mine geraten, und ich habe ihm den rechten Fuß und die rechte Hand abnehmen müssen. Er erinnert mich daran, daß ich vor vielen Jahren einmal eine Nacht an seinem Bett gesessen habe, als er schwer gestürzt war, und gibt seiner Freude darüber Ausdruck, daß er jetzt wieder bei mir gelandet sei.

Was das chirurgische Handeln im ganzen betrifft, so bietet sich täglich und stündlich Gelegenheit, zu erschrecken über das Maß an Verantwortung, welches einem auferlegt wird, und mehr noch über die Plötzlichkeit, mit der man schwerstwiegende Entscheidungen zu fällen sich hat gewöhnen müssen. Was entscheidet da eigentlich in einem? Sind es nur sachliche Argumente, oder spielt nicht auch die Gemütsverfassung eine Rolle, in der man sich gerade befindet? Es kommt vor, daß ich hintereinander zehn Beine amputiere, die ich bis dahin erhalten zu können hoffte.

In derartige Entscheidungen hinein spielt ja auch immer die Frage, was aus den Leuten werden soll, wenn plötzlich die Russen da sind. Werden die Amputierten dann nicht am schlimmsten dran sein? Ich zwinge mich zwar dazu, diesen Gesichtspunkt nach Möglichkeit auszuschalten, weil er über das hinausgeht, was mir aufgetragen ist. Aber er drängt sich doch immer wieder auf, und ohne den Glauben an die Vergebung wüßte ich nicht, wie ich das alles überhaupt bestehen sollte. Die Leute sterben wie die Fliegen. So oder so, an Entkräftung und weil man ihnen nicht die notwendige Nachbehandlung verschaffen kann. Vor dem Hause türmen sich die verbrauchten Verbände viele Meter hoch und beginnen, in den Teich abzurutschen, während drüben auf dem Friedhof die Reihe der frischen Gräber unaufhaltsam weiterläuft. Neuerdings kommen sogar Verwundete über Pillau zu uns herein, weil dort alle Unterkünfte überfüllt sind und wegen der Minen- und Fliegergefahr nur selten einmal ein Schiff abfahren kann. Wir hören von verzweifelten Kämpfen um Heiligenbeil, wo eine ganze Armee von den Russen eingeschlossen ist und gegen das Haff gedrängt wird. Tausende von Verwundeten werden unter unmöglichen Umständen über das Eis transportiert. In den Steilhängen des Haffufers halten sich noch einige Widerstandsnester, wenige Meter darüber stehen schon die Russen. Flugzeuge pendeln über dem Strand hin und her und schießen in den Steilhang hinein. Wie lange noch, dann kommen wir an die Reihe.

Pfarrer Eberhard Müller ist nach Pillau versetzt worden. Seinen Posten als Lazarettpfarrer hat Bruder Martin übernommen. Wir sind froh, ihn nicht mehr im Operationssaal mißbrauchen zu müssen, sondern ihn ganz den Verwundeten überlassen zu können.

Am 20. März werde ich von dem Leiter der Ärztekammer aufgefordert, mich um die Chirurgische Abteilung des Städtischen Krankenhauses zu kümmern, die seit einiger Zeit nicht mehr ordnungsgemäß versorgt wird. Ich bin jetzt für diese neue Aufgabe freigeworden, weil ein weiterer Chirurg ins Lazarett gekommen ist, der meine Gruppe übernehmen kann. Ich werde also wieder Zivilist. Doktora und ihre Schwester bleiben zunächst beim Lazarett, weil sie dort unabkömmlich sind.

Für diesen Abend ist es mir gelungen, Bothmer und den dicken Stabsarzt zusammenzubringen. Wir treffen uns bei letzterem im Ostpreußenwerk, und bald sind die beiden in ein Fachgespräch über Kopfchirurgie vertieft, wobei ein Neurologe aus der ehemaligen Nervenklinik, der jetzt im Ostpreußenwerk mitarbeitet, Hilfestellung leistet. Dazu spendet uns der Hausherr seinen angeblich unwiderruflich letzten Martell, den wir aus kleinen rotgeränderten Gläsern trinken.

Der Betrieb im Städtischen Krankenhaus läßt sich für mich zunächst schwer übersehen. Die einzelnen Häuserblocks sind zum Teil schwer beschädigt, und die noch brauchbaren Krankenzimmer liegen weit auseinander in verschiedenen Stockwerken. Man kommt sich vor wie in einem Labyrinth und weiß nie genau, wo man sich eigentlich befindet. Wunderschön ist der Operationssaal im Keller des zweiten Hauptblocks, ursprünglich zur gynäkologischen Abteilung gehörend. Dort fühlt man sich wie zu Hause. Alles ist noch friedensmäßig vorhanden, Instrumente, Wäsche, Beleuchtung, dazu zwei perfekte Operationsschwestern, Martha und Ruth. Beide sind sehr tatendurstig und freuen sich, daß wieder operiert werden soll.

Die Poliklinik, im Vorderhaus an der Straße gelegen, ist mit zwei ebenfalls sehr tatkräftigen jungen Schwestern besetzt. Sie wohnen im Nebenraum hinter einem Vorhang. Da sie seit Wochen keine ärztliche Unterstützung haben, nehmen sie selbständig Granatsplitter heraus und machen alle notwendigen Gipsverbände. Was über ihre Möglichkeiten hinausgeht, schicken sie auf die gegenüberliegende Straßenseite zum Krankenhaus der Barmherzigkeit. Der Keller, in dem sie wirken, liegt nicht ganz unter dem Erdniveau, ist aber zur Straße hin durch einen Mauervorbau gut gesichert. Hier wie auch drüben in der Nähe des Operationssaals liegen viele Patienten, zwar sehr eng, aber leidlich sicher untergebracht. Im ganzen sind es etwa hundertfünfzig, die Hälfte davon Ausländer, Franzosen, Polen und Russen, darunter auch eine Anzahl Frauen. Als Krankenträger und

Helfer fungieren fünfzehn Franzosen und ein russischer Medizinstudent. Dazu der Pfleger Stantus, ein Mann mit langjähriger Erfahrung im chirurgischen Betrieb. Unter den Hausangestellten sind einige Russinnen. Die Schwesternschaft ist ganz uneinheitlich; zum Teil sind es braune Schwestern. Viele sollen das Haus schon verlassen haben. Der Direktor der Anstalten, Professor Boettner, ist mit einem internistischen Assistenten und zwei Assistentinnen dageblieben. Meinerseits bekomme ich einen jungen ukrainischen Arzt als Assistenten. Wohnung erhalte ich im Zimmer des früheren Oberarztes im zweiten Stock.

Am 22. März fahre ich mit meinem Rad zum Feldlazarett, um mich dort zu verabschieden. Als ich am Finanzpräsidium vorbeikomme, überquert in der Abenddämmerung ein einzelnes großes, schwarzes Flugzeug wie ein Dämon die Stadt. Aus zahllosen Rohren steigen in langen Ketten leuchtende Punkte vom Boden auf, von tausend Augenpaaren verfolgt, steigen und steigen, um schließlich kraftlos von gepanzerten Wänden abzuprallen. Unbeirrbar zieht der Dämon seine Bahn. Und dann steigt, von dröhnendem Einschlag gefolgt, eine dicke schwarze Rauchsäule in unmittelbarer Nähe des Hauptbahnhofs auf. Eine einzige Bombe auf eine ganze Stadt – aber wie tief kann einen das beunruhigen. Es muß ganz in Bothmers Nähe gewesen sein. Ich kann es mir zeitlich nicht leisten, dort noch hinzufahren, um nachzusehen, was geschehen ist. Und die Spannung löst sich erst, als ich zum Krankenhaus zurückkomme und einen Brief von ihm vorfinde. Er schickt mir einen verwundeten Franzosen. Vier deutsche Soldaten, die unmittelbar vor seiner Tür von der gefürchteten Bombe getroffen worden sind, hat er selbst behalten.

Am folgenden Tag mache ich einen Besuch bei den Kollegen in der Barmherzigkeit. Auf dem Kasinotisch steht eine Photographie von Churchill, und man ist eifrig dabei, russische Begrüßungsformeln zu lernen. Auch mir wird dazu geraten, und man findet mich sehr rückständig, weil ich diese Mühe für zwecklos halte.

Ihre Keller sind überfüllt mit Kranken. Was neu dazukommt, wollen sie in Zukunft zu mir herüberschicken. Verluste haben sie auch schon gehabt. Unter anderen ist die Röntgenschwester bei ihrer Arbeit durch einen Artillerietreffer getötet worden. – Im Städtischen Krankenhaus ist die Röntgenabteilung mit einer großen blonden Assistentin besetzt, die ausgezeichnete Aufnahmen macht und froh ist, daß es wieder mehr zu tun gibt.

Ich habe eine Bescheinigung erhalten, die mich berechtigt, innerhalb der Festung überall ungehindert zu passieren. Während der letzten Wochen sind aus Trümmern eine Menge Barrikaden und Sperren aufgebaut worden. In früheren Zeiten hätte man das Ganze nun schon fast als Festung bezeichnen können. Gänzlich unkenntlich geworden ist die Gegend zwischen Schloßteich und Universität. Die Trümmerreste sind größtenteils abgetragen, man schlängelt sich auf schmalen festgetretenen Steigen über Berg und Tal, zwischen großen Ziegelhaufen hindurch. Von Zeit zu Zeit wird etwas heftiger mit Artillerie hereingeschossen; man hat deutlich das Gefühl, dem Finale entgegenzugehn. Nachts dröhnen von den Stadträndern die russischen Sender herein. Sie bringen von Musik unterbrochene Aufforderungen an die Bevölkerung, sich bedingungslos zu ergeben.

Die Möglichkeit, noch friedensmäßig zu operieren, nutze ich aus, solange uns noch Zeit gelassen ist. Auch einen Soldaten vom Feldlazarett habe ich mir mit Genehmigung der Sanitätszentrale herübergeholt, um ihn an einem Magenkrebs zu operieren. Doktora kommt mir dabei helfen und bleibt anschließend gleich da, weil sie drüben freigeworden ist.

*25. März. Palmsonntag*

Bruder Martin hält einen Gemeindegottesdienst in der Ratshöfer Kirche, und wir nehmen daran teil. Was für ein frühlingsmäßiger März! Schon lange liegt kein Schnee mehr. Schwäne und Gänse überfliegen das Stadtgebiet. Die Friedhöfe triefen von Nässe. Zwischen den schwarzen Stämmen liegen noch immer Berge von Munition, und an freieren Stellen stehen die dazugehörigen Geschütze. – Der Gottesdienst ist ganz stark besucht. In Ermangelung von Wein wird das Heilige Abendmahl mit Erdbeersaft ausgeteilt. Zum Abschluß wird ein kleines Kind getauft.

*29. März. Gründonnerstag*

Ich bin aufgefordert worden, mich zur Bestätigung meiner neuen Anstellung bei den Städtischen Krankenanstalten und zur Klärung der Gehaltsfrage beim Oberbürgermeister zu melden. Dieser soll im Stadthaus am Nordbahnhof zu finden sein. In dem stark angeschlagenen Gebäude bleibt mein Suchen nach ihm jedoch erfolglos. Und da mein Gehalt mich zur Zeit nicht gerade vordringlich interessiert, gebe ich weitere Nachforschungen auf. Statt dessen mache ich einen Besuch im Ärztehaus hinter dem Polizeipräsidium. Dort ist der Leiter der Ärztekammer zu finden und neben einigen jüngeren Kollegen auch Obermedizinalrat Dembowski, ein Mann, dem man es gleich ansieht, daß er über der Situation steht. Ihm gegenüber darf man ein offenes Wort riskieren.

Etwas später erscheinen noch zwei mir bekannte Praktiker aus der Insterburger Gegend, die mit einem älteren Kollegen zusammen die inzwischen verwaiste Zentrale des Roten Kreuzes übernommen haben. Einer von den jungen Ärzten befindet sich im Aufbruch aus der Festung hinaus. Ihm kann ich einen Brief mitgeben. Vor kurzem habe ich eine Feldpostkarte hereinbekommen mit der unendlich tröstlichen Nachricht, daß meine Schwester mit ihrem Mann hinausgekommen ist und daß sich auch mein Vater im Westen befindet. Ungewiß ist dagegen das Schicksal meiner Mutter und meines Bruders; sie waren mit ihrem Treck am 5. März jenseits der Oder noch nicht aufgetaucht.

Ich mache noch einen kurzen Besuch in der nahen Mädchengewerbeschule, in der jetzt ein Hauptverbandplatz liegt. Sie hat am Morgen mehrere Volltreffer ins obere Stockwerk bekommen. Zu meiner Freude finde ich dort die beiden Studenten wieder, die mir Ende Januar in der Chirurgischen Klinik so treu geholfen haben. Sie führen hier die Röntgenabteilung und sind recht guter Dinge.

Dann begleite ich die beiden Insterburger Kollegen zu ihrer Dienststelle, die jetzt in einem Bunker der Medizinischen Klinik in der Drummstraße liegt. Dort gibt es noch erstaunlich gutes Essen. Ich werde zu Mittag eingeladen. Dann fahren sie mich in ihrem Dienstauto zum Städtischen Krankenhaus zurück, nachdem sie mir die Taschen voll Lebensmittel gesteckt haben. Beim Aussteigen frage ich, wo sie noch hinwollen. Dienstlich nach Juditten, ist die Antwort, zu einem NS-Frauenschaftskaffee. Einer von ihnen muß dort eine Rede halten! »Mein Gott«, entfährt es mir, »ist denn das Nazi-Gespenst immer noch nicht tot?« Sie zucken die Achseln.

*30. März. Karfreitag*

Bruder Martin wollte kommen und bei uns Andacht halten, aber wir haben vergebens gewartet. Am Abend gehe ich durchs Haus und lade von den Schwestern und vom Personal jeden, den ich treffe, zu einer Andacht ein, die ich selber halte. Wir hören das Evangelium von den beiden Schächern am Kreuz: »Wahrlich ich sage dir, heute noch wirst du mit mir im Paradiese sein.« Das Sprechen fällt nicht schwer. Wissen wir doch jetzt ziemlich genau, woran wir sind. Die Russen haben Flugblätter abgeworfen mit der Nachricht, Ostern dürften wir noch feiern, aber dann wäre es aus mit uns. Wir hörten, daß Danzig vor vierzehn Tagen vernichtet worden ist und Breslau sich noch wehrt. Im Westen werden die Städte weiterhin durch Bombenangriffe heimgesucht, Dresden ist verbrannt mit Zehntausenden von Flüchtlingen neben den Einheimischen. Wo sollen die Menschen noch hin?

Spät abends kommt Bothmer mich besuchen. Mit seinem Fahrrad hat er den Weg gefunden, obgleich man im Nebel und Sprühregen kaum drei Schritte weit sehen kann. Bei einer Flasche schlechten Weins, den wir mühsam ergattert haben, verbringen wir die Nacht in dem schönen, gelb ausgekachelten Entbindungskeller und sprechen von dem Geschehen des Karfreitags und allem, was sich daraus für uns ergibt. Gegen Morgen begleite ich ihn durch die Trümmerreihen des Roßgartens, die augenblicksweise vom Mond erhellt werden, bis zum Roßgärter Markt. Als wir uns trennen, frage ich ihn nach seinem Vornamen. »Ich heiße leider Adolf«, antwortet er, »aber meine Freunde nennen mich Alf.« Und ich bin still und sage ihm nicht, daß der, um dessentwillen er »leider« sagt, von seinen Freunden auch Alf genannt wurde, als er noch welche hatte.

*1. April. Ostersonntag*

Die Worte von der Auferstehung Jesu nach Johannes bilden den Mittelpunkt eines internen Gottesdienstes, den wir im Operationsraum halten. Sogar ein leidlicher Gesang kommt zustande, obgleich die wenigsten aus unserer Umgebung noch an geistliche Lieder gewöhnt zu sein scheinen. Doktora ist im Feldlazarett gewesen, hat ihre Schwester und Bruder Martin getroffen, beide sind wohlauf. Die Ecke von Bruder Martins Zimmer ist von einer Bombe herausgerissen worden, als er gerade nicht anwesend war. Im Wohnhaus ist ein Artilleriegeschoß durchs Fenster geflogen und auf dem Bett eines der Internisten als Blindgänger liegengeblieben.

*Dienstag, den 3. April*

Schon früh am Morgen ist es mir wegen des stärkeren Artilleriebeschusses in meinem Zimmer im zweiten Stock recht ungemütlich geworden, obgleich ich mir ausgerechnet habe, daß auf direktem Wege eigentlich gar nicht hineinzutreffen ist. Meine Siebensachen habe ich fast alle mit hinuntergenommen und sie im Raum neben dem Operationssaal untergebracht. Eine Stunde später, als wir gerade beim Operieren sind, prasselt eine Ladung kleiner Bomben auf uns herunter. Teile der Hauswand lösen sich von den oberen Etagen der alten hohen Ziegelkästen und krachen zu Boden. Im Operationssaal sind wir gut geschützt und empfinden die Einschläge kaum. Kurz darauf kommt jemand herein und empfiehlt mir, gelegentlich einmal einen Blick auf die gegenüberliegende Hauswand zu werfen. Ich laufe vor die Tür und sehe im zweiten Stock ein großes Loch. Die einzige Bombe, die das Haus von der Seite getroffen hat, ist in mein Fenster gegangen und hat ein rundes Loch aus der Mauer gerissen. Oben sind nur noch Trümmer, die Innenwände herausgerissen, mein Bett und der Rest meiner Habe in Fetzen.

*Mittwoch, den 4. April*

Die Nacht ist noch ruhig gewesen, aber morgens setzt Trommelfeuer ein. Den ganzen Tag über zittert die Erde und dröhnt der Himmel. Einzelheiten können wir nur unterscheiden, wenn in unserer unmittelbaren Nähe Steine herunterprasseln. Wir sind wie ein im Ozean schwankendes Schiff geworden. Alle Kranken wurden in die Keller gebracht, Neuankömmlinge bleiben im Operationssaal und in den Nebenräumen am Boden liegen. Doktora und ich operieren an zwei Tischen; einer allein reicht nicht aus für die Menge Verletzter, die anfällt. Frauen und Kinder mit schweren Schußverletzungen werden gebracht, aber auch Soldaten; wir sind auch schon eine Art Feldlazarett geworden.

*Donnerstag, den 5. April*

Heute sind die Flieger an der Reihe. Vom frühen Morgen des wunderschönen Sonnentages bis zum späten Nachmittag kreisen sie, zuerst in fünfhundert Metern Höhe, dann viel niedriger, über allen Teilen der Stadt. Mehrere Hundert sind immer gleichzeitig in der Luft, werfen Bomben schweren Kalibers und schießen aus allen Rohren in die Straßen hinunter. Von einer Abwehr ist nichts zu bemerken. Ruhig und gleichmäßig ziehen die Schlachtflieger ihres Weges. Ein gewaltiges Schauspiel, das sich uns jedesmal bietet, wenn wir an den Ausgängen unseres Hauses zum Schloßteich hin vorüberkommen. Am stahlblauen Himmel quirlt ein reißender, zur Stadtmitte hinziehender Sturm die aufsteigenden Qualmwolken durcheinander. Über der Innenstadt liegt ein schwarzes Gebirge, aus dem die Flammen herausschlagen. Darüber kreisen die von allen Seiten heranstrebenden Flugzeuge, tauchen in den Hexenkessel ein und steigen auf der anderen Seite unversehrt wieder empor. Die Steinstufen vor unserer Tür sind mit Granatsplittern übersät. Aber nur, wenn Flugzeuge direkt über uns sind, springen wir ein paar Schritte zurück in den Keller. Sonst stehen wir immer wieder draußen und starren gebannt in das höllische Treiben. Verständigen kann man sich nicht, aber das ist auch nicht nötig. Wissen wir doch, daß wir beide dasselbe denken, nämlich das, was unser Herr und Heiland für solche Tage des Schreckens und der Vernichtung empfohlen und zugesagt hat: »Sehet auf und erhebet eure Häupter, darum daß sich eure Erlösung naht.«

Ich bemerke, daß Doktora singt; und dann singen wir beide gemeinsam in das Toben hinein: »Lobe den Herren, o meine Seele, ich will ihn loben bis zum Tod. Weil ich noch Stunden auf Erden zähle, will ich lobsingen meinem Gott.« Wir leben ein glühendes Leben in diesen Tagen. Alle Gedanken kreisen um den einen unvergänglichen Mittelpunkt. Und aus dem Glauben ist fast schon ein Schauen geworden.

Was unsere Mitarbeiter betrifft, so ist ein besseres Funktionieren aller Kräfte kaum vorzustellen. Die Franzosen, die als Krankenträger Großartiges leisten und furchtlos mit ihren Tragen von einem Block zum anderen über die Höfe gehen, hole ich mir für einen Augenblick zusammen und danke ihnen für ihren hochherzigen Einsatz, zu dem sie kein Mensch mehr zwingen kann. Einer von ihnen antwortet für alle, sie stünden hier bewußt als Vertreter ihres Volkes und würden uns bis zum Ende den geforderten Dienst leisten.

Als das Maschinenhaus, zwischen uns und dem Schloßteich, zu brennen anfängt, organisieren wir mit den Franzosen einen Löschtrupp, um zu verhindern, daß das Feuer zu uns überspringt. Mit Eimern laufen wir einer nach dem anderen zum Schloßteich hinunter, und den vereinten Bemühungen gelingt es schließlich, das Feuer zu löschen, ohne daß jemand zu Schaden kommt.

Auch die Schwestern sind in ihrer Furchtlosigkeit und Einsatzbereitschaft über jedes Lob erhaben. Eine von ihnen, die rührende, sich völlig aufopfernde Schwester Maria, ist mir aus diesen Tagen durch eine überraschende Antwort besonders in Erinnerung. Auf meine Frage, wie sie eigentlich zu den braunen

Schwestern gekommen sei, erwidert sie: »Na ja, Herr Doktor, erst waren wir ja bei der Christlichen Gemeinschaft. Aber dann kam doch im Sommer der Engländer mit seinen Bomben und hat uns die Posaunen zerstört. Na, und was hatten wir da noch, womit man die Menschen konnt' locken? Da gingen wir denn bei die braunen Schwestern.«

Als es gegen Abend ruhiger geworden ist, stellen wir mit Freuden fest, daß wir alle noch da sind.

*Freitag, den 6. April*

Nachdem auch die Nacht etwas ruhiger gewesen ist, beginnt der Tag mit erneutem Trommelfeuer. Die Nerven sind bereits so stark überbeansprucht, daß man in einer merkwürdigen Gespaltenheit lebt. Während ich in leidlicher äußerer Ruhe meinen Dienst verrichte und darauf bedacht bin, die Einschläge in die dicken Wände unseres Blocks und das Herunterbröckeln des Gesteins mit Gelassenheit als etwas Selbstverständliches zu quittieren, bemächtigt sich meiner in steigendem Maße eine Traumwelt. Ich sehe uns am Fuß eines tiefverschneiten bewaldeten Abhangs in einer Strohhütte sitzen. Es ist Nacht, und Schwärme von Russen gleiten, Fackeln in den Händen haltend, zwischen den Stämmen auf uns herab. Noch haben sie uns nicht ganz erreicht, aber wir starren schon in ihre fremden wilden Gesichter.

Dazwischen schnappe ich dann wieder Bemerkungen auf, die mich ganz in die Wirklichkeit zurückholen, weil sie von einzigartiger Naivität sind. Unvergeßlich bleiben wird mir die folgende aus dem Munde eines der verwundeten Soldaten, die im Operationssaal am Boden aufgereiht liegen. Als gerade wieder ein Granatwerferhagel unmittelbar in unserer Nähe heruntergekommen ist, höre ich es laut und vernehmlich in waschechtem Ostpreußisch: »Na, nu werden sie uns ja wohl besiegen, aber jeistig nie!«

Während der Nacht strecken auch wir uns stundenweise auf dem Fußboden aus. Die Stadt ist ein Flammenmeer.

*Sonnabend, den 7. April*

Ich wache davon auf, daß die vier Lampen im Operationssaal auf einmal von der Decke fallen, eine davon mir auf den Leib. Dazu der Nachhall einer gewaltigen Erschütterung des ganzen Gebäudes. Kurz darauf schwere Einschläge in etwas weiterer Entfernung. Es ist bereits Tag. Im Flur kommt mir der Pfleger Stantus entgegengetaumelt. Er war gerade zum oberen Stock gegangen, um aus der geräumten Station etwas zu holen, als die Bomben fielen. Mit voller Wucht wurde er gegen die Wand geworfen, ebenso die ihn begleitende Russin Wally, die bewußtlos liegengeblieben ist. Wir beeilen uns, sie herunterzuholen, da hart über die Häuser hinweg schon wieder Flieger kommen. Oben ist alles herausgerissen, was an Türen und Zwischenwänden noch vorhanden war. Der Osteingang ist durch einen Krater von fünfzehn Metern Durchmesser blockiert. Ein Leiterwagen mit Betten, der dort gestanden haben muß, ist spurlos verschwunden. Ein zweiter Krater annähernd gleichen Kalibers ist vom Operationssaal nur durch die Außenwand getrennt. Der dritte Einschlag ist ein mannsgroßer Blindgänger, der über uns im ersten Stock liegengeblieben ist.

Im Laufe dieses Nachmittags geraten wir zwischen beide Fronten. Bewaffnete Truppenteile ziehen sich quer durch unsere Häuserblocks zurück, halten sich vorübergehend bei uns auf, schießen ihre Karabiner in steiler Richtung über die Dächer hinweg leer und laufen dann um den Schloßteich herum stadteinwärts. Am jenseitigen Schloßteichufer hat sich offenbar eine neue Abwehrlinie formiert. Von dort aus wird unaufhörlich ganz flach über uns hinweggeschossen, wobei Teile unseres Daches absplittern. Keine hundert Meter trennen uns von dieser Linie, aber ihre Abwehr hört sich an wie Kleinkaliberschießen neben dem bösen Toff Toff der Bordkanonen, wenn die Schlachtflieger kommen.

Wie ein verhageltes Kohlfeld sieht das jenseitige Schloßteichufer aus. Unwillkürlich denkt man an die Bilder von Douaumont und anderen zerschossenen Festungen aus dem Ersten Weltkrieg, nur daß jene eben für den Krieg geschaffen waren. Dagegen schien das Königsberger Schloßteichufer seine bürgerliche Beschaulichkeit für immer gepachtet zu haben. Nun wird es ganz und gar vergewaltigt.

In unserer Mitte beginnen hier und da die Nerven zu versagen. Mir fallen einige Menschen auf, die im Tiefschlaf liegen, weil sie offenbar zu viel Tabletten genommen haben. Um der Ansteckungsgefahr des Selbstmordes entgegenzuwirken, halte ich im Operationssaal eine kleine Ansprache, der das Bibelwort zugrunde liegt: »Fürchtet euch nicht vor denen, die nur den Leib töten, aber die Seele nicht töten können. Fürchtet euch aber vor dem, der Leib und Seele verderben kann.«

*Sonntag, den 8. April*

Im Laufe des Sonntags wird der Beschuß immer spärlicher, wie eine langsam auslaufende Maschinerie. Aus dem einheitlichen Brausen und Dröhnen ist ein auf einzelne Punkte verteiltes Knattern geworden. Gerüchte tauchen auf, die Stadt sei durch Parlamentäre zur Übergabe aufgefordert worden. Der Kommandant habe darauf eingehen wollen und sei dafür von der SS erschossen worden. Diese habe sich im Schloß verschanzt und wolle bis zum letzten Mann kämpfen.

Eigenartige Typen, die jetzt so auftauchen und Anschluß suchen, vom Sturm verweht, nicht mehr ganz bei Trost. Sie sprechen wie das wandelnde Schicksal, und man fragt sich, was sie wohl früher gesagt und getan haben, als sie noch normal waren. Man hört ihnen zu und nickt und findet den Sinn des Krieges darin, daß er die Menschen so macht.

Spät in der Nacht hört die Schießerei ganz auf. Nach dem Stampfen und Schüttern der vergangenen Tage fühlt man den Boden nicht mehr, auf dem man steht. Man glaubt zu fallen, in eine Ewigkeit hinabzusinken. Mit trübseligem Lächeln sehen wir einander an, fast enttäuscht darüber, daß wir noch vorhanden sind und das Ganze deshalb noch irgendwie weitergehen muß. Man hat nicht erwartet, aus dem feurigen Meer noch einmal aufzutauchen. Nun schwimmt man auf einmal wieder an der Oberfläche und weiß nur das eine, daß man neuen Anforderungen nicht mehr gewachsen sein wird. Nachdem wir noch einmal in der Heiligen Schrift gelesen und gebetet haben, legen wir uns zum Schlafen auf den Boden.

3

## Königsberg unter den Russen

*9. bis 24. April 1945*

Einmal sah ich eine Katze mit einer Maus spielen. Die Maus war noch sehr munter und schien der Katze Vergnügen zu machen. Immer wieder versuchte sie zu entfliehen, und mehrmals glaubte ich schon, sie sei wirklich entkommen. Wenn ich mir aber die gelangweilt dreinschauende Katze näher ansah, mußte ich feststellen, daß sie das Tierchen längst schon wieder zwischen ihren Zähnen hatte. Viele Stunden später war in der Maus immer noch Leben. Das völlig zerfledderte Tier hatte keine Lust mehr, davonzulaufen, sondern rutschte nur ziellos hin und her, wenn es von der Katze dazu veranlaßt wurde. Diese tat sich Zwang an, das ungleiche Spiel noch unterhaltend zu finden. Ihr Eifer schien, gemessen an dem Zustand der Maus, weit übertrieben.

Ich hätte zuspringen und das Tierchen töten können, um mir Ruhe zu verschaffen. Aber was hülfe das, so dachte ich, jenen abertausend Mäusen, die der gleichen Bedrängnis verfallen, ohne daß jemand zur Stelle ist? Gilt es hier nicht, einer Frage standzuhalten, die in ähnlicher Form immer wiederkehrt? Und kann ich die Lösung anderswo finden als dort, wo ich mich selber im Zustand jener Maus wiedererkenne?

*9. April 1945*

Morgens gegen fünf Uhr wache ich auf von Stimmengewirr und hastigen Schritten vor meiner Tür. Ich wecke Doktora und bitte sie, sich fertigzumachen. »Was ist?« fragt sie schlaftrunken. »Ich nehme an, die Russen sind da, will schnell einmal nachsehn.« »Die Russen? – Ach, kommen die jetzt? Ich hatte sie schon ganz vergessen.« »Was ist zu machen«, sage ich, »du hast es ja selbst nicht anders gewollt.« Sie nickt mir zu. Ich ziehe meinen weißen Kittel über und trete auf den Gang hinaus.

Czernecki, mein ukrainischer Assistent, kommt mich schon holen zum Empfang der Russen. Die Kranken, an denen ich vorüberkomme, recken die Hälse: »Zwei sind schon durchgelaufen und haben uns die Uhren weggenommen, und die Wally hat schon eins abgekriegt.« Wally, die beherzte kleine Russin, liegt mit blutüberströmtem Gesicht zwischen den Kranken am Boden und rührt sich nicht. Der Russe hat sie, als sie ihm in den

Weg trat, am Schopf gepackt und mit dem Gesicht auf den Boden geschlagen. Der Oberkiefer ist gebrochen, mehrere Zähne sind ausgeschlagen. Sie ist bei Bewußtsein, gibt aber keinen Laut von sich.

Am Haupthaus stehen zwei Russen und wühlen in einem Koffer. Ihr Anblick hat etwas Bestürzendes. Ich komme mir vor wie jemand, der auf die Bärenjagd gegangen ist und seine Waffe vergessen hat. Wir gehen auf sie zu, worauf sie von dem Koffer ablassen und sich für uns interessieren. Die Mündung der Maschinenpistole auf dem Leib, werden wir einer gründlichen Untersuchung gewürdigt. Ein Versuch meines Begleiters, sie anzusprechen, mißlingt. Sie reagieren nur mit kurzen knurrenden Lauten und setzen ihr Werk systematisch fort. Inzwischen kommen weitere Russen aus dem Hauptblock hervor, wie Schlittenpferde behängt mit den abenteuerlichsten Gegenständen. Auch sie beschnüffeln uns kurz, meine Füllfeder verschwindet, Geld und Papiere fliegen in der Gegend herum. Meine Schuhe sind ihnen zu schlecht. Dann hasten sie mit kurzbeinigen Schritten über Trümmer und durch Bombentrichter den anderen Häuserblocks zu, in deren Öffnungen sie untertauchen. Ihre Art, sich fortzubewegen, ist in verblüffender Weise nur auf Zweckmäßigkeit eingestellt. Im Bedarfsfall nehmen sie die Hände zu Hilfe und laufen auf allen vieren.

Im Haupthaus sind sie schon fleißig am Werk. Da ich immer wieder stehenbleiben und mich abtasten lassen muß, komme ich in den Gängen unseres Kellers nur wie durch ein Dickicht vorwärts. Aus allen Räumen dringen unterdrückte Protestlaute. Kranke werden aus den Betten gerollt, Verbände entfernt, hier und da größere Mengen Papier abgebrannt, um die Beleuchtung zu verbessern. Überall ist man schon verzweifelt am Löschen. Wir halten vergeblich Ausschau nach einem Offizier, denn wenn das so weitergeht, bleibt nicht viel von uns übrig.

In der Ambulanz wehren sich die jungen Schwestern gegen einige besonders Zudringliche. Ich wage nicht daran zu denken, was alles kommen wird, wenn sie erst sicherer geworden sind. Noch sind sie ausgesprochen hastig und aufs Raffen bedacht. Am eindrucksvollsten zeigt sich das im Wirtschaftsgebäude. Ich stehe sprachlos angesichts der Unmengen von Lebensmitteln dort, die man uns in den Festungsmonaten vorenthalten hat, und gerate nachträglich in Wut über meine Gutgläubigkeit und daß ich mir unser und der Patienten Hungern die ganze Zeit habe gefallen lassen. Nun balgt sich ein wilder, johlender Haufe um die schönsten Konserven, und Vorräte, von denen Hunderte ein ganzes Jahr hätten leben können, werden in wenigen Stunden vernichtet.

In der Mitte des Hauptraums türmt sich ein Haufen zerschlagener Gläser und aufgerissener Büchsen. Säcke über Säcke mit Mehl, Zucker, Kaffee werden darauf entleert. Daneben, halb eingedeckt, liegt ein Toter. Darüberhin turnen die Russen, Soldaten und Zivilisten, immer neue Stapel von hochwertigen Vorräten von den Regalen herunterscharrend. Dazwischen wird geschossen, gegrölt, gestoßen. Ich versuche, mir ein paar heile Gläser herauszufischen, ein Russe schlägt sie mir aus dem Arm.

Im Operationssaal ist Doktora dabei, Patienten zu verbinden. Ein Schwarm von Schwestern hat sich hierher geflüchtet und täuscht eifrige Hilfeleistung vor. Im Hintergrund treten die Russen auf den verwundeten Soldaten herum, sie auf Uhren und brauchbare Stiefel untersuchend. Einer von ihnen, ein junges Kerlchen, bricht plötzlich in Tränen aus, weil er noch immer keine Uhr gefunden hat. Er hebt drei Finger in die Höhe: Drei Mann will er erschießen, wenn er nicht sofort eine Uhr bekommt. Seine Verzweiflung ergibt den ersten persönlichen Kontakt. Czernecki läßt sich in ein langes Palaver mit ihm ein, und schließlich kommt irgendwoher auch noch eine Uhr für ihn zum Vorschein, mit der er glückstrahlend verschwindet.

Das Auftauchen der ersten Offiziere zerstört meine letzte Hoffnung auf ein erträgliches Auskommen. Alle Versuche, sie anzusprechen, schlagen völlig fehl. Auch für sie bin ich nichts weiter als ein Kleiderständer mit Taschen. Sie sehen mich überhaupt nur von den Schultern abwärts. Ein paar Schwestern, die ihnen gerade in den Weg laufen, werden gepackt und hinterhergezerrt, und ehe sie begriffen haben, was gespielt wird, werden sie völlig zerzaust wieder losgelassen. Die älteren müssen zuerst daran glauben. Ziellos irren sie in den Gängen umher. Verstecke gibt es ja nicht. Und immer neue Plagegeister fallen über sie her.

Ich schleiche wie im Traum durch unsere Keller und suche zu begreifen, was Gott hier von mir fordert. Czernecki hat von einem Russen, der sich als ansprechbar erwies, herausbekommen, daß vor Ablauf von sechs bis acht Tagen mit irgendeiner Ordnung nicht zu rechnen sei. Die Stadt sei den Soldaten freigegeben worden. Ich mache mir klar, daß ihnen hier zum erstenmal auf ihrem Feldzug Frauen in größerer Zahl in die Hände gefallen sind, ein Gedanke, der mir schon ganz entglitten war und der mich nun in die nackte Wirklichkeit zurückruft.

Ist es nicht so, daß wir die Verantwortung, die wir in der Belagerungszeit tragen durften, schon in Gottes Hand zurückgelegt haben, uns und die uns Anvertrauten Seiner Gnade befehlend? Nun wird sie uns in untragbarer Gestalt wieder vor die Füße geworfen. Ich hatte erwartet, es würde ein wildes und mit Recht rachsüchtiges Volk über uns hereinbrechen und dabei gleich im ersten Augenblick so viel vernichten, daß der einzelne gar nicht zum Nachdenken kommen würde. Für den, der lebend hindurchkäme, würde die Lage so neu sein, daß sich sein Verhalten darin von selbst ergeben würde. Er könnte dann gewissermaßen ein neues Leben beginnen. Unter das erste hatten wir – sehr voreilig – bereits einen Strich gezogen.

Wie sieht es nun aber mit uns aus? Es hat sich eigentlich nichts geändert, nur daß der Zermürbungsprozeß, der bei den Häusern angefangen hat, nun bei den Menschen weitergeht. Die endgültige Entscheidung über uns ist ausgeblieben. Ich bin so ausgelöscht, daß ich nicht einmal mehr beten kann.

Gleichzeitig erwacht, mir selbst zum Entsetzen, ein ganz neuer Sinn, eine Art von kalter Neugier. Was ist das eigentlich, so frage ich mich, was wir hier erleben? Hat das noch etwas mit natürlicher Wildheit zu tun oder mit Rache? Mit Rache vielleicht, aber in einem anderen Sinn. Rächt sich hier nicht in einer und derselben Person das Geschöpf am Menschen, das Fleisch an dem Geist, den man ihm aufgezwungen hat? Woher kommen diese Typen, Menschen wie wir, im Banne von Trieben, die zu ihrer äußeren Erscheinung in einem grauenvollen Mißverhältnis stehen? Welch ein Bemühen, das Chaos zur Schau zu tragen! Dazu diese stumpfe bellende Sprache, aus der das Wort sich längst zurückgezogen zu haben scheint. Und diese verhetzten Kinder, fünfzehnjährig, sechzehnjährig, die sich wie Wölfe auf die Frauen stürzen, ohne recht zu wissen, um was es sich dreht. Das hat nichts mit Rußland zu tun, nichts mit einem bestimmten Volk oder einer Rasse – das ist der Mensch ohne Gott, die Fratze des Menschen. Sonst könnte mich dies alles nicht so peinlich berühren – wie eigene Schuld.

Wenn's noch die Mongolen wären! Aber mit denen komme ich ohnehin besser zurecht. Sie sind einheitlicher, besser gezogen und darum in ihrer Substanz dem westlichen Geist wohl weniger ausgeliefert. Ihre Wildheit wirkt nicht beleidigend. Es sind drahtige Gestalten unter ihnen mit auffallend zarten Gliedern und einer natürlichen Haltung.

Mit einem Unteroffizier dieser Art bekomme ich auch den ersten menschlichen Kontakt durch Czerneckis Vermittlung. Er will versuchen, irgendeine Befehlsstelle ausfindig zu machen und dort Interesse für unsere Kranken zu wecken. Es sind ja unter ihnen auch eine Menge Ausländer. Ich setze den Rest meiner Hoffnung auf ihn. Wenn er durchkommt und auch wiederkommt, ist vielleicht noch etwas zu retten. Bis dahin müssen wir sehen zu halten, was zu halten ist.

Gegen Abend verwandelt sich unser verzweigter Hof in ein riesiges Zigeunerlager. Hunderte von kleinen Wagen mit struppigen Panjepferdchen davor fahren regellos auf. Überall hocken undefinierbare Gestalten, darunter Zivilisten, auch einige Frauen, um kleine Feuer, über denen auf zwei Ziegelsteinen emsig gekocht wird. Es ist, als befände man sich im tiefsten Asien und als sei es auch hier längst so geplant gewesen. So überwirklich ist alles wie die Bestätigung eines immer wiederkehrenden Traumes. Alle sind mit dem Sortieren der geraubten Sachen beschäftigt. Dazwischen stehen, unbeachtet und in stumpfer Ergebenheit, unsere Patienten mit ihren Angehörigen herum und sehen zu, wie der Inhalt ihrer Koffer verteilt wird. Mir wird schwindlig, wenn ich an die Nacht denke. Zu meiner vorübergehenden Erleichterung fliegt der Schwarm aber plötzlich auf und verläuft sich den Roßgarten hinunter stadteinwärts.

Die Nacht bricht herein, ohne daß unser Mongole zurückkommt. Soweit möglich, versuchen wir, die Kranken weiter zu versorgen. Die Franzosen sind noch da und helfen, wo sie können. Auch ihnen wurde alles weggenommen. Hier und da hat noch einer etwas Eßbares gerettet, ein paar Büchsen Fleisch, etwas Brot – wir teilen es untereinander auf.

Nachts herrscht im Operationssaal ein gespenstischer Betrieb. Bei schwacher Beleuchtung hantieren fünfzehn bis zwanzig vermummte Gestalten, meist jüngere Schwestern, an einem Patienten herum, der auf dem Operationstisch liegt. Ab und zu wird mit großem Personenaufwand ein neuer geholt, um ihn zu verbinden. So viele liegen noch unversorgt herum mit Verwundungen, die schon zwei und drei Tage alt sind. Den Russen ist es hier etwas unheimlich. Sie stehen eine Weile im Nebenraum herum, fassen gelegentlich auch einmal zwischen die Instrumente, um eine Schere wegzunehmen. Aber die Schwestern sind hier doch etwas weniger gefährdet.

Unerwartete Entlastung bringt uns dann noch ein Major, der uns eine Weile zusieht und schließlich von mir verlangt, ihm eine winzige Warze aus dem Gesicht zu entfernen. Schon sitzt er auf dem Operationstisch. Mit theatralischen Gesten werden ihm große weiße Tücher umgelegt, was ihm sichtlich imponiert. Da springt er plötzlich ab und befiehlt seinem Burschen, die Maschinenpistole im Anschlag, neben mir Stellung zu beziehen. Dann nimmt er erleichtert wieder Platz und gibt den Befehl, mit der Operation zu beginnen, deren Notwendigkeit uns stark übertrieben vorkommt. Immerhin hat sie den gewünschten Erfolg: Der Major ist begeistert und verteidigt uns noch eine ganze Zeit gegen neue Eindringlinge. Erst einmal für uns eingenommen, entpuppt er sich als Gemütsmensch.

Wir legen uns abwechselnd auf den Fußboden und schlafen, so gut es geht, die Schwestern zwischen den Verwundeten verteilt. Gegen Morgen läßt sich kaum mehr ein Russe blicken.

*10. April*

Im Laufe des Vormittags geht es wieder von neuem los. Zeitweilig wimmelt es in unseren Gängen wie im Bienenstock. Von allen Seiten hört man jetzt lautes Frauengeschrei. Schon wieder ist ein neuer Ton in die Teufelsmusik gekommen, deren Ursprung mir noch nicht ganz klar ist. Bisher haben sich die Eindringlinge durch energisches Auftreten immer noch unsicher machen lassen. Sogar Doktora hat durch ihr plötzliches Eingreifen oft die Situation retten können. Aber nun? Wie es scheint, haben die Russen Alkohol gefunden.

Da ist auf einmal unser Mongole mitten im Gedränge am Eingang. Ich falle ihm beinahe um den Hals. Er hat irgendeine verantwortliche Stelle ausfindig gemacht, zu der er uns bringen will. Sofort mache ich mich mit Czernecki auf den Weg. Ein zweiter Russe kommt mit und hilft die Neugierigen abwehren, die uns immer wieder festhalten und durchsuchen wollen. Den Roßgarten hinunter kommen wir in immer größeres Gedränge. Links brennt das Krankenhaus der Barmherzigkeit – ich denke, was sie wohl mit ihren Kranken machen werden, die alle im Keller liegen. – Bis zum Roßgärter Markt hin brennt alles, was bisher noch nicht zerstört war. Die Hitze ist stellenweise so groß, daß man es kaum aushält.

Die Königstraße herauf, über den Roßgärter Markt hinweg und weiter zum Schloß hin wälzt sich eine Riesenschlange einrückender Truppen, in die wir nun hineingeraten. Ich kneife heftig in meinen Oberschenkel, um mich zu vergewissern, daß dies alles Wirklichkeit ist und kein Traum. »Königsberg 1945« sage ich zu wiederholten Malen in mich hinein. Daß man es der guten alten, ehrwürdigen Stadt, die man nie so ganz für voll nahm, früher nicht angesehn hat, daß sie nur noch auf dies grandiose Schauspiel wartete, um dann zu verlöschen! Wie gut hat sie es verstanden, ihr Geheimnis vor uns zu hüten, als wir noch vor gar nicht langer Zeit in ihren gleichbleibend freundlichen Falten ahnungslos und mit überlegener Miene einhertrotteten. Erst die Stürme des letzten Sommers, die beiden englischen Fliegerangriffe, rissen ihr die Maske vom Gesicht und machten sie äußerlich reif für diesen Augenblick. Wir schwimmen inmitten eines Lavastromes, der sich von einem boshaften Stern auf die Erde ergießt. Nun macht er einen Bogen nach rechts – warum? Ach so, ja, hier haben ja Häuser gestanden, und hier ungefähr wohnte einmal unser Zahnarzt. Da oben in der Luft hat er gearbeitet. Vielleicht hat er früher auch manchmal aus dem Fenster auf die friedliche Straße gesehn, so als ob er auf irgend etwas wartete. Nun wälzt sich zwischen flammenden Trümmern ein wüster, johlender Haufe die Straße entlang, ohne Anfang und Ende. Ist das wirklich heute, an diesem Tage? Ist das nicht schon vor zweitausend, vor zehntausend Jahren oder ebensoviel später? Die Zeit ist doppelt, dreifach in diesem Augenblick. Nicht zu beschreiben, was sich da alles fortbewegt an Menschen, Tieren und Fahrzeugen. Ich weiß nur das eine: Dies ist der Sieg, der Sieg, wie er im Jahre 1945 aussieht, aussehen muß. Die lächerlichen und grauenvollen Einzelheiten, aus denen das Bild sich zusammensetzt, erscheinen mir wie Zwangshandlungen, Reaktionen innerhalb eines einheitlichen physikalisch-dynamischen Vorgangs. Die schiefe Ebene scheint mir dabei eine Rolle zu spielen, und ich frage mich betroffen, ob denn Königsberg immer schon soviel tiefer gelegen hat als Innerasien, daß die graue Lava so verrutschen konnte. Darin schwimmend, auf- und wieder untertauchend, Gestalten, Gestalten! Nein, nein! Man selbst ist eine solche Gestalt. Ich sehe mich stehen, weiterstolpern, gaffen mit verwehtem, vergessenem Gesicht. Wer bin ich heute? Wer sind die anderen? Wie merkwürdig zu denken, daß Menschen sich früher stundenlang angestellt haben, um Vorbeimärsche zu sehen. Auch hier vielleicht, an dieser Stelle einmal. Es muß also doch etwas Sehenswertes daran sein. Und nun dies hier, alles Vorstellbare maßlos übertreffend, für wen geschieht es, wer sieht es überhaupt? Ist es nicht ganz und gar zwecklos? Oder macht sich Gott hier selbst etwas vor?

Wir treiben weiter, auf das Schloß zu. Aus den Ruinen erhebt sich, wie ein Ausrufungszeichen, der Turm, der Länge nach gespalten, von tausend Geschossen zerfetzt, gekämmt, zerhackt. Man sieht in ihn hinein – da oben hängt noch die Glocke. Und auf einmal ist eine Stimme in mir, die gibt Antwort, und sie befiehlt mir: Mach nur die Augen auf und sieh, denn in der Tat wäre das, was hier vorgeht, sinnlos, zwecklos, höllisches Gelächter, wenn du es nicht sähest. Dies ist nicht ein Augenblick der Weltgeschichte – irgendeiner, der wieder vergeht –, das ist Weltgeschichte in einem Augenblick, in deinem Augenblick. Darum sieh nur hin, so wirst du die Herrlichkeit Gottes erkennen. Und dieser schmutzige, erschöpfte Menschenwurm, der ich bin, erschauert vor tiefer Seligkeit.

Wieder hat mich der Strom erfaßt. Flintenweiber kommen auf Autos stehend vorbeigeschwommen, furchterregend und lächerlich zugleich. Ihre Gebärde bekundet, daß sie es sind, die sich als Repräsentanten des Sieges fühlen. Ich lache in mich hinein und weiß doch dabei, daß mein Äußeres ganz dem entspricht, was sie von Besiegten erwarten.

Rechts und links in den Trümmern schleichen, wie verregnete Hühner, Reste der Bevölkerung umher. Man muß schon genau hinsehen, um sie zu entdecken. Hier und da verrät sie ein mattes Flügelschlagen, wenn sie von einem der unermüdlichen Spürhunde aufgestöbert und überrannt werden. Sie sind wohl schon auf der Suche nach Brot.

Unser kleiner Trupp ist durch einen Zivilisten vermehrt worden, den der Mongole mitten im Gedränge plötzlich von einem anderen Haufen zugeschoben erhielt. Mir unerklärlich, scheint in diesem Gewühl doch ein gewisses System zu walten. Der Mann spricht Russisch, wurde anscheinend als Spion aufgegriffen, sieht aus wie ein Fuchs im Eisen. Ein paar Schritte weiter fällt dem Mongolen etwas ein. Er stößt den Mann auf einen Steinhaufen und befiehlt ihm, die Stiefel auszuziehn. Dann hält er ihm seine eigenen nacheinander vor den Leib, läßt sie sich abstreifen und zieht die des anderen an. Da diesem das übrigbleibende Paar nicht paßt, muß er, wie viele andere, auf Strümpfen weiterlaufen. Ich glaube kaum, daß er in seinem Leben noch einmal Gelegenheit haben wird, Schuhe zu tragen.

Nach einer Weile läßt der Mongole uns an der linken Straßenseite haltmachen und verschwindet in einem Loch. Anscheinend ist es der Kellereingang eines ehemaligen Hauses, eines größeren Geschäfts vielleicht; es läßt sich nicht mehr ahnen, was hier einmal gestanden hat. Lange bleibt er verschwunden; dafür tauchen andere Gestalten aus dem Loch herauf, wieder andere kriechen hinein. Tatsächlich scheint hier die gesuchte Befehlsstelle zu sein. Mit einem Bierernst ohnegleichen wird dieser lächerliche Zugang benutzt. Wie die Erdwespen schwirren sie aus und ein. Nach einiger Zeit taucht auch unser Mongole wieder auf und eskortiert uns wortlos zurück. Allmählich bekommen wir von ihm heraus, daß vorläufig für uns kein Interesse besteht, vielleicht später, in ein paar Tagen. Es ist ihm peinlich, uns das zu sagen. Er ahnt wohl, was noch alles bevorsteht.

*11. April*

Draußen graut schon der Morgen. Unser Operationssaal ist überfüllt von Menschen. Ein kleiner Lichtstumpf täuscht Beleuchtung vor. Die Nacht ist irgendwie vorübergegangen. Nur wenige Russen geistern noch durch unsere Keller. Auf dem Operationstisch liegt eine tote Frau, an der herumhantiert wird, sowie ein Russe sich blicken läßt. Ich liege auf dem Boden und döse. Vom Nebenraum her höre ich Doktoras leise, ruhige Stimme trösten. Es ist ein Wunder, daß sie heil geblieben ist in dieser Höllennacht.

Wie schon befürchtet, hatten die Russen Alkohol gefunden. Unmittelbar neben uns in der Likörfabrik von Menthal lagen, mühsam geheimgehalten, noch mehrere tausend Liter, wie zum Hohn für diesen Augenblick aufgespart. Nun ging es wie eine Rattenflut über uns her, sämtliche ägyptische Plagen übertreffend. Keine Minute verging, in der man nicht vorn oder hinten die Mündung einer Pistole auf dem Leib hatte und von einer Fratze nach »Sulfidin« angebrüllt wurde. Also war ein großer Teil dieser Teufel auch noch geschlechtskrank. Unsere Apotheken waren längst ausgebrannt, der riesige Tablettenvorrat lag zertrampelt auf den Gängen. Mit einer gewissen Schadenfreude konnte ich sie immer wieder nur auf die von ihren Kumpanen angerichtete Verwüstung hinweisen. Scharenweise drangen sie von Menthal her ein, Offiziere, Mannschaften, Flintenweiber, alle betrunken. Und keine Möglichkeit, jemand vor ihnen zu verstecken, da die ganze Umgebung durch Brände taghell erleuchtet war.

Wir schlossen uns eng aneinander und erwarteten das Ende in irgendeiner Form. Die Angst vor dem Tode, die schon seit den Tagen der Beschießung keine wesentliche Rolle mehr spielte, war durch weit Schlimmeres nun vollends aufgehoben. Von allen Seiten hörte man verzweifelte Frauenstimmen schreien: »Schieß doch, schieß doch!« Aber die Quälgeister ließen sich lieber auf einen Ringkampf ein, als daß sie ernsthaft von ihrer Waffe Gebrauch machten.

Bald hatte keine von den Frauen mehr Kraft zum Widerstand. Innerhalb weniger Stunden ging eine Veränderung mit ihnen vor sich, ihre Seele starb, man hörte hysterisches Gelächter, das die Russen nur noch wilder machte. Kann man überhaupt von diesen Dingen schreiben, den furchtbarsten, die es unter Menschen gibt? Ist nicht jedes Wort eine Anklage gegen mich selbst? Gab es nicht oft genug Gelegenheit, sich dazwischenzuwerfen und einen anständigen Tod zu finden? Ja, es ist Schuld, daß man noch lebt, und deshalb darf man dies alles auch nicht verschweigen.

Nach meiner Rückkehr aus der Stadt ließ mich ein Major, der noch einigermaßen vernünftig schien, zum Isolierhaus holen. Dreißig oder vierzig Russen tobten dort zwischen den Kranken. Ich sollte ihm sagen, was das für Leute seien. Kranke natürlich, was denn sonst! Was für Kranke, wollte er wissen. Tja, verschiedenes: Scharlach, Typhus, Diphtherie – da brüllte er los und fuhr wie ein Panzer zwischen seine Leute. Damit kam er jedoch zu spät; und als der Sturm sich legte, waren vier Frauen bereits tot.

Später stand ich mit Doktora im Menschengewühl, das ständig den hinteren Ausgang unseres Kellers blockierte, und wir beobachteten das Treiben der Schlachtfeldhyänen, die emsig und zielbewußt an uns vorüberhasteten. Gerade überlegten wir, wie wir es anstellen sollten, meine Pistole mit fünfzig Patronen herüberzuholen, die ich in der Nähe unter einem Schutthaufen versteckt hatte. Da hörten wir über uns auf einmal ein heftiges Gepolter und sahen mehrere Russen mit großem Kraftaufwand den Blindgänger zur eisernen Treppe wälzen, der seit drei Tagen über dem Operationssaal lag. Es war viel zu spät, um noch Deckung zu nehmen. Wir sahen uns lachend an und dachten wohl beide: »Das lohnt sich doch wenigstens, hier mitten in den dicksten Menschenhaufen hinein!« Aber dann überschlug sich das schwere Ding nur und blieb still und stumm auf dem Treppenabsatz liegen.

Als es dunkel geworden war, gelang es uns, die Pistole zu holen und sie für alle Fälle griffbereit unter der Tischplatte im

Operationssaal zu befestigen. Im übrigen tat man lauter Dinge, die der Augenblick gerade erforderte. In der Ambulanz lagen zwischen den Kranken zum Beispiel mehrere Offiziere, die gar nicht verwundet waren und flehentlich um Zivilsachen baten, weil sie glaubten, darin besser aufgehoben zu sein. Natürlich wußte man nicht gleich, wo man solche hernehmen sollte. Aber dann fielen uns die Toten ein, die im ersten Stock zwischen dem Gerümpel lagen. An die schlichen wir uns heran und zogen sie aus, sobald das Gelände einigermaßen frei von herumstöbernden Russen war.

Um Mitternacht erschien, begleitet von einer uniformierten Frau, ein russischer Arzt im Operationssaal. Wieder glomm ein Fünkchen Hoffnung auf. Vielleicht würde er ein wenig Verständnis für uns haben. Aber auch er war betrunken und nur darauf aus, seiner Begleiterin zu imponieren. Er stellte sich an den Operationstisch und drückte dem daraufliegenden Verwundeten so lange auf seinem Knie herum, bis dieser in einen echt bajuwarischen Fluch ausbrach (»Du Sauluder, nimm deine dreckigen Tatzen von meiner Haxen!«) – das erlösende Wort in dieser Atmosphäre stumpfer Schicksalsergebenheit.

Dem begleitenden Flintenweib sah man an, daß es unser Täuschungsmanöver mit den vielen Schwestern im Operationssaal durchschaute. Von ihrer Seite befürchtete ich besonders Schlimmes für die armen Wehrlosen und war sehr erleichtert, als sie schließlich mit verächtlichem Naserümpfen wieder abzog.

Ganz besonders nett waren die Franzosen. »Adieu docteur!« rief mir einer zu, als ich mich anschickte, einen Russen über den Haufen zu rennen, der mitten im Gedränge mit seiner Maschinenpistole Ernst machen wollte, weil ich ihn mit Erfolg zurückgewiesen hatte. Er wälzte sich am Boden, und ich verschwand im Hintergrund, um mich vorübergehend meines weißen Kittels zu entledigen, damit er mich nicht gleich wiederfinden sollte. Kurz darauf müssen die Franzosen abgeholt worden sein; denn ich habe danach keinen von ihnen mehr gesehn.

Ganz rührend ist auch das Bedauern der russischen Patienten, die wir haben. Vier Männer mit erfolgreich operierten Bauchschüssen fühlen sich mir besonders verpflichtet. Wenn andere Russen zugegen sind, müssen sie uns gegenüber auftrumpfen und lauter Wünsche äußern, weil sie Angst haben. Aber hinterher entschuldigen sie sich jedesmal heimlich und beteuern, wie schrecklich sie das alles fänden.

Gegen Morgen traf ich einen Russen allein in der ausgebrannten Apotheke. Sekundenlang verspürte ich einen heißen Rachedurst, als er da im Dunkeln vor mich hinstolperte. Was schossen mir da alles für Gedanken durchs Hirn! Moses und der Ägypter! Aber wo soll ich mit der Leiche hin? Hier wird sie gleich gefunden. – Schadet nichts, schlimmer kann es nicht werden! – Nein, laß ihn, er ist ja auch nur ein armseliges Werkzeug.

Lange hab' ich mit der Operationsschwester gerungen, die sich das Leben nehmen wollte. Ich bat sie, um Jesu Christi willen bei uns zu bleiben. Andere Argumente ziehen nicht mehr. Schließlich gab sie nach.

Oh, wieviel neidvolle Blicke haben die Toten auszustehn! Die kleine Frau auf dem Operationstisch ist der Inbegriff des Friedens für alle um mich her. Was soll ich sonst noch sagen von dieser Nacht? Jetzt, wo der Morgen graut, habe ich nichts weiter in mir als das Gefühl, auf einem leeren Bahnhof zu stehn und den letzten Zug verpaßt zu haben, der noch in ein anständiges Jenseits hätte führen können. Langsam schleicht sich die Gleichgültigkeit ins Gebein, der schlimmste Feind.

Am Vormittag machen sich nur noch wenige Russen bei uns zu schaffen, aber einer von ihnen ist das Grauen in Person. Kein Asiate, sondern ein Typ, wie er überall auf der Welt vorkommt. Der Uniform nach gehört er zur Marine. Sein Vorgehen ist so radikal, daß ich sofort auf ihn aufmerksam geworden bin und ihn im Auge behalte. Immer wieder taucht sein schrecklich verzerrtes Gesicht vor mir auf. Als ich einmal über den Hof gehe, schneidet er gerade mit einer Schere zwei alten Frauen die Kleider vom Leib. Aus mehreren Wunden blutend bleiben sie wie im Schlaf stehen. Ich hole meine Pistole und verstecke sie in dem großen Bombentrichter vor dem Haupteingang, den jeder Eindringling passieren muß. Hier besteht am ersten die Möglichkeit, ihn allein zu fassen. Kalt und stumpf hocke ich dort eine Zeitlang vergebens. Dann muß ich meinen Platz aufgeben, weil im Haupthaus wieder etwas los ist.

Als ich später in den Operationssaal trete, wird mir sofort klar, daß etwas Neues geschehen ist. Erschrocken sehen die Schwestern nach mir hin. Doktora steht am Tisch und verbindet wie immer. Aber diese Augen! Mein Gott! Ein Stachel bohrt sich in den Rest meiner Seele. Ich schleiche fort und lasse mich irgendwo auf eine eiserne Bettstelle fallen. Jetzt schlafen, schlafen und nichts mehr sehn. Es ist genug. Nach einer Weile steht sie neben mir in ihrem zerrissenen Trainingsanzug, und ihre Hand sucht mich zu trösten. »Willst du mir bitte meine

Bibel suchen? Sie muß da auf dem Treppenabsatz irgendwo liegen. Man hat sie mir aus der Tasche gerissen.« Wie ein Blöder suche ich die Bibel und finde sie auch. Dann sitzen wir eine Weile nebeneinander auf der Bettstelle und rühren uns nicht. Sie will, daß ich weggehe. Allein würde ich bestimmt irgendwie heraus- und nach dem Westen durchkommen. »Du kannst hier doch nichts mehr tun. Ich habe meine Tabletten, und außerdem weiß ich, daß Gott nichts Unmögliches verlangt.« Ich bin viel zu müde zu einer Antwort, wage vor lauter Ekel auch gar nicht, meine Stimme laut werden zu lassen. Es ist mir ziemlich klar, was sich in meiner Abwesenheit ereignet hat. Nur dieser Teufel konnte es sein, an dem sie scheiterte – die Macht der Finsternis, gegen die kein Kraut gewachsen ist. (Die Bestätigung las ich Monate später in Doktoras Aufzeichnungen für mich. »Zum erstenmal in der ganzen Zeit befiel mich Angst«, schreibt sie. »Ich wußte sofort, hier kommst du nicht durch.«)

Der Russe ist nicht mehr zu sehen. Wir gehen ein paar Schritte hinunter bis zum Schloßteichufer, wo mehrere Kähne umgekehrt auf dem Rasen liegen. Niemand beobachtet uns. In eine Decke gewickelt schiebe ich Doktora unter einen der Kähne.

Am Nachmittag ist schon wieder das ganze Haus voll Russen. Überall machen sie Feuer an. Neben uns brennt ein Haus so rapide von unten nach oben ab, daß unser Dach Feuer fängt. Die Sachverständigen behaupten zwar, bis in den Keller könne es nicht durchbrennen. Ich ordne aber trotzdem sicherheitshalber die Räumung an. Um den Anfang zu machen, schleppe ich einen dicken Mann, der mit frischem Oberschenkelbruch im Streckverband liegt, auf dem Rücken nach dem Schloßteichgraben hinunter. Mit erstaunlicher Eile leert sich hinter mir das Haus, und unter mehrmaligem Absetzen wird schließlich alles, was nicht allein gehen kann, über die kleine Fußgängerbrücke bis auf den gegenüberliegenden Hang geschleift.

Die Russen sind schon wieder sehr mobil geworden und toben zwischen uns herum. Doktora, die sich entgegen meinen Bitten an der Schlepperei beteiligt, wird plötzlich von drei ganz jungen Bürschchen angefallen und weggerissen. Ohne jeden Elan springe ich zu, ein paar Schüsse dicht an meinem Kopf vorbei aus der Maschinenpistole betäuben mich für einen Augenblick. Czernecki kommt gerade mit einem russischen Major vorbei und versucht sich ins Mittel zu legen. Umsonst, der Major lacht ihn aus. Doktora hat sich bald wieder freigemacht – es waren rohe dumme Jungens – und versteckt sich zwischen den Kranken am Hang. Dort bleibt sie endlich liegen.

Inzwischen habe ich bemerkt, daß eine weitere Karawane von Schwestern und Kranken, getragen, geführt und mehr oder weniger kriechend, ebenfalls unseren Hang ansteuert. Sie gehören zum Krankenhaus der Barmherzigkeit, das wegen fortgesetzter Brände auch schließlich räumen mußte. Bald ist der ganze Berg belagert mit Kranken, dazwischen hin und her, kreuz und quer, toben die Russen, eine Horde von Pavianen, reißen wahllos Schwestern oder Patienten weg, zerren an ihnen herum, verlangen zum hundertstenmal Uhren. – Meine sitzt immer noch sicher zwischen zwei Paar Strümpfen ums Fußgelenk. – Mit nach außen gedrehten Taschen gehe ich zwischen den Patienten hin und her. Es ist schneidend kalt. Schneeschauer gehen über uns hin. Die Kranken jammern, einige werden frech, manche unterhalten sich bereits in wenig vertrauenerweckender Weise mit den Russen. Die Reste der inneren Ordnung lösen sich auf.

Ein Weilchen hocke ich bei Doktora. Sie liegt still unter einer Decke und weint. Ein Russe hat ihr beim Tragen eines kranken Mädchens geholfen, das löste die Tränen aus. Ich bin froh, daß sie endlich nachgibt.

Ich lasse sie wieder allein, da ich ihren Platz nicht verraten darf. Der russische Major ist auf der Suche nach ihr. Als er nicht mehr zu sehen ist, mache ich einen Erkundungsgang in die nähere Umgebung. Unsere Häuser brennen zwar im Augenblick nicht mehr, es kann aber jederzeit wieder losgehn, und ich muß mich nach einer Notunterkunft für die Kranken umsehn, denn die Nacht ist nicht mehr fern. Auf der Straße am Oberteich, die wie ein Sturzacker aussieht, pendeln viele kleine Panjewagen einher, fahren sich fest, kommen wieder los, hasten weiter. Man muß sich immer wieder von neuem aufraffen, um zu begreifen, daß dies einmal Königsberg war.

In meinem ehemals weißen Arztkittel gelange ich ungehindert zum Dohnaturm, wo es von Russen wimmelt. Es sollen hier Teile eines deutschen Lazaretts liegen. Da ich zielbewußt auf den Eingang lossteuere, läßt man mich glatt durch die Sperre. In den hinteren Räumen finde ich mehrere deutsche Sanitätsoffiziere, einen Stabsarzt, mehrere Unterärzte. Ein paar Verwundete haben sie bei sich. Sie ahnen nicht, was man mit ihnen vorhat. Die Russen machen sich draußen an den Wänden zu schaffen, vielleicht soll der Turm gesprengt werden. Möglich ist alles. Wir machen ein paar faule Witze. Sie füttern mich mit Pfefferminzplätzchen aus einem großen Glas, das sie gerettet haben. Auf dem Tisch liegt ein Russe, furchtbar lamentierend, dem ein Abszeß in der Kniekehle aufgemacht werden soll. Sie sind gerade dabei, sich zu überlegen, mit was für einer Art von Betäubung sie ihn beglücken sollen. Ich nehme schnell das Messer und schneide mit Wonne in den Abszeß. Der sehr verdutzte Russe ist auf einmal still und läßt sich ganz befriedigt abtransportieren. Da zunächst nichts weiter vorfällt, verabschiede ich mich und lade die Kollegen zu einem Gegenbesuch bei uns ein, für den Fall, daß sie nicht in die Luft gesprengt werden sollten.

Bei Anbruch der Dunkelheit setzt sich die Belegschaft der Barmherzigkeit in Bewegung, um ihre Kranken nach Maraunenhof zu bringen. Dort sind ihnen angeblich ein paar leere Häuser zugewiesen worden. Nicht vorzustellen, wie sie es bis dorthin schaffen sollen. Wir bleiben allein mit unserem Haufen und fangen an, wieder zurück in unsere Keller zu ziehen. Ich schleppe wieder einen ziemlich schweren Mann auf dem Rücken, bin mit ihm gerade über den kleinen Steg hinüber, da hält mich ein Russe fest. In seiner Begleitung befindet sich Tamara, eine unserer russischen Pflegerinnen aus der Festungszeit, bereits als Flintenweib drapiert und entsprechend gestikulierend. Ich bitte sie zu helfen, da der Russe an meinem Kranken herumreißt. Sie zischt mir leise zu: »Ich habe heute auch Angst« und spielt weiter die Wilde. Ich muß den Mann fallen lassen. Der Russe wühlt ihn durch, schießt ihm dann wie aus Versehn in den Leib und geht weiter. Der Mann sitzt da und sieht mich fragend an. Könnte ich ihm den Gnadenschuß geben! Ich spritze ihm eine Dosis Morphium und lasse ihn am Wege liegen. Bevor ich weitergehe, sehe ich noch einmal den Hang hinauf und nehme ihn ganz in mich hinein, ehe er abgeräumt ist. Dort oben auf der Höhe, gegen den Himmel, müßte das Kreuz stehen.

Gleich darauf mache ich schlapp. Beim Tragen habe ich mir einen Knick im Brustbein geholt, der mich zu normalen Zeiten wahrscheinlich erheblich behindern würde, nun aber eine ganz tröstliche Beigabe ist. Die andern schleppen mit letzter Kraft. Ein neuer Kollege ist zu uns gestoßen und hilft eifrig mit. Czernecki ist fort, ebenso die ausländischen Patienten. Auf dem Hang liegen um Mitternacht nur noch acht Gestalten, Tote, darunter unsere Operationsschwester.

Die Stadt brennt an allen Ecken und Enden. Flugzeuge kreisen und werfen immer neue Brände in die Trümmer. Dafür sind unsere Quälgeister plötzlich wie vom Erdboden verschwunden. Ein Russe hat uns erklärt, unser Bezirk würde jetzt abgesperrt, um gesprengt zu werden. Uns ist alles recht. Ich habe meine Pistole wieder herangeholt, dazu alles an Schlaf- und Narkosemitteln, was wir noch finden konnten, die letzte Spritze dazu, und das alles in unserem neuesten Versteck deponiert. Daß wir nicht schon vorher daraufgekommen sind! Hinter den Fenstern des von außen zugemauerten Operationssaales bleibt ein Raum von etwa 60 cm Tiefe frei, bei der schlechten Beleuchtung von innen her nicht erkennbar, auch nicht, wenn man dicht davorsteht. Hinter jedem der drei Fenster ist Platz für zwei Menschen. Nun sitzen die Schwestern abwechselnd dort, und für einen Teil der Nacht haben wir Doktora dort einquartiert. Eine Weile sitze ich bei ihr und lese ihr aus dem Hebräerbrief vor, den sie so sehr liebt. »Wir haben einen Hohenpriester, der Mitleiden hat –.« Es ist sehr still geworden bei uns. Ich habe versprochen, sie alle zu erschießen, falls wir verschüttet werden und nicht wieder herauskommen sollten. Das beruhigt sie für den Augenblick.

Unter uns auf dem Fußboden liegt Dr. Hasten mit durchschnittenen Pulsadern. Sie brachten ihn morgens von der Barmherzigkeit herüber, wo er liegengeblieben war, als geräumt wurde. Eine von den Schwestern, die ihn brachten, hat mir Bothmers letzten Gruß bestellt. Sie ist dabeigewesen, als er am 8. April verwundet wurde und am 10. April starb.

*12. April*

Die Nacht ist herumgegangen, ohne daß etwas Besonderes geschehen ist. Gegen fünf Uhr fängt es im Vorderhaus an zu brennen. Die meisten Keller konnten noch geräumt werden, nur in einem sind zwei Schwerkranke zurückgeblieben. An sie ist nicht mehr heranzukommen. Das Feuer ist so stark, daß kaum Aussicht besteht, es mit unseren unzureichenden Mitteln noch einmal zu löschen. Trotzdem machen wir den Versuch, mehr um uns zu betäuben als aus wirklicher Notwehr. Vom Brunnen aus bilden wir eine lange Kette, an der die verfügbaren Eimer und Gefäße, an Stricken aus der Tiefe gezogen, entlangwandern. Die Russen werfen von der Straße aus neue Brände und Panzerfäuste herein. Trotzdem kriegen wir, abwechselnd mit verhülltem Gesicht vorstoßend, das Feuer klein.

Als das geschafft ist, kommt unser Wirtschaftsleiter Gudat, der irgendwoher wieder aufgetaucht ist, mich zu einem Erkundungsgang durch die Stadt abholen. Er hat von einer Kommandantur gehört, die sich in der Gegend der Universitätskliniken befinden soll.

Rauchgeschwärzt trotten wir los. Die Straßen sind heute fast leer. Die Hauptmasse der Russen scheint abgezogen. Nach Westen fliegen immer noch starke Kampffliegerverbände. Nicht vorzustellen, was den Unsrigen drüben noch alles bevorsteht. Sie sind für uns schon in unerreichbare Ferne gerückt. Wie Gespenster geistern wir durch die leeren Straßen. Einzelne Russen, die wir nach »Kommandantur« fragen, weisen uns am Schloß vorbei zum Chemischen Institut hin. Dort geraten wir in einen Elendshaufen von Menschen hinein, die offenbar schon drei Tage umherirren und weder etwas zu essen noch ein Dach über dem Kopf finden. Ihre Häuser sind abgebrannt, niemand kümmert sich um sie. Viele Mütter mit kleinen Kindern sind dabei. Auf einmal erscheinen drei Russen, teilen etwa fünfzig Personen von dem Haufen ab und ziehen mit uns vor den ehemaligen Rot-Kreuz-Bunker im Hof der Medizinischen Klinik. Die Gegend dort ist erstaunlich übersichtlich geworden, seit ich zuletzt dort war. In der Annahme, daß hier die gesuchte Kommandantur sei, warten wir mit Ungeduld darauf, vorgelassen zu werden. Als wir eine Weile gestanden haben, kommt ein Russe auf mich zu, hängt mir seinen Plündersack um und einen Militärmantel über und fordert jeden von uns auf, sich von einem Stapel zwei volle Konservendosen mit Gemüse zu nehmen. Dann werden wir von mehreren bewaffneten Russen umringt und müssen geschlossen abmarschieren, aus dem Tor hinaus. Ich versuche zu protestieren, sehe mich schnell nach einer Möglichkeit zum Ausrücken um. Gudat hält mich zurück, es hat keinen Sinn. In dem Augenblick fällt mir ein schwerer Stein vom Herzen. Ich bin gefangen – frei. Frei von dieser schrecklichen Verantwortung. Wie Jona in des Fisches Bauch komme ich mir vor und kann es mit dankerfülltem Herzen erwarten, wo er mich wieder an Land spucken wird. Das zweite Leben hat begonnen.

Laut pfeifend ziehe ich meines Weges am Schluß des Zuges. Man sieht sich mißbilligend nach mir um. Nein, ich kann jetzt beim besten Willen nicht traurig sein. Das Leben ist so ungeheuerlich. Es wäre schade, wenn man sich die Freude daran entgehen ließe. Und mein Gebet geht um nichts anderes mehr als um ein Fünkchen Humor und um ein offenes Auge für alles, was noch kommen mag.

Es geht an den rauchenden Trümmern des Stadthauses und des Nordbahnhofs vorbei. Das Straßenpflaster von Bomben aufgewühlt. Das Gestapo-Gefängnis – natürlich, das steht noch so ziemlich. Die General-Litzmann-Straße herunter – eine einzige Gosse. Mach nur die Augen auf! Ja, aber mehr geht einfach nicht hinein, irgendwo hat auch das Sehen eine Grenze.

Wo könnten sie uns hinbringen? Ans Meer vielleicht und von da per Schiff nach Rußland? Mir soll es gleich sein. Die Bibel, die mir hundertmal aus der Tasche gerissen wurde, ist noch da – mehr brauche ich im Augenblick nicht.

An der Stadtgrenze wird haltgemacht. Alles läßt sich am Straßenrand nieder und döst. Die Sonne scheint, aber es ist kalt. Mir kommt in den Sinn, daß auf den Tag dreiundzwanzig Jahre vergangen sind, seit wir als Kinder nach Trakehnen kamen, wo die schönste Zeit unseres Lebens begann. Es war genauso ein Tag wie heute: Die Stare pfiffen in den kahlen Bäumen, dann fegten sie vor dem Wind ins klare ostpreußische Land hinaus und nahmen mein ganzes Herz mit.

An den Versuchen, mit unserer Begleitmannschaft zu verhandeln, beteilige ich mich nicht. Es ist vollkommen überflüssig. Auskunft wird nicht erteilt, man riskiert höchstens einen gehörigen Kolbenstoß. Von meinen Gefährten gehören kaum zwei zueinander. Ihre Angehörigen warten irgendwo im weiten Trümmerfeld auf ihre Rückkehr. Es besteht kaum Aussicht, daß sie sich je wiederfinden. Und alles das geschieht mit der größten Nüchternheit, wie etwas Selbstverständliches. Wir erleben ja auch nichts Besonderes, nichts anderes, als was Millionen von Menschen seit einigen Jahren erleben. Es ist einfach die neue Art, miteinander umzugehn, weniger aus Haß als vielmehr aus Sturheit, aus Mangel an Phantasie. Heute ich, morgen du.

Wir kommen durch das vollständig vernichtete Fuchsberg. Die Ortschaften sehen aus wie halbverweste Fische, die mit ihren Gräten in die Luft starren. Allem Anschein nach bringt man uns an die Front. Wir können beobachten, wie die über uns hinbrausenden Schlachtflieger in geringer Entfernung kreisen, in aller Gemütsruhe ein Ziel suchen und wieder umkehren, während drüben ein Rauchpilz neben dem anderen aufsteigt. Dort also sitzen noch unsere Soldaten in ihren Erdlöchern. Wie muß das sein, den Tod einfach so auf sich fallen zu sehen!

Wegen des regen Verkehrs auf der Straße müssen wir daneben im glitschigen Acker gehn. Fahrzeuge mit Stalinorgeln und anderen schweren Waffen fahren hin und her, alles regelrechte Persönlichkeiten mit ihrem Stab von Bedienungspersonal. »Gitlär kapuht!« wird uns immer wieder zugejohlt, wenn wir überholt werden. Alle Achtung, denke ich, wenn dies alles dazu nötig ist.

Gegen Abend haben wir uns etwa 25 km von Königsberg entfernt. Zwei alte Leute sind unterwegs liegengeblieben, die übrigen sind noch beisammen. Rechts von der Straße liegt ein kleines Gut, auf das wir lossteuern. Ein paar Polen hausen dort, wahrscheinlich die zurückgebliebenen Hilfsarbeiter. Wir werden zuerst in die Dorfschmiede gestopft, dort haben aber nicht alle Platz. Daher entschließt man sich, uns in den Kuhstall zu quartieren, wo wir wenigstens ein Dach über dem Kopf haben. Es ist kalt; wir drängen uns dicht aneinander auf dem Fußboden. Gudat und ich liegen neben den Stufen, die zum Längsgang hinaufführen.

Als es dunkel ist, kommt unsere Begleitmannschaft mit Blendlaternen und stöbert alles durch. Die Frauen wimmern oder schimpfen und werden unter Zuhilfenahme der Polen mitgeschleppt. Diese Teufelei wird wohl nie mehr aufhören. »Davai suda! Frau komm!« Mir klingt es schrecklicher im Ohr als alle Flüche der Welt. Wenn das, was Leben bedeutet, im Zeichen des Todes steht, erreicht der Triumph des Satans seinen Höhepunkt. Es stört sie gar nicht, daß sie halbe Leichen vor sich haben. Achtzigjährige Frauen sind vor ihnen ebensowenig sicher wie bewußtlose (eine kopfverletzte Patientin von mir wurde, wie ich später erfuhr, unzählige Male vergewaltigt, ohne etwas davon zu wissen).

*13. April*

Auch diese Nacht ist vorübergegangen. Daß man noch lebt, ist ein ständiger Vorwurf. Erstarrt und betäubt scheucht man uns in der Morgendämmerung auf. Der Boden ist hartgefroren. Der Rest aus den Konservendosen wird kalt aufgegessen. Dann läßt man uns weiterstolpern, in nordwestlicher Richtung, hinter der Front her. Das Gewicht meines Militärmantels drückt mich fast zu Boden. Andere schleppen noch alle möglichen Gegenstände mit sich in der Vorstellung, sie noch einmal brauchen zu können.

In der Morgensonne taut die oberste Schicht wieder auf.

Wir glitschen einen langen Lehmberg in die Höhe und befinden uns auf einmal dicht hinter der Front. Wir vermuten, daß wir eingesetzt werden sollen. Mir ist es recht, und auch Gudat ist nicht abgeneigt. Ich verrate ihm, daß heute mein Geburtstag ist. Fünfunddreißig Jahre, eine runde Zahl.

Aber es scheint auch ohne uns flott vorwärts zu gehn. Die Artillerie schießt von hinten über uns hinweg, man sieht die schweren Brocken fliegen. Auf der Höhe angekommen, liegt vor unseren Augen das Meer: also das ist wenigstens noch da! Man ist schon auf alles gefaßt. Das zunächstliegende Neukuhren wird heftig beschossen. Man führt uns über das Feld noch ein wenig näher heran bis zu einem kleinen bewaldeten Tal, in dessen Hänge lauter Erdlöcher eingebaut sind. Unsere Begleitmannschaft bezieht sofort einen Teil derselben und trifft dabei auf andere Soldaten, die einen ähnlichen Trupp wie den unseren zu bewachen haben. Wir bleiben zunächst draußen vor dem Wäldchen sitzen, offensichtlich als Zielscheibe für etwa erscheinende deutsche Flieger. Von solchen ist aber nicht das geringste zu bemerken. Dafür kreist ein ganzer Schwarm von Russen über dem unseligen kleinen Nest vor uns.

Nach einer Weile werde ich mit zwei Männern und drei Frauen abgetrennt und ins Wäldchen geführt. Wir sollen hierbleiben und für den ganzen Trupp Kartoffeln kochen. Auf einmal so etwas, und auch wieder ganz selbstverständlich! Kartoffeln liegen in Massen herum, eine große Blechwanne ist auch vorhanden. Wasser fließt in einem Bach durch das Tal.

Wir ziehen eine Stange durch die Henkel der Wanne und hängen sie über zwei Astgabeln, die wir eingegraben haben. Darunter wird Feuer gemacht. Auf der Suche nach Holz klettere ich den gegenüberliegenden Hang hinauf und halte Ausschau über das Feld. Dicht vor mir steht ein Schnellfeuergeschütz, aus dessen Lauf in wenigen Sekunden an hundert Schuß herausfahren. Von Neukuhren her hört man die Einschläge wie das langsame Zusammenbrechen einer Bretterbude. Ich beginne mich mit Fluchtgedanken zu beschäftigen, sehe aber, daß nach dieser Seite bei Tage kein Durchkommen möglich ist.

Der Anblick der gekochten Kartoffeln macht das Herz warm. Eine der drei Frauen teilt ein Stück Speck mit uns. Die Frauen laufen schon fast barfuß, da ihre Schuhe für solche Märsche nicht geschaffen sind. Nach dem Essen sitzen wir eine Weile dösend am Hang. Dann erscheint ein Russe mit einem Beil und erklärt uns, wie wir uns aus Zweigen einen Verschlag bauen sollen. Mit vereinten Kräften wird eine Hütte errichtet, wie wir sie als Kinder in verkleinertem Maßstab für den Osterhasen gebaut haben. Abends ziehen wir ein. Es regnet zwar durch, aber man empfindet doch eine gewisse Geborgenheit.

Als es dunkel geworden ist, fängt man plötzlich an, sich für uns im einzelnen zu interessieren. Dicht vor uns in einem Erdloch am Hang hat sich ein kleiner quadratiger Russe eingenistet, der die Leute nach der Reihe zu sich hereinholt. Gegen Mitternacht bin ich dran. Gebückt krieche ich in den Bunker. Dort verbreitet ein Ofen höchst angenehme Wärme. Ich beschließe sofort, meine Vernehmung möglichst lang auszudehnen. Platz hat außer dem Ofen nur ein kurzes Lager und ein Tischchen. Auf dem Lager sitzen der Russe und ich, vor uns am Boden ein polnischer Dolmetscher. Was ich noch an Papieren bei mir habe, wird durchstudiert. Dann geht es los mit der Fragerei. Bei meinen Angaben über Familienverhältnisse, Landbesitz und Zubehör, wieviel Pferde, Kühe, Schweine, Schafe, Gänse, Enten, Hühner meine Verwandten besessen hätten, verdreht der Pole die Augen und fragt, ob ich eigentlich ganz bei Trost sei. Es wäre doch Blödsinn, dem Kerl das alles zu erzählen. Er zeigt ein rührendes Mitleid mit mir. Die Verhältnisse auf dem Lande kennt er genau, da er selber längere Zeit auf einem Gut gearbeitet hat. Als der Russe uns für einen Augenblick allein läßt, erzählt er mir, er habe die letzten zwei Jahre in Königsberg sehr gut gelebt und nicht weniger als vierzigtausend Mark verdient.

Der Russe ist allein mit mir nicht zurechtgekommen und hat sich noch einen anderen Sachverständigen zu Hilfe geholt. Der ist etwas feiner, spricht gut deutsch und fragt nach medizinischen Dingen. Ich frage ihn, was man mit mir vorhabe. Er erzählt von großen modernen Kliniken in Moskau und Odessa, da würde ich in meinem Fach als Chirurg arbeiten. Meine überreizte Phantasie befindet sich auf einmal in einer ganz anderen Welt. Ich sehe kubische Räume mit Wänden aus schwarzem Glas, darin arbeiten ein paar schweigsame Männer. Alles ist dunkel, nur ihre Hände leuchten. Was bisher zu mir gehört hat, ist versunken. Nirwana – Rußland!

Nach Abschluß der Vernehmung – der Pole durfte sich längst unter dem Bett einschieben – unterschreibe ich fünf dicht ausgefüllte Fragebogen. Was drinsteht, ahne ich nicht, da ich nicht weiß, was der Pole dem Russen alles mir zuliebe vorgelogen hat. Dann werde ich abgeführt und zu denjenigen aus unserem Trupp getan, die den gefährlichsten Eindruck gemacht haben, zwölf Mann, darunter ein Staatsanwalt, auch Gudat ist dabei und ein Eisenbahner wegen seiner blauen Uniform. Wir liegen in einem kleinen Erdloch zu zwei Schichten übereinander. Außen herum ist ein Stacheldrahtzaun, und zwei Posten stehen davor. Der zweite Teil der Nacht geht in der Hauptsache wieder damit herum, daß die Frauen vergewaltigt werden.

*14. April*

Bei Tagesanbruch holt man uns aus dem Loch heraus. Wir steigen wie Lazarus aus dem Grabe – doch noch einmal. Wir hatten angenommen, sie würden uns sprengen oder sonst etwas Feierliches mit uns unternehmen. Man ist auch allmählich reif für eine kultische Handlung.

Die Kälte ist viel schlimmer als Hunger. In seinen nassen Sachen ist man bestrebt, sich möglichst nicht zu bewegen. Das Mienenspiel schläft gleichermaßen ein. Lachen kann man nur noch ganz tief innen.

Langsam setzt sich unser Zug in Bewegung, wir zwölf Gefährlichen vorneweg, die übrigen vierzig, darunter die Frauen, hinterher. Die meisten kommen schon schlecht vorwärts. Wieder geht es bis auf die Höhe und dann westwärts hinter der Front her, die schon ziemlich weit voraus ist. Die Ortschaften rauchen, von den Einwohnern ist nichts zu sehen. Die Höfe, von Bomben zersiebt, sind übersät von Bettfedern. Kein Huhn, kein lebendes Stück Vieh, nur ein paar verstörte Hunde. Und der Brandgeruch! Den wird man wohl nie wieder loswerden.

Nach einigen Aufenthalten im nassen Acker neben der Straße erreichen wir gegen Abend die Chaussee nach Rauschen und wenden uns auf ihr nach Norden. Wo sie sich gabelt – rechts über Pobethen nach Cranz, links nach Rauschen –, liegen zur linken Hand ein paar lange Kartoffelmieten, in denen zahllose Russen herumwirtschaften. Wir kommen wieder näher an die vorderen Linien. Das Stück zwischen der Straßengabelung und dem nächsten Ort, Watsum, sieht schrecklich aus. Offenbar hat es hier ganz kürzlich stärkeren Widerstand gegeben. Die Häuser, rechts am Hang einzeln verteilt, sind nicht abgebrannt, sondern von Artillerieeinschlägen durchlöchert. Die Bäume sind zersplittert, das Feld ist von Bomben aufgefurcht. Viele Tote liegen in den Gräben oder plattgewalzt auf der Straße. Aber diese Eindrücke beschäftigen die Phantasie im Augenblick weniger. Das Verlangen nach Wärme ist so übermächtig, daß die

Aussicht auf den vor uns liegenden brennenden Ort jedes andere Gefühl erstickt. Kurz vor dem Überqueren der Samlandbahnlinie begegnet uns der erste Trupp gefangener Soldaten. Daß überhaupt noch Menschen herausgekommen sind aus dieser Hölle! Mit grauen ausdruckslosen Gesichtern stolpern sie an uns vorbei, nach Osten. Ich mache eine Anstrengung, ihnen zuzunicken, muß mich aber wieder abwenden. Man kann sie nicht ansehn.

Zwischen den brennenden Häusern verlangsamen wir den Schritt bis aufs äußerste, um die Wärme auszukosten. Am Dorfausgang empfängt uns dann wieder der eisige Wind und treibt uns nassen Schnee ins Gesicht. Einer gesprengten Brücke wegen biegen wir nach links ab und erleben, wie, von Fackeln beleuchtet, eine Fahrzeug- und Geschützkolonne das kleine sumpfige Tal überschreitet, das vor uns liegt. Wie Elefanten schwanken die schweren Maschinen durch den Morast. Auf der gegenüberliegenden Seite sammelt sich die Truppe um mehrere Feuer. Es sind ein paar kraftvolle klare Gestalten darunter. Ihr Anblick hat etwas Versöhnliches.

Nicht weit davon entfernt machen wir halt und lassen uns in Hockstellung nieder oder stellen uns mit dem Rücken gegen den Wind. Bei völliger Dunkelheit geht es noch ein Stück weiter bis an ein alleinstehendes Gehöft, das noch leidlich erhalten ist. Eine Klappe im Fußboden wird geöffnet, und wir zwölf Gefährlichen wandern in den Keller, ein Loch von etwa zwei Metern Länge, Breite und Höhe. Wegen der darin befindlichen Kartoffeln kann man aber nur gebückt stehen. Ein kleiner Russe, der anscheinend eine Strafe abzubüßen hat, wird mit hineingeschoben. Dann wird die Klappe zugemacht. Einer der Mitgefangenen hat noch Streichhölzer, ein anderer eine Kerze, so daß wir unsere Behausung wenigstens in Augenschein nehmen können. Als erstes wird die Platzverteilung vorgenommen. Sechs Mann können gleichzeitig nebeneinander auf der Seite liegen. Die übrigen hocken am Fußende mit dem Rücken gegen die Wand oder gegeneinander, bis sie abgelöst werden. Der arme Staatsanwalt ist schlimm dran. Er hat hohes Fieber und einen furchtbaren Durchfall. Es ist ihm scheußlich, uns so zur Last zu fallen. Über uns tobt die Russenhorde mit dem weiblichen Teil des Haupttrupps, der in den oberen Räumen untergebracht ist.

*15. April*

Die Nacht geht herum und der ganze Tag, ohne daß sich an unserer Lage etwas ändert. Einmal, so gegen Mittag, werden wir herausgeholt und an einen Graben geführt, der hinter dem Hof entlangläuft. Ich ventiliere wieder einen Fluchtversuch, entferne mich ein Stück am Graben entlang, werde aber von dem Posten zurückgedrängt. Gleich darauf hocken wir wieder in unserem Kellerloch. Wir haben es längst aufgegeben, darüber nachzudenken, was sie eigentlich mit uns vorhaben.

Zu essen bekommt nur der Russe. Abends bringt uns der polnische Dolmetscher heimlich ein paar gekochte Kartoffeln. Und dann geht auch die zweite Nacht in dieser Enge vor sich. Wenigstens friert man nicht. Dafür sitzen wir in den nassen Sachen wie in der Schwitzpackung. Das erste Ungeziefer macht sich bemerkbar, ohne daß wir die Möglichkeit hätten, uns dagegen zur Wehr zu setzen. Ich bin froh, daß es dunkel ist und wir unsere Gesichter nicht unterscheiden können.

*16. April*

Morgens gegen 4 Uhr treibt man uns aus dem Keller heraus. Der Himmel ist sternklar und es friert. Weiter geht es in westlicher Richtung. Der Staatsanwalt hängt ein Stück Weges schwer an meinem Arm, dann wird er auf den nachfolgenden Wagen geworfen, da er bei jedem Schritt in die Knie sinkt und den Marsch aufhält.

Das erneute Frieren lähmt den letzten Rest von Entschlußkraft. Ich lasse mich treiben, gehe aber absichtlich immer ungeschickter und schleppender, um jeglichen Fluchtverdacht von mir abzulenken. Denn allmählich bin ich zu der Ansicht gekommen, daß man sich diesen langsam aber sicher zum Tode führenden Unsinn nicht gefallen zu lassen braucht, solange man noch einen Funken von Selbstbehauptungstrieb in sich verspürt.

Bei Tagesanbruch sind wir an die Chaussee gelangt, die nach Palmnicken führt. Ich lerne einen guten Teil des Samlandes sehr genau kennen, denn wer mit Fluchtgedanken umgeht, sieht das Gelände mit ganz anderen Augen an, als wer beziehungslos im Auto hindurchfährt. Da wird jede Bodenwelle, jede Baumgruppe wichtig und prägt sich ein. Auf der Hauptstraße angelangt, marschieren wir wieder nach Norden, auf das Meer zu. Die Höfe zur Linken sehen jammervoll aus. Auf den weiten Feldern stehen regungslos vereinzelte Rinder mit schweren Schußverletzungen. Ein Storch, der wohl gerade erst aus dem Süden heimgekehrt ist, wird von den vorangehenden Russen mit der Maschinenpistole beschossen. Erstaunt erhebt er sich in die Luft und schwebt auf Groß-Germau zu, das vor uns auf einer kleinen Anhöhe liegt. Über dem Ort holt ihn eine hundertfache Salve wie einen Stein herab.

In Groß-Germau machen wir linksum und gehen weiter bis zum nächsten Ort. Die Russen scheinen erst vor kurzem hier eingedrungen zu sein. Ein paar alte Leute laufen ratlos hin und her, während ihre Habe aus den Häusern herausbefördert und vernichtet oder auf Lastwagen verfrachtet wird. Ich sehe mich genau im Gelände um. Einige hundert Meter nördlich ist Wald zu sehen, der sich als schmaler Streifen am Meer entlangzieht. Den müßte man zu erreichen suchen.

Wir werden in einen kleinen Holzschuppen gesperrt, durch dessen Ritzen der Wind pfeift. Von Zeit zu Zeit bekommen wir zusätzlich noch eine kalte Dusche aus dem benachbarten Teich, den die Russen mit Handgranaten hochgehen lassen. Durch die offene Tür können wir das Plündern beobachten. In Eile werden die unbrauchbarsten Gegenstände, Sofas, Lampenschirme, lebensgroße Photographien und andere geschmackvolle Bilder auf den Hof geworfen und mit Lastwagen abgefahren, alte Schränke und Tische zu Brennholz zerkleinert. Auch hier lebt schon kein Tier mehr.

Unserem Staatsanwalt geht es sehr schlecht. Er liegt am Boden und rührt sich kaum mehr. Einer der Wachleute kommt mit einem großen schwarzbärtigen Mann, dem eingesessenen Landarzt dieser Gegend. Der soll den Kranken untersuchen. Dieser wird herausgeholt und dann anderweitig untergebracht. Dafür bekommen wir ein paar Neue hinzu, darunter einen wohlgenährten Landwirt in meinem Alter, der noch gut bei Kräften ist. Ich nehme ihn genauer in Augenschein für den Fall, daß er Lust haben sollte, mit mir auszureißen, sobald sich die erste Gelegenheit bietet.

Die Russen sind noch mit dem Sortieren der restlichen Bewohner des Ortes beschäftigt. Als das beendet ist, holt man uns heraus und sperrt uns in einen Bodenverschlag, der uns durch die Latten hindurch wieder die Möglichkeit bietet, mit den weniger Gefährlichen Verbindung aufzunehmen. Wir sind aber alle schon viel zu stumpf, um davon Gebrauch zu machen.

Bei Eintritt der Abenddämmerung holt man uns wieder herunter und läßt uns auf dem Hof in zwei Gliedern antreten. Es wird gemunkelt, daß Lastwagen kommen sollen, um uns an unseren endgültigen Bestimmungsort zu bringen. Neben mir steht der erwähnte Landwirt. Ich flüstere ihm zu, ich würde mich voraussichtlich gleich aus dem Staube machen und ob er Lust hätte, mitzulaufen. Er gibt gar keine Antwort. Und in der Tat, so ohne weiteres geht es auch nicht. Irgend etwas muß noch passieren, damit wir aus der Postensperre herauskommen. Aber ich warte auf dies Besondere mit aller Kraft, wie ein Rennpferd am Start.

Und da kommt auch schon das Zeichen zum Ablauf. Die Russen müssen wohl gedacht haben, der Krieg sei zu Ende. Denn plötzlich steigen an vielen Stellen zugleich Leuchtraketen zum Abendhimmel auf. »Gitlär kapuht!« schreien unsre Wachmänner, weisen nach oben und kommen ganz aus dem Häuschen vor Wonne. Im gleichen Augenblick bin ich aus der Reihe heraus, höre hinter mir erschrockenes Stimmengewirr, komme um den Teich herum, dreißig vierzig Schritte – noch immer kein Schuß. Schon bin ich hinter einer Mauer verschwunden und laufe dem Walde zu. Weit hinter mir wird es lebendig, ein paar Schüsse fallen. Zum Glück ist es sehr neblig. Die Russen, an denen ich vorüberlaufe, achten nicht auf mich. In einem der vielen Verteidigungsgräben laufe ich weiter, klettere wieder heraus, bin außer Sicht gegen den dunklen Wald und tauche unversehrt darin unter.

Freiheit! Freiheit! Wie das Mondkalb erlebe ich Minuten eines Glücksrausches ohnegleichen. Was weiter werden soll, kümmert mich zunächst nicht. Die Maus ist entsprungen – seht zu, wie ihr sie wieder fangt!

Im dichten Strauchwerk an einem Tümpel sitzend, beobachte ich die Gegend, aus der ich gekommen bin. Es ist Schnepfenstrichzeit. Tausend friedliche Erinnerungen dringen auf mich ein. Was für ein Wunder ist das Leben!

Die Gedanken gehen hin zu Menschen, die nicht mehr sind. Mein Vetter Heinrich Lehndorff steht vor mir. Im Winter vor einem Jahr, da jagten wir noch zusammen in seinem Wald am Mauersee und malten uns aus, wie es sein würde, wenn wir nach der Katastrophe als Partisanen dort leben könnten. Ob sich uns die heimatliche Landschaft nicht dann erst in ihrer ganzen Tiefe erschließen würde.

Ein halbes Jahr später suchte er mich eines Nachts in Insterburg auf und berichtete von dem Attentat auf den Führer, das für die nächsten Tage geplant war. Seine Frage war, ob ich bereit wäre, mich dafür zur Verfügung zu stellen, falls es noch an einem weiteren Helfer fehlen sollte. Da ich schon wußte, daß diese Frage kommen würde, hatte ich einen jungen Pfarrer, dem ich vertraute, gebeten, mich zum Bahnhof zu begleiten. Wir saßen dort mehrere Stunden auf einer Bank, und während des Wartens suchten wir Rat aus der Heiligen Schrift. Dabei machte uns – wie konnte es auch anders sein – das 13. Kapitel des Römerbriefs besonders zu schaffen. »Jedermann sei untertan der Obrigkeit, die Gewalt über ihn hat.« Sollte man sich als Christ in der Verantwortung für sein Vaterland wirklich alles gefallen lassen müssen? Sollte man weiter untätig zusehn, wie ein Wahnsinniger das Volk ins Verderben riß? Eins jedenfalls wurde uns klar: Unter Berufung auf den Römerbrief sich zu drücken, um das eigene Seelenheil zu retten, dazu bot uns der Apostel Paulus keine Handhabe. Er ließ uns nur erkennen, wie schwer die Entscheidung wog, vor die wir uns gestellt sahen. Hier gab es nur noch zwischen Schuld und Schuld zu wählen.

Für mich folgten damals Tage einer ungeheuren seelischen Anspannung. Immer wieder fragte ich mich, woher ich denn die Kraft nehmen sollte, mit einem Sprengkörper in der Tasche neben einen Menschen zu treten und ihn damit umzubringen. Würde ich mich ihm nicht plötzlich ganz nah und verbunden fühlen und die Verpflichtung verspüren, alles zu tun, um ihn zu warnen? Oder – noch weit schwerer zu überschauen –: Gesetzt den Fall, es läge hier die Möglichkeit verborgen, den Mann nicht zu vernichten, sondern ihm das Gericht Gottes zu verkünden in einer Weise, daß ihm die Augen aufgingen – welche Schmach, diese unausdenkbare Chance aus innerem Unvermögen vielleicht nicht wahrnehmen zu können!

Der 20. Juli mit seiner furchtbaren Wirklichkeit machte diesem Dilemma ein Ende. Und während ich selbst vor jedem Verdacht verschont blieb, wußte ich meinen Vetter zuerst in tödlicher Haft und dann auf der Flucht durch die Wälder, aber nicht vor den Russen, sondern vor Hitlers Henkern, bis er ihnen durch Verrat wieder in die Hände fiel. Dagegen ist das, was ich jetzt erlebe, wahrlich ein Kinderspiel! –

Als es ganz dunkel geworden ist, stehe ich auf und beginne in östlicher Richtung weiterzugehn. An einem Strauch hängt eine tarnfarbene Jacke, die nehme ich mit. Vorsichtig schleiche ich in einer Schonung entlang. An vielen Stellen sieht man Feuerschein und hört die Russen Bäume fällen. Ich komme wieder ins Altholz und benutze einen Weg, der tiefer in den

Bestand hineinführt. Auf einmal spüre ich, daß etwas meinen Fuß aufhalten will. Vor mich hinhorchend, glaube ich Bewegungen zu vernehmen und gewahre dann wenige Schritte vor mir den Rest eines verglimmenden Feuers. Schon werde ich angerufen und laufe, erst geradeaus, dann im Bogen durch das Unterholz. Zwei Lichter kommen hinter mir her. Auf dem nächsten Gestell gewinne ich Vorsprung, biege scharf nach rechts ab, will in einem der vielen Erdlöcher Deckung nehmen, springe aber wieder heraus und verstecke mich dicht daneben unter einer kleinen Schirmfichte. Die Verfolger laufen an mir vorbei, eine Handgranate fliegt in den Erdbunker, der Sand spritzt bis zu mir herüber. Ich mache mich lang und warte die folgenden Stunden ab.

*17. April*
Die Nacht ist merkwürdig schnell herumgegangen. Ich muß geschlafen haben, ohne etwas davon zu merken. Nicht weit von meinem Versteck entfernt wird Holz geschlagen, und schwere Fahrzeuge rollen auf einer Straße nach beiden Richtungen. In meiner näheren Umgebung ist der Wald zu licht, um sich bei Tageslicht darin verbergen zu können. Ehe es hell wird, muß ich einen besseren Platz gefunden haben. Wie ein angeschossener Keiler suche ich Deckung. In meiner Nähe führt ein Waldweg vorbei. Dahinter steht links eine dichte Kiefernschonung, die wäre sehr verlockend. Aber ich muß damit rechnen, daß der Wald abgesucht wird, und da werden die dichtesten Stellen zuerst drankommen. Rechts die große Kahlfläche scheint mir geeigneter; da stehen lauter ganz niedrige Fichten, die von weitem kaum als ausreichende Deckung für einen Menschen angesprochen werden können. Mit einem Sprung bin ich über den Weg und lege mich unter eine Gruppe solcher Fichten, die von Haselsträuchern umstanden ist. Zwei Schritte entfernt befindet sich eins der vielen Erdlöcher, mit dem nächsten durch einen Laufgraben verbunden.

Kaum ist es einigermaßen hell geworden, da geht die Jagd auch schon los. Pausenloses Geknatter aus Handfeuerwaffen aller Kaliber gibt mir einen ungefähren Begriff von dem, was zur Säuberung des Waldes eingesetzt ist. Keine Sekunde vergeht ohne eine Vielzahl von Schüssen. Die Schonung neben mir wird stundenlang durchgekämmt; es mag noch der eine oder andere deutsche Soldat darin versteckt sein. Es regnet Bindfäden. Diese unbequeme Tatsache wird zu einem Rettungsanker in dem

Augenblick, wo ich Hunde bellen höre. Gegen die ist der Regen die einzige Chance.

Flugzeuge kreisen dicht über den Baumkronen. Man läßt sich die Jagd etwas kosten. Ich bin gänzlich kalt geworden und beobachte alles wie aus weiter Ferne. Jagdliche Verfehlungen, die mich zeitlebens verfolgt haben, fallen mir ein, aber nun nicht mehr als Alpdruck, sondern wie Schulden, die jetzt getilgt werden. Man hat gar keinen Abstand mehr von der leidenden Kreatur.

Um die Mittagszeit fegt aus nächster Nähe eine Reihe von Schüssen durch die Sträucher über mir. Gleich darauf steht ein Russe vor dem Erdloch und überlegt, das heißt, ich kann nur seine Füße sehn, die ich mit ausgestreckter Hand erreichen könnte. Mir ist nicht ganz klar, ob ich von oben her genügend gedeckt bin, darf mich aber jetzt nicht bewegen, um das festzustellen. Es vergehen ein paar Sekunden, in denen ich mich ganz als Hase fühle – dann setzen sich die Füße wieder in Marsch und verschwinden aus meinem Gesichtskreis. Etwas später wird es noch einmal kritisch, als mehrere Russen gleichzeitig durch die Sträucher dringen. Ich ziehe die Beine an und warte sprungbereit – im Liegen will ich mich nicht abknallen lassen. Dann ist auch das vorüber und ich habe endgültig Ruhe.

Spät am Abend hört die Knallerei auf. Ich liege auf dem Rükken und versuche zu schlafen, aber Kälte und Regen halten mich wach. Aus dem nassen Ärmel sauge ich etwas Feuchtigkeit. Das Hungergefühl ist längst vergangen. Rings um mich her knistert es in den Sträuchern, und vor den Augen zucken bläuliche Flammen. Allmählich verdichten sich die Schatten über mir. Zwei große Vögel mit ausgebreiteten Schwingen schwanken in den dünnen Zweigen. Wenn ich mich anstrenge, sie genauer zu sehen, verschwimmen sie im ungewissen Grau der Nacht. Aber dann sind sie wieder da und beginnen miteinander zu flüstern. Ich wünschte, sie flögen fort und ließen mich in Ruhe. Aber sie lassen nicht locker und spinnen mich immer mehr in ihr Zwiegespräch ein – bis ich mit einem Ruck auf den Füßen stehe.

Es mag gegen Mitternacht sein. Die Vögel sind verschwunden, aber ohne mich weiter zu besinnen, trete ich meinen Weg an. In südöstlicher Richtung durchquere ich die große Kieferndickung, verlasse den Wald, gehe durch Koppeln mit tiefen Gräben, überschreite die Palmnicker Chaussee und lande auf der anderen Seite in einem Wäldchen. Immer wieder finde ich mich im Aufstehn begriffen, ohne das Hinfallen bemerkt zu haben. Am Rande des Wäldchens verglimmen mehrere Feuer. Ich umgehe sie im Bogen und bewege mich an erleuchteten Fenstern vorbei auf einem glitschigen Landweg nach Osten, bis mich wieder ein kleines Waldstück aufnimmt. Dort lege ich mich nieder und verzichte von mir aus auf jeden weiteren Entschluß. Der Gedanke an diese Stelle, die sich langsam mit nassem Schnee bezieht, ist mir wie eine letzte Erinnerung.

Kaum habe ich eine Weile gelegen, da höre ich schon wieder die beiden Stimmen über mich reden. »Er muß hier weg. Mitten auf dem Weg können wir ihn nicht liegenlassen.« So ähnlich geht es unaufhörlich, bis ich es nicht mehr aushalte und mich wieder hochrappele. Tatsächlich habe ich mitten auf dem Weg gelegen, quer über die ausgefahrenen Geleise. An einem Drahtzaun entlang steuere ich das nächstbeste Haus an und lasse mich auf die Treppenstufen fallen. Der Ausflug in die Freiheit hat sein Ende gefunden.

Ein Russe in Unterhosen macht die Tür auf und ruft mich an. Er kommandiert zwei andere Russen herbei, die mich hereinholen. Auf dem Fußboden sitzend, werde ich von den dreien wie ein Wundertier angestarrt. Einer von ihnen schiebt mir sein Kochgeschirr mit Suppe hin – da erst überfällt mich der Hunger. Ich spreche ein Dankgebet, und dann esse ich, langsam, vorsichtig, wie ein Kind, das die ersten Schritte tut. Essen und Sein ist in diesem Augenblick dasselbe.

Das Essen und die Wärme haben mich wieder auf die Beine gebracht. Der Mann in Unterhosen führt mich über den Hof in die Scheune, wo ich beim Schein seiner Laterne viele Leute im Stroh liegen sehe. Ich lege mich dazu und schlafe bis in den Tag hinein.

*18. April*

Am Morgen ist wieder leichter Frost. Ich befinde mich inmitten eines Trupps von Frauen mit kleinen Kindern, älteren Männern und einigen halbwüchsigen Jungen. Auf dem Hof machen wir Feuer zwischen zwei Ziegelsteinen und kochen Kartoffeln. Die Wachmänner lassen uns gewähren. Die Frauen und Kinder, von denen eins noch im Kinderwagen mitgeführt wird, stammen aus Dörfern, die bis zu zwanzig Kilometern entfernt sind Seit einigen Tagen werden sie umhergetrieben, ihre Schuhsohlen sind schon durch, die Kleider verschmutzt und für die Kälte gänzlich unzureichend. Auf Handwagen haben sie ein paar Gegenstände bis hierher mitgeführt. Einige von ihnen sind ganz fremd in dieser Gegend. Als Evakuierte aus dem Westen hielten sie sich hier bei Verwandten auf, als die Russen kamen. Mehrere kleine Kinder sind in den letzten Tagen schon gestorben. Die Mütter haben keine Zeit, ihnen nachzutrauern, da sie mit den übrigen viel zu sehr beschäftigt sind. Zu essen haben sie nichts bekommen. Aber während der Marschpausen konnten sie sich von den Kartoffeln kochen, die überall herumliegen.

Um die Mittagszeit setzt sich mein neuer Trupp langsam in Bewegung. In östlicher Richtung marschierend, kreuzen wir eine Straße. Dahinter geht es auf tief ausgefahrenem Lehmweg, der halb unter Wasser steht, einem Ort entgegen, der auf einer Anhöhe liegt. Die Menschen, aus denen unser Zug sich zusammensetzt, gehen weit auseinandergezogen, da die Frauen mit ihren Kinderwagen nicht weiterkommen. Als nach endlosen Mühen der Ort erreicht ist, stellt sich heraus, daß er von uns nicht besetzt werden darf. Wir biegen nach Norden ab und erreichen den etwa zwei Kilometer entfernten Ort Craam. Auf dem Wege dorthin werden wieder ein paar Frauen am Ende des Zuges von den Kindern weg in ein zur Linken stehendes einzelnes Haus geholt und erst nach längerer Zeit wieder losgelassen. Sie kennen das schon, es ist überall das gleiche.

Dicht vor Craam lagern wir in einer Koppel neben dem Dorfteich. Der verwüstete Ort ist offenbar ein Sammelpunkt für russische Kriegsfahrzeuge. Die Höfe sind voll von Panzern und Geschützen. Neue kommen hinzu, andere fahren ab. Für uns ist auch hier kein Platz. Wieder geht es weiter nach Osten, diesmal auf der Chaussee. Fahrzeuge brausen vorbei. Wir müssen lange Strecken im tiefen Acker gehen und kommen nur im Schneckentempo vorwärts. Gegen Abend erreichen wir den höherliegenden und wie ein Gerippe drohenden Ort St. Lorenz. An einer Scheune wird haltgemacht, und schon nach wenigen Minuten brennen lauter kleine Feuer, über denen irgend etwas gekocht wird. Ein Sack mit gequollenen Erbsen, den ich aus dem Straßengraben gezogen habe, erregt große Freude.

Bald geht es wieder weiter, noch ein Stück geradeaus bis zur Straße nach Rauschen und auf dieser in entgegengesetzter Richtung auf den Ort Watsum zu, den ich schon einmal passiert habe. Auch hier ein Kommen und Gehen. Neben mir schiebt eine Frau in Schwesterntracht einen blinden und gelähmten Mann auf einem Schubkarren. Ich frage sie nach ihrem Ziel. Sie will nach Königsberg, weil es dem blinden Mann in seinem Hause in Rauschen zu unheimlich geworden wäre mit den vielen Russen. Einen Augenblick empfinde ich es als meine Pflicht, sie von ihrem unsinnigen Vorhaben abzubringen, sie aufzuklären über das, was in Königsberg auf sie wartet. Aber dann scheint es mir doch barmherziger, ihr und dem Mann die Illusion nicht zu nehmen. Nach menschlichem Ermessen ist es ausgeschlossen, daß sie je an ihr Ziel gelangen. Alle fünf Minuten muß sie stehenbleiben und ihre Last absetzen. Es kann nicht lange dauern, dann wird eins der achtlos vorüberrasenden Fahrzeuge der Quälerei ein Ende machen und zum mindesten ihren Schützling in ein besseres Reich befördern.

In dem langgestreckten Ort Watsum herrscht ein wildes Treiben. Die Häuser sind zerschossen, die Ruinen mit Russen besetzt, einige brennen noch. Nach vielen vergeblichen Versuchen, für unseren Trupp eine Unterkunft zu finden, endigen wir bei völliger Dunkelheit am Bahnhof. Vorher sind uns schon mehrere Trupps wie der unsere begegnet, aus Königsberg kommend, die Leute schon sehr verwildert aussehend. Auch für sie hat sich nirgends ein Dach gefunden.

Das Stationsgebäude, das wir schließlich beziehen, ist durch einen Zufall gerade frei geworden. Im Keller stehen ein paar Sofas, von denen, wie überall, die Bezüge abgetrennt sind. Dort ziehen unsere Wachleute ein. Vor wenigen Tagen haben hier noch deutsche Soldaten gesessen, während russische Artillerie oben hindurchblies. Seitdem hat sich hier schon manches andere abgespielt.

Die beiden Räume, in denen wir untergebracht werden, enthalten ein Gemisch von Stroh und unsagbarem Schmutz. Nachdem der schlimmste Dreck weggeräumt ist, verteilen wir uns wie Sardinen in der Büchse auf dem Fußboden. Die gegenseitige Wärme hat den Vorrang gegenüber allem Ekel, den man allmählich voreinander bekommen hat, weniger wegen des Ungeziefers und des struppigen, ungewaschenen und verelendeten Aussehens als wegen des Verlustes aller Form. Mein Trost ist ein fünfzehnjähriger Junge aus Palmnicken, Helmut Z., der mich trotz meines schauderhaften Zustandes mit großer Zuvorkommenheit und Rücksicht behandelt und sogar einen Rest Speck, den er gerettet hat, mit mir teilt. Er wird erst seit drei Tagen mitgeschleppt und hat noch wesentlich mehr Energie als ich.

Die Nacht über müssen zwei von uns Männern auf der Treppe Wache schieben. Zu welchem Zweck und gegen wen, das wird uns nicht mitgeteilt. Man hat es sich auch schon längst abgewöhnt, nach Gründen zu fragen. Ich selbst bin auch ein paar Stunden an der Reihe, friere ganz jämmerlich in dem schauderhaften Zugwind. Seit vierzehn Tagen ist man schon nicht mehr aus den Kleidern gekommen, seit einer Woche durchnäßt und verfroren, kann kaum mehr einen vernünftigen festen Schritt tun, und doch ist niemand ausgesprochen krank, keiner spürt Zeichen von Erkältung oder irgendwie gestörter Organfunktion. Der Körper benimmt sich über alles Erwarten zweckmäßig.

*19. April*

Am Tage läßt man uns vor die Tür auf den ehemaligen Bahnsteig. Dösend stehen die Männer in einiger Entfernung um einen Kessel, in dem die Russen ihre Suppe kochen, für sich und den von ihnen bevorzugten Teil der Weiblichkeit. Da für uns nichts abfällt, verkriechen wir uns vor Wind und Sprühregen in dem Unterstand auf dem Bahnsteig und machen uns darin ein Feuer zwischen Ziegelsteinen. Neben den Geleisen sprudelt Wasser aus einer Drainageröhre. Helmut Z. bewegt mich dazu, mir wenigstens Hände und Gesicht darin zu waschen. Von allein würde ich mich nicht dazu aufraffen. Wir benutzen einen unbeobachteten Augenblick, die Böschung hinaufzuklettern und auf allen vieren bis zu einem der vielen Erdbunker zu kriechen. Dort finden wir einen Sack mit Roggenschrot. Davon schütten wir so viel aus, daß wir ihn hinter uns herziehen können, und gelangen unbemerkt wieder auf den Bahnsteig. Die Männer haben einen der herumliegenden Kochtöpfe aufs Feuer gesetzt. Darüber zerbröckeln wir, von guten Ratschlägen begleitet, das zusammengeklebte Roggenschrot. Ich vermeide es, mich im Kreise umzusehn. In ihrer armseligen Gier erinnern mich die verwilderten Gestalten an Bilder von Hoegfeldt. Und wenn man selbst dazu gehört, fehlt einem der Humor, das zu ertragen.

Während die Suppe kocht – wobei sich ein Streit entspinnt, ob man rühren soll oder nicht –, fällt mir ein, daß ich schon einmal hiergewesen bin. Vor zwanzig Jahren, als ich mit vielen vergnügten Menschen nach Rauschen fuhr, hat der Zug auf diesem Bahnhof gehalten. Ich entsinne mich genau, es war ein heißer Sommertag, der Roggen reifte schon. Und es kommt mir vor, als wäre mein Sinn schon damals schwer gewesen von der Vorahnung dessen, was sich nun erfüllt.

Die Suppe ist fertig geworden und wird auf alle möglichen

Gefäße verteilt. Meine Erwartung ist weit übertroffen. Wie ist es möglich, daß man früher immer nur die Schweine damit gefüttert hat! Während wir beim Essen sind, kommen Russen vorbei, binden eine Kuh auf dem Bahnsteig an und gehen ins Stationsgebäude. Mit einer großen Blechbüchse mache ich mich eilig an die Kuh heran, und während Helmut Z. Schmiere steht, gelingt es mir, ein paar Liter abzumelken, ehe die Soldaten zurückkommen. Aber mit meiner Milch ist leider kein Staat zu machen. In der Büchse muß vorher Vitriol oder etwas Ähnliches gewesen sein. Die Milch ist selbst für uns ungenießbar und wird von den Kindermüttern tränenden Auges zurückgewiesen. Für den Rest des Tages wird am laufenden Band weiter Roggenmus gekocht und verteilt.

Am Nachmittag bleibt einer der vielen vorüberkommenden Russen stehen und unterhält sich einen Augenblick mit uns. Als es dunkel geworden ist, taucht er wieder auf mit einem Paar Filzstiefel, die mir passen. Bei Tage hätte er nicht kommen können, erklärt er kurz und ist schon wieder verschwunden. Ich sehe ihm mit dankerfülltem Herzen nach. Und in die freudige Aussicht auf warme Füße mischt sich der zwiespältige Gedanke, wieviel einfacher alles wäre, wenn es gar keine menschlichen Berührungspunkte mit ihm und seinesgleichen gäbe

*20. April*

Die zweite Nacht im Bahnhofsgebäude ist wie die erste vorübergegangen. Am Nachmittag werden die Männer abgetrennt und nach Rauschen geführt, die Frauen bleiben da. Was aus ihnen wird, wissen wir nicht.

Meine Ausrüstung setzt sich zur Zeit folgendermaßen zusammen: ein kurzärmeliges Afrika-Hemd, eine Unterhose, eine mir im Bauchumfang um einen halben Meter zu weite Manchesterhose, die ich auf der Straße gefunden habe, darüber meine eigene lange Hose, unten zugeschnürt, eine von einem Verwandten geerbte Jacke, der Militärmantel, die Filzstiefel und ein Hut, den ich ebenfalls gefunden habe. In einem Sack über der Schulter trage ich meine alten Schuhe und die gefundene Tarnjacke.

Das Wetter ist etwas besser. Zeitweise scheint die Sonne. Die Straße ist noch ungemein belebt und die Luft voller Flugzeuge, die Pillau zum Ziel haben. Vor den Wagen gespannt und unter dem Reiter entdecke ich eine Reihe ostpreußischer Pferde, die schon ganz apathisch sind und sich an diese fürchterliche Gangart gewöhnt haben, die ausnahmslos angeschlagen wird: Stechtrab in Dreischlag übergehend. Ein Martergeräusch ist das, wenn man sie auf dem Straßenpflaster entlangrasen hört, den Hals hintenübergebrochen, den Kopf schief, das Maul blutig gerissen.

Der große Hof rechts vor Rauschen ist vollständig erhalten. Die neuen Gebäude mit ihren leuchtend roten Dächern wirken herausfordernd in dieser Wüste. In Rauschen quartiert man uns im Rücken einer Auto-Reparaturwerkstätte ein. Auch diese Stelle ist mir vertraut: einige Wochen vor Ausbruch des Krieges habe ich meinen DKW hier reparieren lassen, als ich zum Reitturnier in Rauschen war. Der Vollständigkeit halber erlebt man jetzt die Kehrseite aller Dinge.

Eng nebeneinander auf dem Fußboden hockend, werden wir von einem gemütlichen blonden Russen bewacht, der etwas Deutsch kann. Mittags kocht er uns im Vorraum auf einem Ziegelherd dicke Grütze in einem Eimer. Die hungrigen Augen machen ihm offensichtlich Vergnügen.

Am Nachmittag werden wir einzeln zur Vernehmung geholt. Bei mir geht es merkwürdig schnell. Aus meinen restlichen Papieren ersieht der grimmige Major wohl, daß ich Arzt bin. Sonst wird er nicht recht klug aus mir. Offenbar begreift er nicht, wie ich gerade zu diesem Trupp gelangt bin. Wieder staune ich über die Möglichkeit eines Systems in diesem Wirrwarr. Warum machen sie überhaupt noch Unterschiede? Der größere Teil der Leute wird ja aus dieser Sortiermaschine sowieso nicht lebend herauskommen. Meine sonstigen Angaben hält der Major für übertrieben. Ich befinde mich offenbar in einem Zustand, der kein besonderes Interesse an meiner Person mehr aufkommen läßt. Daß ich nicht in der Partei gewesen sei, glaubt er nicht. Der Dolmetscher fragt: »Warum Partei für dich schlecht?« Das könne ich ihm nicht so schnell erklären, antworte ich. Auf mehrfaches Drängen, dennoch eine Erklärung abzugeben, mache ich das Zeichen des Kreuzes. Der Dolmetscher tippt sich auf die Stirn und nickt dem vernehmenden Major zu. Der schiebt mir meine Papiere wieder hin und läßt mich gehen.

Die anderen Männer werden sehr viel länger vernommen. Der Junge wird unter anderem gefragt, wieviel gefangene Russen er bei den Übungen der Hitlerjugend erschossen hätte. Ein alter Mann, der früher bei der Polizei war, kommt überhaupt nicht wieder zum Vorschein.

*21. April*

Zu unserem größten Erstaunen werden wir morgens einfach auf die Straße gelassen. »Geht nach Haus!« Unser Bewacher lacht gutmütig. »Wo nach Haus?« frage ich. »Nach Insterburg?« »Ja, Insterburg!« – »Gib Papier!« sage ich. »Papier? Scheiße, nix Papier!« Es ist klar, daß wir an der nächsten Ecke wieder aufgegriffen werden. Zögernd setzt sich unser Trupp in Bewegung. Tatsächlich kümmert sich niemand um uns, es ist kaum zu glauben. Oben an der Straßenkreuzung biegt Helmut Z. nach rechts ab. Er will nach Palmnicken, nachsehen, ob noch jemand von seinen Angehörigen dort ist. Da ich keine eigenen Pläne habe, schließe ich mich ihm an; denn zu einem längeren Marsch bin ich nicht mehr fähig.

Wieder passieren wir die Orte St. Lorenz und Craam; niemand nimmt von uns Notiz. Wo die Straße in den Wald einmündet, kommt uns ein alter Mann entgegen, der einen Schubkarren vor sich her schiebt. Wir lassen uns am Wegrand nieder. Er ist Landwirt aus der Gegend von Labiau, war mit Pferden und Wagen bis Palmnicken geflüchtet und ist dort von den Russen eingeholt worden. Mit dem Rest seiner Habe drückt er sich seitdem auf den Straßen herum und will jetzt versuchen, allmählich bis zu seinem Heimatort vorzudringen. Von Palmnicken rät er uns dringend ab wegen der dortigen Russen. Mein Begleiter beschließt, trotzdem weiterzugehn, während ich mich dem alten Mann anschließe, nicht zuletzt, weil dieser noch ein Stück Fleisch auf seiner Karre mitführt. Letztere schieben wir abwechselnd, nun wieder in entgegengesetzter Richtung. Ganz langsam nur kommen wir vorwärts. In Craam überholt uns eiligen Schrittes der polnische Dolmetscher von meiner ersten Vernehmung. Ich ziehe unwillkürlich den Nacken ein. Er verzieht keine Miene und geht vorüber.

Der alte Mann hat die Karre ganz übernommen, da ich damit nicht mehr von der Stelle komme. Fahrzeugkolonnen rasen an uns vorbei. Einer der Wagen streift die Karre und wirbelt sie durch die Luft. Dabei geht sie in Trümmer, während ihr Inhalt sich in weitem Umkreis über den Acker verteilt. Da unglücklicherweise eine Blechwanne dabei ist, die zwei Griffe hat, wird alles wieder zusammengesammelt und in diesen Behälter gepackt, darunter eine Fleischmaschine, eine Axt, Hammer und Zange, an sich sehr nützliche Gegenstände, nur nicht dazu geeignet, sie als letztes Gut in der Gegend herumzutragen. Meine Versuche, dem Mann wenigstens die Fleischmaschine auszureden, mißlingen. Die übrigen Dinge lasse ich gelten: zwei weiße Bettlaken, ein Stück Fleisch, ein paar Kartoffeln, etwas Speck, mehrere Hemden.

Die Blechwanne zwischen uns tragend, quälen wir uns weiter auf dem Acker bis zu einem kleinen Gehölz rechts neben der Straße. Hier lassen wir uns nieder und beschließen, Mittag zu kochen. Da ich nicht ganz sicher bin, ob ich etwas davon abbekommen werde, mache ich mich erst einmal nützlich, indem ich ein Feuer entzünde. Aus einem ziemlich weit entfernten Graben, der durch ein kleines Bruch führt, hole ich Wasser. Als ich beim Schöpfen bin, zischen ein paar Kugeln an mir vorbei. Ich sehe mich um, weitab steht an demselben Graben ein halb ausgezogener Russe und schießt nach mir. Er macht aber keine Miene näherzukommen, als ich mich zurückziehe.

In Ruhe kochen wir unsere Kartoffeln. Als ich auf der Suche nach trockenem Holz bin, taucht vor mir aus einem der Laufgräben der Kopf eines deutschen Soldaten auf. Zwei Mann von der 5. Panzerdivision, ein Leutnant und ein Unteroffizier, sitzen seit drei Tagen hier versteckt. Sie gehörten zu einem Spähtrupp, der hinter die russischen Linien geraten ist. Ich frage sie nach meinem Vetter Knyphausen, der zum Divisionsstab gehört. Sie halten es für möglich, daß die Reste der Division auf dem Seeweg herauskommen werden. Sie selber sind seit drei Tagen ohne Nahrung. Mein Begleiter lädt sie zu unseren Kartoffeln ein und teilt seinen Speck mit ihnen. Wenn es dunkel ist, wollen sie in südlicher Richtung weiterziehn.

Unter Zurücklassung der Fleischmaschine sowie des Handwerkszeuges und der Blechwanne machen wir uns auf den Weg. Den Rest unserer Sachen tragen wir in meinem Sack weiter, aus dem ich meinerseits die unbrauchbaren Schuhe geopfert habe. Hinter St. Lorenz schneiden wir die Ecke ab und gehen über das Feld nach Watsum. Dort verstecken wir uns in einem Haus, dessen Inneres den gewohnten Anblick bietet: Abgezogene Polstermöbel bzw. Teile davon stehen in einer knietiefen Masse von Bettfedern, Flaschen, Bildern und zerschlagenem Geschirr. Fensterrahmen und Türen sind herausgerissen. Auf dem Fensterbrett liegt ein Stück Käse, das essen wir gleich auf. Zwei Russen kommen herein, wühlen alles noch einmal durch und verschwinden, ohne uns zu beachten.

Die Hauptmasse der Truppen ist schon weitergezogen. Die Flieger sind aber immer noch sehr rege. Daraus schließen wir, daß Pillau noch umkämpft wird. Vom Meere hört man zeitweise starken Kanonendonner. Und da der Wunsch jetzt der Vater jedes Gedankens ist, bilden wir uns ein, die Amerikaner seien bereits im Anrücken gegen die Russen.

Auf der gegenüberliegenden Straßenseite ist ein Haus mit Frauen und Kindern belegt. Sie haben sich alle in einem Raum nach dem überall gleichen Prinzip niedergelassen: vorn die alten Frauen, dahinter die Kinder, im Hintergrund die auf alt getarnten jüngeren Frauen und Mädchen. Alle sind abgekämpft bis auf eine redselige Alte, die es höchst interessant findet, eine apokalyptische Zeit zu erleben. Wir legen uns dort schlafen auf einer zweistöckigen Strohschütte, die noch vom deutschen Militär stammt. Daß dies alles vor wenigen Tagen noch Deutschland war, ist kaum zu fassen.

Nachts kommen Russen und beleuchten uns mit Taschenlampen. Wir lassen uns gar nicht stören. Man ist ihnen ja ohnehin ausgeliefert, und das Langliegen ist so schön, daß man keine Sekunde davon preisgeben möchte. Zu unserem Glück verziehen sie sich bald wieder und lassen uns schlafen.

*22. April*

Mein Begleiter ist trotz seiner siebzig Jahre viel unternehmender als ich. Er hat zwei lahme Pferde aufgegabelt, die von der Truppe stehengelassen wurden. Die spannt er mit Hilfe improvisierter Sielen vor einen Leiterwagen und lädt noch zwei Familien auf, die aus der gleichen Gegend stammen wie er und mit ihm versuchen wollen, dorthin zurückzukehren. Ich hänge hinten auf dem Wagen und passiere so zum drittenmal den Bahnhof Watsum, dem ich ein besonderes Andenken immer bewahren werde. An der Straßengabelung geht es nach links ab über Pobethen und weiter in östlicher Richtung. Craam, St. Lorenz, Watsum, Pobethen – der Klang dieser Ortsnamen, den Bewohnern des Samlandes heimatlich vertraut, in mir hallt er wider wie ein Schreien, das unaufhörlich zum Himmel aufsteigt.

Schritt für Schritt geht es weiter auf der Straße nach Cranz. Was im Straßengraben noch an brauchbaren Sachen ins Auge fällt, wird aufgepackt und mitgenommen. Im kalten, klaren Vorfrühlingssturm marschiert eine singende Truppe an uns vorbei.

Ein paar Kilometer noch geht alles gut. Dann hält uns ein Posten an, durchsucht den Wagen, mustert die Pferde, holt mich herunter. Der Wagen darf weiterfahren. Ich winke dem alten Mann nach. Vierundzwanzig Stunden waren wir zusammen – ein Stück Leben.

Ich liege neben den Russen im Gras. Sie haben erst mich durchsucht, jetzt sind sie mit meinen Papieren beschäftigt, unter denen sich immer noch ein paar Briefe und Photos befinden. Ich sehe auf das Meer hinaus und kümmere mich nicht um sie. Ein Bild meiner Schwester wird mir unter die Nase gehalten. »Deine Frau?« Ich nicke. »Wo deine Frau?« »Zu Haus!« »Wo zu Haus?« Ich nenne irgendeinen Namen. »Gitlär kapuht!« Die übliche Feststellung, wie das Amen in der Kirche. Auf weitere Konversationsversuche reagiere ich nicht.

Nach einigen Stunden werden sie abgelöst. Sie nehmen mich mit und weihen mit mir ihr neues Gefängnis ein, die große Stube eines Arbeiterhauses auf einem Gutshof links neben der Straße. Die Fenster sind mit Brettern verschlagen. Es ist hundekalt. Ich sitze oder liege ganz zusammengerollt auf dem Fußboden. Von Zeit zu Zeit lege ich meine Beine auf einen Melkschemel, das einzige Möbelstück im Raum. Dann liegt der Rücken nicht so hohl. Allmählich bekommt man schon etwas Routine in diesen Dingen. Mein Taschentuch lege ich über Mund und Nase. Dadurch wird viel Wärme im Körper zurückgehalten.

Dem Posten, der vor der Tür stehen muß, bin ich etwas unheimlich. Er kommt immerfort herein, starrt mich an und versucht, mir eine andere Lage beizubringen. Ich bleibe ruhig liegen und sehe ihn an. Er ist vielleicht achtzehn Jahre alt, steht da wie ein junger Hund vor einem zusammengerollten Igel. Dann verschwindet er wieder und baut sich vor der Tür auf. Als er wieder einmal kommt, mache ich ihm durch Zeichen klar, daß ich sehr friere. Er weiß keinen Rat. Statt dessen fängt er an, mir ein paar russische Worte beizubringen. Durch Gesten verständigen wir uns. »Gib – mir – zu essen.« Als ich es kann, wiederhole ich es als Bitte! Er erschrickt, wird verlegen, weicht langsam zur Tür zurück und sieht von da an nur noch durch den Türspalt herein. Gegen Morgen bringt er mir ein Stück Brot. Als ich ihm die Hand geben will, fährt er zurück.

*23. April*

Gegen Mittag bekomme ich einen Genossen. Ein junger Litauer, der aus der russischen Armee desertiert ist und wieder gefangen wurde, wird hereingeschubst. Er erhält ein Kochgeschirr mit Suppe, die wir mit seinem Löffel abwechselnd essen. Später kommt noch ein älterer deutscher Mann mit einem Holzbein dazu, der aus diesem Ort stammt und sich anderswoher gerade bis hierher durchgeschlagen hat.

Gegen Abend werden wir drei von zwei Posten mitgenommen und wieder mehr in die Nähe von Königsberg gebracht. In einem Ort, der von Russen wimmelt, sperrt man uns in den Schweinestall, in dem schon zehn andere Männer sitzen. Es heißt, wir sollen wieder vernommen werden. Man fällt von einem Sieb ins andere. Zunächst kochen wir im Futterkessel zwei Eimer Kartoffeln und schlagen uns den Bauch damit voll.

*24. April*

Ohne vernommen zu sein, werden wir wieder weitergeschickt. Es geht über Fuchsberg auf Königsberg zu. Mich erfaßt eine steigende Unruhe. Freiwillig brächte ich nicht den Mut auf, die Stadt noch einmal anzusteuern. Dazu war alles zu endgültig, und ich habe keine Widerstandskraft mehr.

In dem Vorort Tannenwalde biegen wir nach links ab und werden noch einmal nach unerfindlichen Gesichtspunkten sortiert. Der Litauer muß dableiben, wie er meint, um erschossen zu werden. Als wir weitergeführt werden, spielt er gerade wie wild auf einem Klavier, das auf der Straße steht.

Weiter geht es, auf Königsberg zu. Dann die Ringchaussee entlang, an den Forts vorbei. Ich hänge nur noch in meinen Filzstiefeln und fühle, daß ich bald liegenbleiben werde. Trotzdem prägen die Bilder sich tief ein. Wie eine Mondlandschaft sieht diese Gegend aus, Krater an Krater, daran anschließend das Trümmermeer. Nach der Innenstadt zu noch einzelne Brände, verlöschend, verglimmend. Das Lied ist aus.

Rechts neben der Straße hat sich ein Russe mit seinem Auto, einem dieser zahllosen scheußlichen kleinen amerikanischen Wagen, die wie ein Abtritt aussehn, im Dreck festgefahren. Wir sollen ran und die Karre herausziehn. Ich lasse mich einfach fallen. Die anderen mühen sich vergeblich. Vollständig mit Dreck bespritzt, müssen sie ihr Vorhaben wieder aufgeben. Ein Stück weiter gehen wir noch, auf Kleinbahnschienen entlang, dann stehen wir auf der Cranzer Chaussee in Rothenstein vor der Wrangelkaserne. Ein Posten läßt uns durch das Tor. – Wir sind im Lager angelangt.

## 4
## Lager Rothenstein
*Ende April bis Mitte Juni 1945*

Vom Hörensagen weiß heutzutage jeder Mensch, was ein Lager ist. Das ist ein Ort, wo man Menschen hintut, über die man eine Weile nicht nachdenken möchte, entweder weil man andere Dinge im Kopf hat, oder weil das Nachdenken zu unbequem ist. Im Lager geraten sie dann automatisch in einen Zermürbungsprozeß, der zwar in keinem nachweisbaren Zusammenhang mit den Absichten dessen steht, der die Leute hierherbeordert hat, ihnen aber insofern entgegenkommt, als er geeignet ist, ein späteres Nachdenken zu erübrigen oder auf ein Minimum zu beschränken. Enderfolg des Lagers ist jedenfalls ein Zustand, der nur noch ein Naserümpfen hervorzurufen vermag. Man braucht solchen Menschen gegenüber wirklich keine Verpflichtung mehr zu empfinden.

Es ist ein schwer zu beschreibendes Gefühl, auch so ein ad acta gelegter Mensch zu sein. Und wenn man nicht wüßte, daß Gott niemanden beiseite tut, könnte man wohl verzweifeln.

Die Kasernen, die uns umgeben, sind fast vollständig erhalten. Man führt uns den Mittelweg hinunter. Linker Hand sind die Höfe zwischen den Fahrzeughallen durch Posten abgesperrt. An ihnen vorbei sieht man graue Menschenmassen umherschleichen. Wir werden in Halle 8 hineingedrängt. Der Fußboden ist nicht zu sehen vor Menschen. Von schwachen Flüchen begleitet, steigen wir vorsichtig tastend über lauter Beine, um uns ein freies Fleckchen zu suchen. Aber es ist beim besten Willen kein Platz mehr freizumachen. Zweitausend Menschen sollen in dieser Halle versammelt sein, alles Männer. Ein Teil schon seit vier Wochen, das Gros seit etwa vierzehn Tagen. Sie wohnen alle schon richtig auf ihrem halben Meter Zementboden. Liegen können die wenigsten. Die meisten hocken oder stehen.

Ich steige weiter, bis eine Hand mich festhält. Ein älterer Mann sieht mich so freundlich an, wie er es mit seinem verstoppelten Gesicht vermag, und meint, wenn ich mit ihm Rücken an Rücken sitzen wolle und der Nachbar ein paar Zentimeter abgäbe, könne er mich schon noch unterbringen. Aufatmend knicke ich ein und begebe mich in die von ihm vorgeschlagene Stellung. Offizielle Bekanntmachung erübrigt sich. Hier ist einer wie der andere. Nähere Bezeichnungen berühren eher peinlich. Im Laufe des Gesprächs erfahre ich aber doch seinen Namen, und daß er Ingenieur und Baurat sei. Er bedauert, mir nichts Eßbares anbieten zu können. Sie bekommen, wenn sie Glück haben, einmal am Tage eine Tasse Grütze und eine Scheibe Brot. Von vier Kaffeebohnen, die er in seiner Hosentasche hat, gibt er mir zwei ab.

Die verkommenen Männer um uns her sind gereizter bis weinerlicher Stimmung. Ihren Äußerungen entnehme ich, daß sie noch nicht begriffen haben, in welcher Lage sie sich befinden. Immer noch glauben sie, einem unverzeihlichen Irrtum vom Amt zum Opfer gefallen zu sein. Als es sich in meiner näheren Umgebung herumgesprochen hat, daß ich Arzt bin, werde ich mit Fragen bestürmt, was das Ganze für einen Sinn habe und wann sie wieder herausgelassen würden. Es sei doch grober Unfug, Menschen so zusammenzupferchen. Man würde ja krank davon. Und das Essen, das ihnen zustände, bekämen sie auch nicht. Ich solle doch mal zum Kommandanten gehn und mich ganz energisch über die Mißstände beschweren. Wasser gäbe es überhaupt nicht, auch keine Latrinen. Es sei eine ganz große Schweinerei, von der »oben« wahrscheinlich niemand eine Ahnung hätte.

Ich verhalte mich möglichst apathisch, da ich unfähig bin, mich auf lange Volksreden einzulassen. Ein Alter wagt es mit dem 91. Psalm, den er laut in die Menge ruft: »Wer unter dem Schirm des Höchsten sitzt . . .« Man kümmert sich nicht um ihn. Mag sein, daß einer oder der andere zu begreifen beginnt.

Gegen Abend taucht eine Frau auf, die offenbar auf eigene Faust eine Art Sanitäterdienst angefangen hat. Sie wird zu uns herangerufen und erhält den Auftrag, mich mitzunehmen zu den anderen deutschen Ärzten. Bei denen soll ich mich über alles informieren lassen und dann für Ordnung sorgen.

Sie geht wieder fort, kommt nach einer Weile zurück und bittet mich, ihr zu folgen. Die Posten scheinen sie schon zu kennen. Durch mehrere Sperren hindurch bringt sie mich bis zu Halle 2. Dort dringen wir durch einen anderen dicken Menschenhaufen vor, bis wir vor einem Bretterverschlag angekommen sind. Die Tür öffnet sich, ich sehe mehrere Männer in schmutzigen weißen Kitteln herumhantieren. Meine Begleiterin geht auf einen von ihnen zu, während ich zögernd folge. Der sieht mich an, kommt mir schnell entgegen, schließt die Tür hinter mir. Ohne viel Worte werde ich auf eine breite Holzpritsche dirigiert und mit einem großen Mantel zugedeckt. Ich schäme mich und jaule leise vor mich hin. In Abrahams Schoß kann man nicht besser aufgehoben sein.

Unter dem Mantel hervor mustere ich meine Wohltäter. Alle drei haben Hüte auf, mehr im Nacken als auf dem Kopf, und unter dem Kittel Zivilsachen an. Was sie machen, läßt sich nicht übersehen. Dauernd kommen Leute herein, die behandelt werden wollen. Als zwei Russen erscheinen, wird mir der Mantel über den Kopf gezogen, bis sie wieder gegangen sind.

Später kommt ein vierter Mann dazu und bringt ein Kochgeschirr mit Grütze. Die wird unter uns aufgeteilt. Ich komme aus meiner Ecke hervor und mache mich mit den anderen bekannt. Es handelt sich um einen jungen Militärarzt, den ich hier Schreiner nennen will, und zwei Sanitäter, Holter und Klein. Sie haben einem Truppenteil angehört, der zuletzt am Stadtrand gelegen hat, und sind nach der Einnahme von Königsberg hierhergeführt worden. Hier im Lager haben sie mit Hilfe einer Spritze und einiger in den Taschen mitgebrachter Medikamente eine Behandlungsstelle eingerichtet, für die sich auch die russischen Bewacher zu interessieren beginnen. Gelegentlich kommen sie, um sich heimlich behandeln zu lassen. Im allgemeinen halten sich die Russen sonst außerhalb der Sperren und haben die Bändigung der Gefangenen einigen Polen überlassen. Diese machen in übertriebener Weise von ihren Gummiknüppeln Gebrauch, um sich bei den Russen eine gute Nummer, sprich besseres Essen, zu verschaffen.

Da die Krankheitsfälle unter den Internierten zunehmen, hat Dr. Schreiner sich die Tatkraft einiger Frauen zunutze gemacht und einen freiwilligen Sanitätsdienst eingerichtet. Mit einer Rot-Kreuz-Binde am Oberarm gehen sie durch die Lagerhallen, nehmen die Klagen entgegen, machen sich Notizen und sagen dem Arzt Bescheid, wo er hinkommen soll. Von den Posten werden sie gewöhnlich ohne Schwierigkeit durchgelassen. Man läßt sie gewähren.

Bis auf das Frieren bin ich wieder einigermaßen auf Draht; feige nur bei dem Gedanken, etwa einem nahestehenden Menschen hier zu begegnen. Da es keine Latrinen gibt, trifft sich alles, Frauen und Männer, in abenteuerlicher Weise zwischen den Hallen in einem Gang von etwa 4 Metern Breite. Dort herrscht ein scheußliches Gedränge, da ein Teil der Leute schon stark vom Durchfall geplagt wird. Dazu regnet es unentwegt weiter. Nicht selten bricht einer vor S hwäche zusammen. Ein

Leben gelebt zu haben, um hier an dieser Stelle zu verrecken, buchstäblich in der Scheiße! Unwillkürlich kommt mir dabei ein Lied in den Sinn: »Bis hierher hat mich Gott gebracht –«. Oder ist das eine Lästerung? Aber wer hat es denn sonst getan? Nein, wem Er bis hierher beigestanden hat, dem muß Er auch weiterhelfen.

In der gegenüberliegenden Halle sind auf der einen Hälfte Männer und auf der anderen Frauen untergebracht. Hier befindet sich ein ähnlicher Bretterverschlag wie bei uns. Darin kampiert ein Ohrenarzt mit zwei Männern, die mir schon aus der Festungszeit bekannt sind, Giese und Röckert. Sie haben damals als Sanitäter bei Bode im Feldlazarett gearbeitet. Der erste ist Pfarrer einer Gemeinde in Stockholm, der andere Medizinstudent. Sie nehmen mich für die Nacht auf, da der Verschlag für vier Menschen ausreicht. Ich liege auf einem langen Tisch, die Kameraden auf dem Fußboden. Sogar ein kleiner eiserner Ofen ist da.

Am nächsten Morgen machen wir einen kleinen Ausflug. Dr. Schreiner hat einen Russen überredet, uns in Begleitung eines Postens aus dem Lager zu lassen, um nach Medikamenten zu suchen. Ganz in der Nähe hat er selbst mit seinen Gehilfen eine größere Menge davon versteckt, ehe sie gefangengenommen wurden. Unter Führung von Holter geht es bis zu der ihm bekannten Stelle. Wir finden aber auch hier alles geplündert. Die kleinen Häuschen liegen kniehoch voll Gerümpel. Als einzigen brauchbaren Gegenstand nehme ich einen großen, etwas angeschlagenen Kaffeetopf mit zum Essenempfang.

In den Schrebergärten wagt sich schon der erste Rhabarber ans Licht, noch kaum zu sehen. Aber ich nehme alles, was ich davon erraffen kann, mit und verzehre es im Gehen. Vitamine! Das Leben macht sich immer wieder erstaunlich wichtig.

Im Lager sind die Leute inzwischen auf den Höfen zu breiten Schlangen angetreten und warten auf den Essenempfang. Am Ende unseres Hofes steht hinter einer Blechwanne eine halbblinde zahnlose Polin und bedroht mit der Schöpfkelle jeden, der ihr zu nahe kommt. In der Wanne befindet sich eine dünne graue Flüssigkeit, auf deren Grund ein paar Graupen liegen. Es dauert Stunden, bis das Zeug ausgeteilt ist. Für jeden gibt es eine Tasse voll. Die Leute bleiben bettelnd an der Wanne stehn und müssen von den polnischen Bändigern weitergestoßen werden. Ein großer Teil bekommt gar nichts, da die Wanne nicht für alle ausreicht.

Die auf unserem Hof Angetretenen kommen alle aus einer entfernten Baracke. Sie führen alles mit sich, was sie noch besitzen, weil sie nicht wissen, ob sie an den gleichen Ort zurückkehren dürfen oder anderswo untergebracht werden. Manche tragen drei Anzüge übereinander. Und da dieser Zustand schon über drei Wochen anhält, hat sich das Ungeziefer in großem Stil ausgebreitet. Erstaunlicherweise sind immer noch verhältnismäßig wenig Menschen richtig krank.

Schwester Hedwig, die Frau, die mich zu den Kollegen gebracht hat, kommt mich abholen zu einem Gang durch die von ihr versorgten Hallen. Einige Fieberkranke hat sie herausgefunden. Die werden, soweit das in dem Gedränge möglich ist, ein bißchen untersucht und dann mit irgendeiner Tablette versorgt. Den dazugehörigen Vortrag überlasse ich Schwester Hedwig. Sie schleift mich von einem zum anderen, und ich füge mich ihren Weisungen, solange es geht. Die am Boden Liegenden zu untersuchen ist keine Kleinigkeit. Man kommt nur mit letzter Kraft wieder auf die Füße. In der Nähe des Ausgangs gelingt es mir, mich in einem unbeobachteten Augenblick zu drükken. In unserer Koje angekommen, verstecke ich mich mit schlechtem Gewissen vor Schwester Hedwigs Nachstellungen. Nach einer Weile erscheint sie, ich stelle mich schlafend, Dr. Schreiner schickt sie wieder weg.

In unserem Verschlag hat sich ein Mädchen angefunden, Erika Fröhlich, zwanzig Jahre alt, die richtige Unschuld vom Lande. Sie kam wegen einer Wunde am Finger. Und da ihr wohl die Unordnung bei uns auffiel, ging sie, ohne zu fragen, ans Aufräumen. Wir waren erstaunt, was sich in dieser Hinsicht noch machen ließ, und fragten sie, ob sie Angehörige im Lager hätte. Nein, sie sei ganz allein. Da baten wir sie, bei uns zu bleiben.

In den letzten Apriltagen beginnt die Ruhr um sich zu greifen. Die am schwersten Erkrankten werden aus den einzelnen Hallen hinausgetragen und vor die Tür unseres Verschlages gelegt, wo der Fußboden für sie freigemacht worden ist. Bald sind es an die hundert. Sie liegen auf Brettern und ausgehängten Türen oder direkt auf dem Zementboden, zum Teil nur halb bekleidet und ohne Decke. Gegenüber in der anderen Halle liegen in einem abgeteilten Raum etwa fünfzig Frauen, betreut von einer Diakonisse, Schwester Bertha. Sie mißt sogar Temperaturen und macht mit Schreiner, wenn er kommt, regelrecht Visite.

Hier wie drüben ist es auffallend still. Die Kranken scheinen nur noch wenig bewußt zu empfinden. Am 28. April tragen wir die ersten Toten hinaus. Kaplan Klein und ich legen sie wie eine Hasenstrecke neben den Posten. Ihre Plätze sind gleich durch neue Kranke belegt. Die meisten sind viel zu schwach, um sich noch von der Stelle zu bewegen, und lassen einfach unter sich. Der Zustand des Fußbodens ist unbeschreiblich. Man springt gerade noch so von Insel zu Insel, um an die einzelnen heranzukommen, oder wenn man in unsere Koje gelangen will, um sich für einen Augenblick auf die Pritsche zu werfen und das Gesicht im Mantel zu vergraben.

Nicht nur Ruhrkranke kommen. Auch andere Nöte stellen sich ein, ganz abgesehn von der ungeheuren Zahl geschlechtskranker Frauen, an deren Sichtung gar nicht zu denken ist. Besonders leid tut mir ein alter Mann, dem ich in Ermangelung eines Katheters jeden Tag mit einer dicken Kanüle, die natürlich nicht gereinigt werden kann, die Blase anstechen muß. Er findet es wunderschön und bedankt sich jedesmal herzlich.

Abends wird ein Mann mit einer Blutung am Handgelenk gebracht. Er hat sich vor vierzehn Tagen die Pulsadern aufgeschnitten. Die Wunden sind vereitert, nun ist eine der Adern wieder aufgegangen. Beim Schein eines Hindenburglichtes mache ich ihm einen Schnitt oberhalb der Wunde und binde die Ader mit dem ersten besten Faden ab. Der Mann läßt alles über sich ergehen, ohne sich zu rühren. Er kommt aus dem Keller. Gebracht haben ihn zwei junge Militärärzte, die auf diese Weise ebenfalls aus dem Keller entwichen sind. Sie hoffen, sich bei uns versteckt halten zu können und nicht wieder in den Keller zurückgeholt zu werden. Was sie von dort berichten, macht uns klar, daß wir das Schlimmste noch nicht gesehen haben.

Inzwischen habe ich Gelegenheit gehabt, meinen drei Wochen alten Bart zu entfernen. Das gibt wieder etwas Auftrieb. Waschen ist noch nicht möglich, da kein Tropfen Wasser verschwendet werden darf. Bei einem russischen Offizier, der sich krankheitshalber manchmal bei uns blicken läßt, hat Schreiner erwirkt, daß etwas Wasser für das Lager geholt werden kann. Zwanzig elende Männer schieben einen Jauchewagen aus dem Lagertor heraus zur nächsten Pumpe, die etwa 700 m entfernt ist. Es dauert zwar mehrere Stunden, bis sie mit ihrer Last wieder zurück sind, aber das Lager erhält auf diese Weise doch wenigstens ein paar hundert Liter Wasser.

*29. April*

Die Zahl der Toten hat sich so vermehrt, daß die Russen aus Selbsterhaltungstrieb eine Art Seuchenbekämpfung in Gang zu setzen beginnen. Schreiner wird zum leitenden Arzt des Lagers erklärt und ungefähr für alles Weitere verantwortlich gemacht. Bis Mitternacht sollen wir mit den Kranken aus sämtlichen Hallen in die zweite Etage eines großen Kasernenblocks umgezogen sein, widrigenfalls ein Teil von uns erschossen wird. Holter, der als Dolmetscher fungiert, übersetzt uns das in dienstbeflissenem Ton mit leicht humoristischem Beiklang. Schreiner nimmt den Befehl mit Gleichmut zur Kenntnis, erklärt den Russen aber sofort, daß bei der großen Zahl von Kranken an eine exakte Durchführung dieses Vorhabens nicht zu denken sei. Die Antwort ist lautes Gebrüll, durch das wir uns aber nicht einschüchtern lassen. Das Bewußtsein, ihnen ausgeliefert zu sein, vermittelt ein gewisses Überlegenheitsgefühl. Im Erschießen kann eigentlich kein großer Reiz mehr liegen, und gewonnen wäre für sie damit gar nichts.

Zunächst nehmen wir den uns zugewiesenen Ort in Augenschein und stellen fest, daß die Polen, die bisher dort untergebracht waren, keineswegs gewillt sind, uns das Feld zu räumen. Ihr Umzug in einen anderen Kasernenblock wird dann aber durch die russischen Posten beschleunigt. Der Zustand, den sie hinterlassen, entspricht dem, was wir nun schon langsam gewohnt sind. Mit improvisierten Besen und etwas Wasser wird der schlimmste Dreck abgeschabt und mit Eimern hinuntergetragen, da die Abflüsse verstopft sind. Etwa dreißig noch leidlich stabile Männer, zum Teil ehemalige Sanitäter, werden herangezogen. Mit ihrer Hilfe können ungefähr vierhundert Kranke im Laufe des Abends heraufgeschleppt werden. Bei zunehmender Dunkelheit kann eine Verteilung auf die leeren Räume nur nach Männern und Frauen erfolgen, und nicht, wie vorgesehn, nach Krankheitsfällen. Nun liegen sie auch wieder alle auf dem Steinfußboden, wenige nur auf Brettern, mit denen sie heraufgetragen wurden. Ihre Lage hat sich also keineswegs gebessert. Im Gegenteil, hier oben zieht es noch mehr, da die Fenster teils ausgeschlagen, teils von den Polen mitgenommen worden sind.

Gegen Mitternacht ist alles so weit voll, daß es den dauernd hetzenden russischen Offizieren wohl genügt und sie uns für den Rest der Nacht in Ruhe lassen. In den kleineren Räumen stehen ein paar eiserne Bettstellen. Im ersten neben dem Eingang haben wir vier aus dem Verschlag uns auf Anordnung der Russen niedergelassen und machen nun zur Nacht alles dicht. Holter hat irgendwo ein Literglas mit Zucker erwischt, wahrscheinlich in der russischen Küche. Wir fragen nicht, wo es herkommt, sondern jeder läßt sich den ihm zufallenden Teil auf der Stelle in den Magen rieseln. In den Nachbarräumen liegen unsere Helfer und einige Kollegen. In einem kleinen Nebenraum sitzt Erika mit einer jungen Frau, die im Verschlag ein totes Kind bekommen hat und dortbehalten wurde.

Nachts ist es sehr still. Da unsere Nieren nur noch im Liegen funktionieren, müssen wir des öfteren auf den Gang hinaus, wo die Eimer stehn. Dort ist nichts zu hören als das leise Tappen und Schleichen all der Leute, die ebenfalls nach den Eimern suchen. Und wir sind froh, daß es für einige Stunden dunkel ist.

*30. April*

Am Morgen werden die Toten herausgesucht. Mehrere sind auf dem Gang gestorben, einer sitzt tot auf dem Eimer. Die übrigen lassen sich nicht so leicht herausfinden, da auch die Lebenden nur sehr langsam reagieren, wenn man sie anspricht oder anstößt. Später liegen im Waschraum über meterhoch aufgestapelt sechsunddreißig Tote, alles Männer. Die Frauen halten länger aus. Viele sind fast nackt. Ihre Kleider haben sich schon andere angeeignet zum Schutz gegen die Kälte. Papiere haben die wenigsten noch. Aber auch die werden kaum lange erhalten bleiben, und später wird keiner mehr sagen können, wer eigentlich hier gestorben ist.

Meinerseits habe ich alles selbständige Denken aufgegeben. Ich lasse mir von Schreiner Direktiven erteilen und funktioniere, so gut es eben geht. Hier kommt es ja nicht mehr darauf an, daß irgend etwas wirklich klappt, sondern daß man sich gegenseitig hilft und daß hier und da einer vor dem Gröbsten bewahrt bleibt. Denn wie sehr man sich auch anstrengt, irgend etwas zu tun – ob es letztlich zum Nutzen der Mitmenschen ist oder zu ihrem Schaden, das läßt sich von uns aus überhaupt nicht beurteilen. Hier oben sind die Kranken zwar aus der Masse der anderen herausgeholt, dafür liegen sie aber noch schlechter als unten in den Hallen. Zum Glück ist der größte Teil von ihnen so matt, daß sie nicht mehr viel von dem empfinden, was mit ihnen geschieht. Wir Ärzte sind schon Mitwirkende in der Todesmühle des Lagers geworden, als Handelnde und als Nichthandelnde – es kommt alles auf dasselbe hinaus.

Erika hat auf geheimnisvolle Weise die Freundschaft der Polin von der Essenausteilungsstelle erworben. Sie entdeckte wohl irgendein Leiden, das diese hat – dafür besitzt sie einen unfehlbaren Instinkt –, und brachte ihr ein paar Tabletten. Nun ist sie laufend unterwegs und schleppt, unter ihrer Jacke verborgen, ein Kochgeschirr mit Suppe nach dem anderen heran, für uns und ihre weiteren Schützlinge. Wir fragen nicht mehr und lassen sie machen. In ihrem kleinen Zimmer liegt jetzt noch eine zweite Frau, die vor der Geburt von Zwillingen steht.

Den ganzen Tag über werden neue Kranke herangeschafft, und fortwährend gibt es Reibereien mit den Russen, die mit nichts zufrieden sind. Immer neue Kommissionen erscheinen, auch uniformierte Frauen sind dabei. Wir wissen schon nicht mehr, wo wir uns verstecken sollen.

Da wir längst nicht alle Kranken auf der einen Etage unterbringen können, werden etwa hundert Männer ganz oben auf den Dachboden gelegt, eine fürchterliche Quälerei für alle Beteiligten. Es zieht und regnet durch die offenen Fenster und Löcher im Dach. Als es schon wieder fast dunkel geworden ist, bin ich noch einmal dort oben, finde sie alle kreuz und quer durcheinanderliegend, höre hier und da leises sinnloses Sprechen, spüre überall verlöschende Lebensgeister. Einige von ihnen sind sicher tot. Denen ziehe ich die Mäntel und Jacken aus und decke andere damit zu.

Von Zeit zu Zeit ist es mir so, als fragte mich eine Stimme: »Was tust du hier eigentlich?« Ja, was tue ich hier? Was tun wir alle? Aber es hat keinen Zweck, darauf noch eine Antwort zu suchen. Dies ist kein Tun mehr im eigentlichen Sinn, sondern nur dann und wann noch ein Dürfen. Und als ich mich beim Verlassen des Bodenraums in der Tür noch einmal umwende, heben sich mir wie von selbst die Arme zum Segen über diese Todgeweihten.

Im weiteren Verlauf der Nacht kommt beim Schein einer Kerze unter meiner und Erikas Assistenz der erste der Zwillinge zur Welt. – Das Leben geht weiter, wie es so sinnig heißt.

*1. Mai*

Vom 1. Mai merken wir nicht viel, außer daß ein paar Lautsprecher mehr als sonst unausgesetzt in die Gegend brüllen. Immer noch sieht man Kampfgeschwader in westlicher Richtung fliegen. Pillau scheint sich noch nicht ergeben zu haben. Kaum vorzustellen, womit sie dort noch die Stellung halten.

Es regnet in Strömen. Unten auf dem Hof angetreten stehen Franzosen, die über Odessa in ihre Heimat abtransportiert werden sollen – ein schöner Umweg! Zwei von unseren Helfern, die sich als Ärzte ausgegeben haben, aber nicht lange damit durchgekommen sind, stellen sich dazu und hoffen, auf diese Weise aus dem Lager herauszukommen. Da sie kein Wort Französisch können, bekommen sie vom Fenster aus den wohlmeinenden Rat, sich möglichst taubstumm zu stellen.

In den Hallen werden die Menschen zusehends matter. Da es sich herumgesprochen hat, daß Holzkohle gut gegen Durchfall sei, sieht man sie überall nach verbrannten Holzresten suchen, um sie aufzuessen.

Ein russischer Medizinstudent hat von dem Lagerkommandanten die Erlaubnis bekommen, mit einem der deutschen Ärzte durch die Keller zu gehen. Ich werde dazu ausersehen und nehme Röckert mit. Er trägt einen Kasten mit Verbandzeug und Medikamenten, die sich allmählich angefunden haben. Wir wissen ungefähr, was uns dort unten erwartet, und machen uns keine Illusionen, wirklich helfen zu können.

Die Keller unter sämtlichen Kasernenblocks sind angefüllt mit Menschen. Etwa viertausend Männer und Frauen sitzen dort, von denen allnächtlich eine Anzahl durch NKWD*-Beamte verhört wird. Bei diesen Verhören kommt es nicht darauf an, aus den Leuten das herauszuholen, was sie wissen – was auch uninteressant wäre –, sondern bestimmte Aussagen von ihnen zu erzwingen. Die dabei angewandten Methoden sind sehr primitiv. Es wird so lange auf den Menschen herumgeprügelt, bis sie zugeben, daß sie in der Partei waren. Es geschieht also ungefähr das Gegenteil von dem, was die meisten erwartet haben mögen, daß nämlich die nicht zur Partei Gehörenden besser wegkommen würden. Man geht einfach davon aus, daß grundsätzlich jeder in der Partei war. Viele sterben bei und nach solchen Verhören. Andere wieder, die ihre Parteizugehörigkeit gleich zugeben, bleiben fast ungeschoren. Es handelt sich ohnehin nur noch um untergeordnete Ränge, da die höheren Funktionäre sich durch rechtzeitiges Verschwinden oder durch Selbstmord aus der Affäre gezogen haben. Ein größerer Schub solcher »Parteigenossen« wird täglich nach Insterburg oder Gumbinnen abtransportiert. Die leergewordenen Keller werden durch Männer und Frauen aus den Hallen aufgefüllt. Das geschieht fol-

* Abkürzung für das Sowjetische Volkskommissariat, dem die politische Geheimpolizei unterstellt war.

gendermaßen: Ein Russe und ein Pole erscheinen mit einer Liste, die mit deutschen Namen in russischer Schrift angefüllt ist. Diese Namen werden von beiden nacheinander mit heiserer Stimme in die Volksmenge gerufen. Zu verstehen ist kein einziger. Oft sind es auch gar keine Namen, sondern irgendwelche anderen Bezeichnungen, die von den eingesammelten Ausweisen abgeschrieben worden sind. Es melden sich aber trotzdem genug Leute, weil sie hoffen, auf diese Weise aus dem Lager herausgelassen zu werden. So viele, wie auf der Liste stehen, werden mitgenommen und in die Keller gebracht. Dort erlischt zunächst jedes weitere Interesse an ihnen. Wie der Zufall es will, wird dann später ein Teil von ihnen verhört, mancher drei- bis viermal, andere wieder gar nicht.

Gleich der erste Keller, den uns der Posten öffnet, ist kürzlich neu aufgefüllt worden. Drei Männer taumeln auf den Gang heraus und werden mit dem Gewehrkolben wieder hineingetrieben. Das geht nicht ohne weiteres, da der Raum zu klein ist und die Tür nur mit Nachdruck geschlossen werden kann. Seit drei Tagen stehen sie so und warten auf ihre Vernehmung. Bei unserem Anblick erhebt sich sofort ein blödsinniges Stimmengewirr, dem ich ratlos gegenüberstehe. Es ist gar nicht möglich, auf einzelne Wünsche einzugehen. Soweit ich verstehen kann, handelt es sich immer noch um die gleichen sinnlosen Fragen: Warum sie hier säßen und wie lange noch. Es gäbe kein Wasser und kaum zu essen. Sie wollten öfter als einmal am Tage herausgelassen werden usw. Ich frage mich, was ich hier überhaupt soll. Dem Posten wird das Gezeter zu dumm. Ich kann ihnen gerade noch zurufen, sie sollen sich zum nächsten Mal ihre dringendsten Wünsche überlegen und durch einen Sprecher vortragen lassen, dann wird die Tür auf ihnen zugeknallt.

Für den nächsten Raum habe ich mir, damit es nicht wieder so abläuft, schnell ein paar einführende Worte überlegt. Aus diesen wird allmählich eine Art Spruch, der beim Öffnen jeder weiteren Kellertür mit lauter Stimme heruntergerasselt wird. Er lautet etwa folgendermaßen: »Leute, seid still, sonst muß ich sofort wieder gehen. Ich bin der Arzt. Wir wollen versuchen, die Kränksten unter Ihnen ins Lazarett herauszubekommen. Wer hat Blut im Stuhl?« »Ich, ich, ich!« tönt es von allen Seiten.

»Nein, so geht es nicht. Aufgepaßt bitte: Wer sich selbst bezeichnet, kann nicht berücksichtigt werden. Wer ist so krank, daß er für die anderen eine Plage bedeutet? Zum nächsten Mal einen Sprecher bestimmen und alles bereithalten.« So geht es eher. Die Schwerstkranken werden schnell notiert. Ob wir sie wirklich herausbekommen, ist die Frage. Wenn es ihnen bei uns im Lazarett wenigstens besser ginge! Kälter ist es dort aber auf jeden Fall. Vielleicht ist wenigstens den zurückbleibenden Kellerinsassen auf diese Weise etwas geholfen.

In einigen Kellern treffe ich Bekannte an, das heißt, ich erkenne sie erst, als sie mir verstohlen ihre Namen nennen. Der Oberarzt von der Kinderklinik und andere mir flüchtig bekannte Ärzte, Pfarrer Leidreiter in einem Militärmantel. Ihr Eingesperrtsein ist ebenso zufällig wie meine relative Freiheit. Möglicherweise halten sie mich schon für einen Günstling der Russen. Einige von ihnen haben ihre Zellen schon ein bißchen geordnet. Wir können ihnen wenigstens Verbandstoff und ein paar Medikamente dalassen. Lange unterhalten kann man sich nicht mit ihnen, da der Posten mit seinem »Davai! schnäll, schnäll!« dazwischenfährt.

Eine Gruppe von Kellerinsassen wird gerade herausgeführt und unter fortgesetztem »schnäll, schnäll!« an die Umzäunung des Lagers gebracht. Dort sind ein paar Löcher gegraben worden, über denen je zwei Bretter liegen. Das ist alles. Im übrigen stehen in den meisten Kellern Blecheimer, die man sich vom Hof mitgenommen hat.

Viele haben die Ruhr schon so stark, daß sie nicht mehr aufstehn können. Bei ihnen stehen wir jedesmal vor der Frage, ob es noch lohnt, sie auf die Liste zu setzen, oder ob sie doch in den nächsten Stunden tot sein werden. Wie das Vieh beurteilt man die Leute. Wir wissen: Wenn wir zu viele aufschreiben, wird man uns keinen herausgeben. Es ist, als fällte man dauernd Todesurteile, um so mehr, als die Leute natürlich der Meinung sind, das Lazarett sei der Himmel. Am schwierigsten ist es überhaupt, ihnen klarzumachen, daß ich nicht der liebe Gott bin. Sie bilden sich immer noch ein, zu Unrecht eingesperrt zu sein und vernachlässigt zu werden. Sie hätten doch nichts getan! Was denn aus ihren Familien werden solle, wenn man sie hier festhielte? Sie würden gern für die Russen arbeiten. Das möge ich der Lagerleitung melden.

Manche Räume sind nicht so voll. In denen kann man herumgehn und mit einzelnen Menschen Verbindung aufnehmen. Ein kleines verwildertes Männchen läßt mich gar nicht wieder los und beschwört mich, dem Lagerkommandanten zu melden, oben in einem der Kasernenblocks lägen elf italienische Meister, die man ihm dort abgenommen hätte. Sie seien viele Tausende wert und dürften dort nicht liegenbleiben, da es zu feucht sei. Auf diese Weise würden sie dem russischen Staat verlorengehen. So sehr mich seine Sorge rührt, dieser Schlußsatz geht mir im Augenblick einfach über den Spaß. Und insgeheim beglückwünsche ich die italienischen Meister zu ihrer Vergänglichkeit, die sie davor bewahrt, an bedeutender Stelle ihren Geldwert zu repräsentieren, während Millionen lebendiger Menschen unbeachtet verrotten müssen. Mögen sie jetzt als Fensterscheibenersatz oder im Ofen ein nützliches Ende finden.

In einigen Räumen befinden sich Frauen. Man atmet irgendwie auf. Ihr Verhalten ist viel verständnisvoller, zweckmäßiger als das der Männer. Als der erste dieser Räume geöffnet wird, sehe ich gleich, daß ich mir meinen Spruch sparen kann. Rücken an Rücken sitzen die Frauen, wie ein Mosaik über den Boden verteilt. In der Mitte erhebt sich bei unserem Anblick eine Bekannte, Schwester Waltraut aus der Nervenklinik alias Feldlazarett. Wir begrüßen uns aus der Entfernung, dann gibt sie Auskunft über das Wichtigste: Zwei ältere und eine junge Frau liegen nahe am Ausgang neben dem Kübel und können nicht mehr allein aufstehn. Mit den übrigen, neunundsechzig an der Zahl, geht es noch. Sie geben es nicht so schnell auf wie die Männer. Als ich mich verabschiede, gibt die Schwester ein Zeichen, und die ganze Zelle singt ein frohes Lied. Es ist immer wieder erstaunlich, was der Mensch vermag. Und wo innere Ordnung ist, da findet auch die Hilfe von außen einen Ansatzpunkt. Hier ist das wenige, was wir tun können, nicht umsonst.

An diesem Tage kommen wir bei weitem nicht durch alle Keller. Nur die Filzstiefel halten mich noch aufrecht, und ich bin froh, als der Posten uns schließlich am Weitergehn hindert. Kaum aber bin ich zu meiner Lagerstatt zurückgelangt, als mich schon wieder ein Russe holen kommt. Kaplan Klein wird mitgenommen, und es geht in den Keller zurück. Vor einer Tür, die am Ende eines Ganges liegt, wird haltgemacht, und wir nehmen an, daß man uns nun selber hineinsperren wird.

Vor uns öffnet sich ein pechfinsterer fensterloser Raum, der nach hinten schräg hinabführt. Vornan bewegen sich, vom Licht geblendet, ein paar Gestalten am Boden. Der Russe läßt uns hineingehn. Offenbar ist dies ein Raum, den man ganz vergessen hat. Aus dem Dunkel ziehen wir einen Körper nach dem anderen ans Licht. Fünfzehn Männer sind es, die wir nun, so schnell es geht, untersuchen. Sieben sind bestimmt tot. Mit den übrigen acht ist auch nicht mehr viel los. Wir dürfen sie alle zum Lazarett mitnehmen. Zu vieren tragen wir sie nacheinander hinaus, die Lebenden und die Toten.

Zwei Tage haben wir mit den Kranken Ruhe gehabt, da gibt es den nächsten Umsturz. Eine hohe Kommission von Ärzten ist erschienen, um das Lazarett zu inspizieren. Nun toben sie wie die Elefanten in unserem Bau herum und würden am liebsten jeden, der noch herumläuft, zertrampeln vor Aufregung über die Zustände. Wir Ärzte sind schuld daran, daß nicht schon längst ein geregelter Lazarettbetrieb im Gange ist. So ein Saustall! Und da wollen die Deutschen noch behaupten, sie hätten Kultur! Nicht einmal Chlorkalk ist da! Und überall in den Kasernenblocks liegen noch Schränke, die wir längst als Betten hätten aufstellen können. Am tollsten ist, daß wir kein Büro haben mit Listen und Aufzeichnungen über das Krankenmaterial. Uns packt ein leichtes Grausen im Gedanken an das, was sie sich unter einem geregelten Lazarettbetrieb vorstellen mögen. Es hat keinen Zweck, ihnen auch nur versuchsweise klarzumachen, warum es bisher unmöglich gewesen ist, alle diese löblichen Vorkehrungen zu treffen. Sie wollen das auch gar nicht wissen. Es geht ihnen nicht um Gründe, sondern lediglich um Zustände, da sie selbst ja auch nur zuständig sind, nämlich für die sanitären Einrichtungen.

Schreiner nimmt die neuesten Befehle entgegen: In kürzester Zeit ist dies Lokal zu räumen und statt dessen der ganze dreistöckige Kasernenblock, der uns gegenüberliegt, zu beziehen. Darüber hinaus ist für alle notwendigen Einrichtungen zu sorgen, widrigenfalls die Ärzte erschossen werden – der übliche Refrain. In Schreiners Zwangslage hätte ich das Rennen in dieser Phase wahrscheinlich aufgegeben. Er hat aber immer noch Reserven, um sich auf diesen neuen Tanz einzulassen. Zunächst muß aus der Zahl der Internierten eine Riesenmenge an Arbeitskräften herausgeholt werden, was natürlich nur mit Hilfe der polnischen Bändiger möglich ist. Es dreht sich nämlich nicht nur darum, das Haus zu beziehen, das die bis zum letzten Moment darin untergebrachten Polen in dem üblichen Zustand zurücklassen, sondern noch um viele andere Arbeiten wie Latrinenbau, Anlage einer Art Feldküche zum Wasserkochen, Heranschaffen von Wasser sowie von Bettstellen und Schränken aus den übrigen Häuserblocks, zu denen wir bisher keinen Zutritt hatten.

Hinsichtlich der Vorgänge dieses Tages besteht bei mir eine Erinnerungslücke. Ich habe nachträglich das Empfinden, als sei ich im wesentlichen nur darauf bedacht gewesen, nicht aufzufallen und für alle Fälle immer Chlorkalk zur Hand zu haben. Sechs große Fässer davon stehen uns auf einmal zur Verfügung. Chlorkalk ist das Zaubermittel, um die grimmigen Mienen unserer Peiniger zu entwölken. Wer mit Chlorkalk um sich wirft, der zeigt damit, daß er der russischen Kultur nicht verschlossen ist.

Ich kann also nicht sagen, wie Schreiner schließlich alles zuwege gebracht hat. Jedenfalls sitzen wir, als es dunkel geworden ist, drüben in der unteren Etage in einem Raum, der gerade für unsere vier Bettstellen Platz hat und nur durch einen Nebenraum betreten werden kann. In dem letzteren wollen wir unser »Büro« einrichten. Ganz in der Nähe kampiert Erika mit den beiden Wöchnerinnen, von denen die eine ihren zweiten Zwilling erst zwei Tage nach dem ersten bekommen hat. Gegenüber, nur durch die Breite des Mittelganges getrennt, haben sich Giese und Röckert niedergelassen. Sie hüten den Waschraum, der als Operationssaal fungieren soll. Als Pflegepersonal sind etwa zwanzig Sanitäter angestellt worden und eine Menge Frauen aus den Kellern, darunter einige gelernte Schwestern. Der Keller mit den Sängerinnen ist ganz geräumt worden, und Schwester Waltraut übernimmt eine Etage der sogenannten Chirurgischen Abteilung.

Der weitaus größere Teil des Blocks ist natürlich Infektionsabteilung geworden, und zwar durch alle Stockwerke hindurch, einschließlich Bodenraum und Keller, denn die Kranken, die aus den Kellern kommen, sollen auch hier im Keller untergebracht werden. Dazu müssen die Kellerfenster freigeschaufelt werden, die früher aus Luftschutzgründen zugeworfen worden sind. Mit einem der Männer, die das besorgen, komme ich vom Fenster aus ins Gespräch. Ihm gehört der große Hof bei Rauschen, der mir durch seine Unversehrtheit auffiel, als ich vor vierzehn Tagen dort vorüberkam. Kein Jahr ist es her, da ist Goerdeler* noch bei ihm zu Besuch gewesen und später, nach dem 20. Juli, dort auch von der Gestapo gesucht worden. Wir unterhalten uns über diese Ereignisse, die uns vor wenigen Monaten noch stärker beschäftigt haben als die herannahenden Russen. Jetzt erscheinen sie uns wie Vorgänge aus einem anderen Leben.

Sieben Ärzte arbeiten auf der Infektionsabteilung. Schreiner

* Carl-Friedrich Goerdeler, 1930–1937 Oberbürgermeister von Leipzig, war von der Widerstandsbewegung zum Reichskanzler ausersehen worden. Hingerichtet 1945.

und ich betreuen die internen und chirurgischen Patienten. Den Posten des leitenden Arztes hat Schreiner mit Freuden an den Augenarzt abgegeben. Der kann etwas Russisch und ist für den täglichen Vortrag beim Kommandanten nicht nur auf den polnischen Dolmetscher angewiesen. Das Haus ist durch Schränke auf den Gängen von oben bis unten in zwei Abteilungen getrennt worden. Alle Sorten von Bettstellen, Matratzen, Strohsäcken und Schränken sind aus den übrigen Kasernenblocks, soweit sie nicht von Russen besetzt sind, mit Genehmigung des Kommandanten zusammengeholt und auf das ganze Haus verteilt worden. Viele Kranke liegen jetzt auf umgekippten Schränken, die, einzeln oder wie eine Festung zusammengeschoben, in der Mitte oder in einer Ecke jedes Raumes untergebracht sind. Der größere Teil muß immer noch am Boden liegen. Alle miteinander aber haben weiter unter der Kälte zu leiden, da die Fenster erst allmählich erneuert oder mit Pappe vernagelt werden können.

Zur Beschaffung von Ersatzmaterial ist ein besonderer Trupp eingesetzt worden. Dieser hat sogar die Möglichkeit, unter Bewachung in die Stadt zu fahren und aus den Trümmern noch alles irgendwie Brauchbare herauszuholen. Auch Verbandstoffe und Medikamente aus der inzwischen aufgemachten russischen Apotheke kommen dabei ins Lager. Anführer dieses Trupps ist Schäfer – so wollen wir ihn nennen –, ein großer, von weitem nicht übel aussehender Junge, der wahrscheinlich Soldat war, jetzt aber Zivilkleidung trägt. Es lohnt sich nicht aufzuzählen, was er dem erstaunten Publikum alles über seine Vergangenheit aufzutischen pflegt. Jedenfalls ist er Fachmann für alles, kann gut organisieren und versteht es in der Vollendung, die Russen zu beschwatzen, so daß sich seine Nützlichkeit nicht von der Hand weisen läßt.

Am 8. Mai hören wir, daß der Krieg zu Ende ist. Die Lautsprecher schallen noch etwas durchdringender als sonst. In den Hallen sprechen ein paar zweifelhafte deutsche Soldaten über die Befreiung vom Nationalsozialismus und die Segnungen des Bolschewismus. Vor der Tür des Kommandanten ist – woher in dieser Wildnis? – ein strotzendes Blumenarrangement aufgebaut worden. Sonst merken wir nicht viel vom Endsieg. Die offizielle Ernährungslage ist nicht besser geworden. Es gibt weiterhin nur Grütze und manchmal getrocknetes Brot, das in Säcken transportiert wird. Das Lazarett hat allerdings den erheblichen Vorteil vor dem übrigen Lager, daß es seine Ration selber holen, zubereiten und verteilen kann. Außerdem bekommen Kranke und Personal täglich einen Eßlöffel Zucker.

Was uns am meisten zu schaffen macht, ist immer noch die Kälte. In der ersten Maihälfte stürmt und regnet es fast ununterbrochen, und die Temperaturen sind nachts noch um null Grad. Die Mehrzahl der Todesfälle beruht in dieser Zeit auf Auskühlung. Auch das ist eine lautlose Angelegenheit. Nirgends sieht man Zeichen eines Todeskampfes. Die Bewegungen werden von Tag zu Tag schwächer, die Menschen sprechen auch noch, wenn man sie anstößt, aber dann ist man froh, wenn es endlich so weit ist, daß man sie mit unbeschwertem Gewissen aus der Reihe ziehen und im Keller auf den Haufen legen kann, der täglich vergraben wird, denn viele warten schon auf die freiwerdenden Plätze.

Warm ist es nur in den Küchen, von denen auf jeder Etage eine eingerichtet worden ist. Eiserne Herde und Ofenrohre sucht man sich auf den Kasernenhöfen zusammen. Die Rohre werden aus den Fenstern geleitet und das Loch mit Pappe abgedichtet. Verheizt wird alles, was brennt. Meistens ist der ganze Raum verqualmt, besonders auf der Windseite, aber die Wärme wiegt alles auf. Außerdem können wir jetzt das Brot genießbar machen, an dem man sich sonst alle Zähne ausbeißt. Es wird in Wasser aufgeweicht und dann geröstet. Was es sonst zu essen gibt, wird unter der Hand besorgt. Als Brotaufstrich verwenden wir Vitamin-B-Extrakt aus einer großen Blechbüchse, die von der unermüdlichen Erika in geöffnetem Zustand auf einem Schutthaufen gefunden wurde. Spuren von Grieß, Mehl und Reis, die als Anschauungsmaterial gedient haben, finden Schreiner und ich auf einem Erkundungsgang in dem ehemaligen Unterrichtszimmer eines eben geräumten Kasernenblocks. Wie ein Kind freut man sich über so eine unvermutete Beute.

Der Zaun, der das Lager umgibt, ist an mehreren Stellen offen, und die Lücken werden nur oberflächlich bewacht. Trotzdem denkt kaum jemand an Ausreißen. Was man aus der Stadt hört, verlockt nicht dazu, sich dorthin zu begeben. Wer sich auf der Straße sehen läßt, wird aufgegriffen und zur Arbeit oder in ein anderes Lager gebracht. Und um weiterzulaufen, ganz aus dem Stadtbereich heraus, dazu fehlt es an Mut und Kraft.

Ein paar Tage nach dem Umzug habe ich mit Giese und Erika nahe am Lagerzaun die Zwillinge begraben, die an der

Kälte glücklicherweise bald gestorben sind. Giese hat einen Bibeltext gelesen und eine kurze Ansprache dazu gehalten. Anders spielt sich das Vergraben der übrigen Toten ab. Der junge Kaplan Klein, dem dies schwere Amt zudiktiert worden ist, weil er nach Ansicht der Russen offenbar Fachmann im Beerdigen sein muß, spricht nicht mit uns darüber, obgleich wir zusammen wohnen. Als ich ihn vorsichtig frage, ob er es fertigbrächte, ein geistliches Wort dabei zu sagen, wehrt er stumm ab. Einmal bleibt er zwei Tage lang wortlos liegen, und Giese muß ihn vertreten. Der hat mir den Vorgang dann in Form einer Art Beichte geschildert: Hinten auf dem Feld, in der Nähe der Umzäunung, wird ein längliches Loch gegraben, in das die Toten, fünfzig bis sechzig am Tage, hineingeworfen werden, größtenteils nackt; denn mit ihren Kleidern werden Männer zum Graben aus den Hallen gelockt. Nur so ist es möglich, ohne die polnischen Bändiger auszukommen. Da die Männer alle sehr schwach sind, dauert das Ausschachten des schweren Lehms den ganzen Tag. Und wenn einer liegenbleibt, sind die Kameraden nur schwer dazu zu bewegen, ihn nach der Arbeit zurückzutragen. Die Last des eigenen Körpers wiegt schon schwer genug, und man riskiert buchstäblich das Leben mit jeder Sonderleistung.

Eines Tages wird die Bewachung verschärft und der Zaun repariert. Wir dürfen uns jetzt nur noch etwa fünfzig Meter weit vom Hause entfernen, gerade bis zu den Latrinen. Der Grund ist folgender: Zwei Zahnärzte sind unter Aufbietung ihrer letzten Kraft ausgerückt, um ihrer bevorstehenden Vernehmung zu entgehen. Sie sind aber nicht weit gekommen. Mit Hunden hat man sie aufgespürt und im Krematorium gestellt. Den älteren, der sich in der Kuppel verstiegen hatte, schossen sie herunter. Den jüngeren brachten sie in den Keller zurück.

Anläßlich dieses Vorfalls erscheint zu später Nachtstunde der Kommandant des Lagers bei uns und beruft eine Versammlung sämtlicher Ärzte und Schwestern ein. Unterstützt durch einen alten, mit einem Krückstock bewaffneten polnischen Dolmetscher, hält er uns einen endlosen Vortrag über die Zwecklosigkeit des Ausreißens. Es sei auch gar nicht nötig, denn niemand brauche die Vernehmung zu fürchten. Es handle sich dabei lediglich um statistische Erhebungen, und wenn man gleich die richtigen Angaben mache, passiere einem gar nichts. Wir trauen unseren Ohren nicht. Ist es möglich, daß dieser Mann, der die ganze Zeit mitten im Lager sitzt, keine Vorstellung hat von dem, was darin vorgeht? Daß Nacht für Nacht Menschen totgeschlagen werden, nur weil sie die Wahrheit sagen? Beim schwachen Kerzenlicht versuche ich, mir ein Bild von ihm zu machen. Sein Äußeres fällt ganz aus dem Rahmen dessen, was wir sonst an russischen Offizieren zu sehen bekommen. Er sieht aus wie ein alter englischer Oberst, groß und hager, richtig vornehm, mit ausdrucksvollem Gesicht und einem deutlichen Zug von Güte. Ich kann mir einfach nicht denken, daß er ebenso schamlos lügt wie die anderen. Zum Abschluß seiner Rede läßt er sich noch eingehend über den Zustand unserer Nerven aus. Der Nationalsozialismus müsse doch eine sehr aufregende Sache sein, daß er die Menschen so zerrüttet habe. Es wäre doch sonst gar nicht möglich, daß so viele Leute krank würden und stürben.

Als er geendet hat, fühle ich das Bedürfnis, ihm zu antworten, mehr um seinetwillen als für uns, denn zweifellos kann er an unserer Lage gar nichts ändern, auch wenn er es wollte. Aber er zeigt sich uns so sehr als Mensch, daß man zu seinen Irrtümern gar nicht schweigen kann. Ich bitte daher ums Wort und bemerke erst im Sprechen, daß ich meine fünf Sinne nicht mehr vollständig genug beieinander habe, um ihm die Lage von unserem Gesichtswinkel aus begreiflich zu machen. Mit freundlichem Kopfnicken verabschiedet er sich und verspricht, uns gelegentlich wieder zu besuchen. Wir sehen ihm mit einer gewissen Bewegung nach und fragen uns, wie dieser Mann es in seiner Umgebung überhaupt aushält. Daß so ein Mensch hier Kommandant ist, läßt den Zustand des Lagers noch grotesker erscheinen.

Zum Schaudern ist es, mit welcher Intensität alles Denken und Trachten derer, die sich noch aufrecht halten, um die eigenen schwindenden Lebensgeister kreist. Schreckliche Fratzen werden aus den geplagten Menschen, graue Molche, mit dem Rest einstiger Leidenschaften wie mit nassen Pilzen behaftet. Sie schwatzen ein Zeug zusammen – man weiß oft nicht, soll man lachen, heulen oder um sich schlagen. Und dann kann man doch nur still sein und sich sagen: Solange dein eigener Magen noch Gelegenheit hat, hier und da etwas aufzuschnappen, kannst du gar nicht mitreden.

Aber auch wir haben sehr zurückgesteckt und uns eine schleichende Gangart angewöhnt. Man überlegt jeden Schritt, denn der Blutdruck ist so niedrig, daß man theoretisch eigentlich gar nicht mehr aufrecht stehen kann. Beim Treppensteigen schlafen einem die Beine ein, und die Ohren fallen zu. An den Außen- und Innenflächen meiner Oberschenkel ist die Haut gefühllos geworden. Das ganze Körpergefühl hat sich verändert; man hat oft die Vorstellung, zu schweben. Richtig nachdenken kann man nur im Liegen, und jede Gelegenheit, sich langzumachen, wird benutzt, um die nächsten Entschlüsse zu fassen. Die Nieren funktionieren überhaupt nur noch nachts, und der Eimer ist in unserem Zimmer der wichtigste Gegenstand.

Von allen Ärzten im Lager habe ich persönlich wohl die am wenigsten anstrengende Tätigkeit. Auf meiner sogenannten chirurgischen Abteilung ist die Krankenbehandlung ziemlich gegenstandslos. Was den Patienten fehlt, ist Essen und Wärme, und da ich ihnen keines von beiden schaffen kann, empfinde ich meine ärztlichen Maßnahmen mehr oder weniger als Betrug. Ihre Leiden sind im wesentlichen nur noch dazu da, mir die Berechtigung zu geben, als Arzt zu wirken und die sich daraus ergebenden Vorteile zu genießen. Manches habe ich ausprobiert, das Leben zu verlängern, einen Erfolg dieser Maßnahmen wüßte ich nicht zu verzeichnen. Bei den Männern stirbt ein großer Teil schließlich an Gesichtsrose. Bei den Frauen ist die qualvollste Begleiterscheinung von Hunger und Kälte ein plötzlich auftretender ungeheurer Schmerz in den Grundgelenken der Zehen. Einer Frau sind beide Füße schwarz geworden und abgefallen. Glücklicherweise haben wir wenigstens Betäubungsmittel.

Der einzige Augenblick des Tages, der mir das Gefühl vermittelt, etwas Nützliches zu tun, ist, wenn ich Lebertran austeile. Wir haben ein ganzes Faß davon bekommen zur Herstellung eines Mittels gegen Krätze. Seitdem stinkt es natürlich im ganzen Hause nach Lebertran, weil auf sämtlichen Feuerstellen irgend etwas damit gebraten wird. Auch ich habe mir ein paar Liter davon sichergestellt und gehe zweimal täglich damit über die Krankenstation, um jedem Kranken einen Löffel voll in den Mund zu schieben. Da Lebertran mir zuwider ist und das Austeilen deshalb für mich keine Versuchung bedeutet, habe ich dies Amt selber übernommen. Nichtsdestoweniger ist die Gier, mit der ich erwartet werde, schwer zu ertragen. Diese aufgesperrten Mäuler, dieses Grunzen und Schmatzen, eine Tonfilmaufnahme davon würde die Welt erschrecken lassen.

Am mühsamsten ist mir der Gang durch die Keller, der alle drei bis vier Tage gestattet wird. Man ist dort eigentlich völlig machtlos. Schwester Hedwig, die panzerbrechende, die mit ihrem Mundwerk sogar den Russen Eindruck macht und überall durchkommt, holt mich unternehmungslustig ab. In den Kellern überlasse ich ihr gern das Wort. Sie teilt wahllos Medizin aus, die wir mit viel Wasser selbst fabriziert haben, hält in überzeugendem Ton allgemeine Vorträge über die Gesamtlage und gibt Verhaltungsmaßregeln nach jeder Richtung. Ich weiß nicht, wieweit sie noch bei Trost ist. Hier jedenfalls ist sie unersetzlich. Und von denen, die das Lager überleben werden, wird es keinen geben, der sich ihrer nicht dankbar erinnern wird. Daß sie schon fast ein Skelett ist, macht ihr offenbar wenig aus.

Im Operationssaal geht es weitaus am ruhigsten zu. Hier wirken meine beiden Helfer Giese und Röckert, die im Nebenraum kampieren und das Verbandmaterial bewachen. Operieren können wir glücklicherweise nicht, da wir keine Instrumente haben. Es werden lediglich ein paar unvermeidbare grobe Eingriffe gemacht. Ein Bein muß amputiert werden. Das geschieht mit Hilfe einer Gartensäge. Nackenkarbunkel werden aufgeschnitten und die vielen geschwollenen und mit Wunden bedeckten Beine verbunden. Schlimm ist das Ungeziefer. Viele Leute sind von Läusen so bedeckt, daß sie von weitem ganz grau aussehen. Fast ebenso gefürchtet ist aber die Entlausung, weil man dabei von seinen Kleidern getrennt wird und hinterher nicht mehr alles wiederfindet. Auch bleibt immer einer oder der andere dabei auf der Strecke, wenn nicht gleich, so doch hinterher infolge des großen Temperaturwechsels, dem man ausgesetzt wird.

Manchmal erscheinen auch Russen zur Behandlung. Sie dürfen das eigentlich nicht, kommen aber heimlich und lassen jedesmal etwas Eßbares da. Am meisten geholfen hat uns eine junge Russin, die einmal kam und mich dann noch mehrmals holen ließ. Sie hat mir erzählt, die drei Jahre in Deutschland wären die schönsten ihres Lebens gewesen. Als die Russen kamen, ist es ihr genauso gegangen wie allen Frauen. Nun ist sie krank davon. Im Lager muß sie mit einem der Posten zusammenleben. Da hat sie wenigstens reichlich zu essen, ebenso wie die deutschen Frauen, die in den Unterkünften der übrigen Wachleute festgehalten werden. Bei ihr muß ich mich erst einmal richtig sattessen. Dann gibt sie mir noch ein halbes

Pfund Margarine mit, Anlaß und Grundlage zu unserem ersten Festessen, das bei Nacht vor sich geht.

Denn wenn es über der vielfältigen Plage des Tages endlich dunkel geworden ist, atmen wir auf. In der Dämmerung, wenn gerade noch die Schrift zu erkennen ist, gehe ich zum Operationssaal. Dort warten schon meine beiden Helfer auf mich, und wir lesen miteinander das Bibelwort des Tages nach den Losungen, die ich immer noch bei mir habe. Ins Dunkle hinein fallen dann hier und da noch ein paar Worte, die man am Tage verschweigt, Ausdruck des Suchens nach dem Sinn dessen, was wir hier miteinander erleben. Ehe wir dann ins Nest kriechen, hat Erika meistens noch eine Überraschung für uns. Die Margarine ist gerade zurecht gekommen für den Tag, an dem es ihr gelungen ist, einem Russen Kartoffeln abzubetteln. Nun gibt es um Mitternacht für achtzehn Menschen Kartoffelsuppe, eine aufregende Sache im Stockdunkeln. Erika sitzt in der Küche und heult vor Freude. Es ist ein großer Tag für sie.

Zur Überwachung des Lazaretts ist uns von russischer Seite eine Majorin beigegeben worden, eine kleine verwachsene, pechschwarze Frau, vor der man nirgends sicher ist. Sie ist auf primitive Desinfektion dressiert, versteht ihr Fach in der Perfektion, und Chlorkalk ist das einzige Mittel, mit dem es gelingt, ihre Aufmerksamkeit von den gröbsten Mißständen zeitweise abzulenken. In den ersten Tagen ist sie sehr scharf mit uns verfahren, besonders als sie bemerkte, daß wir keine Nachtwachen ausstellten. Aber dann hat sie ein Auge auf den schon erwähnten Schäfer geworfen, und nun endigen ihre Unterhaltungen mit uns meist sehr schnell mit den Worten: »Genn Sie arbeeten, hollen Sie Scheffär.« Der scheint ein besonderes Mittel für sie zu haben und ist bald der gemachte Mann im Lazarett. Mit einigen Möbeln hat er sich auf der Infektionsabteilung ein Privatetablissement eingerichtet und wohnt dort mit einer Frau, die gleich ihm recht fragwürdige Qualitäten entwickelt.

Bei Schäfer verkehren zwei Typen, die im Lager sogenannte Spezialarbeit leisten, das heißt, sie verdienen sich besseres Essen damit, daß sie täglich eine Menge Leute der Parteizugehörigkeit oder anderer Vergehen bezichtigen. Der eine, der oft bei uns aufkreuzt und sich gern mit uns unterhält, behauptet, uraltes Mitglied der kommunistischen Partei zu sein und wahrscheinlich demnächst zum Bürgermeister von Königsberg ernannt zu werden. Der andere ist unklarer Nationalität. Beide stehen im Dienst vom NKWD. Allem Anschein nach haben sie überall freie Jagd. Wo sie in Erscheinung treten, kann man sicher sein, daß am Abend soundso viel Leute von den Posten zum Verhör abgeholt werden. Von dort endigen die Betroffenen dann im Keller, oder wir bekommen sie mitten in der Nacht halbtot geschlagen zurück. Hunderte haben die beiden auf dem Gewissen.

Eines Tages veranstalten sie mit Schäfer und seiner Freundin eine Großrazzia durch die Krankenstationen, ziehen alle Leute aus und nehmen ihnen die letzten brauchbaren Sachen weg, zerschlagen eine Reihe Kranker mit Knüppeln. Wir sind völlig darauf gefaßt, schließlich auch an die Reihe zu kommen. Aber dann ist ihr Wäschekorb voll, und nachdem sie die Beute geteilt haben, sehen wir sie fürs erste wieder verschwinden. Da sie amtlich eingesetzte Spitzel sind, haben wir keine Möglichkeit, uns gegen sie zur Wehr zu setzen. Die Posten lachen nur, und die eigene Brachialgewalt reicht nicht aus, um ihnen etwas anzuhaben. Man müßte sie dann auch gleich umbringen, was wir natürlich ernsthaft erwogen haben. (Unvergeßlich wird mir der Augenblick bleiben, als der Schlimmere von beiden sich ein paar Zähne von mir ziehen und sich zu diesem Zweck eine Evipanspritze machen ließ.)

Ganz überraschend aber ist die Reaktion unseres Lagerkommandanten. Dem Augenarzt ist es gelungen, ihm den Vorfall zu berichten. Daraufhin müssen die beiden ihren Raub wieder hergeben und wandern selber in den Keller, während Schäfer unserer Justiz überlassen wird. Obgleich wir ihn auf diese Weise mit Leichtigkeit loswerden könnten, findet er bei dem Augenarzt noch einmal Gnade. Kaum aus dieser Klemme heraus, erscheint er bei mir und bietet mir einen Gummimantel an, den er wahrscheinlich von seinem Raub zurückbehalten hat. Ich hätte doch schon immer einen haben wollen. Ich benutze die Gelegenheit, ihm genau das zu sagen, was wir alle von ihm denken. Das hindert ihn nicht, gleich anschließend dem Augenarzt denselben Mantel anzubieten. Ein Mensch ohne eine Spur von Gewissen. (Später hat er noch viele Leute in Atem gehalten, um dann aus Königsberg zu verschwinden. Ich denke manchmal, was wohl aus ihm geworden sein mag.)

Unter dem sogenannten Personal des Lazaretts befinden sich auch sonst ein paar bemerkenswerte Gestalten. Bei den Frauen spielt Wanda – so nennen wir sie – eine Sonderrolle. Nachhaltig bekannt gemacht hat sie sich mit uns schon in den ersten Lagertagen. Als wir gerade in unserem Bretterverschlag saßen, kam sie mit zielbewußtem Schritt hereingerauscht, steuerte direkt auf mich los, durchbohrte mich mit ihrem Blick und sprach mit scharf akzentuierender Stimme auf mich ein, ohne daß ich sie nur einmal unterbrechen konnte. Mit unverkennbarem Stolz hält sie alle Rekorde, was Vergewaltigungen betrifft. Hundertachtundzwanzigmal, hat sie gezählt. In ihrer Schilderung lösten unwiederholbare Einzelheiten in dichter Folge einander ab. Ich begriff nicht, warum sich das alles ausschließlich auf mich ergoß, und sah Erikas Blick bedauernd auf mich gerichtet. Meine Kameraden waren fast am Platzen. Endlich einmal eine handfeste Karikatur dieser Teufelei. Der Ausbruch hatte etwas Befreiendes. Zum Schluß sah sie sich triumphierend im Kreise um. Wenigstens hatte sie noch Murr in den Knochen. Wir spannten sie in den Pflegedienst mit ein, ungeachtet aller Zwischenfälle, die mit ihr noch passieren konnten.

Was sind uns alles für Kranke und Sterbende durch die Hände gegangen! Ich denke etwa an Pfarrer Lubowski, der in der Hitlerzeit seiner Abstammung wegen immer als Unterdrückter leben mußte und als kranker Mann unter die Russen geraten war. In elendem Zustand hatten wir ihn ins Lazarett geholt und wieder so weit auf die Beine bekommen, daß er die Führung der von den Russen angeordneten Listen übernehmen konnte. Dann machte eine Rippenfellentzündung seinem Leben plötzlich ein Ende. Oder an einen alten Mann, der aus dem Keller zu uns getragen wurde. Er war mit Läusen so bedeckt, daß man ihn nur mit einem Ameisenhaufen vergleichen konnte. Seinen Pelz trug ich an einer Stange auf den Boden zum Auslüften. Mit kaum verständlicher Stimme teilte er mir mit, er sei früher Direktor der Cranzer- und Samlandbahn gewesen und habe deswegen Angst vor der Vernehmung. Ich möchte es doch um des Himmels willen nicht weitersagen. Eine Stunde später war er tot. Es ist oft so, daß sie schnell sterben, wenn sie erst bei uns gelandet sind. Die Spannung hat sie noch so lange am Leben erhalten, wenn die nachläßt, schlafen sie in Frieden ein.

In der zweiten Hälfte erst besinnt sich der Mai endlich auf den Frühling. Der Löwenzahn fängt an zu wachsen und findet als Salat bei uns großen Anklang; denn das Essen besteht nach wie vor aus Grütze, wenn diese auch langsam etwas dicker zu werden beginnt.

Am 20. Mai ist Pfingsten. Zum erstenmal strahlt die Sonne vom wolkenlosen Himmel, den ganzen Tag über. Der Kommandant hat uns erlaubt, einen Gottesdienst zu halten. Er hat sogar persönlich Interesse dafür gezeigt und den Dolmetscher gefragt, ob er selber wohl daran teilnehmen dürfe. Es gäbe zwar keinen Gott, und in Rußland würden die Leute nur Priester, um faulenzen zu können. Ob das in Deutschland auch so sei. Unser Dolmetscher hat ihm darauf geantwortet, das könne schon vorkommen; im allgemeinen sei es aber nicht so, da Gott entschieden gegen das Faulenzen sei, was ihm der ungläubige Oberst dann auch prompt und mit Wohlwollen bestätigt hat. Als er aber schließlich doch nicht zum Gottesdienst erscheint, nehmen wir an, daß es mit seinem Interesse nicht so weit her ist, wie wir angenommen haben.

Durch die beiden weitgeöffneten Fenster des Operationsraumes fluten Sonnenlicht und Wärme. Die Wände sind mit frischem Grün verkleidet. Rechts und links neben dem Altartisch stehen in Steintöpfen ein paar große vollblühende Goldregenzweige. Sogar ein Kruzifix hat sich gefunden. Unser Pflegepersonal hat es fertiggebracht, frische Wäsche anzuziehn, was für ein festliches Bild! Etwa hundert Menschen drängen sich herein. Die Lieder haben wir auf Zettel schreiben und verteilen lassen. Pfarrer Reiss, der sich nur mit Mühe aufrecht hält, hat die Liturgie übernommen, während Giese die Predigt hält. Für eine Stunde ist alle Erdenlast aufgehoben. Danach, als der Raum sich leert, sehe ich zufällig den Kommandanten draußen aus der Nähe unserer Fenster wegschleichen. Ob er wohl die ganze Zeit dort gestanden hat? Was für ein armes Volk, diese Sieger!

Als ich ganz in Gedanken unseren Schlafraum betrete, pralle ich zurück. Was ist das?! Alle vier Betten sind mit Wäsche bezogen! Die drei Genossen stehen schon ganz verklärt daneben. Wir fragen nicht, aus was für Schmutzhaufen Erika und Waltraut diesen Reichtum hervorgeholt haben. Solche Augen finden auch da noch etwas, wo sonst niemand mehr hinsieht. Wir essen gerade noch unsere Mittagsgrütze, dann liegen wir still und selig in den Buntkarierten. Die Tür zum Nebenraum bleibt offen. Da steht in einem Steintopf der strahlend schöne Goldregenbusch. »Zungen, zerteilt, wie von Feuer.« Es ist ganz Pfingsten geworden.

Auch unsere Zungen scheinen gelöst von dem Bann, der so lange auf ihnen lag. Giese und Klein halten am Abend und auch an den folgenden Tagen Andacht in verschiedenen Krankenräumen, in denen man darum gebeten hat. Auch ich habe wieder Mut gewonnen, zu den Kranken über einen Bibeltext zu sprechen. Im Keller der Ruhrabteilung hat die Stationsschwester – keine gelernte Krankenpflegerin, aber ein Mensch von großer Kraft und Herzenswärme – einen kleinen Tisch mit zwei Kerzen zurechtgemacht und ein Kruzifix aufgestellt. Riesig fällt mein Schatten in den Raum. Ins Dunkel hinein fällt das Sprechen nicht schwer, und das Evangelium vom reichen Mann und dem armen Lazarus gibt die Worte von selbst. Denn viele von denen, die jetzt sterbend auf den Brettern liegen, waren früher wohlhabende Leute. Ich sage ihnen, daß Gott uns nicht verdammen will, sondern daß Seine Güte aus dem reichen Mann noch zu Lebzeiten den armen Lazarus macht, um ihm Gelegenheit zu geben, Seine Herrlichkeit zu erkennen und sich ihr aufzutun. Als ich später durch die Reihen gehe, finde ich zwei von den Männern schon tot.

In den ersten Junitagen meldet mir jemand Besuch von außerhalb. Was soll das heißen? Sicher irgendeine Falle! Wer sollte freiwillig hier ins Lager eingedrungen sein? Schon vor einigen Tagen steckte mir jemand einen Brief durch den Lagerzaun, von einer mir völlig Unbekannten. Zögernd komme ich die Treppe herunter – da steht Doktora, unverändert, sauber gekleidet, ganz anders in Form als wir Lagerinsassen. Sie hat irgendwie herausgefunden, daß ich im Lager bin, und mit Energie die Sperren durchbrochen.

Es ist nicht leicht, wieder anzuknüpfen, nach allem, was geschehen sein mag, seitdem wir getrennt wurden. Sie ist so beschwingt, gar nicht mehr ganz auf dieser Erde, wie mir scheint. Ich finde keine Worte zum Anfang. Eine Weile sitzen wir draußen auf einem Mauerrest in der Sonne. Sie kommt aus dem Finanzpräsidium, wohin man die übriggebliebenen Ärzte und Patienten der Krankenhäuser sowie einen Teil des Pflegepersonals eines Tages zusammengeschleppt hat. Was bis dahin noch geschehen ist, übergeht sie mit einem Lächeln. (Sechs Wochen später, nach ihrem Tode, las ich es in ihrem Tagebuch.)

Etwa tausend Kranke liegen jetzt im Finanzpräsidium, welches zuletzt Hauptverbandplatz gewesen ist. Doktora selbst hat eine Station im dritten Stock und ist noch mit einigen Schwestern vom Städtischen Krankenhaus zusammen. Zu essen gibt es, seit sie dort sind, Erbsen, Brot und etwas Zucker. Sie haben aber noch manches Eßbare versteckt, und so geht es leidlich. Nur der allgemeine Ton ist wenig erfreulich, das Haus voll Spitzel, keiner traut dem anderen, alles bemüht sich, den Russen zu gefallen. Doktora sieht ihre Hauptaufgabe darin, denen, die noch bei Kräften sind, zur Flucht zu verhelfen, denn die weitere Entwicklung der Lage hält sie für aussichtslos. Für andere denkt sie immer noch sehr real. Noch eine Zeitlang hält sie sich bei mir und meinen Kameraden auf, und wir essen ein paar Mehlflinsen, die sie uns mitgebracht hat.

Drei Tage später kommt Doktora zum zweitenmal. Wieder traue ich meinen Augen nicht, als ich sie von weitem kommen sehe. Sie hat einen Rucksack bei sich, meinen Rucksack, angefüllt mit den Sachen, die in ihrem Versteck zwischen den Rohren des abgebrannten Maschinenhauses nicht gefunden worden sind. Sie hat alles zum Finanzpräsidium hinübergerettet und bringt mir nun, was mir gehört, für den Fall, daß sich für mich eine Gelegenheit zum Ausrücken ergeben sollte. Es ist mir ein Rätsel, wie sie damit durch die Lagersperre gekommen ist. Der Posten wollte sie nicht durchlassen, brachte sie aber auf ihr dringendes Bitten hin zum Kommandanten. Dort wollte man ihr den Rucksack eigentlich abnehmen. Da sie ihn aber so bereitwillig hergab, durfte sie ihn dann doch mitnehmen.

Stück für Stück packe ich aus. Meine Gefährten werden ganz neidisch, als sie meine hochelegante Hose erblicken. Als Abschluß kommt ein auffallend schweres kleines Gummikissen zum Vorschein. Doktora hat es bisher als Kopfkissen benutzt, findet es aber besser, wenn ich es für alle Fälle hier bei mir habe. Für alle Fälle? Ich kann mir nicht denken, was sie damit meint. Ich nehme das Ding in die Hand, drehe es um, es klappert ein wenig. Ich sehe sie bedeutungsvoll an; sie nickt zustimmend. Ich schiele zur Seite, ob meine Kameraden etwas gemerkt haben. Es ist meine russische Kommissarpistole mit fünfzig Schuß. Ein leises Aufstöhnen meinerseits. Wo will das hin? Sie ist wie ein Kind, das an Abgründen spielt.

Wie ich später höre, hat die Pistole viel Aufregung verursacht, seit ich mich von ihr trennte. Sie ist zwar nie in Aktion getreten, aber ihr bloßes Dasein genügte. Doktora hat einen Kollegen, den wir gut kennen, so nebenbei gefragt, wo man sie wohl am besten unterbrächte. Daraufhin hat dieser fast den Verstand verloren und erst einmal seinen Chef benachrichtigt. Letzterer hat dann gebeten, das Ding um des Himmels willen aus der Welt zu schaffen, und kann sich auch jetzt noch nicht beruhigen, obwohl Doktora ihm gemeldet hat, die Sache sei erledigt. Ich nehme das bewußte Kopfkissen an mich, verstecke es aber vorsichtshalber auf dem Dachboden im Gemäuer.

Doktora erzählt, wie es in der Stadt aussieht. In der Nervenklinik ist eine Art Seuchenlazarett eingerichtet worden, geleitet von Professor Starlinger, der den Russen zu imponieren scheint. Sehr schwer macht es ihm dort eine alte dicke, auch mir wohlbekannte Schwester, die wegen ihres beachtlichen Körperumfangs von den Russen als Unikum betrachtet und protegiert wird. Sie nutzt diesen unfreiwilligen Vorzug aus, um ihre armen Landsleute in skrupelloser Weise zu tyrannisieren.

Nach dem Einmarsch der Russen ist fast das ganze Personal des Feldlazaretts, an dem wir gearbeitet haben, aus der Nervenklinik abtransportiert worden, darunter auch Bruder Martin und Doktoras Schwester. Was aus den Verwundeten geworden ist, weiß man nicht genau. Ein Teil ist mitgenommen worden, die größere Hälfte wohl zugrunde gegangen. Viele sollen gleich erschossen worden sein.

Das Hauptleiden im Seuchenkrankenhaus ist ein typhusähnliches Fieber, dessen Wesen noch nicht ergründet ist. Viele sind schon daran gestorben. Ruhr ist dort bisher noch nicht aufgetreten. Aus dem Finanzpräsidium hat man kürzlich fünfzig ältere Schwestern und Professor Joachim nach Insterburg abgeschoben. Einige davon haben sich nach schrecklichen Tagen zu Fuß wieder eingefunden. Professor Joachim, der so lange noch durchhielt, hat sich in Insterburg hinter Stacheldraht aufgehängt.

Doktora kommt nun fast jeden Tag und hält uns auf dem laufenden. Im Finanzpräsidium scheint man sich für mich zu interessieren, weil es an Chirurgen fehlt. Angeblich hat man schon erfolglos versucht, mich aus dem Lager herauszubekommen. Ich selber habe in der Beziehung keine Eile, denn was Doktora von dem Krankenhausbetrieb erzählt, ist wenig verlockend. Hier im Lager sind wir wenigstens untereinander sicher. Doktora bliebe am liebsten bei uns.

Seit Ende Mai haben wir vertretungsweise eine andere Majorin zu unserer Beaufsichtigung im Lager. Die alte ist in Privatgeschäften unterwegs, bei denen erbeutete Teppiche eine Rolle spielen. Die neue ist ihr genaues Gegenteil: still und freundlich, beinah hübsch, etwas verlegen, wieder ein Anlaß zu lauter Fragen, die man sich stellt. Wir überreden sie zu einer Fahrt in die Stadt, um an verschiedenen Stellen in den Trümmern nach Medikamenten zu suchen. Sie bestellt ein Lastauto, mit dem fahren wir in blödsinnigem Tempo die inzwischen wellenförmig gewordene Cranzer Allee hinunter zur Stadt. Einer der mitfahrenden Kollegen ist nicht einverstanden mit meinem Hut – ich sammelte ihn während meiner unfreiwilligen Tour durch das Samland irgendwo von der Straße auf –, mit dem könne man doch nicht in die Stadt fahren! Ich traue meinen Ohren nicht! Die Stadt! Ein grandioser Kehrichthaufen. Und man selbst: ein kleiner Mistkäfer, der soeben von einer Walze überrollt wurde und noch nicht begreifen kann, daß er am Leben geblieben ist. Aber schon ist der alte Spuk wieder zur Stelle, um dem Herrn Doktor vorzuschreiben, mit was für einer Kopfbedeckung er in die Stadt zu fahren hat. Das Leben erscheint wie ein einziger Witz.

Die Stadt ist wirklich fabelhaft. Das Auge macht gar nicht mehr den Versuch zu rekonstruieren, sondern läßt sich überwältigt in die gänzlich verwandelte Landschaft hineinnehmen. Es liegt so viel Bestätigung in diesem Anblick. Kaum zu denken, daß es Menschen gibt, die ein so offenkundiges Gottesurteil noch für einen häßlichen Zufall zu halten vermögen.

Das Ostpreußenwerk am Nordbahnhof, in dem zur Festungszeit Bodes Feldlazarett lag, ist äußerlich noch ziemlich erhalten. (Es wurde erst später gesprengt.) Innen ist natürlich alles verwüstet und tausendfach durchgewühlt. Auf der Suche nach Gegenständen, die wir brauchen könnten, stoße ich in dem knietiefen Gerümpel auf mehrere Tote, die noch auf ihren Matratzen liegen. Überall findet die Phantasie Anhaltspunkte, um sich die Eroberung dieses Lazaretts vorzustellen. An der Stelle, wo Bodes Zimmer war, sind die Wände herausgerissen. In einer Ecke finde ich die rotgeränderten Gläser, aus denen wir im März Bodes angeblich letzten Martell getrunken haben. Wo Bode geblieben ist, hat mir bisher niemand sagen können. Unter den Russen kann ich ihn mir lebend nicht vorstellen.

Sehr viel erfolgreicher verläuft meine Suchaktion in den Trümmern des Städtischen Krankenhauses. Ich habe mich selbständig gemacht, um erst einmal allein durch die Keller zu gehen und unsere Geheimwinkel zu kontrollieren. Die Wände sind so schwarz von Ruß, daß meine kleine Kerze fast verschluckt wird. Ich steige über undefinierbares Gerümpel, das den Boden bedeckt – sicher liegen auch hier noch viele Tote –, und taste die Stellen ab, an denen Wandschränke eingebaut waren. Die meisten sind aufgerissen. Aber einer ist noch unentdeckt geblieben und mit den schönsten Dingen angefüllt: Traubenzucker-Ampullen, Morphium, Verbandzeug und, als besondere Überraschung, Rizinusöl, das man zum Braten benutzen kann. Ich packe alles in einen Papierkorb und lege das Verbandzeug zur Tarnung obenauf. Dann geht es wieder ins Lager zurück. Als wir am Dohnaturm vorbeirasen, sehe ich Doktora auf dem Festungswall Blumen pflücken. Sie ist offenbar auf dem Wege zu uns.

Anfang Juni ist es bei uns schon fast gemütlich geworden. Die Zahl der Patienten nimmt ab, da täglich ein Teil mit dem Lkw. ins Finanzpräsidium abtransportiert wird, und es kommen nicht mehr viel neue dazu, weil das Lager allmählich aufgelöst wird. Viele werden nach Insterburg gebracht, wo angeblich ein Lager für Parteigenossen ist. Andere werden einfach auf die Straße gelassen, weil sie plötzlich uninteressant geworden sind. Das Katz-und-Maus-Spiel geht weiter.

Wir Zurückbleibenden haben jetzt zeitweise gar nichts zu tun. Es kommt vor, daß wir uns in den offenen Fenstern sonnen und Betrachtungen über die Sieger anstellen. Mehrere davon müssen immer noch das Haus bewachen. Sie gehen auf und ab oder hängen auf Polstersesseln, die sie zu dem Zweck vor die Türen gestellt haben.

Sehr unterhaltend ist es, sie radfahren zu sehen. Das hat für sie offenbar noch den Reiz der Neuheit. Mit wildem Klingeln rasen sie die Straße hinauf und herunter, am liebsten durch Wasserpfützen. Davon gibt es viele, da alle Abflüsse verstopft sind. Wenn das Wasser hoch aufspritzt, jauchzen sie vor Freude. Ein großer Teil von ihnen kannte überhaupt keine Fahrräder und hat sich erst allmählich herangetraut. Sie fürchten alles Unbekannte. Bruchbänder zum Beispiel sind ihnen sehr unheimlich; sie reißen sie den Leuten weg, halten sie ans Ohr, versuchen sie zu zerbrechen und werfen sie, wenn das nicht gelingt, in hohem Bogen fort. Sie werden von ihnen offenbar für Geheimsender gehalten.

Gegen Geräusche sind sie gänzlich unempfindlich. Einige stehen den ganzen Tag über in der Garage und setzen die dort vorhandenen Autohupen in Tätigkeit. Aus ihren Unterkünften schallt pausenloses Radiogebrüll, bis in die späte Nacht hinein. Auch die Beleuchtung muß so grell wie möglich sein. Lichtleitungen werden in Windeseile gelegt, und wo noch Scheiben sind, werden Löcher in die Fenster geschossen, um die Drähte hindurchzuführen. Man ist immer wieder erstaunt, mit welcher Schnelligkeit sie das einfachste Verfahren herausfinden, um zum Ziel zu kommen. Für sie existiert nur der allernächste Augenblick. Dem muß alles dienen, ganz gleich, ob das, was sie dabei ruinieren, ihnen schon in der nächsten Minute dringend fehlt.

Das immer wieder Bestürzende an ihnen ist das absolute Fehlen jeder Beziehung zu den Dingen, die für uns zum Leben gehören. Man gibt es schließlich auf, sie als seinesgleichen zu betrachten, und nimmt ihnen gegenüber allmählich so etwas wie die Haltung eines Dompteurs an. Ganz automatisch kommt es dazu; denn schon ehe man sich des eigenen Verhaltens ganz bewußt geworden ist, erlebt man ihr merkwürdig promptes Reagieren auf jegliche Art von Widerstand. Mit Angst fährt man jedenfalls am schlechtesten bei ihnen, die reizt sie offensichtlich zum Zuschlagen. Demgegenüber kommt man mit Frechheit erstaunlich weit. Das ungeschickteste ist, sich bei ihnen beliebt machen zu wollen. Die Erfolglosigkeit solcher Versuche beobachten wir bei unseren Landsleuten oft mit einer gewissen Schadenfreude. Für diese Kunst haben die Russen gar kein Organ. Sie benutzen solche Leute zwar für ihre Zwecke, verachten sie aber unverkennbar.

Daß sie aus einer anderen Welt kommen, wird uns immer am deutlichsten, wenn wir sie singen hören. Dann bilden sie auf einmal eine Gemeinschaft und nehmen auch uns als Hörende mit in eine Weite, die kein Maß mehr faßt. Dort leben sie, im Augenblick wenigstens noch, und dies alles hier wird ihnen unwirklich erscheinen, wie ein Zirkus, in den man sie geführt hat. Wenn sie bald zurückkehren, wird ihnen das, was sie hier erlebt haben, wie ein wilder Traum erscheinen. Darum kommen sie wohl auch noch gar nicht darauf, uns als etwas ihnen Ähnliches zu betrachten, und auch unsere Ansprüche an ihre Menschlichkeit finden bei ihnen kaum Widerhall. Daß sie Auto fahren, schießen, Radio spielen und auch sonst vielfach auf die gleichen Tricks abgerichtet sind wie wir, schafft noch keine lebendige Brücke von Mensch zu Mensch. Gewiß, das wird nicht immer so bleiben. Sie werden sich bald gewöhnen. Man weiß ja, wie gelehrig sie sind. Der Zirkusrausch wird verebben. Aber damit werden sie auch unbrauchbar werden für den Zweck, den sie erfüllen sollen. Man wird sie wegwerfen und durch andere ersetzen, mit denen der Tanz von neuem losgeht. Es ist nicht direkt Angst, was man bei diesem Gedanken empfindet, aber Lähmung, wie unter einem schweren nassen Tuch.

Dieser Einheitlichkeit gegenüber ist das, was man mit den eigenen Landsleuten erlebt, um so vielgestaltiger. Man staunt immer wieder, wie verschieden ein Mensch vom anderen ist. Unter sogenannten normalen Verhältnissen fällt einem das gar nicht so auf. Da gibt es geschriebene und ungeschriebene Gesetze, an welche die Mehrzahl der Menschen sich hält. Aber hier, wo kein Gesetz mehr hinreicht, kommen alle Eigenschaften kraß zum Vorschein. Von Menschenaugen gesehen zu werden ist kein Grund mehr, etwas zu unterlassen, was man im Sinn hat. Alles ist erlaubt, weil niemand mehr da ist, der es verbieten könnte. Und man fragt sich ernstlich, ob denn Erziehung und Sitte nichts weiter seien als ein Luxus für ruhige Zeiten.

Inzwischen schrumpft das Lager immer mehr zusammen. Eines Tages bleibe ich mit einigen Schwestern und Sanitätern allein bei den letzten Patienten, etwa fünfzig an der Zahl, die noch verhört werden sollen, falls sie noch einmal auf die Beine kommen. Alle anderen Ärzte und Patienten wurden nach dem Finanzpräsidium überführt und auch nach dem Elisabeth-Krankenhaus, das zu einem Teil noch erhalten ist. Schreiner geht dorthin und zu seinem Leidwesen auch Schäfer, diesmal als Architekt.

Außer Erika ist mir von meiner kleinen Gruppe nur Kaplan Klein verblieben. Wir haben nicht viel zu tun und beschließen, etwas miteinander zu lesen. Die Bibel ist das Nächstliegende, aber als Katholik muß er wohl erst einen kleinen Sprung machen, um mit mir ins Alte Testament zu steigen. Wir fangen gleich vorne an und finden es als erstes schon beruhigend, daß das Licht unabhängig von den Himmelskörpern geschaffen wurde. Dann wird es also nicht mit den Körpern zugrunde gehen, wie Mephisto meint. Offenbar benutzt es die Körper nur zur Tarnung.

Die ärztliche Aufsicht über das Lazarett hat jetzt eine Frau übertragen bekommen, die wir schon am Anfang der Lagerzeit schätzen gelernt haben. Nennen wir sie Natascha, eine große, sehr lebhafte, gut aussehende Rigaerin. Sie trat erst als Schwester auf, läßt sich jetzt aber Dr. Natascha nennen. Das erstemal sah ich sie im Gedränge auf einer Treppe an uns vorübergehn und mit Schreiner rasch ein paar Worte wechseln. Ich fragte ihn, wer das sei. Er wußte nur ihren Vornamen und daß man versuchen müßte, mit ihr Verbindung zu halten. An den folgenden Tagen schickte sie uns mehrmals etwas von ihrem Essen oder ließ jemand von uns kommen, um es abzuholen. Ich ging auch einmal hin, durfte eine Weile bei ihr sitzen und schon anfangen zu essen. Sie wohnt mit zwei Kindern von sechs und drei Jahren in einer Kasernenstube. Ihre Großmutter war Schauspielerin. Seit der Einnahme von Riga im Jahre 1941 lebt sie schon unter den Deutschen. Ihr Leben ist deshalb wahrscheinlich gefährdet. Aber davon sprechen wir nicht. Von Medizin versteht sie nicht allzuviel. Sie kann aber mit einer Spritze umgehen, die sie bei sich hat, und macht mit Hilfe derselben lauter Kuren bei den russischen Offizieren. Die vertragen schon einen Puff, und wenn ihnen ordentlich flau davon wird, imponiert ihnen die Wirkung des Medikaments um so mehr. Ampullen und Tabletten hat sie in Mengen zusammengeschleppt und findet auch lauter Zwecke, für die sie zu verwenden sind. Auch eine Art Massage hat sie erfunden, die sich ihre Patienten gern gefallen lassen.

Einmal hat sie mich sogar zu Rate gezogen. Einer der gefürchteten NKWD-Häuptlinge hatte hohes Fieber und verlangte von ihr, auf dem schnellsten Weg kuriert zu werden. Als wir den Raum betraten, saß der Mann mit einer Mütze im Nacken bei brüllendem Radio hinter einer Flasche Wodka im Tabaksqualm und hustete lauthals. Vor ihm auf dem Tisch lag bereits ein Haufen der verschiedensten Tabletten, rote, gelbe und weiße, die er in bestimmter Reihenfolge einnehmen sollte. Er fragte mich, ob es nicht besser sei, sie alle auf einmal zu nehmen, dann würde er vielleicht schneller gesund. Ich nahm sie genauer in Augenschein: Sublimat war nicht dabei, alles andere würde er schon vertragen. Nur ein paar, die mir nach Schlaftabletten aussahen, handelte ich ihm bzw. Natascha noch ab. Im übrigen wollte ich ihre Kur nicht in Frage stellen. Den Rest riet ich ihm lieber in Abständen zu nehmen. Dann fragte er, ob Massage gut wäre. Auch die würde ihm nicht schaden – er schien eine Grippe zu haben. Natascha war mit meiner Beratung leidlich zufrieden. Als ihr Patient aber am nächsten Tag noch nicht gesund war, hat sie ihm zur Sicherheit doch noch ein paar Spritzen gemacht. Und die werden wohl auch geholfen haben.

Es ist sicher kein leichtes Spiel, das Natascha hier im Lager zu spielen hat. Aber sie spielt es mit Mut, und dabei fällt auch für uns noch etwas ab. An diesem letzten Lagertag ist sie sogar meine direkte Vorgesetzte geworden, und ich gönne ihr dies kleine Intermezzo in ihrem Narrenspiel von Herzen. Wir machen gemeinsam Visite, und die Patienten sind begeistert von ihr. Mit Verordnungen ist sie zum Glück sparsam dabei. Als ich schließlich auch abtransportiert werde, überlasse ich ihr die letzten Kranken ganz beruhigt. Sie hat mehr Möglichkeiten, ihnen zu helfen, als ich und wird sie auch ausnützen.

Unsere Abreise aus dem Lager geht so gemütlich vor sich, daß ich unsere ganze selbstgesammelte Apotheke mit auf den Lkw. schmuggeln kann. Das Kissen mit der Pistole hat Doktora kurz vorher schon wieder mit ins Finanzpräsidium genommen. Ich wollte es zurücklassen, sie bestand aber darauf, es als Handtasche unter den Arm geklemmt aus dem Lager zu tragen. Der Posten hatte sie die letzten Male schon nicht mehr angehalten. Sie konnte sich von dem Ding noch schwerer trennen als ich.

Im Augenblick unserer Abfahrt erscheint der Kommandant und verabschiedet sich richtig herzlich. Als das Lagergitter hinter uns geschlossen wird, steht er noch und sieht uns nach. Fast möchte man winken.

## 5
## Deutsches Zentralkrankenhaus
*Mitte Juni bis Mitte Oktober 1945*

Als Nachzügler kommen wir im Finanzpräsidium an. Acht Tage vorher bin ich schon einmal dort gewesen, um Kranke hinzubegleiten, und habe drei Stunden Zeit gehabt, mich im Hause umzusehn. Das Gebäude gehört zu den wenigen, die noch erhalten sind. Nur auf der Hofseite ist es durch eine schwere Bombe beschädigt worden, genau in dem gleichen Augenblick übrigens, als bei uns im Städtischen Krankenhaus die schwersten Bomben einschlugen. Damals wurde unter anderen Stabsarzt Temme hier erschlagen, einer von Bothmers Mitarbeitern. Sie waren mit ihrem Hauptverbandplatz gerade hierher umgezogen, nachdem das Postamt am Hauptbahnhof durch Artillerie zerstört worden war. Im Tor, durch das man in den Hof gelangt, ist Bothmer selbst einen Tag später von einer Kugel getroffen worden, als die Russen einmarschierten.

Links in der Toreinfahrt ist die Krankenaufnahme. Dort sitzt der Unterarzt Brichzy, noch in seiner Uniform. Der hat mich sehr freundlich aufgenommen und mir sein Mittagessen gegeben, zwei Teller Suppe von grauen Erbsen, ein typisch ostpreußisches Gericht, das sie nun schon seit sechs Wochen essen. Die Küche ist gleich nebenan. Den Hof fand ich überfüllt mit Kranken, die aufgenommen werden wollten. Auch die aus dem Lager mitgebrachten Patienten mußten erst einmal alle draußen auf dem Fußboden Platz nehmen. Das Haus ist überbelegt, und es sterben nicht so viele, wie täglich neu dazukommen.

Auf meinem Gang durch das Haus fand ich eine ganze Anzahl Schwestern wieder, mit denen ich in der Festungszeit zusammen gearbeitet habe, und viele Patienten, die einmal meine waren. Alle haben ein maskenhaftes Aussehen und bewegen sich sehr langsam vorwärts. Am lebhaftesten fand ich zu meiner Überraschung den Zahnarzt vom Krankenhaus der Barmherzigkeit. Er ist wieder arbeitsfähig und hat eine Zahnstation eingerichtet. Gleich zog er mich in seinen Schlafraum und überreichte mir einen Pferdeklops, den er von einem russischen Patienten erhalten hatte. Vor seinem Mitarbeiter, einem freundlich aussehenden jungen Menschen, warnte er mich dringend. Das sei einer der gefährlichsten Spitzel. Man müsse auch sonst in diesem Hause mit allem, was man sagte, sehr vorsichtig sein.

Das ist auch mein erster Eindruck, als wir bei unserer endgültigen Übersiedlung am Haupteingang empfangen werden. Ein großes schlaksiges Mädchen steht in der Tür und mustert mich von oben bis unten. Ich schiebe sie ein wenig beiseite, um mit meinem Apothekengepäck durch die Tür zu kommen. Sie macht Miene, mich anzusprechen. Ich beachte sie nicht weiter, sondern strebe erfreut auf eine Bekannte zu, die in der Halle auf einem Koffer sitzt. Sie hat den kleinen Zwischenfall mitangesehn und beschwört mich sofort, mich ja mit dieser Person vorzusehen. Sie stehe im Dienst vom NKWD und sei von allen gefürchtet. Auf Grund einer großen häßlichen Operationsnarbe am Hals habe sie sich eine Bescheinigung darüber ausstellen lassen, daß sie in dem Augenblick von den Russen befreit worden sei, als die Nazis versuchten, ihr den Hals durchzuschneiden. Damit habe sie nun überall freie Jagd und übe einen furchtbaren Terror aus.

Ich sehe mich in der Empfangshalle um und finde sie auch sonst als Aufenthaltsraum nicht gerade gemütlich. Es stehen zwar Blumen auf einem Tisch und an der Wand ein paar Prunksessel aus dem Sitzungssaal, aber dazwischen fühle ich mehr als ein Augenpaar abschätzend auf mich gerichtet. Man kommt sich vor wie ein Gegenstand im Schaufenster, an dem der Preis noch nicht dransteht.

Zu meiner Überraschung erhalte ich im obersten Stock ein kleines Zimmer für mich allein. Dr. Hoff, den ich vom Städtischen Krankenhaus her kenne, hat es bisher bewohnt. Er wurde kürzlich vom NKWD abgeholt und ist nicht wiedergekommen.

Giese und Röckert, meine beiden Getreuen, finde ich ziemlich ratlos. Sie haben noch keinen Platz gefunden, um sich niederzulassen, und in den drei Tagen, die sie hier sind, auch nur auf intensives Betteln hin Essen erhalten. Sie helfen mir die Apotheke in Sicherheit bringen und kommen dann mit ihrem Gepäck in mein Zimmer. Dort ist es leidlich kühl trotz der Gluthitze, die draußen herrscht. Eine Kastanie reicht mit ihrem Blätterdach und vielen Blüten bis über das Fenster herauf. Man sieht ganz ins grüne Leben hinein.

Plötzlich zieht ein starkes Gewitter auf, und für Minuten sitzen wir unter einem Platzregen wie Noah in der Arche. Als der vorüber ist, kommt Doktora herein, um uns zu einem Besichtigungsgang durch das Haus abzuholen. Aber schon nach den ersten Schritten bis zu dem großen Fenster am Ende des Ganges müssen wir stehenbleiben, weil uns ein außergewöhnlicher Anblick gefangennimmt. Zu unseren Füßen liegt, vor dem schwarzen Hintergrund des abziehenden Gewitters, ein von der Abendsonne erhelltes, weißlich schimmerndes Trümmermeer. Mitten daraus erhebt sich, wie ein Ausrufungszeichen, der gespaltene Schloßturm. Darüber spannt sich, in einzigartiger Vollkommenheit, ein Regenbogen, wie das Himmelstor über der Wüste. Wir halten uns bei den Händen. Als die Erscheinung zu verblassen beginnt, treten wir zurück und begeben uns unter dem Eindruck des Erlebten wortlos in unser Zimmer. »Sollten wir nicht die Losungen miteinander lesen?« schlägt Doktora vor. Ich hole das Heft aus meinem Gepäck und reiche es ihr herüber. Sie schlägt den 13. Juni auf und liest: »Gott sprach: Meinen Bogen habe ich in die Wolken gesetzt, der soll das Zeichen sein des Bundes zwischen mir und der Erde.« Der zweite Spruch bleibt aus. Wir blicken stumm zu Boden, und es ist uns, als hörten wir die Engel Gottes auf- und niedersteigen.

Am folgenden Tage wird mir die sogenannte Chirurgische Männerstation des Hauses übertragen, chirurgisch deshalb, weil die dort untergebrachten Kranken neben ihren sonstigen Leiden auch noch Wunden haben. Eine Diakonisse aus der Barmherzigkeit ist meine Stationsschwester. Im Operationssaal unten auf der Hofseite ist durchgehend Betrieb. Es handelt sich fast ausschließlich um eitrige Operationen. Als Chirurgen wirken hier der alte Prof. Ehrhardt und Dr. Ody, ein Stabsarzt aus Bothmers Lazarett. Dr. Rauch fängt jetzt auch schon an zu arbeiten, nachdem er sich unter Erikas Pflege im Lager von den Strapazen der Fußtour durchs Samland erholt hat. Dr. Keuten, der bis vor kurzem allein operierte, liegt schwer krank an Typhus, ebenso seine Frau, die auch Ärztin ist. Als Operationsschwestern arbeiten zwei Diakonissen, Schwester Lydia und Martha.

Zur Besatzung des Operationssaals gehört auch ein Sanitäter K., der genau zu wissen behauptet, an welcher Stelle Bothmer vergraben liegt. Ich lasse mich von ihm dorthin führen und fasse den Entschluß, die Leiche auszugraben, da sie angeblich nur ganz oberflächlich verscharrt liegt. Ich möchte dem Freund ein richtiges Grab machen. Denn hier herumlaufen und das Leben wichtignehmen und dabei wissen, daß dieser Mensch ganz in der Nähe an einer bestimmten Stelle dicht unter der Erdoberfläche liegt, wäre schwer zu ertragen. Giese kommt mir helfen. Wir durchsuchen zuerst den Boden des Hauses nach einem sargähnlichen Gegenstand und finden einen schmalen Schrank, der sich dazu eignet. Dann gehen wir mit dem Spaten an die Arbeit.

In den Laufgräben, die am Abhang zu den Bahngeleisen während der Festungszeit ausgehoben worden sind, liegen mehrere hundert Tote aus den Tagen des Russeneinmarsches, in Schichten übereinander verscharrt. Der Sanitäter hat mir die Stelle genau abgesteckt, hier der Kopf und da die Füße, keinen halben Meter tief. Man kennt ja so etwas schon zur Genüge, aber ganz lernt man es doch nicht. Von da bis da also soll er reichen, das könnte schon sein bei seiner Größe. Und dann die Narbe über dem Auge, dazu die tödliche Verletzung. Es müßte schon möglich sein, ihn wiederzuerkennen, jetzt, nach zwei Monaten. Am 8. April erhielt er den Schuß im Toreingang. Die Russen waren schon ins Gebäude eingedrungen und hatten die Ärzte und das Pflegepersonal des Hauptverbandplatzes draußen antreten lassen Da kam ein deutscher Gegenstoß. Eine Gewehrkugel riß ihm den Brustkorb auf. Als es dann später möglich geworden war, ihn zu versorgen, ließ er sich einen Spiegel geben und gab Anweisungen, wie man ihn zurechtflicken sollte. Das hat man dann auch versucht. Es ist aber bei dem Versuch geblieben, und zwei Tage später ist er gestorben.

Das Graben macht uns große Mühe. Er muß doch wohl tiefer liegen. Ich denke daran, wie wir vor drei Monaten nachts zusammen auf der Straße standen, wenige hundert Meter von hier, und die Kraniche zogen über uns hinweg. Wie gut, daß es Augenblicke gibt, die man so genau bezeichnen kann. Es sind die Punkte, an denen wir das wirre Gewebe unseres Lebens aufhängen können.

Mitten aus dem Graben werde ich plötzlich weggeholt. Das ganze Finanzpräsidium soll sofort geräumt werden, und ich bin dazu ausersehen, als Vorreiter nach dem neuen Asyl zu eilen, das man für uns bestimmt hat: die Reste des Krankenhauses der Barmherzigkeit. Giese gibt es auf, allein weiterzugraben, und beschränkt sich darauf, über der bezeichneten Stelle einen kleinen Grabhügel zu schaffen. Indessen bin ich schon unterwegs mit dem ersten der Wagen, die mit Bettstellen und Matratzen beladen sind. Die Russen haben uns für den Umzug vierundzwanzig Stunden Zeit gegeben. Was bis dahin nicht drüben ist, darf nicht mehr berücksichtigt werden. Fünfzig

Lastwagen werden mehrmals hin- und herfahren, um die Einrichtungsgegenstände und etwa tausend Kranke zu befördern.

Am späten Nachmittag bin ich mit Erika, mehreren Schwestern und einigen Männern, die als Hilfspersonal tätig sind, im Hof der Barmherzigkeit beim Abladen. Ehe ich mich umsehe, sind die leeren Wagen auch schon wieder verschwunden, und die Männer, die uns helfen sollten, sind mitgefahren. Ich stehe mit den Schwestern allein da. Schnell verteilen wir uns im Haus, um wenigstens einen kurzen Überblick zu gewinnen, ehe es dunkel wird. Die Schwestern haben früher hier gearbeitet und finden sich schnell zurecht. Der Neubau aus Beton steht noch fast ganz. Nur in den oberen Stockwerken hat er ein paar Treffer erhalten, und das Dach ist an mehreren Stellen aufgerissen. Sonst fehlt natürlich alles, da das Haus seit der Räumung am 11. April leersteht. Nur unten im Keller scheinen Russen geschlafen zu haben. Da stehen ein paar der üblichen abgelederten Sofas nebeneinander. Kein Fenster ist mehr heil. Die Türen sind aus den Angeln gehoben und liegen auf den Gängen herum. Alle Abflüsse sind verstopft. Die ohnehin bedeutungslos gewordenen Licht- und Wasserleitungen sind aus den Wänden herausgerissen. Wir verzichten auf den Versuch, unsere Phantasie zu bemühen, wie wir hier unterkommen sollen. Auch das wird schon irgendwie werden, wir werden es schon erleben. Im Augenblick tröstet uns die himmlische Abendsonne über alle bevorstehenden Unmöglichkeiten hinweg. Wir beeilen uns auch gar nicht mit dem Heraufschleppen der Sachen. Morgen wird sich der ganze enge Hof damit stauen; vielleicht drückt dann alles von allein in die Höhe. Das bißchen Kraft, das meine Schwestern haben, reicht ohnehin nicht weit. Sie machen im dritten Stock auf dem Fußboden ein kleines Lager auf. Erika ist auch dabei. Im fünften Stock, wo meine Männerstation hin soll, suche ich mir ein Zimmer für mich aus. Ganz hinten am Ende des Ganges findet sich eins, das für Kranke ungeeignet ist, unseren persönlichen Erfordernissen aber leidlich entgegenkommt. Es wird gleich markiert und verrammelt.

Am nächsten Morgen geht es dann richtig los. Um nicht nachdenken zu müssen, wie man alles einordnen soll, packe ich an, wo es gerade trifft. Wahllos durcheinander kommen jetzt Betten, Möbel und Patienten angesaust und belagern die ganze Umgegend. Den Vormittag arbeiten die Russen mit, da geht es noch einigermaßen. Am Nachmittag aber stehen sie nur noch auf den Treppen und in den Türen herum und lachen über den Wirrwarr. Es hilft einem nur der Gedanke, daß auch dieses wie schon vieles andere einmal vorbei sein wird.

Von den Schwerkranken, die in der vollgestopften Eingangshalle auf Tragen am Boden liegen, hält mich einer am Bein fest, als ich vorübergehe. Mit Entsetzen erkenne ich einen Mann, den ich längst für tot gehalten habe. Er lag bei uns im Lager auf der Ruhrabteilung und wurde jede Nacht zur Vernehmung geholt. Jedesmal kam er zerschlagen zurück, weil er nicht zugeben wollte, daß er Blockwart gewesen sei. Eines Nachts wurde ich zu ihm geholt. Er schien eine Darmverschlingung zu haben und war schon so elend, daß auch eine Operation, selbst wenn wir sie hätten darstellen können, ihm wohl nicht mehr geholfen hätte. Ich gab ihm Morphium. Gleich darauf wurde er wieder zur Vernehmung geholt. Mein Hinweis auf seinen Zustand nützte nichts. So wollten Giese und ich ihn wenigstens hintragen. Das ließ der Posten aber nicht zu. Wir durften jedoch mitkommen, während er den Unglücklichen vor sich herstieß. Auch vor dem Kommissar nützten unsere Erklärungen nichts. Im Gegenteil, er geriet fast in Raserei wegen des Morphiums, das wir gegeben hatten. Und dann wurde der Mann noch einmal vernommen. Hinter der Tür hörten wir ihn mehrmals unter Schlägen zusammenbrechen. Wir warteten draußen in der Annahme, daß man uns wegen des Morphiums anschließend auch noch drannehmen würde. Aber dann stieß man uns den Mann wieder vor die Füße und die Treppe hinunter. Erst als wir mit ihm wieder allein waren, durften wir ihn dann zurücktragen. Sein Ausdruck, als ich ihn bei Tagesanbruch genauer sah, hat sich mir tief eingeprägt: ein Gemisch aus Haß, Ohnmacht und Lebensgier. Er zeigte mir sogar ein Bild von sich. Von dem feisten, selbstzufriedenen Gesicht waren nur noch die Augen wiederzuerkennen, obwohl sie vor Angst, Wut und Magerkeit weit herausstanden. Am Nachmittag wurde er von uns mit dem Krankentransport nach dem Finanzpräsidium geschickt und den Russen gegenüber für tot erklärt. Professor Ehrhardt hat ihn dann doch noch operiert, konnte den Darmverschluß aber nicht mehr beseitigen. Und jetzt, drei Tage später, lebt er immer noch und hat auch den zweiten Umzug überstanden. Ein Skelett nur noch, aber er will nicht nachgeben. Ich kann ihn nur mit Grauen ansehen.

Gegen Abend ist die ganze Straße mit Kranken und Einrichtungsgegenständen blockiert. Gegenüber, in einem Teil des ehemaligen Städtischen Krankenhauses, richtet Doktora ein. Ihr ist ausgerechnet die Tuberkulose-Abteilung übertragen worden. Unermüdlich schleppt sie mit den ihr zugeteilten Schwestern ein Bett nach dem anderen in die zweite Etage, während ihre Patienten herumstehn und keinen Finger rühren. Unter ihnen befinden sich ein paar wahrhafte Teufel, die wahrscheinlich gar nicht krank sind, dafür aber überall herumstreifen und für die Russen Spitzeldienste tun.

Noch einen ganzen Tag dauert die Schufterei. Dann sind schließlich alle Kranken untergebracht und die ersten Toten auf dem Friedhof der Altroßgärter Kirche beerdigt. Die Russen haben schon eine Menge Fensterglas herangeschafft, womit ein Teil der Fenster provisorisch verglast werden kann. Ich bin mit meinen hundertsiebzig Patienten ins oberste Stockwerk gezogen und wohne mit meinen beiden Getreuen in dem vorher bezeichneten Eckraum. Erika hat den kleinen Vorraum bezogen, um uns von dort aus zu bewachen. Wir sind froh, so hoch oben hausen zu dürfen, und beginnen wieder aufzuatmen.

Etwa fünfzehnhundert Menschen sind in diesem Hause untergekommen. Tausend Kranke und mindestens fünfhundert Pflegepersonen, weibliche und männliche. Viele davon haben nie etwas mit Krankenpflege zu tun gehabt, setzen aber alles daran, in Verbindung mit dem Krankenhaus zu bleiben, weil sie dadurch etwas mehr Schutz und Lebensmöglichkeiten haben. Draußen sind sie jeder Willkür preisgegeben. Deshalb ist es auch kaum möglich, irgendeinen von den Kranken wieder zu entlassen. Da er kein Zuhause mehr hat, ist der baldige Hungertod auf der Straße das, was ihn normalerweise erwartet. Wir versuchen also, ihn nach Möglichkeit irgendwie ins Getriebe des Hauses miteinzuspannen. Diese Notwendigkeit tritt allerdings nur selten auf; denn ziemlich alle, die als Kranke aufgenommen werden, sterben nach kurzer oder längerer Zeit, ohne eine Besserung erlebt zu haben. Täglich sind es dreißig bis vierzig Tote, die morgens, in Verdunkelungspapier eingerollt, hinuntergetragen und neben dem hinteren Torausgang aufgestapelt werden. Von dort fährt man sie etappenweise mit einem zweirädrigen Holzkarren auf das Gelände neben der zerstörten Altroßgärter Kirche, wo sie unter Aufsicht von Pfarrer Leitner in Massengräbern verscharrt werden.

Die beiden obersten Stockwerke sind zur Chirurgischen Abteilung erklärt worden, was sie früher auch waren. Ganz oben liegen meine Männer, hundertsiebzig bis hundertachtzig an der Zahl, eine Etage tiefer die Frauen. Diese wurden zunächst von Dr. Ody betreut; der ist aber plötzlich von den Russen abgeholt und nach Wehlau gebracht worden. An seinen Platz ist Dr. Rauch getreten, der sich inzwischen von den Strapazen des Herumgeschlepptwerdens einigermaßen erholt hat. Im Operationssaal arbeiten wir gleichzeitig nebeneinander oder lösen uns gelegentlich ab. Dort geht es den ganzen Tag hoch her. Räumlich sind die Voraussetzungen dazu auch gegeben, da die Außenwände gut erhalten sind. Instrumente haben wir auch massenhaft, ebenso Medikamente und Verbandstoff, da riesige Lager davon in der Stadt untergebracht waren. Aber was nützt das alles, wenn man den Leuten nichts zu essen geben kann. Bisher haben sie sich noch durchgeschleppt, über Erwarten lange. Aber schließlich hat auch das Hungern eine Grenze.

Die Menschen, die man uns bringt, befinden sich fast alle in dem gleichen Zustand. Oben sind sie zu Skeletten abgemagert, unten schwere Wassersäcke. Auf unförmig geschwollenen Beinen kommen sie zum Teil noch selbst gegangen und lassen sich vor der Tür nieder, wo auf behelfsmäßigen Tragen oder auf dem Fußboden schon eine Menge ähnlicher Gestalten liegen. Wenn sie an der Reihe sind, nennen sie oft irgendeine Lappalie, etwa einen schlimmen Finger, als den Grund ihres Kommens, denn das Hauptübel, ihre Beine, spüren sie schon gar nicht mehr. Das zeigt sich, wenn wir sie auf den Tisch legen und ihnen mit einem Messer von oben herunter die speckige glasige Haut aufschlitzen, ohne daß sie irgendwie darauf reagieren. Jedesmal fragen wir uns dann, ob es noch Sinn hat, die Beine zu amputieren, oder ob man die Leute lieber so sterben lassen soll. Und meistens lassen wir es dann bei letzterem bewenden.

Ein merkwürdiges Sterben ist dieser Hungertod. Nichts von Revolte. Die Menschen machen den Eindruck, als hätten sie den eigentlichen Tod schon hinter sich. Sie gehen noch aufrecht, man kann sie auch noch ansprechen, sie greifen nach einem Zigarettenstummel – eher übrigens als nach einem Stück Brot, mit dem sie nichts mehr anzufangen wissen –, und dann sinken sie auf einmal in sich zusammen, wie ein Tisch, der unter einem Höchstmaß an Belastung so lange noch standhält, bis das zusätzliche Gewicht einer Fliege ihn zusammenbrechen läßt.

Außer diesen Beinen behandeln wir in der Hauptsache schwere und schwerste Phlegmonen, darunter viele Nackenkarbunkel, die oft von einem Ohr bis zum anderen reichen. Wenn sie von Maden wimmeln, betrachten wir das als ein gutes Zeichen, weil dann noch Aussicht auf Heilung besteht.

Jetzt halten auch die Frauen nicht mehr durch. Manch eine, die wir im Lager kennengelernt haben, kommt uns jetzt wieder unter die Finger, nur noch ein Schatten ihrer selbst. Das furchtbarste an ihnen ist oft das, was sie reden; so völlig ohne Zusammenhang mit der eigentlichen Not, so als wäre das, was wir nun schon seit einigen Monaten miteinander erleben, nur ein Spuk und nicht brutale Wirklichkeit. Eine Vierzigjährige, schon kurz vor dem Zusammenbrechen, nur noch durch die Maske einstiger Koketterie zusammengehalten, fragt mich, wo sie denn jetzt ihre Unterstützung herbekäme. Sie hätte doch lange genug beim Gauleiter im Büro gearbeitet. Erst allmählich gelingt es, den wahren Grund ihres Kommens ausfindig zu machen. Sie hat zehn Tage in einem Schrebergarten gelegen und sich ausschließlich von unreifen Johannisbeeren ernährt. Nun ist ihr Darm von Kernen blockiert. Die Prozedur, die nötig ist, um den Durchgang wieder freizumachen, kostet sie fast das Leben.

Bisweilen kommen aber auch normale chirurgische Eingriffe vor, zu denen wir uns ganz nach Vorschrift waschen und die uns die erhebende Illusion vermitteln, wir seien noch richtige Chirurgen. Es handelt sich dabei um eingeklemmte Brüche, Darmverschlingungen durch Drehung des abgemagerten Gekröses, ab und zu auch um eine Blinddarmentzündung. Daneben bekommen wir Dinge zu sehn, die es sonst kaum mehr gibt, so etwa den Wasserkrebs (Noma), bei dem der betreffende Abschnitt des Gesichts innerhalb weniger Tage mit Kieferknochen, Zähnen, Lippe und Wange herausfällt, ein riesiges Loch hinterlassend.

Neben den Männern habe ich die chirurgische Versorgung der Kinderstation übernommen, ein besonders schweres und trostloses Amt, weil wir wissen, daß die Kinder noch extra betrogen werden. Für sie wird von den Russen täglich etwas Fett ausgegeben, mit dem man vielleicht einige erhalten könnte. Das gelangt aber nicht bis zu ihnen, sondern wird kurz vorher abgezweigt, und jemand anders legt sich damit eine Reserve an. Mit einer Frau, die auf der Kinderstation arbeitet, habe ich gleich in den ersten Tagen einen Zusammenstoß, der fast in Tätlichkeit ausartet. Es handelt sich um eine ausgemachte Russenfreundin, gegen die wir machtlos sind. Sie ist nicht die einzige ihrer Art. Im Gegenteil, um uns her wimmelt es von fragwürdigen Existenzen, Spitzeln der verschiedensten Altersklassen und Gefährlichkeitsgrade, die davon leben, daß sie ihre Landsleute an das NKWD verraten. Denn eigenartigerweise bedient sich diese Institution auch hier noch des Verräters, obgleich sie uns alle auch ohne Mittelsmann unschädlich machen kann, wenn sie Lust hat. Aber es muß wohl irgendwie der Schein des Rechts gewahrt werden. Oder man hält es für angebracht, möglichst viele Menschen durch Gewöhnung an den Verrat zu demoralisieren. Jedenfalls schaudern wir jedesmal, wenn auf unserer Station gewisse Gestalten aufkreuzen, die Krankenzimmer durchstöbern und sich ganz frech irgendwelche Notizen machen. In der darauffolgenden Nacht werden dann immer ein oder mehrere Unglückliche abgeholt, um auf Nimmerwiedersehen zu verschwinden. Es läßt sich schwer taxieren, was diese Menschen früher im Zivilberuf gewesen sind, bis auf einen, namens Schmidt, von dem wir wissen, daß er beim SD tätig war. Wie ist es möglich, daß diese Teufel nicht umgebracht werden, frage ich mich immer wieder. Aber habe ich denn selbst den Schneid dazu? Sehen wir nicht auch immer nur geduldig zu und hoffen, der Kelch möchte an uns vorübergehen?

Gegenüber dem hinteren Torausgang befindet sich die Frischbierschule, das Gebäude, in dem jetzt die Küche untergebracht ist. Von dort wird zweimal am Tage in Eimern und Blechkannen die Suppe geholt, die abwechselnd aus Grütze und Rübenschnitzeln hergestellt wird. Dazu gibt es einen Löffel Zucker und eine Art Brot, das nach Petroleum schmeckt und sehr viel Wasser enthält. Jeder reißt sich darum, das Essen aus der Küche zu holen. Dort erblickt man lauter leidlich ernährte Landsleute, und manchmal ergibt sich Gelegenheit, einen kleinen Extrabissen zu ergattern. Dafür trägt man gern die schweren Eimer bis zum fünften Stock hinauf. Weniger beliebt ist das Heruntertragen der Latrinenkübel, die in die angrenzenden Trümmer entleert werden. Aber auch dafür finden sich immer noch Menschen.

Das Wasser wurde in den ersten Tagen aus dem Schloßteich geholt, in dem zahllose Tote liegen. Dann hat sich plötzlich herumgesprochen, daß eine Handpumpe im Hof der nicht weit entfernten Limonadenfabrik noch Wasser gibt. Seitdem findet man dort zu jeder Tageszeit eine Menschenschlange mit Gefäßen aller Art. Wenn zufällig eine Lücke entstanden ist, warten die Nächstkommenden, bis wieder eine Gruppe beisammen ist, denn Einzelgänger werden hier leicht überfallen. Es geht uns wie den Dschungeltieren an der Tränke. Unten im Keller liegen noch viele Fässer mit Limonaden-Extrakt, der wegen Mangels an Nahrhaftigkeit kaum beachtet wird. Auch eine Badewanne steht dort, in der wasche ich mich manchmal heimlich.

Da wir von der offiziellen Suppe natürlich nicht existieren können, wird jede freie Minute zur Beschaffung von Nahrungsmitteln genutzt. Der frühe Morgen ist dazu am besten geeignet, weil man zu dieser Zeit am wenigsten Russen trifft. Um fünf Uhr nach russischer Zeit, also eigentlich schon drei Uhr, wenn gerade die Sonne aufgeht, verlasse ich das Haus in Begleitung von Erika. Drüben auf der anderen Straßenseite im Städtischen Krankenhaus wartet schon Doktora auf uns. Mit ihr durchstreifen wir dann gewöhnlich die Vororte Karolinenhof und Maraunenhof. Dort, in den verwilderten Gärten, gibt es Johannisbeeren, soviel man will, und die dichten Büsche bieten gute Deckung. Aus diesem Grunde haben sich in den dazugehörigen Gartenhäuschen auch schon eine ganze Reihe von Menschen einquartiert. Mit denen machen wir Tauschgeschäfte, d. h. wir bringen ihnen von unserer Rübensuppe mit und bekommen dafür Johannisbeeren.

Nach den Schrebergärten sind die verlassenen Häuser der Cranzer Allee an der Reihe. Auch wenn sie schon tausendmal durchwühlt worden sind, findet man in ihnen doch noch hier und da eine Kartoffel oder sonst etwas Eßbares. Was wir jedesmal in großer Menge mitbringen, ist Melde, die überall als Unkraut wuchert und von uns zu jeder Mahlzeit gegessen wird.

Bei diesen Unternehmungen gerät man innerlich oft gewaltig in Bewegung, nicht allein wegen der Spannung, die das gefahrumlauerte Gelände bietet, sondern auch durch das Ausmaß der Kontraste, die wir hier erleben. Besonders die Rennbahn hat es mir angetan. Es gab eine Zeit, da kulminierte hier unser Leben. Ausschließlich in Feiertagsstimmung betraten wir sie, um uns an Pferden zu begeistern und um Menschen zu sehen und uns von ihnen sehen zu lassen. Wie herrlich war alles gepflegt und geordnet. Man lehnte am Zaun, führte ein flüchtiges Gespräch, nickte hier jemand zu, sah dort jemandem nach und kam sich durchaus vollständig vor. Und nun lehne ich wieder am Zaun, angetan mit einer schilfleinenen Jacke, ausgefransten Hosen, gefundenen Stiefeln, ohne Hemd und Strümpfe, und beobachte eine kleine Gruppe von Kühen, die, von einem russischen Posten bewacht, zwischen den ehemaligen Hindernissen weidet. Wenn eine davon in meine Nähe gerät, will ich versuchen, ihr etwas Milch abzuzapfen. Um mich herum nichts als Unkraut, Schutt und Trümmer. Nur der Himmel ist der gleiche geblieben. Und ich frage mich, welches von beiden denn nun die Wirklichkeit ist, zu der wir eigentlich gehören.

Unser Krankenhaus besitzt auch ein paar Kühe, und zwar drei, die zusammen sieben Liter Milch geben. Gehütet werden sie von Professor Urbschat, der eigens dazu kommandiert worden ist. Gelegentlich unterstützen ihn dabei noch andere stellenlose Dozenten. Es ist kein leichtes Amt, da die Kühe trotz ihrer Magerkeit natürlich sehr begehrt sind. Und eines Tages fällt auch die eine, gerade die beste Milchgeberin, einem Überfall zum Opfer. Zwei Männer zerren sie in einen Keller und schneiden ihr die Kehle durch, lassen sich aber durch lautes Geschrei des Wächters wieder vertreiben. Am nächsten Tag schwimmt in der allgemeinen Suppe etwas Hellgelbes, Weiches, Undefinierbares, an dem wir lange herumraten. Plötzlich erklärt Giese, das müsse irgendwie mit »Herrn Pastor sin Kauh« zusammenhängen. (Pfarrer Stachowitz, Anstaltsleiter der Barmherzigkeit, gilt bei den Russen als Besitzer der Kühe.) Und richtig, es handelt sich um das Euter der ermordeten Kuh.

Fleisch gibt es sonst nicht. Zwar werden offiziell mehrmals in der Woche 70 Pfund Fleisch an das Krankenhaus geliefert. Da es sich dabei aber meist um Kuhköpfe und -füße mit Fell, Hufen und Hörnern handelt, kann man sich denken, daß nichts davon bis zu den Kranken gelangt.

Die beiden restlichen Kühe geben zusammen drei Liter Milch, die irgendwo versickert. Eigentlich soll die Oberin des Hauses täglich etwas davon bekommen. Sie liegt krank in einem Verschlag neben der Apotheke, liebenswürdig und gelassen ihrem Ende entgegensehend, nachdem sie in den schlimmsten Tagen manche ihrer Schwestern vor dem Gröbsten hat bewahren können.

Von meiner Station im fünften Stock führt eine eiserne Treppe auf das flache Dach hinauf. Dort hat man einen grandiosen Rundblick über die Trümmerstadt und das umliegende Land. Spät abends, wenn im Hause alles still geworden ist, gehen wir hinauf und genießen den unendlichen Frieden, den man hier oben haben kann. Niemand außer uns nimmt diese Gelegenheit wahr. Wir nehmen Stühle mit und lesen gemeinsam irgend etwas Besinnliches oder Erhebendes, führen Gespräche, zu denen wir am Tage zu eng aufeinandersitzen, oder versinken in die Betrachtung des Himmels, an dem die Wildenten in langen Zügen vorüberwandern und dessen eine Hälfte zu dieser Jahreszeit die ganze Nacht erhellt bleibt.

An Lesestoff haben wir keinen Mangel. Überall in den Häusern blieben die Bücher unbeachtet liegen, einige wurden mitgenommen und wieder fortgeworfen, und besondere Bücherfreunde haben in ihren Unterkünften bereits beachtliche Bibliotheken errichtet.

Tagsüber werden wir ausreichend in Atem gehalten, entweder durch Russen, die zum Zweck einer Razzia plötzlich auftauchen, oder durch das Intrigenspiel der einzelnen Gruppen im Hause. Oder es fliegen einem wieder Fensterscheiben um die Ohren, weil in der näheren Umgebung ein größeres Gebäude gesprengt wird. Dann wieder sind es dramatische menschliche Reaktionen, an denen wir teilhaben. Drüben zum Beispiel, über der Tuberkulose-Abteilung, hat man eine Wahnsinnige untergebracht. Sie hält durch ihr Geschrei die ganze Umgebung in Aufruhr. Plötzlich ist es ihr gelungen, aus dem leeren Raum, in dem sie sitzt, durch ein mehr als zwei Meter über ihr liegendes Fenster auf das Dach zu entweichen, welches seinerseits erst weit oberhalb des genannten Fensters beginnt. Nun sitzt sie, den Oberkörper weit vorgeneigt, das Haar herabhängend, in schwindelnder Höhe auf dem kleinen Gitter über der Dachrinne und singt aus vollem Halse, was ihr gerade einfällt, auf die totenstille Straße hinunter: Kirchengesänge, Schlager, Hitlerlieder, ein gespenstisches Potpourri. Schließlich wird es den Russen zu dumm und sie machen Miene, die Frau herunterzuschießen. Inzwischen ist aber bereits Doktora mit dem Entlausungsmeister am Werk. Wir sehen die beiden aus zwei verschiedenen Dachfenstern steigen und von rechts und links an dem besagten Gitter entlang auf die Ausreißerin zustreben, Doktora mit einer Spritze bewaffnet. Wie leicht und sicher bewegt sie sich dort oben. Sie hat es offensichtlich darauf abgesehn, an Abgründen zu gehen. – Zum allgemeinen Erstaunen läßt die Frau sich durch ein Fenster wieder ins Haus hineinziehen.

Eines Tages heißt es, wir müßten polizeilich gemeldet werden. Ein ganzer Haufe tut sich zusammen und zieht durch die Straßen, von einem Russen angeführt. Nachdem wir die ganze Stadt durchquert haben, stellt sich heraus, daß wir in verkehrter Richtung gegangen sind. Wir machen einen Riesenbogen, kommen am Oberteich entlang, durch Maraunenhof, schließlich geht es querfeldein und nach Überschreiten eines Bahndamms auf eine Baracke zu, die ganz unvermittelt im Gelände steht. Dort sitzen mehrere grimmige Funktionäre mit den üblichen keifenden Dolmetscherinnen, bereit, uns zu verhackstücken. Überzeugt davon, daß dies wieder eine Falle ist, in die man nur aus eigener Dummheit hineingeht, drücke ich mich mit einigen anderen an dem Engpaß vorbei und verschwinde in einem zugewachsenen Garten. Dort warten wir das Weitere ab. Es dauert Stunden, bis unsere Kameraden durchgeschleust sind. Sie haben weder Papiere bekommen, noch wurden ihre Namen registriert. Nur angeschrien hat man sie. Das Ganze diente offenbar wiederum nur zur Unterhaltung vom NKWD.

Der 1. Juli ist ein strahlender Sonntag. Doktora kommt herüber und überredet mich zu einem Erkundungsgang nach Preyl. Barfuß und auch sonst recht dürftig bekleidet – jemand hat mir aus zwei Handtüchern eine Hose gemacht –, fallen wir nicht weiter auf und kommen ungeschoren aus der Stadt heraus. Unbegreiflich das menschenleere Land! Eine Stunde gehen wir, ohne daß uns jemand begegnet. Wir pflücken Kornblumen vom Feldrand. Wenn das Getreide reif ist, müßte man mit der Schere herkommen und die Ähren abschneiden. – Der große Teich in Preyl, aus dem früher das Königsberger Trinkwasser kam, ist abgelassen. Mitten im Schlamm stehen Russen und suchen nach Fischen.

Das Haus meiner Verwandten ist abgebrannt. Erhalten ist nur noch ein Teil der Grundmauern mit dem Erdgeschoß, in dem ein paar weibliche Gestalten Aufräumungsarbeit machen. Auf Fragen erhalten wir keine Antwort. Das Stallgebäude ist noch da. Es lockt mich, nachzusehen, wie es jetzt dort aussieht, wo früher die Rennpferde standen. Gleich beim Eintreten nimmt uns ein Russe fest und führt uns stolz dem Kommandanten vor, der sich in der Trainerwohnung über dem Stall eingenistet hat. Ich halte ihm meine leere Aktentasche unter die Nase und bitte um Kartoffeln. Daraufhin läßt er uns wieder laufen. Wo früher der Garten war, treffen wir einen Russen, der über zwei Ziegelsteinen gerade seine Grütze kocht. Er gibt uns sehr freundlich etwas davon ab. Zum Essen setzen wir uns ans Ufer des Teiches. Drüben auf dem Hügel im Wald liegen die

Familiengräber. Wir gehen dorthin, um nachzusehen, ob sie noch erhalten sind, finden sie unversehrt und teilweise überwachsen von Kartoffelkraut, das aus deutschen Verteidigungsstellungen herausgewachsen ist. Die darunter befindlichen Kartoffeln sind zwar noch sehr klein, wir füllen aber trotzdem unsere Aktentasche damit.

Auf einmal fängt Doktora an zu weinen. Ich erschrecke zutiefst, denn das habe ich bei ihr noch kaum erlebt. Sie leidet schwer unter den Mücken und beschwört mich, den Wald schleunigst zu verlassen. Es ist mir klar, daß noch etwas anderes dahintersteckt, kriege aber nicht heraus, was es ist. Als wir wieder auf der Straße sind, geht es besser. Wir besuchen noch das Vorwerk Warglitten, wo die Russen allem Anschein nach zu wirtschaften begonnen haben, und lassen uns dann von einem Russenwagen mitnehmen, der in Richtung Königsberg fährt. In Juditten steigen wir ab, und Doktora macht den Versuch, ihr Haus wiederzusehn. Es steht noch und ist auch von Deutschen besetzt. Beim Eintreten wird sie jedoch tätlich angegriffen und muß das Feld räumen.

Am Mittwoch erscheint Doktora bei mir im Operationssaal. Ich soll mir ihren Nacken ansehn, auf dem sich eine schwer juckende Stelle gebildet hat. Ich finde ein Heer von Läusen, das sich tief in die Haut eingefressen hat. Als ich es ihr sage, bricht sie zusammen. Ich gebe mir Mühe, sie zu beruhigen, während Dr. Rauch mir hilft, das Haar abzuschneiden und die Stelle freizumachen. Sie fängt sich zwar wieder, bleibt aber so verändert, daß ich ganz ratlos werde. Ist ihre Lebenskraft nicht schon längst zu Ende? Geht sie nicht schon wie im Traum neben uns her? Ist es nicht einzig und allein noch der Gehorsam gegenüber dem Liebesgebot unseres Heilandes, der sie in die Lage versetzt, ihren Mitarbeitern Vorbild zu sein und ihre Patienten zu versorgen, die mit innigem Vertrauen an ihr hängen?

Am nächsten Morgen holt man mich zu ihr hinüber, weil sie nicht aufwachen will. Auf ihrem Tisch liegt ein Zettel mit der Mitteilung, sie habe ein paar von ihren Schlaftabletten genommen, weil sie wegen des furchtbaren Juckens schon mehrere Nächte nicht habe schlafen können. Man solle sie nicht unnötig wecken. Wir lassen sie schlafen. Wenn sie den Tod auch nicht mit eigener Hand herbeiholen würde, so weiß ich doch, wie gern sie jetzt hinüberschliefe. Als sich jedoch an ihrem Zustand auch am Abend noch nichts geändert hat, wird, gleichsam über mich hinweg, alles in Bewegung gesetzt, was in solchen Fällen zu geschehen hat. In mir ist jede Regung erstorben. Ich gehe umher und verrichte mein Tagewerk, als ginge mich die Sache gar nichts an. Bin ich vielleicht schon selber innerlich tot, daß ich so gar keinen Ehrgeiz mehr entwickeln kann?

Am Freitagabend hat das Herz aufgehört zu schlagen. Die Patienten der Tuberkuloseabteilung holen einen Sarg aus Kalthof, wo noch ein ganzes Lager davon sein soll. Ein Landser, der im Hause arbeitet, bringt mir ein Holzkreuz, das er gemacht hat. Darauf schreiben wir ihren Namen sowie das Geburts- und Todesdatum. Und auf die Rückseite schreiben wir die Schlußworte der Heiligen Schrift: »Amen, ja komm, Herr Jesu«.

Das Grab ist dort, wo sie alle liegen, neben der Altroßgärter Kirche. In Doktoras Bibel finde ich, als Lesezeichen bei Römer 8, ein kleines Heft mit Aufzeichnungen; Gedanken zu einzelnen Schriftstellen, Andeutungen über das, was damals noch geschehen ist, nachdem die Schranke durchbrochen war. »Rußland – und da wolltest du einmal hin. Jetzt kommt es über dich.« Ich lese die Worte wieder und wieder, wie ein Vermächtnis. Und dabei höre ich es mitklingen: »Diese sind's, die da gekommen sind aus großer Trübsal und haben ihre Kleider gewaschen im Blut des Lammes.«

Den Juli über bin ich außerhalb der Arbeitszeit viel allein unterwegs, durchstöbere die Keller und Gärten, bringe Unmengen von Geschirr mit und gelegentlich Blumen, einmal eine blaue Clematis mit zahllosen Blüten. Bei solchen Gängen treffe ich oft Menschen, die liegengeblieben sind, Tote und Lebende. Die Lebenden ins Krankenhaus zu bringen ist keine einfache Sache und erfordert jedesmal einen besonderen Entschluß. Noch nie bin ich so oft auf das Gleichnis vom Barmherzigen Samariter gestoßen worden wie in diesen Tagen. Beschämend genug, denn in den meisten Fällen ist es mit der Bergung dann doch einfacher, als man angenommen hat.

Auch Russen kann man in den Kellern treffen. Einen sah ich vor mir an der Wand lehnen, als meine Augen sich an das Dunkel gewöhnt hatten. Er stand regungslos und hielt einen Finger an den Mund. Zweifellos drohte ihm der Tod.

Erika ist unermüdlich im Heranschaffen von Lebensmitteln. Angst hat sie längst nicht mehr. Immer wieder erzählt sie von netten Russen, die sie angesprochen hat. Einer will ihr Kartoffeln herbringen, und sie ist fest überzeugt, daß er es tun wird.

(Er tat es auch; nur wurden sie ihm bei seiner Ankunft sofort von jemandem entrissen, der sie nicht wieder herausgab.)

Gekocht wird im Zimmer neben uns. Dort hat ein Unteroffizier einen Kachelherd gesetzt, den er anderswo abmontiert hat. Und obgleich er behauptet hat, nichts von dem Handwerk zu verstehen, brodeln nun auf diesem Herd neben den unsrigen die Töpfe und Kochgeschirre von mindestens zwanzig verschiedenen Parteien gleichzeitig, Tag und Nacht. Oft muß Erika lange anstehn, um heranzukommen.

Weit draußen in der Schleiermacherstraße, in den Trümmern der Hans-Schemm-Schule, liegen unter geschmolzenem Glas noch Tausende von Ampullen, Betäubungs-, Herz- und Kreislaufmittel. Ich habe sie auf einem Erkundungsgang mit Erika entdeckt, die dort in der Nähe ein Jahr im Haushalt gearbeitet hat und sehen wollte, ob die Familie noch irgendwo zu finden sei. Auf dem Rückweg hatten wir alle Taschen voll Medikamente, und ich habe ein paar Kinder, die dort herumstöberten, scharf gemacht, noch mehr davon zu sammeln.

Ein paar Tage später bin ich mit einem Panjewagen, der dem Krankenhaus zur Verfügung steht, unterwegs, um die Sachen abzuholen. Die alte Operationsschwester Ida begleitet mich, und wir machen zunächst einen Abstecher nach der Chirurgischen Klinik in der Drummstraße. Dort haben wir in den letzten Januartagen zusammen gearbeitet. Obgleich inzwischen ein wüstes halbes Jahr darüber hingegangen ist, zweifelt Schwester Ida keinen Augenblick, die Dinge wiederzufinden, die sie damals versteckt hat. Und tatsächlich: Aus einem breiten Spalt neben der seitlichen Eingangstür zieht sie mehrere große Töpfe mit Salbe, reichlich Verbandzeug und mehrere Kanister Alkohol und Benzin hervor, sehr zum Erstaunen des inzwischen hier tätig gewordenen Ambulatoriums. Wir laden unsere Beute schnell auf den Wagen und fahren ab, ehe man sie uns streitig machen kann.

Auch hier in der Klinik hat sich inzwischen manches Drama abgespielt. Wie mir Doktora schon im Lager erzählte, hat mein ehemaliger tschechischer Sanitäter hier nach dem Russeneinmarsch in großem Stil Zahnbehandlungen durchgeführt, das heißt, die Russen haben sich von ihm aus erbeuteten Ringen Goldkronen auf gesunde Zähne setzen lassen. Durch das, was von den Ringen übrigblieb, soll er schließlich so reich geworden sein, daß ein Russe ihn darum erschlagen hat.

Nicht nur nach Medikamenten, sondern auch nach Bettstellen

und Matratzen halten wir bei jedem Gang Umschau. Denn aus den Gehfähigen meiner Patienten – fünf Leuten, die nur als krank getarnt werden – hat sich ein kleiner Trupp gebildet, der diese Gegenstände holen und auf der Station verteilen kann. Besonders abgesehen haben wir es auf die Trümmer des Schlosses. Die werden von einem Posten bewacht, und das beweist uns, daß dort noch etwas zu holen ist.

Eines Morgens um fünf Uhr ist es soweit. Meine Späher erscheinen, um mir mitzuteilen, daß der Posten abgezogen sei. Sofort dringen wir ein und finden in einem großen Raum links neben dem Tor mehrere Kisten Verbandzeug und manches Brauchbare, womit wir unseren Karren mehrmals volladen können. Ein paar schwere Kisten, die mit Draht verschnürt und nach Moskau adressiert sind, müssen wir leider stehenlassen. Nur ein verpacktes Bild, das mit »Brueghel« bezeichnet ist, nehmen wir als Kuriosum mit. Zu Hause entdecken wir, daß es leider aus Hunderten von Holzsplittern besteht, die nicht mehr zusammenzusetzen sind. Wahrscheinlich ist es mit dem Beil zerhackt und dann wieder mühselig zusammengesucht worden. – Am Nachmittag steht die Wache wieder vor dem Schloßeingang.

Nicht weit von uns, jenseits der Königstraße, wirkt Professor Starlinger als Leiter des sogenannten Seuchenlazaretts. Dazu gehören das Lazarett Yorckstraße und das Elisabethkrankenhaus. Dort haben sich inzwischen etwa zweitausend Typhuskranke angesammelt. Sie liegen zu zweien in einem Bett, die Kinder zu vieren. Wir hören viel von dort. Ich habe aber lange nicht den Absprung gefunden, einmal hinzugehen. Der Anlaß dazu ergibt sich erst, als einer der Spitzel der Tuberkuloseabteilung mir berichtet, Starlinger sei das Haupt einer Clique, die mir und verschiedenen anderen Leuten nach dem Leben trachte.

Ich finde den Professor in einer Art Mönchszelle, auf schmaler Bettstelle liegend, neben sich einen Tisch mit Büchern. In der Hand hält er – ich traue meinen Augen nicht – das Buch, nach dem ich gerade auf der Suche bin: Bismarcks Gedanken und Erinnerungen, Band III. Sofort entspinnt sich ein erfreuliches, wenn auch nicht von den gleichen Anschauungen ausgehendes Gespräch. Ich fange gar nicht erst an von dem Unsinn, der mich hergeführt hat, frage den Professor auch nicht, ob er wirklich Typhus hat, wie an seiner Tür zu lesen ist. Vielleicht tut er nur so, um sich die Russen eine Weile vom Halse zu halten. – Nach einer Stunde verabschiede ich mich, sehr beschwingt von dieser Begegnung. Das ganze Unternehmen »Seuchenlazarett« hat irgendwie Stil. Bei aller Kuriosität im einzelnen drückt sich ein an Vermessenheit grenzender Wille zur Ordnung darin aus. Und das hat angesichts des Chaos, in dem wir schwimmen, etwas ungemein Beglückendes.

Beim Verlassen des Hauses begegnet mir die gefürchtete Schwester, von der schon früher die Rede war. Ich kenne sie aus der Festungszeit, als sie noch ganz harmlos war. »Besuchen Sie mich mal zum Tee!« ruft sie mir zu, und ich nehme die Einladung an. Gleich vorn am Eingang zum Lazarett, wo sie alles überblicken kann, hat sie sich mit Hilfe ihres russischen Majors zwei Räume sichergestellt und mit den Möbeln des Direktors der Nervenklinik ausgestattet. Obgleich ich jedes Stück genau kenne, präsentiert sie mir die gesamte Einrichtung als letztes Vermächtnis ihres verstorbenen Bruders. Aber aus reiner Gier nach ihrem Tee und einem Stück Speck, das ich im Hintergrund winken sehe, halte ich den Mund und lasse allen Schwindel über mich ergehen, bis ich zu meinem Ziel gelangt bin.

In der Nähe des Elisabeth-Krankenhauses ist ein Löschteich mit ziemlich klarem Wasser, in dem bade ich manchmal. Er liegt in freiem Gelände, von hohen Trümmermauern kulissenartig umstanden. Man ist hier ganz für sich, denn niemand haust mehr in diesem Komplex. Nur einmal habe ich jemand getroffen, zwei Kinder, die ebenfalls zum Baden kamen. Sie sprangen ins Wasser, tauchten und sprudelten aus vollen Backen ganze Fontänen hervor. Woher sie noch soviel Energie nahmen, ist mir schleierhaft. Ich rief ihnen zu, sie sollten lieber kein Wasser schlucken wegen der Typhusgefahr. Aber sie hörten nicht darauf und schrien nur: »Ach was, es ist ja ganz egal, woran wir kaputtgehn. Raus kommen wir ja doch nicht.«

Ziemlich spannend ist immer der Gang zum Friseur, der sich im Parterre unseres Hauses eingerichtet hat. Dort geben sich die Spitzel ihr Rendezvous. Und die Spiegel und Glasscherben, die dort stehen, sind so aufgebaut, daß man nicht aufsehen kann, ohne in spähende Augen zu blicken.

·

Gegen Ende Juli beginnen meine Kräfte nachzulassen. Ich fühle mich schlapp, kann nicht ordentlich durchatmen, vertrage längeres Stehen nicht, muß mich überall festhalten. Es ist nichts

Besonderes. Aber eines Tages erscheint Schreiner, von irgend jemand alarmiert, und holt mich zum Elisabeth-Krankenhaus herüber. Dort bleibe ich einfach liegen und kümmere mich um nichts mehr. Unendlicher Friede umfängt mich. Ich liege mit zwei katholischen Pfarrern zusammen, von denen der eine Typhus hat; der andere wird, wie ich vermute, nur versteckt. Der Blick fällt auf die weiße Wand der Kapelle, aus deren Fensterschlitzen in gewissen Abständen leiser Gesang ertönt. Ich lasse mich ganz fallen. Schreiner nimmt sich meiner an, Professor Starlinger kommt und untersucht mich, Schwester Raphaela ist ein wahrer Engel.

Nach vierzehn Tagen fühle ich mich schon wieder besser und kann anfangen, mich im Hause nützlich zu machen. Die Schwestern haben hier den großen Vorteil gehabt, nicht ganz herausgeworfen zu werden oder abzubrennen. Deshalb gibt es noch manches, was anderswo nicht mehr zu haben ist. Den Keller haben sie beim Russeneinbruch rechtzeitig unter Wasser gesetzt. Auf diese Weise sind wenigstens die Konserven erhalten geblieben. Außerdem hat sich der gute Zusammenhalt und das Fehlen ausgesprochener Verräter segensreich ausgewirkt. So soll es beispielsweise möglich gewesen sein, in den oberen Stockwerken längere Zeit eine Kuh verborgen zu halten.

Ende August verschwindet Schreiner. Ein Russe, dem er eine der üblichen Kuren gemacht hat, nimmt ihn mit. Nur Schwester Raphaela und ich wissen davon. Leider kann man sich ja nicht von allen verabschieden, so gern man es möchte. Bis Stettin will der Russe ihn mitnehmen, wie man von dort weiterkommt, ahnen wir nicht. Es hat sich aber schon mehr als einer aus dem Staube gemacht, auch Ärzte, und nur von wenigen wissen wir, daß man sie wieder eingefangen hat.

Ich werde in Schreiners Zimmer umquartiert. Daneben wohnt Brichzy, der auch als Arzt Dienst tut. Unterarzt Ott, der im Feldlazarett zu meiner Gruppe gehörte, und Pfarrer Groß, mit dem ich zusammen krank gelegen habe, kommen gelegentlich abends vom Seuchenlazarett herüber, um mit uns Skat oder Schach zu spielen oder um sich an einem nächtlichen Kartoffelgelage zu beteiligen, das wir irgendwelchen russischen Patienten zu verdanken haben. In der Ecke steht eine zwei Meter hohe Leinwandrolle, die wir manchmal zu unserem Vergnügen entrollen. Es handelt sich um ein besonderes Beutestück, nämlich um das große Ölgemälde aus dem Sitzungssaal des Finanzpräsidiums. Brichzy hat es schnell aus dem Rahmen geschnitten, als wir dort räumen mußten. Obgleich es trotz seiner Riesengröße nichts weiter darstellt als ein kleines, kümmerliches Waldstück mit einer Suhle im Vordergrund – wohl ein Symbol für kommende Verarmung –, hat sein plötzliches Verschwinden den Russen großen Kummer bereitet, und sie haben alles mögliche angestellt, um es wiederzufinden. Aber niemand wußte bisher, wo es geblieben war. (Später hat es guten Zwekken gedient: Erika ist darin begraben worden, und aus der anderen Hälfte sind Rucksäcke für die Ausreise genäht worden.)

Um die Mittagszeit steige ich manchmal aufs Dach und lasse mich sonnen. Es wird Herbst. Krähen ziehen über die tote Stadt hin und lassen mich darüber nachsinnen, wie man sie einfangen könnte. Mit Leimtüten vielleicht, aber da werden sie jetzt noch nicht hineingehn. Erst im Winter – aber nein, den wollen und können wir hier nicht auch noch erleben. Das geht einfach nicht. Die Menschen sterben ja so schon alle. Und dann noch die Kälte und viele Monate, in denen gar nichts wächst, nicht einmal Unkraut – man kann einfach nicht daran denken.

Mitte September wird Erika mit Typhus zu uns ins Elisabeth-Krankenhaus eingeliefert. Es hat sie schwer gepackt. Tagelang phantasiert sie, der Puls ist wackelig. Wenn ich komme, sieht sie Gespenster, warnt mich vor falschen Freunden, die mir nach dem Leben trachten, und beschwört mich zu fliehen. Es ist eine Qual, das mit anzusehn. Glücklicherweise liegt sie in einem Bett und wird gut gepflegt. Die Schwestern tun für sie, was sie können.

Ich gehe wieder zum Zentralkrankenhaus hinüber, wo Dr. Keuten, vom Typhus erstanden, inzwischen meine Männerstation versorgt hat. Er und seine Frau lagen lange in Lebensgefahr bei Schreiner im Elisabeth-Krankenhaus, tagelang fast pulslos, bis es langsam wieder aufwärts ging. Zwei andere junge Ärzte, Thiele und Arndt, sind inzwischen an Typhus gestorben.

Kurz nachdem ich mein Amt im deutschen Zentralkrankenhaus wieder angetreten habe, wird Dr. Rauch vom Typhus erfaßt. Er wird aber nicht verlegt, sondern bleibt in seinem Zimmer. Auch unsere Krankenabteilungen sind mit Typhusfällen schon so durchsetzt, daß eine Isolierung längst überflüssig geworden ist. Der einzige Vorteil, den das hat, ist der, daß die Russen sich immer seltener bei uns blicken lassen. Ins fünfte Stockwerk kommen sie nur noch in Ausnahmefällen und verschwinden sehr schnell wieder. Dr. Keuten hat die Frauenstation übernommen. Giese liegt mit Diphtherie, Schwester Martha Wolf vom Operationssaal ist an Typhus gestorben und im Hof des Krankenhauses beerdigt worden. Auch der Entlausungsmeister, ein junger starker Landser, ist tot. Ach, und wie viele sonst noch, die man gekannt hat. Man kann sie nicht alle aufzählen. Von den evangelischen Pfarrern, die in Königsberg geblieben sind, lebt nicht mehr die Hälfte. Ich glaube, es sind nur noch fünf. Zwei von ihnen, die immer zusammenhalten und auch zusammen wohnen, haben mich besucht: Pfarrer Beckmann und Müller (Haberberg). Sie haben den festen Plan, so etwas wie eine kirchliche Ordnung wiederherzustellen, und sind deshalb auch bereits bis zum Stadtkommandanten vorgedrungen.

Anfang Oktober bin ich wieder so weit bei Kräften, daß ich es wagen kann, den beiden Pfarrern einen Gegenbesuch zu machen. Sie wohnen in Ponarth in einem kleinen Stübchen, betreut von der Vikarin Sendner, machen viele Besuche und halten auch Gottesdienste. Es wagt allerdings kaum jemand zu kommen, weil Gefahr besteht, daß einem in der Zwischenzeit zu Hause die letzte Habe gestohlen wird.

Der Weg nach Ponarth ist mit Schwierigkeiten verbunden. Auf der Holzbrücke hinter der Dominsel, der einzigen, die noch über den Pregel führt, steht ein Posten, der einen nur ungern hinüberläßt. Und dann muß man neben dem Hauptbahnhof über den Bahndamm klettern, weil die große Durchfahrt eingestürzt ist. Dort lauern halbwüchsige Jungen aus russischen Familien, von denen es in Ponarth bereits wimmelt, und greifen die Frauen an, wenn sie sich mühsam über die Bahngeleise quälen. Deshalb rotten sich mehrere Menschen zu einem solchen Gang zusammen, wenn sie das Hindernis heil überwinden wollen. Ich habe zur Sicherheit immer ein Stück Eisen in der Hand und schwenke es hin und her.

Der Oktober hat Kälte und Regen gebracht. Unser Krankenhaus sieht bereits aus wie ein riesiger Zigeunerwagen. Aus jedem zweiten Fenster ragt ein qualmendes Ofenrohr heraus, das mit Pappkarton abgedichtet ist. Es sind auch schon wieder neue Truppen in die Stadt gekommen, und die Überfälle und Gewalttaten mehren sich. Ab und zu wird auch bei uns im Krankenhaus in die Fenster geschossen.

Seit einiger Zeit wird hier und da Menschenfleisch gegessen. Man kann sich darüber weder wundern noch aufregen. Wie entsetzt waren wir noch vor kurzem, als wir das gleiche aus russischen Gefangenenlagern in unserem Lande hörten. Wir bildeten uns ein, das bekämen nur Asiaten fertig. Jetzt regen sich die Russen ihrerseits über uns auf. Davon weiß besonders der arme Dr. Rauch ein Lied zu singen, der immer zu Sektionen, Exhumierungen, Begutachtung von Fleischstücken und ähnlichen scheußlichen Dingen herangeholt wird. Besonders dankbar waren wir ihm für einen Vortrag, den er uns im Rahmen einer von den Russen befohlenen Fortbildungsvorlesung über die sogenannte »Oedemkrankheit« gehalten hat. Nachdem sein Vorredner ängstlich um das eigentliche Thema herumgeredet hatte, demonstrierte er uns an der Leiche eines jungen Mädchens diese Krankheit, die von den Russen und deren Freunden als besonders interessant bezeichnet wird. Alle Organe und Gewebe wurden von ihm mit überlegener Ruhe und Sachkenntnis dargestellt und beschrieben. Und dann wandte er sich abschließend an die vor ihm sitzenden Russen mit den Worten: »Gebt ihnen zu essen, dann wird diese Krankheit von allein aufhören.«

Neuerdings verdichtet sich das seit Wochen herumschwirrende Gerücht, wir würden demnächst nach dem Westen abtransportiert werden. Schwedische Schiffe sollen unterwegs sein, um uns herauszuholen, und zwar sollen zuerst die Menschen aus dem westlichen Teil der Stadt drankommen und dann der Rest mit den Insassen der Krankenhäuser. Kein Wunder, daß solche Nachrichten wie ein Lauffeuer durch das Elendsvolk gehen. Und da es sich niemand versagen kann, aus eigener Phantasie noch eine Kleinigkeit hinzuzufügen, weiß man bald genau Bescheid, wie groß die Schiffe sind, wie sie von innen aussehn, was es auf ihnen zu essen gibt und andere Einzelheiten, an denen sich unsere primitiven Wunschträume emporranken können. In Pillau, wo die Schiffe erwartet werden, richtet das Rote Kreuz bereits ein Lager ein. Und da der Transport dorthin unter internationaler Aufsicht vonstatten gehen wird, brauchen wir auch nicht zu fürchten, daß die Russen uns anderswohin verschleppen werden.

Mit jedem Tag wird die Freiheit greifbarer. Und obgleich sich noch kein einziges der früheren Gerüchte bestätigt hat, geben die Menschen ihre letzten Reserven preis, um die Zeit bis zur Abfahrt durchzuhalten. Die letzte Wolljacke geht für sechs Kartoffeln weg, der einzige Mantel für eine Büchse Fleisch, und manches mühsam Versteckte kommt jetzt zum Vorschein. Von den Gaunern wird diese neue Situation nach Kräften ausgenutzt. Sie bieten Konservenbüchsen an, die mit Lehm und Blättern gefüllt sind. Und wer sich auf diese Weise betrügen läßt, der läuft Gefahr, durch so einen Tausch auch noch den Rest seines Verstandes einzubüßen.

Indessen läuft das Jahr stetig auf den Winter zu. Es regnet in Strömen, und die Tage werden zusehends kürzer. Abends, wenn es so dunkel geworden ist, daß man die Kranken nicht mehr erkennen kann, finden wir uns in dem kleinen Eckstübchen zusammen, wo Giese und Röckert noch wohnen. Hier kann es bei einem Hindenburglicht richtig gemütlich werden. Nur fehlt uns Erika, die immer noch in Lebensgefahr schwebt. Wenn wir uns getrennt haben, besuche ich gern noch Dr. Rauch, der hohes Fieber hat und so spannend erzählt, daß man ihm stundenlang zuhören kann. Phantasie und Wirklichkeit gehen dabei unmerklich ineinander über. Auch seine Gedanken kreisen um die Abfahrt; und eines Abends beschreibt er mir dreizehn Schiffe, mit denen wir in den nächsten Tagen die Reise antreten werden. Seiner Ansicht nach liegen sie aber nicht vor Pillau, sondern bereits im Königsberger Hafen. Vom Dach aus müßte man sie eigentlich sehen können. Schließlich gibt er mir den Auftrag, am nächsten Morgen gleich nachzusehn und ihm dann Bericht zu erstatten.

Wie gern benutze ich jedesmal die eiserne Treppe zum Dach. Hier fühlt man sich frei wie ein Vogel, der nur die Schwingen auszubreiten braucht, um alles Elend hinter sich zu lassen. Und wenn ich noch dazu auf das Fahrstuhlhäuschen klettere, habe ich den höchsten Punkt der ganzen Gegend erreicht. Tatsächlich kann man von hier aus den Hafen sehn. Weit hinten im Westen, am Rande des Trümmerfeldes, glänzt ein Streifen Wasser auf. Aber wie sehr ich mir Mühe gebe, ein Schiff ist nicht zu entdecken. Wie sollte es schließlich auch dahin gekommen sein? Die Hafenrinne ist, wie wir wissen, noch gar nicht befahrbar.

Dr. Rauch nimmt meine Meldung nachsichtig lächelnd zur Kenntnis. Ich hätte nicht ordentlich hingesehen. Ein bißchen anstrengen müßte man sich schon. So einfach wäre das alles nicht. Ich verspreche ihm, später noch einmal nachzusehn, wenn das Wetter klarer geworden sei, und vertröste ihn so lange mit den neuesten Berichten aus dem Seuchenlazarett. Dort werden bereits Pläne für den Abtransport der zweitausend Typhuskranken ausgearbeitet. Zwei Männer, die einen Radioapparat zu haben behaupten, geben laufend Auskunft über Standort und Inneneinrichtung der besagten Schiffe. Professor Starlinger hat die Ärzte aufgefordert, sich rechtzeitig zu überlegen, wer mit wem die Zweibettkabinen teilen will.

Ich selbst befinde mich in einem sonderbaren Zwiespalt. Einerseits gebe ich mich, allen Zweifeln zum Trotz, den gleichen Illusionen hin, schon um mir den Winter nicht vorstellen zu müssen. Andererseits gelingt es mir nicht, mich zu freuen; dazu ist der Boden, auf dem wir leben, zu schwer von Toten. Fast stört mich der Gedanke, unser Dilemma könnte sich jetzt auf eine gefällige Art lösen. Was sollen wir denn für Gesichter machen, wenn wir zu den Menschen kommen und sie uns fragen nach denen, die zurückgeblieben sind? Wir müssen ihnen die Leiden der Verstorbenen einfach verschweigen, um nicht dauernd schamrot zu werden unter ihren Vorwürfen. »Was«, so höre ich sie schon fragen, »und da kommt ihr zurück und wollt sogar leben? Was seid ihr für Menschen? Sicher habt ihr euch nur auf Kosten der anderen am Leben erhalten!« Wie sollen wir das alles beantworten? Ich sehe kaum eine Möglichkeit, ohne Verrat an den Toten noch einmal ein neues Leben zu beginnen.

Aber dann kommt ein Tag, der all diese Überlegungen über den Haufen wirft. Am 18. Oktober, gegen Abend, als ich gerade mit meiner trostlosen Visite fertig bin, erscheint ganz aufgeregt unsere Freundin Paula und flüstert mir im Vorbeigehn folgendes zu: »Herr Doktor, Sie müssen weg, man will Sie morgen verhaften. Ich habe es eben durch Zufall gehört. Wenn es nur niemand gemerkt hat, sonst geht es mir schlecht. Machen Sie alles fertig. Wenn es dunkel ist, komme ich wieder.« Und schon ist sie eiligen Schrittes nach der anderen Seite wieder verschwunden. Ich sehe ihr nach und spüre lauter Lebensgeister in mir wach werden, die ich schon abgeschrieben hatte. Noch einmal frei sein von unserem Totengräberdienst, noch einmal auf eigenen Füßen stehen dürfen, diesen Augenblick habe ich so lange herbeigesehnt, daß ich schon gar nicht mehr darauf gefaßt bin. In Eile packe ich ein paar Sachen zusammen und bringe sie zu den Grauen Schwestern ins Elisabeth-Krankenhaus. Dann informiere ich meine beiden Getreuen. Am liebsten nähme ich sie mit auf meine Fahrt ins Blaue. Aber sie können sich nicht so schnell entschließen und hoffen ja auch, noch auf legalem Wege herauszukommen.

Als es dunkel geworden ist, taucht Paula wieder auf und erzählt, was sie weiß. Durch Zufall hat sie mit angehört, wie ein Russe sich meinen Namen buchstabieren ließ, um mich morgen früh zu verhaften. Der Mann, der mich verraten hat, ist einer, bei dem ich mir oft Medikamente geholt habe, die er in seiner Schublade gesammelt hat. Ich weiß, daß er ein Spitzel ist, und kann mir denken, daß ich auf seiner Liste stehe. Aber ich bin immer gut mit ihm ausgekommen. Was mag ihn bewogen haben, mich jetzt an das NKWD auszuliefern? Einerlei, für diesmal bin ich ihm von Herzen dankbar.

An Paula zweifle ich nicht, sie hat Doktora glühend verehrt und geht für mich durchs Feuer. Wir kennen sie schon lange. In den letzten Tagen der Festungszeit hat sie bei uns im Städtischen Krankenhaus überall energisch mit angefaßt. Am zweiten Tag nach dem Zusammenbruch hat sie den Russen bereits ein Panjepferd entführt, geschlachtet, gekocht und die Patienten damit gefüttert. Dann wurde sie sehr krank und ist unter Doktoras Obhut im Finanzpräsidium wieder gesund geworden. Da sie sich so verhält und kleidet, daß niemand genau weiß, ob sie ein Mann oder eine Frau ist, gelingt es keinem so wie ihr, die Russen an der Nase herumzuführen. Was sie auf diese Weise erbeutet, kommt denen zugute, die sie ins Herz geschlossen hat. Oft bringt sie uns etwas zu essen, und dann versorgt sie mir zuliebe noch zwei junge Männer, die schwerkrank auf meiner Abteilung liegen und die ich in einem kleinen Zimmer untergebracht habe. Sie sind noch verhältnismäßig kräftig und brauchen deshalb besonders viel Hilfe. Nun lege ich sie ihr noch einmal ans Herz.

Den Abend verbringe ich mit den beiden Freunden. Sie lesen mir aus den letzten Kapiteln der Heiligen Schrift vor. Und zum Abschied geben sie mir ein Bild, das sie aus einem Raffael-Album ausgeschnitten haben: Die Befreiung des Petrus durch einen Engel aus dem Gefängnis. Dann schlafe ich noch ein paar Stunden fest und traumlos bis zum Morgen.

Beim Aufwachen ist alles grau verhangen von Nebel und Regen. Die wenigen Bäume, die sich im Hof des Krankenhauses gehalten haben, verlieren schon ihr letztes Laub. Ich ziehe mich leise an und trete auf den Gang. Dr. Fincke, mit dem ich seit einigen Wochen das Zimmer teile, sieht mich erstaunt an. Ich zögere einen Augenblick, und dann sage ich ihm schnell, was los ist. Es käme mir sonst wie Verrat vor. Draußen vor den Türen der Krankenzimmer liegen schon die Toten von der letzten Nacht. In den Morgenstunden erlöschen sie am leichtesten, ganz ohne Kampf, das liegt alles schon hinter ihnen. Ganz wenige nur, für die ich noch Hoffnung habe, darunter die beiden, die von Paula versorgt werden. Das Leben spielt sich ganz und gar nur noch zwischen den Zeilen ab.

In der unteren Etage ist die Operationsschwester schon auf. Wir wechseln ein paar Worte, und dann sage ich auch ihr, daß meine Zeit abgelaufen ist. Sie versteht sofort und gibt mir ein gutes Wort mit auf den Weg. Sonst will ich niemand belasten. Wenn sie von meiner Flucht erfahren, muß ich schon weit weg sein.

Es ist schon reichlich hell, als ich das Haus verlasse. Aber so ohne Gepäck werde ich wohl nicht auffallen. Dazu noch der Regen, der alles verschleiern hilft. Nun seid Gott befohlen, all ihr lieben und furchtbaren Menschen, die ihr unter diesem Dach beieinander wohnt. Wie viele von euch werden noch unter denen sein, die täglich hinausgekarrt werden durch dies finstere Hintertor, die paar Schritte bis zur Ruine der Altroßgärter Kirche und dann links herum auf den Platz, auf dem seit Juni nun schon fünftausend Insassen dieses Hauses in Massengräbern beerdigt worden sind.

Im Vorbeigehen nehme ich Abschied auch von Doktoras Grab. Sie hatte es sich immer gewünscht, noch einmal auf heimlichen Wegen durch ostpreußisches Land zu gehen, mehr um der Wege als um des Zieles willen. Wenn sie noch lebte, so würde sie jetzt mit mir gehen.

Erika ist an diesem Tage zum erstenmal auf und kommt mir, sich an den Betten festhaltend, freudestrahlend entgegen. »Sehen Sie mal, Herr Doktor, wie schön ich schon gehen kann«, ruft sie mir zu. »Ja, für den Anfang reicht es«, stimme ich zu. Und dann muß ich auch ihr sagen, weswegen ich gekommen bin. Sofort ist sie ganz bei der Sache. »O ja, das ist schön! Ich ziehe mich gleich an. In zehn Minuten können wir gehn.« Es hilft mir nichts, ihr zu erklären, daß sie unmöglich heute noch viele Kilometer laufen könne. »Lassen Sie mich nur machen«, meint sie, »ich kann alles, wenn ich nur will.« Was soll ich tun? Solange ich Erika kenne, ist ihr Leben ein einziges Opfer für andere gewesen. Noch nie hat sie einen Wunsch für sich gehabt. Nun soll ich sie mitgehn lassen, soweit ihre Kräfte reichen. Ein Wahnsinn, aber ich weiß, daß nichts sie so tödlich treffen kann, als wenn ich ihr das abschlage. Auch sie steht ja schon jenseits der Grenze, die ein Zurückkommen kaum noch möglich macht. Und so willige ich denn ein auf die Gefahr hin, mein ganzes Unternehmen dadurch zum Scheitern zu bringen.

Schwester Raphaela, der wir unsere geheimsten Pläne ruhig anvertrauen können, bringt meinen Rucksack, dem sie aus einem verborgenen Winkel noch manches Nahrhafte beigepackt hat. Brichzy erscheint, und dann warten wir lange auf Erika. Inzwischen kommt noch ein Abgesandter aus dem Zentralkrankenhaus, die kleine Frau Passarge, die auf meiner Station als Mädchen arbeitet. Sie soll mich zur Eile mahnen, weil die Russen schon da sind und nach mir suchen.

Gegen zehn Uhr sind wir endlich startbereit. Viel zu dick angezogen mit Sachen, die von Toten geerbt sind, und reichlich bepackt, ziehen wir los. Erika muß sich beim Gehen mit einer Hand an der Ruinenwand stützen, eine völlig groteske Flucht. Aus den Fenstern sieht man uns kopfschüttelnd nach. Kein Zweifel, wie es enden wird. Irgendwo am Straßenrand wird Erika liegenbleiben. Wir kennen das, überall liegen sie so. Es bleibt nur zu hoffen, daß es noch innerhalb des Stadtbereichs geschehen möchte. Dann besteht wenigstens noch Aussicht, daß jemand ihr zurückhilft. Täglich fährt ein kleiner Panjewagen diesen Weg und bringt Patienten aus Schönfließ zum Krankenhaus.

Im Schneckentempo bewegen wir uns durch die mottenzerfressene Stadt. Wenig Russen nur kreuzen unseren Weg, keiner nimmt Notiz von uns. Der strömende Regen ist wieder einmal unser Bundesgenosse. Die erste größere Klippe ist der Übergang über den Pregel. Mitten auf der Holzbrücke steht ein mongolischer Posten. Wir haben ihn schon beinah passiert, als er uns anruft und unsere Ausweise verlangt. Wir zeigen ihm einen Zettel, auf dem in russischer Sprache unsere Entlassung aus dem Krankenhaus vermerkt ist, und geben einen der Vororte als Ziel an. Das genügt ihm, und gleich darauf können wir in dem einheitlichen Häusergerippe des linken Pregelufers untertauchen. Auch hier scheinen am Ende von langen Gängen, die sich in den Trümmern wie hinter Kulissen verlieren, noch Menschen zu wohnen.

Am nächsten Anberg kann Erika nicht weiter. Sie bleibt auf einem Treppenvorsprung sitzen und ringt nach Luft. Nur einen Augenblick soll ich mich gedulden, gleich wird es wieder weitergehn.

Vor uns hält ein Lastwagen, von zwei müden Pferden gezogen. Drei alte Männer laden Teile von Schlitten und Wagen auf, die seit der Flucht am Straßenrand liegen. Sie nehmen Erika mit. Alle paar Schritt wird angehalten, und ich helfe beim Aufladen des Gerümpels, so gut ich kann. Dabei schwinden meine spärlichen Kräfte, und die Aussicht, noch am gleichen Tage aus der Stadt herauszukommen, wird immer geringer. Wir haben nur den einen Vorteil, daß wir niemandem auffallen.

In der Gegend des Friedländer Tors ist die Straße belebter. Dort stehen noch ein paar leidlich erhaltene Häuser. Russische Truppen sind gerade dabei, die Menschen herauszusetzen, die sich hier provisorisch eingenistet haben. So geht es ihnen nun schon ein halbes Jahr lang, immer von neuem. Was sie tragen können, dürfen sie mitnehmen. Der Rest bleibt für die Soldaten zurück, die hier einziehen wollen. Den tödlich erstarrten Gesichtern ist keine Regung mehr anzusehen. Und wer es nicht miterlebt hat, wie die Menschen allmählich so weit heruntergebracht worden sind, dem muß es wohl ganz in der Ordnung erscheinen, sie wie Vieh zu behandeln. Nun stehen sie auf der Straße, Frauen unbestimmbaren Alters, mit Säcken bekleidet, Beine und Füße unförmig geschwollen und mit Lumpen umwickelt. Es bleibt ihnen nichts anderes übrig, als irgendwo in die Lauben der Schrebergärten zu ziehn, jetzt zum Winter. Die Russen sehen schon gar nicht mehr hin. Vielleicht halten sie sich hier nur vorübergehend auf. Auch für sie gibt es wohl nirgends mehr Frieden.

An der Ausfahrt nach Löwenhagen biegt unser Wagen nach links ab. Er scheint zu einem Hof zu gehören, auf dem die Russen Leute zur Landarbeit zusammengezogen haben. Wir steigen ab und gehen zu Fuß weiter. Es liegt in meiner Absicht, möglichst schnell den Teil Ostpreußens zu erreichen, der, wie wir gehört haben, den Polen überlassen worden ist. Dort glaube ich, leichter untertauchen zu können. Gleich hinter Preußisch Eylau soll das polnische Gebiet anfangen. Genau weiß es niemand. Jedenfalls scheint es mir ratsam, zunächst in südlicher Richtung vorzustoßen. In Eylau muß man sich vorsehen, nicht in das Auffanglager zu geraten, von dem wir gehört haben. Soweit es sich vorher übersehen läßt, ist dort der gefährlichste Punkt.

Mitten im Vorort Schönfließ ist es mit Erikas Kräften endgültig vorbei. Sie sinkt auf einen Steinhaufen und kommt nicht wieder hoch. Mit Zentnerlast hängt sich noch einmal alles Elend an mich wie ein nasser Sack. Ist das nicht schlimmer als Mord, was ich hier tue? Schon bin ich nahe daran, wieder umzukehren und alles Weitere über mich ergehen zu lassen. Ein Russe kommt auf uns zu. Ich denke, er wird mich festnehmen. Aber dann fragt er nur nach dem Weg und geht weiter. Eine Weile stehe ich noch und warte, gänzlich bereit, der Übermüdung des Herzens nachzugeben. Aber dann hat sich Erika wieder gefaßt, und was sie sagt, klingt wie ein Befehl: »Sie müssen jetzt gehn, Herr Doktor. Ich wollte Sie nur aus der Stadt hinausbringen. Grüßen Sie die Menschen und sagen Sie ihnen, sie sollen sich besinnen, damit es ihnen nicht auch so geht wie uns.«

Während sie noch spricht, merke ich plötzlich, daß mir seit Tagen ein altes, herrliches Lied in den Gliedern herumspukt. »Und setzet ihr nicht das Leben ein –.« Vor kurzem habe ich es durch Zufall ganz neu entdeckt. Was soll ich denn noch sagen oder beteuern? Worauf warte ich noch? Steht nicht schon ein Engel zwischen mir und Erika? Und langsam beginne ich zu gehen, zögernd zuerst, dann immer fester und schneller. Einmal noch sehe ich zurück – da sitzt sie aufrecht und winkt mir nach. Es sieht aus wie Triumph.

## 6
## Grasnitz
## *19. Oktober 1945 bis 20. Januar 1946*

*19. Oktober 1945*
Vor mir die regennasse Straße nach Süden. Auf einmal ist wieder Schwung in den sterbensmüden Knochen, und meine Füße gehen von allein im Takt. »Frischauf, eh' der Geist noch verdüftet!« So läuft der Mensch ins blaue Wunder Leben, wenn Gott nach vielen Toden ihm noch einmal diese Chance gibt. Durchgeweicht bis auf die Haut, der Rucksack drückt die allzu mageren Schultern, beide Schuhe scheuern um die Wette – was könnte den behindern, der mit vollen Segeln in die Freiheit zieht? Doch langsam, langsam, denn schon wieder kommen Russen mir entgegen. »Go on, my dear, they don't look at you« – unwillkürlich spreche ich Beschwörungsformeln dieser Art vor mich hin, während der freie Schritt herabsinkt zu einem lendenlahmen Humpeln. Schon sind sie an mir vorbei. Das ging noch einmal gut. Und es muß auch noch viel weiter gehn mit dieser Art von Mimikry in Haltung und Bewegung. Denn Männer meines Alters laufen hier nirgends frei herum. Da geht man schon am besten mitten auf der Straße, wenn man nicht auffallen will. Nebenwege sind bei Tage sicherlich nicht ratsam. Schon wieder nähert sich ein Auto, diesmal von hinten. Das ist noch weniger angenehm. Aber zum Glück sind sie auf der glatten Straße dermaßen in Fahrt, daß es wohl schade wäre anzuhalten. Ein paarmal noch wiederholt sich das gleiche. Aus beiden Richtungen rasen Russenautos an mir vorbei. Vielleicht sieht man mich wirklich nicht.

Allmählich bleibt die Stadt immer weiter hinter mir zurück. Menschenleeres Land. Auf den Feldern rechts und links das ungeerntete Getreide wie ein graugrüner Filz, unabsehbar und triefend vor Nässe. Bombenlöcher auf der Straße, zerrissene Bäume, Kriegsfahrzeuge in den Straßengräben, ausgebrannte Ortschaften. In einem halb verfallenen Haus suche ich vorübergehend Schutz gegen Regen und Wind. Da rührt sich etwas nebenan. Ich höre Ziegel knirschen und finde ein paar zerlumpte Gestalten, die dort stehen und vor sich hindösen. Drei Kinder sind dabei. Sie mustern mich feindselig. Anscheinend wollten auch sie von Königsberg fort und sind hier hängengeblieben. Die Russen haben sie aufgegriffen und nicht weitergehn lassen. Nun reicht es weder vorwärts noch rückwärts. Das letzte, was sie gegessen haben, sind ein paar Kartoffeln, die sie sich von einem Lastwagen nehmen durften, der kürzlich hier anhielt. Ich frage nicht nach dem Preis, den sie zahlten. Aus der Art, wie sie davon sprechen, geht schon hervor, daß die Frauen wieder herhalten mußten. Mein Himmel, wer kann an solchen Gespenstern denn noch Gefallen finden? Wenn das so weitergeht, wird ja kein Mensch selig.

Wittenberg ist der nächste Ort, den ich antreffe. Auch hier ist zunächst niemand zu sehen. Aber dann stehen, nach einer Biegung, plötzlich mehrere Autos vor mir auf der Straße. Zum Ausweichen ist es schon zu spät, denn gleichzeitig taucht neben mir ein Russe auf, der offenbar die leeren Häuser absucht. Nun muß das dicke Fell wieder herhalten. Mühsam hinke ich weiter und bleibe bei den Wagen stehen. Sie sind mit gefangenen deutschen Soldaten besetzt und kommen aus einem Lager bei Tapiau. Drei Tage sind sie schon unterwegs auf der Suche nach Kartoffeln. Nun soll es nach Preußisch Eylau weitergehn. Die Wachmänner haben hier auch nichts gefunden und steigen schon wieder auf. Einer von ihnen sieht zu mir herüber. »Was ist das für einer?« höre ich ihn fragen. Ich gehe aufs Ganze und bitte ihn, mich nach Preußisch Eylau mitzunehmen. Was ich da will? Nun, Familie suchen, Haus kaputt – ein paar läppische Redensarten. Aber Flucht ist Flucht. Er macht eine Handbewegung, ich darf aufsteigen. Bevor es losgeht, werfen die Fahrer den Gefangenen die Stümpfe ihrer zeitungspapiernen Rauchschnuller hin. Die haben schon darauf gewartet und schnappen hastig zu. Das gegenseitige Einvernehmen scheint durchaus gut zu sein. Man darf nur nicht mit früheren Zeiten vergleichen.

Heimlich mustere ich meine furchtbar struppigen Landsleute und überlege, welchen davon ich mitnehmen könnte, wenn es wieder ans Ausreißen geht. Aber leider sind sie alle zu schwach, und auch ihre Schuhe reichen nicht hin. Neugierig fragen sie mich aus, während wir in wildem Tempo durch das öde Land rasen. Ich antworte ausweichend. Es hat keinen Zweck, ihnen mehr zu erzählen.

Eylau kommt in Sicht. Ein Schlagbaum; wie auf Kommando halten wir am Eingang zur Stadt. Die Wachmänner steigen ab, verhandeln mit den Posten. Ich bezeichne eins der leeren Häuser zur Rechten erfreut als das meinige. Sie lassen mich absteigen und hineingehn. Hinten laufe ich sofort wieder heraus und außer

Sicht hinter Büschen und Bäumen einen schmalen Feldweg ins Land. Durch Drahtzäune und Koppeln, an einem kleinen Gutshof vorbei und dann nach links durch hohes Gras bis zu einem versteckten Graben, in dem ich ausreichend Deckung finde. Fürs erste bin ich in Sicherheit.

In Steinwurfnähe läuft eine Straße nach Westen an meinem Versteck vorüber. Der Regen hat aufgehört, es beginnt schon zu dunkeln. Ich hole mein Losungsheft hervor, um ein paar Stichworte hineinzuschreiben. Der Spruch des Tages heißt: »Noah fand Gnade vor dem Herrn.« Unendlicher Trost, sich geborgen zu wissen. Während ich meine Notizen mache, defiliert meine Autokolonne an mir vorüber. Sie hatten hier wohl auch kein Glück mit den Kartoffeln. Ich sehe ihnen dankbar nach. Sie haben mir ein gutes Stück weitergeholfen. Dann zieht mit gewaltigem Rauschen, das immer mehr anschwillt, ein Flug Stare, tausend und aber tausend, über mich hin, steigt, fällt und verliert sich über dem Wald im Westen. Langsam teilt sich die Wolkendecke, einzelne Sterne treten in die Lücke. Milchiges Licht läßt darauf schließen, daß der Mond sich bald zeigen wird. Auf der Straße wird es noch einmal laut. Vom Walde her jagt im Schweinsgalopp ein Wagen mit betrunkenen Russen heran, einer hängt seitlich heraus, ein anderer schlägt schreiend auf die Pferde ein. Als sie vorüber sind, ist es Nacht.

Ich stehe auf und schleiche wie eine gebadete Katze durchs meterhohe Gras, überquere die Straße und winde mich auf der anderen Seite durch einen verfilzten Roggenschlag bis zur nächsten Anhöhe. Der Mond ist plötzlich hervorgekommen und macht die Gegend viel zu hell. Ein sandiger Landweg, an dem einzelne Weiden stehen, führt mich weiter. Aber dann muß ich wieder nach links durch altes Getreide, Wiesen und schilfige Gräben, weil ich die Richtung nach Südwesten nicht verlieren will.

Bald läßt sich nicht mehr verheimlichen, daß es vor mir immer heller wird. Ob das wohl die russisch-polnische Grenze ist? Niemand weiß, wie sie aussieht. Ich sehe mich schon im Geiste bei strahlender Beleuchtung durch Stacheldrähte kriechen. Aber beim Näherkommen zeigt sich, daß es sich nur um ein hell erleuchtetes Dorf handelt. Dem kann man ausweichen. Zwischen Erlen und Pappeln ein geschlängelter Bach. Ich finde die Brücke und biege ganz nach rechts aus. Das letzte Haus bleibt weit links liegen. Trotzdem hat mich ein Köter bemerkt, kläfft hinter mir her und kommt näher. Es gibt ein kleines Rennen durch Drahtzäune und Koppeln. Im Laufen nehme ich das Amputationsmesser aus der Aktentasche und bedrohe den Hund. Der macht schließlich kehrt. Weit hinten im Dorf fallen Schüsse. Ich habe den Wald schon erreicht.

Nach einer Atempause geht es weiter auf lehmigen Waldwegen. Der Mond scheint durch die Stämme und läßt das schilfige Gras silbern aufleuchten. Wo der Wald zu Ende ist, treffe ich auf die Heerstraße, die mit ihren alten Bäumen weithin kenntlich durch das Land zieht. Die Richtung, in der sie verläuft, ist mir durchaus erwünscht, wie ich aus den Sternen ersehe, aber ich ziehe es vor, wieder querfeldein zu gehen, um nicht unversehens einem Posten in die Arme zu laufen. Also noch einmal durch wüste Felder, Wasserläufe, Zäune und Hecken. Später auf glitschigen Feldwegen, vorbei an einzelnen Höfen und geschlossenen Ortschaften. Nirgends ein Zeichen von Leben. Als ich gerade an einer verlassenen Siedlung vorüberkomme, versagen mir die Beine. Ich bleibe vor einem der Häuschen stehen, beobachte, sehe nach Fußspuren – nein, hier kann schon lange niemand mehr gewesen sein. Der Mond hat sich wieder versteckt, Regenböen jagen die kahle Anhöhe herauf. Es muß schon nach Mitternacht sein. In den Dachsparren rasselt der Wind. Als ich die Haustür öffne, fällt drinnen mit großem Krach etwas zusammen. Wüstes Durcheinander von Brettern, Scherben und Papier. Ich lege mich auf die ausgehängte Stubentür und versuche zu schlafen. Aber es will nicht gelingen. Unaufhörlich schlagen die Klappen im Sturm und das Gartentor quietscht in seinen Angeln. Man hat keine Übersicht und meint, es müsse gleich jemand eintreten. Lange hält es mich deshalb nicht an diesem wüsten Ort, dessen Namen ich nicht einmal weiß. Ortsschilder sind zwar noch da, aber die Schrift ist ausgelöscht.

Allmählich wird es mir immer schwerer, die Balance zu halten. Fußtiefer Lehm, auf den Wegen steht das Wasser in großen Pfützen. Alle Abflüsse und Dränagen werden verstopft sein. Fast bin ich am Verzweifeln, als ich bemerke, daß meine Aktentasche mit getrocknetem Brot nicht mehr bei mir ist. Der Entschluß, ihretwegen noch einmal umzukehren, ist schwer. Aber dann finde ich sie glücklicherweise bald unter dem letzten Wegweiser, den ich mit Hilfe eines Streichholzes zu entziffern versucht habe. Vor Freude nehme ich einen guten Schluck aus der Feldflasche, die Schwester Raphaela mit herrlicher Limonade gefüllt hat.

Bald zieht es mich wieder in die Nähe der Hauptstraße, die ich nicht aus den Augen verloren habe. Dort schimmern im Nebeldunst jetzt weißliche Flächen. Ein großer Ort muß das sein. Langsam taste ich mich näher heran, warte, ob nicht eine Wache sich rührt. Schon kommt mir das Rauschen der alten Bäume einladend entgegen, da schlägt – geisterhaft – plötzlich mitten im Ort eine Turmuhr, drei Schläge. Zur Vorsicht rutsche ich auf dem Bauch über den Fahrdamm, um auf die andere Seite der Straße zu gelangen. Dort ist ein großes frischbemaltes Ortsschild zu sehen. Allmählich gelingt es mir, die russische Schrift zu ergründen: Landsberg. Landsberg! Kaum zu glauben! Besser konnte ich es gar nicht treffen, denn hier zweigt ja die Straße nach Wormditt ab. Die Stelle kenne ich gut. Und da steht auch schon das zweite Schild mit russischer Aufschrift: Wormditt. Wormditt 36 Kilometer. Das ist für heute zu weit, aber die Richtung paßt mir gut.

Drinnen im Ort rührt sich etwas. Mit lautem Gerassel, das von unsichtbaren Wänden widerschallt, nähert sich mühsam ein uralter Dampftrecker und fährt auf der Hauptstraße vorüber. Ich drücke mich in den moorigen Boden neben einer kleinen Wiese. Dabei entdecke ich mehrere Reihen Kartoffeln. Ein paar davon werden ausgegraben und wandern in meine Tasche. Wer mag sie hier gepflanzt haben? Sicher niemand, der auch in der Lage wäre, sie zu ernten. Sonst wären sie längst nicht mehr da.

Nach Wormditt scheinen die Russen weniger zu fahren. Die Straße sieht nahezu unberührt aus. Um so besser für mich, denn durch die Felder schaffe ich es jetzt nicht mehr. Ziemlich unbekümmert um den Lärm lasse ich meine Schuhsohlen auf dem Straßenpflaster knirschen. Der Mond steht schon tief im Westen. Immer heller wird die Wolkenbank, unter welcher er gleich hervorkommen wird. Noch ein paar Schritte, da fahre ich plötzlich zusammen. Ein schwarzes Ungetüm versperrt mir den Weg. Minutenlang warte ich in atemloser Spannung. Jedoch nichts rührt sich. Ich hole vorsichtig im Bogen aus, um das Geheimnis von der Seite zu ergründen. Und nun sehe ich dicht dahinter noch einen zweiten schwarzen Koloß stehen. Allmählich löst sich das Rätsel: wie erstarrte Elefanten stehen dort zwei schwere Panzer, abgeschossen schon vor langer Zeit. Aber auch jetzt noch kann man nur mit gesträubten Nackenhaaren daran vorübergehen. Etwas später noch einmal das gleiche Bild, dann ist die Straße wieder frei für lange Zeit.

Später komme ich durch ein Dorf, dessen Häuser noch leidlich gut erhalten aussehen. Weit voneinander entfernt, reihen sie sich zu beiden Seiten der Straße unter alten Kastanien. Ich ziehe meine Schuhe aus, um keinen Lärm zu machen, und nehme sie in die Hand. Es regt sich weder Mensch noch Tier. Aber dort, am Gartentor, die beiden roten Fähnchen, das ist die russische Wache. Der Posten müßte mich längst gesehen haben. Tritt schon hervor unter dem Baum, du! – Aber nein, er liegt wohl drin im Haus und schläft. Wer sollte denn auch durch die Nacht wandern.

Noch einige Kilometer weiter, dann zweigt eine Straße nach links ab. Hanshagen, drei Kilometer, sagt der Wegweiser. Der Name klingt verheißungsvoll, da muß ich hin, bevor es Tag wird. Das Gehen wird mir immer schwerer. In den Kniekehlen knarren die Sehnen und wollen sich nicht mehr strecken. Zuletzt noch einen kleinen Berg hinan, dann senkt sich die Straße in ein stilles Dorf.

*20. Oktober*

Hanshagen, meine Rettung. Russen sind nicht im Dorf. Die Kommandantur ist, ein gutes Stück entfernt, in Petershagen. Von dort kommen sie manchmal und stöbern in den Häusern herum. Polen haben sich vor einiger Zeit einmal blicken lassen, sind aber wieder verschwunden. Es leben hier nur ein paar Frauen und Kinder, die zum großen Teil nicht zueinandergehören. Sie haben sich nach Gutdünken zu Familien zusammengeschlossen. Ein Teil von ihnen ist auf der Flucht hier hängengeblieben, andere haben sich als Versprengte dazugefunden. Von den ursprünglichen Bewohnern ist niemand mehr da.

Ich liege in einem richtigen Bett. Es gehört zwei alten Frauen, die ein etwas abseits von der Straße gelegenes Haus bewohnen. Meine nassen Sachen trocknen auf dem Herd. Vorn an der Dorfstraße wird aufgepaßt, ob Russen kommen, um mir dann gleich Bescheid zu geben. Man hat mich, als ich meinen Beobachtungsposten auf dem Boden eines leeren Hauses verließ, so freundlich und bereitwillig aufgenommen, daß ich Verrat kaum zu fürchten brauche. Meine Gastgeberinnen sind mit dem Säubern von Pilzen beschäftigt. Es soll eine Unmenge geben in diesem Herbst, und im Augenblick ernährt sich das ganze Dorf davon. Die Leute sehen auch längst nicht so schlimm aus wie in Königsberg.

Ab und zu höre ich über mir ein scharrendes Geräusch. »Sind das Ratten?« frage ich. Nein, zwei Hühner werden auf dem Boden versteckt gehalten. Nicht möglich! Es gibt also doch noch Hühner! Das letzte sah ich vor einem halben Jahr, wie es gerade erschlagen wurde. Ein Russe warf sich nach langer Verfolgung bäuchlings darüber. Was mögen die beiden Alten alles angestellt haben, um die Tiere bis jetzt durchzubringen.

Mittags werde ich im Bett mit Pilzen gefüttert. Dann versuche ich zu schlafen, aber es geht nicht. Die Anstrengung war zu groß. Erst gegen Abend kommt etwas Ruhe in meine Glieder. Ich halte die Knie möglichst gestreckt, damit sie mir nicht in Beugestellung versteifen.

Als es wieder Nacht geworden ist, stehe ich auf und ziehe mich an. Meine Kleider sind leidlich trocken geworden. Die Russen sind heute glücklicherweise nicht hiergewesen. Zum gemeinsamen Abendbrot spendiere ich etwas Schmalz aus einem Glas mit Schraubdeckel, welches meine eiserne Ration darstellt. Wir essen zu dreien am Herd unser Pilzgericht. Dabei erzählen mir die beiden Frauen, wie es ihnen ergangen ist. Als die Russen kamen, brach die eine sich den Schenkelhals und die andere nahm sich ihrer an. So blieben sie beieinander durch alle Nöte. Von ihren Angehörigen wissen sie nichts, seit sie gewaltsam von ihnen getrennt wurden.

Und dann berichte ich noch ein bißchen von mir. Währenddessen wird es im Raum immer heller. Der volle Mond sieht über das Scheunendach und steigt am wolkenlosen Himmel empor. Ich muß machen, daß ich weiterkomme, wenn es auch schwerfällt, dies warme Nest zu verlassen. Zum Abschied danken wir Gott für Seine wunderbaren Wege. Als ich das Haus verlasse, knien die beiden alten Frauen an ihren Stühlen.

Stürmische Nacht. Durch weiße Wolkenfetzen jagt der Mond. Endlos die kahle Straße nach Wormditt. In Frauendorf höre ich Ketten rasseln, dann bellt ein Hund mir nach. Ich beschleunige meinen Schritt, so gut es geht. In den Häusern bleibt es still. Später läuft die Straße wieder unter Bäumen hin. Hier draußen ist der Boden schon bedeckt mit gelbem Ahornlaub. Ich quäle mich von Stein zu Stein, von Baum zu Baum, zähle die Schritte, immer häufiger muß ich mich hinlegen; weit werde ich es in dieser Nacht nicht schaffen. Nur die Kälte treibt mich vorwärts.

Das nächste Dorf sieht wieder sehr verdächtig aus. Ich warte, bis eine Wolke den allzu grellen Mond verdeckt, ziehe mir die Schuhe aus und gehe lautlos durch die enge Häusergasse. Die Fenster rechts und links zum Greifen nah. Und dann, auch hier wieder, an einem Baum zwei rote Fähnchen. Jetzt brauchte nur einer aus dem Fenster zu sehn. Fast ist es schon zum Lachen, wie sie schlafen. Nur weiter, nur nicht schwach werden. Hält nicht das ganze Dorf den Atem an, bis ich vorüber bin? Am Ausgang biegt die Straße im Bogen nach rechts ab, und wieder liegt freies Land vor mir. Auch hier die Felder wüst. Nur auf den Wiesen scheinen sie an einzelnen Stellen Heu gemacht zu haben. Dicht am Wege stehen ein paar Staken, die bestimmt vom letzten Sommer sind.

Dann komme ich durch Wald, zum erstenmal im Laufe dieser Nacht und auf meinem ganzen bisherigen Wege. Da kann ich alle Vorsicht fallenlassen, denn rechts und links ist Deckung genug, wenn Gefahr droht. Sehr langsam verringert sich auf den Kilometersteinen die Entfernung bis Wormditt. So weit will ich es unbedingt noch schaffen, ehe der Tag anbricht. Als ich endlich in die Allee einbiege, an deren Ende die Stadt sich schon ahnen läßt, liegt leichter Frühnebel in der Luft. Und schließlich taucht zur linken Hand der Bahnhof auf.

Ich verlasse die Straße, weil sie unter dem Bahnkörper hindurchgeht und mir die Durchfahrt zu ungemütlich erscheint. Am Bahndamm entlanggehend, erreiche ich einen leeren Schuppen neben den Geleisen. Der Bahnhof hat weder Licht, noch läßt irgend etwas darauf schließen, daß hier Züge verkehren. Es scheint mir aber doch ratsam, ihn in weitem Bogen zu umgehen. Eine tiefe Kiesgrube begleitet die Geleise ein paar hundert Meter weit und bringt mich in guter Deckung bis zu einer Stelle, wo ich die Schienen ohne Risiko überqueren kann. Nun komme ich in wohlbekanntes Gelände. Der Wald dort – ein Wunder, daß er noch da ist. Denn seit ich das letzte Mal hier war, gleich nach Weihnachten 1944, muß ein ganzes Zeitalter vergangen sein.

*21. Oktober*

Als es Tag geworden ist, sitze ich im Altholz unter einer Schirmfichte, deren Zweige bis auf die Erde hängen. Die Lücken habe ich mir mit anderen Zweigen zugesteckt. Vor mir liegt die Bahnstrecke nach Mohrungen, ohne Schienen, wie ich mit Genugtuung festgestellt habe. Es wird also lange kein Zug mehr durch diesen herrlichen Wald fahren.

Was für ein strahlender Herbsttag! Hier im Bestand sind die meisten Bäume noch voller Laub. Ich habe mir ein paar Butterpilze gesammelt und esse sie roh mit Zucker und getrocknetem Brot. Ganz seltsam wohl ist mir zumut. Schon auf dem letzten Stück meines Weges war alle Bangigkeit verflogen. Mir war, als ginge jemand vor mir her, um auf den Weg aufzupassen. Es begann damit, daß ich im ersten Morgendämmer einen dunklen Gegenstand vor mir hatte, der mir nicht ganz geheuer schien. Ich wollte ihm ausweichen, da sagte eine Stimme ganz deutlich: Geh nur weiter, aber erschrick nicht, denn neben diesem Busch, den du vor dir hast, ist ein schwarzes Wasserloch, und da werden gleich ein paar Wildenten auffliegen. Und ich ging getrost darauf zu, zwanzig oder dreißig Schritte, sah das Wasser, die Enten flogen auf – es war nun keine Überraschung mehr, sondern nur der Vollzug eines schon fertigen Geschehens. Dann ging ich weiter wie jemand, der ein Bilderbuch mit durchsichtigem Papier betrachtet und beim Umblättern schon sehen kann, was auf der nächsten Seite kommen wird. Leben wir nicht unsere Zeit wie eine zusammenhanglose Folge von Tönen und Mißtönen? Und doch ist eine Melodie darin. Gott allein kennt sie und spürt schon den letzten Ton, wenn er den ersten anstimmt. Und manchmal läßt er uns eine kleine Weile mitsingen.

Für den Nachmittag habe ich mir einen anderen Platz gesucht, liege in der Sonne am Rande einer Schonung und starre in den tiefblauen Herbsthimmel. Altweibersommerfäden reisen vorüber, Eichelhäher schwingen sich von Baum zu Baum, goldene Blätter fallen – und das soll nun Polen sein? Ich denke an alle, die noch vor einem Jahr hier beheimatet waren. Was würden sie darum geben, wenn sie nur für einen Augenblick an meiner Seite sein könnten!

Am Abend wird es kalt. Von weither dringen Rufe bis zu mir. Kinder marschieren die Straße entlang und singen ein fremdes wildes Kriegslied. Eine Weile warte ich noch, bis der Lärm in Richtung auf Wormditt verebbt ist, und dann beginnt meine dritte Reisenacht.

In der Nähe des Bahnhofs Oberheide betrete ich die Straße nach Mohrungen. Diesmal geht es noch langsamer, und der Wald kommt mir endlos vor. Die lange Brücke über das Tal der Passarge ist natürlich nicht mehr vorhanden. In Schlangenlinien führt ein von Panzern ausgefahrener Weg die steile Böschung zum Fluß hinab und auf der anderen Seite wieder hinauf. Die Eisenbahnbrücke steht noch, sehr wackelig zwar, aber von Fußgängern scheint sie benutzt zu werden. Auf der Mitte über dem Fluß bleibe ich stehen und lasse viele Fragen mit dem Wasser stromabwärts reisen. Wie mag es aussehn überall dort, wo dieser Fluß durch Wälder und Parks seine Bogen und Windungen zieht? Stehen die schönen alten Häuser noch, wo Generationen in Frieden aufwachsen und das Land pflegen durften? Es läßt sich kaum vorstellen, daß sie der Kriegswalze widerstanden haben sollten. Und ebenso dort, wo das Wasser herkommt? Wie viele kenne ich, die dort gewohnt und die Heimat geliebt haben! Nun fließt die Lebensader durch verwüstetes Land, das vielleicht schon niemand mehr mit alten Augen sieht.

Der nächste Bahnhof, Sportehnen, ist abgebrannt. Das Gehen wird mir immer schwerer; eigentlich geht es schon überhaupt nicht mehr. An einer Biegung der Straße lasse ich mich nieder und beginne mein Gepäck zu revidieren, weil unbedingt etwas Ballast abgegeben werden muß. Dabei steche ich mich unversehens an einem spitzen Messer. Es blutet heftig, und das gibt mir wieder Auftrieb. Noch einmal raffe ich alles zusammen und ziehe weiter. Schließlich erhebt sich vor mir der wehrhafte Turm von Liebstadt. Rechts, jenseits des Flusses, ein schwaches Licht. Sonst ist alles dunkel und still im Ort. Viele Häuser in Trümmern, andere noch erhalten. An einem derselben zwei rote Fähnchen – wie im Traum zieht das alles an mir vorüber.

Jenseits der Stadt stehe ich endgültig vor der Entscheidung: mein Gepäck oder ich. In beiden Kniekehlen drohen die Sehnen zu reißen. Einige schwere Gegenstände, die als Tauschobjekte gedacht waren, sowie größere Teile meines Operationsbestecks werden aussortiert und im Grase liegengelassen. Herausfordernd blitzen die blanken Messer im Mondlicht. Der Finder wird sich freuen. Aber es hat sich gelohnt. Das Gehen ist mir um vieles leichter geworden.

Etwa um Mitternacht habe ich die Stelle erreicht, wo der Weg nach Ponarien abzweigt. Von seinem Zaun umgeben, steht hier auf dem Rasendreieck noch der alte Wegweiser, genau wie früher. Ich überlege lange, ob ich weitergehen soll, so weit nach Westen wie möglich. Oder ob ich hier abbiegen soll, nachsehn, ob das Haus meiner Geschwister noch steht und was sich dort tut. Es ist nicht mehr weit bis dorthin, keine Stunde zu gehen und die Gelegenheit einmalig. Überall blinkt und funkelt es auf Gräsern und Blättern. Ich fahre mit der Hand darüber, es reift! Da muß ich mir doch wohl ein Nest suchen. Außerdem ist die Neugier zu groß.

Vor dem Ort Royen biegt mein Weg links ab zum Walde hin. Hier finden sich Spuren von Frauenfüßen und auf den Feldern die ersten Zeichen von Arbeit, die ich seit Königsberg antreffe. Am Waldrand ist sogar gepflügt worden. Von den Karpfenteichen in der Koppel steigen Enten auf, genau wie früher. Bei der großen Buche am Wege nach Hermenau lege ich noch eine letzte Pause ein. Ob sich wohl schon einmal jemand in der gleichen Situation wie ich an ihren riesigen Stamm gelehnt hat? Gewiß aber hat sie schon manchem, ohne daß er es wußte, Vertrauen und Zuversicht eingeflößt.

Silberner Mond. Neben mir in der Kastanienallee lösen sich einzelne steifgefrorene Blätter von den Zweigen, streifen einander mit scharrendem Laut und fallen zu Boden. Es hört sich in der nächtlichen Stille so an, als wären taubenartige Nachtvögel da oben am Werk, und das Auge läßt nicht ab, nach ihnen zu fahnden.

Noch ein paar Schritte bis zum Hof. Ich verstecke mein Gepäck im Gebüsch an der Oberförsterei und dringe im Schutz der alten Bäume weiter vor. Breite Spuren zeigen an, daß hier mit dicken Gummireifen gefahren wird. Ich muß auf einen Wachtposten gefaßt sein. Aber auch hier rührt sich weder Mensch noch Vieh. Die Häuser rechts und links von der Toreinfahrt stehen wie früher, und dahinter – weiß Gott – auch das alte Gutshaus, breit und weiß und vollkommen. Dazu der Park, und hinter den Stämmen die spiegelnde Fläche des Sees. »Was willst du eigentlich«, höhnt eine Stimme, »ist denn nicht alles in bester Ordnung?« Oh, vielleicht war in hundert Jahren noch keine Nacht hier so bezaubernd wie diese! Nur schwer zu begreifen, daß man sich wie ein Dieb verhalten muß.

An eine Tür zu klopfen riskiere ich nicht, sondern suche mir zunächst einen Beobachtungsposten. Dabei stoße ich auf zwei rote amerikanische Trecker, offenbar die Urheber der breiten Spuren. Dahinter die Schmiede ist unverschlossen. Ein Blick in die Feuerstelle, leider hat sie keine Glut mehr. Es reicht nicht einmal, sich die Hände zu wärmen. Ich setze mich auf den Amboß und warte ab.

Wenig später weckt mich ein leises Geräusch aus dem Halbschlaf. Ich springe auf und drücke mich gegen die dunkle Wand. Ein Schritt vor der Tür, sie öffnet sich lautlos. Draußen im Mondlicht steht ein Mann mit schwarzem Bart. Einen Augenblick zögert er, dann stellt er ins Dunkle hinein eine Frage – auf deutsch! Ich löse mich von der Wand und gehe auf ihn zu. Er weicht einen Schritt zurück, sieht mich prüfend an, begreift schnell, was mit mir los ist. Im Inneren der Schmiede machen wir einander die näheren Zusammenhänge klar. Wie ich höre, sitze ich hier auf dem Stammplatz des Nachtwächters. Anscheinend hat er die Ablösung nicht abgewartet, sondern ist schon früher ins warme Bett gegangen. Die Trecker gehören den

Polen, die seit dem Sommer hier wirtschaften. Im Gutshaus wohnt der Verwalter. Ich habe Glück, ihm nicht in die Arme gelaufen zu sein; er wollte sich in dieser Nacht an der dicken Buche ansetzen, um ein Schwein zu schießen.

Im allgemeinen sei die Lage trostlos, erklärt mein Gegenüber. Er selbst ist nicht von hier, kann aber nicht flüchten, weil seine Frau mit sechs Kindern ebenfalls hier zurückgeblieben ist. Den Bart hat er sich wachsen lassen, um älter auszusehen. Deshalb haben sie ihn auch nicht nach Rußland mitgenommen wie die anderen. Ich frage ihn, wen er denn hier ablösen sollte, und erfahre, daß es sich um Preuß handelt, den alten Diener des Hauses. »Was, der Preuß ist noch da? Können Sie mich zu ihm bringen?« Vorsichtig schleichen wir zu dem Fenster, hinter welchem der alte Mann wohnt. Ein paarmal leise geklopft, dann öffnen sich die Läden und Preuß steht vor uns, im Nachthemd, mit schneeweißem Haar. Eine Welle von Wärme geht von ihm aus. Seine Augen werden groß, als er mich erkennt. Ich laufe noch einmal zur Straße zurück, um mein Gepäck aus dem Busch zu holen. Dann krieche ich mit grenzenlosem Dankgefühl ins warme Bett.

*22. Oktober*

Es kann gegen vier Uhr morgens sein. Preuß und seine Frau sind etwas zur Seite gerückt, so daß wir alle drei nebeneinander Platz haben. Preuß erzählt, und ich höre etwa folgendes: »Am 23. Januar kamen die Russen. Sie nahmen uns natürlich alles weg und waren hinter den Frauen her, aber sonst ging es die ersten drei Wochen noch leidlich. Dann kamen die Kommissare und schleppten alle Leute in der Gegend herum, fragten sie aus, und die Jüngeren wurden nach Rußland mitgenommen. Frau Gräfin (die Mutter meines Schwagers) ist hiergeblieben und wurde die erste Zeit auch leidlich behandelt. Es ist ihr sogar oft gelungen, die Mädchen zu schützen. Dann mußte sie den Russen die Zimmer saubermachen. Das ging auch noch. Aber die Schlepperei auf den Straßen war zuviel für sie. Als das anfing, war sie gerade krank geworden. In der Nähe von Reichau hat sie sich dann geweigert weiterzugehn, und ist dort an einem kleinen Wäldchen erschossen worden. Daneben hat jemand auf die Rückenlehne eines Schlittens, der im Graben liegt, geschrieben: »Hier liegt die Gräfin aus Ponarien«.*

* Das Gut Ponarien liegt im Kreise Mohrungen.

Frau von Stein (meine Tante) war am Abend, ehe die Russen kamen, mit ihrer Tochter aus dem Allensteiner Gestapo-Gefängnis zu Fuß hier angelangt. Sie hatte ihre Sträflingskleidung und Hosen an und wurde von den Russen deshalb nicht weiter beachtet. Gefragt wurde sie nur: Mann oder Frau? Die Tochter wurde verschleppt, und wir haben nichts mehr von ihr gehört. Frau von Stein ist hiergeblieben und hat erst hier, dann in Reichau beim Vieh gearbeitet. In Reichau haben wir zu acht Männern mit ihr in einem Keller gewohnt. Am 5. Juni ist sie morgens früh verschwunden. Sie wollte versuchen, nach Hause zu gelangen. Seitdem haben wir nichts gehört. Vielleicht ist sie dort. Uns hat man später wieder hierher zurückgelassen. Die Polen wollen jetzt anfangen zu wirtschaften. Es sind nur ein paar hier. Zu essen haben wir immer noch gehabt, Kartoffeln wenigstens. Direkt verhungert ist keiner. Nur an Typhus sind im Laufe des Sommers neunzehn Menschen gestorben. Ich führe über alles Tagebuch. Man vergißt so schnell, und später weiß dann niemand mehr richtig, wie es war.«

Dann fragt er mich nach meinen Geschwistern. Die Russen haben den Leuten hier erzählt, sie wären auf der Flucht gegriffen und ins Lager gebracht worden, meine Schwester nach Hohenstein, mein Schwager nach Rußland. Ich kann ihm sagen, daß nichts davon wahr ist. Beide sind nach Holstein durchgekommen. Seitdem weiß ich natürlich auch nichts von ihnen. Preuß erzählt mir, die beiden wären losgeritten, als die Russen schon fast im Ort waren. Für den Treck wäre es schon viel zu spät gewesen, und ein paar Leute, darunter der Förster, hätten sich schließlich zu Fuß aus dem Staube gemacht. Preuß selbst ist von den Russen zunächst sehr drangsaliert worden, weil er nicht sagen wollte, wo »das Gold« vergraben sei. Unter den lieben Landsleuten hat es auch hier sehr unerfreuliche Vertreter gegeben, die sich auf Kosten ihrer Mitmenschen bei den Russen sofort Liebkind machen wollten. Sie sind dann aber bald nach Rußland mitgenommen worden.

Den ganzen Tag habe ich im Bett gelegen und meine geschundenen Beine gepflegt, ein paar Stunden sogar geschlafen. Niemand hat gemerkt, daß ich hier bin. Der schwarzbärtige Mann hat dichtgehalten. Aber länger kann ich nicht hierbleiben, ohne die Leute zu gefährden, und mein Entschluß für die nächste Nacht ist gefaßt. Ich werde nach Grasnitz gehen und meine Tante dort suchen. Der Gedanke, sie wiederzusehn, macht mich ganz zappelig vor Freude und Sorge.

Satt von Brot und Kartoffeln mache ich mich nachts gegen halb elf Uhr auf den Weg. Wieder eine strahlende, glitzernde Mondnacht. Gleich hinter der Oberförsterei trollt eine Rotte Sauen gemächlich über die Straße. Die schwarzen Rücken glänzen wie Silber. Auch hier ist offenbar alles in bester Ordnung. Dann komme ich durch Reichau und biege nach rechts ab auf die große Straße. Immer wieder umgreift das Auge die Fläche des Nariensees, bis sich in Willnau mein Weg nach links abwendet. Auch dieser Ort ist nicht bewacht. Das macht mich allmählich immer dreister. Diesmal habe ich reichlich Zeit, die ganze Nacht für eine Strecke von kaum fünfundzwanzig Kilometern.

Den herrlichen Tomlacker Wald durchquere ich langsam, mit mehreren langen Pausen. Wo er sich wieder ins Freie öffnet, schwingt die Straße in weitem Bogen bergab. Sie weicht einem kleinen runden See aus, der wie ein Spiegel zu meinen Füßen liegt. Dahinter, dicht ans Wasser gebaut, überhangen von silbergrauen Weiden, stehen zwei strohgedeckte Gehöfte. Ihre Dachfirste quellen über von Mondlicht.

Und wieder liegt ein langgestrecktes Dorf vor mir, Gallinden. Als ich mitten im Ort bin, löst sich ein Schatten aus dem Dunkel eines Tores und tritt vor die taghelle Hauswand. Da nach den Seiten jeder Ausweg versperrt ist, gehe ich ruhig auf ihn zu. Es ist ein älterer hagerer Mann in Zivil mit einer Schrotflinte. Ich frage ihn, wo es nach Locken geht, und zeige auf die Binde mit rotem Kreuz an meinem linken Arm. Er versteht nicht, sieht mich mißtrauisch und auch ein wenig ängstlich an; offenbar ist er allein auf Posten. Ich mache ein paar vieldeutige Gesten und gehe einfach weiter. Er weiß nicht recht, ob er mich festhalten soll, läuft ein Stück nebenher, bleibt schließlich zurück. Ich mache meinen Schritt so lang wie möglich, bis er mich nicht mehr sehen kann, laufe dann bis zum Ausgang des Dorfes und verstecke mich dort hinter einem Heuhaufen für den Fall, daß man mich verfolgen sollte. Es rührt sich jedoch nichts, und ich kann meinen Weg bald fortsetzen.

Brückendorf umgehe ich vorsichtshalber. Dahinter der Weg nach Locken liegt zugedeckt mit frischgefallenem Laub. Es kracht bei jedem Schritt, als ginge man auf Pergamentpapier. Als ich an Ramten vorbeikomme, fällt ganz in der Nähe ein einzelner Schuß. Ich ziehe es vor, in den Büschen Deckung zu nehmen, und gehe neben der Straße weiter. Dann benutze ich einen abkürzenden Landweg, der vor Locken nach links ausweicht und später wieder auf die Straße nach Biessellen trifft. In Locken brennt Licht, und laute Stimmen schallen zu mir herüber. Der Morgen ist nicht mehr fern.

Worleinen ist sehr zerstört. An den Straßenrändern liegen hier wieder Reste von Wagen und Schlitten, und an den Bäumen zeigen sich Spuren von Geschoßeinschlägen. Plötzlich habe ich das Gefühl, als käme jemand hinter mir her. Ich verstecke mich in einem Busch neben der Straße. Zwei Minuten später nähern sich schnelle Schritte, und zwei Männer gehen, Fahrräder schiebend, an mir vorüber. Ich folge ihnen in einigem Abstand. Linker Hand wird der Eissingsee sichtbar. Auf dem Wasser liegt schon der erste Tagesschimmer. Die Schneidemühle ist ausgestorben, wie es scheint.

Und wieder kreuzt mein Weg die Passarge, hier weit oberhalb, wo sie, versteckt unter Linden und Erlen, von einem See in den anderen fließt. Gern ginge ich auf direktem Wege nach Grasnitz, zwanzig Minuten noch durch den Wald von hier aus. Aber ich muß damit rechnen, daß meine Tante nicht dort ist, sondern in Langgut, dem nächsten Ort an der Straße, der früher zu Grasnitz gehörte. Ich will erst dort nach ihr suchen.

Langgut finde ich bereits erleuchtet und belebt von Stimmengewirr auf dem Hof. Es hat keinen Zweck, lange zu zögern. Ich gehe an der Rückseite des ersten Arbeiterhauses entlang und klopfe an jedes Fenster. Die ersten beiden Gestalten weichen bei meinem Anblick zurück und lassen sich nicht wieder blicken. Aber die dritte hält aus, eine junge Frau. Sie mustert mich, scheint mich zu erkennen, legt den Finger an den Mund und öffnet das Fenster. Ihre Augen habe ich schon gesehen. »Ist Frau von Stein hier?« frage ich. »Ja, sie ist in Grasnitz. Aber gehen Sie nicht über den Hof, da sind polnische Soldaten. Gehen Sie lieber über die Mühle, da wird nichts passieren. Sie wohnt in der Gärtnerwohnung.«

Und wieder zurück zur Mühle, den Weg am See entlang durch den Wald. Die Spannung bringt mich noch einmal ins Laufen, obwohl die Beine schon versagen wollen. Jetzt einen Menschen wiederfinden, der zu mir gehört, nach all dem, was geschehen, das ist schon wie ein Vorgeschmack vom Wiedersehen im Himmel.

Und noch eine letzte Atempause. Über dem See blitzen schon die ersten Sonnenstrahlen auf. Wie goldene Brücken hängen die Kastanienalleen vom Wald herüber zu der Anhöhe, die mein

Ziel ist. Noch verdecken die alten Linden am Hang mir die Sicht. Aber dann ist es soweit: Ich sehe mit Staunen das heilgebliebene Haus auf dem Berg, steige in Andacht den breiten Pflasterweg hinauf, passiere ein unbesetztes russisches Schilderhaus mit Schlagbaum und bleibe vor der ehemaligen Gärtnerwohnung stehen. Noch einmal tief Atem geholt, dann öffne ich die Haustür und trete in die Stube ein. Drei Frauen sitzen am Küchentisch. Einen Augenblick sehen wir uns fragend an, aber da springt die eine schon auf und wir liegen uns in den Armen.

*Ende Oktober*

Himmlische Geborgenheit! In der Bodenkammer hat meine Tante für alle Fälle ein Gastzimmer eingerichtet mit Möbeln, die sie aus den umliegenden Schutthaufen gezogen hat. Dort liege ich den ganzen Tag und schone meine Füße, während sie von Zeit zu Zeit heraufkommt, um mir etwas zu essen zu bringen oder sich an mein Bett zu setzen und von den Ereignissen des letzten Sommers zu erzählen.

Wie ich bereits von Preuß erfahren habe, ist sie am 5. Juni frühmorgens aus Reichau ausgerissen, um hierherzulaufen. Ein Nagel im Schuh sorgte dafür, ihr den Weg möglichst beschwerlich zu machen. Sie wagte aber nicht, den Schuh auszuziehn und nachzusehn, aus Angst, es könnte dann irgendwie nicht weitergehn. Hier in Grasnitz fand sie den größten Teil der alten Gutsleute vor und wurde von Fräulein Jokuteit, ihrer früheren Wirtschafterin, freundschaftlich aufgenommen. Die wohnte bereits in der Gärtnerwohnung, mit der Frau des Gärtners und zwei achtzigjährigen Fräuleins, die zum Hause meiner Tante gehört hatten. Dazu hatten sie einen fremden Mann mit erfrorenen Füßen aufgenommen, der beim Russeneinmarsch hier hängengeblieben war.

Die übrigen Leute wußten zunächst nicht recht, wie sie meiner Tante begegnen sollten. Es war ihnen wohl etwas unheimlich, daß sie zurückgekommen war nach einer Zeit, in der sich unter dem Zwang der Verhältnisse ein gewisser modus vivendi mit Russen und Polen entwickelt hatte. Dieser schien nun durch ihr plötzliches Auftauchen in Frage gestellt, und deshalb verhielt man sich ihr gegenüber abwartend. Allmählich aber gewöhnte man sich an ihr Dasein. Sie ging mit den anderen Frauen zur Arbeit und erhielt wie diese Mehl und pro Tag einen halben Liter Magermilch. Zuerst mußte sie ein paar Tage in ihrem eigenen Hause arbeiten, wo der russische Kommandant mit einer Frau Schmidt wohnte, die er aus Pommern mitgebracht hatte. Dort ist sie gleich in einer Weise ans Aufräumen gegangen, die besagter Frau Schmidt nicht behagt hat. Jedenfalls wurde sie bald wieder abgelöst. Inzwischen ist das Paar nach Langgut gezogen, und das Haus steht leer. Stehengeblieben ist darin nichts als ein riesiger Kleiderschrank. Alles übrige liegt auf Schutthaufen oder hat sich in der näheren und weiteren Umgebung verteilt. Die Möbel stehen zum Teil noch in Langgut in einem Schuppen und werden vom Kommandanten allmählich verheizt. Er läßt es sich nicht nehmen, sie höchst persönlich mit einer Axt zu Brennholz zu zerkleinern.

Bis zum Sommer haben die Russen hier noch gewirtschaftet. Im Juni wurden Hunderte von toten Kühen, die überall herumlagen, abgeschleppt und in die Teiche geworfen, bis diese überliefen. Dann wurde Heu und Getreide geerntet. Inzwischen haben Polen die Verwaltung übernommen. Zunächst wurde nichts Vernünftiges getan. Jetzt, seitdem es friert, wird endlich angefangen, Kartoffeln zu graben. Bis dahin wurden alle Frauen in den Wald geschickt, um Pilze für Warschau zu sammeln. Das haben sie sehr gern getan, weil sie bei der Gelegenheit noch alles mögliche für den eigenen Bedarf sammeln konnten. Die Pilze, von denen es immer noch eine Unmenge gibt, wurden mehrere Meter hoch in einem Schuppen gestapelt, um dort zu verfaulen.

Im September ist meine Tante einmal in Januschau* gewesen, um dort nach meiner Mutter zu fahnden. Sie fuhr auf einem Güterzug nach Deutsch Eylau und ging von da zu Fuß weiter. Da sie erst spät abends ankam, übernachtete sie unter einem Alleebaum und ging erst am nächsten Morgen ins Dorf. Es waren nur Russen dort. Die nahmen sie gleich ins Haus, gaben ihr zu essen und wollten sie zur Arbeit dabehalten. Es gelang ihr aber zu entkommen, und sie ist dann gleich wieder bis Eylau zurückgelaufen und auf den nächsten Güterzug gestiegen. Im Walde bei Jablonken mußte sie abspringen, weil ein Russe sie attackierte. Mit verknackstem Fuß kam sie abends wieder zu Hause an.

Über die Behandlung durch die Polen kann meine Tante sich nicht beklagen. Einmal ist sie geschlagen worden, das war nicht schön. Aber sonst war alles Bisherige eine Erholung gegen das halbe Jahr bei der Gestapo in Allenstein. Und dann war eben

*Januschau im Kreise Rosenberg/Westpreußen, Geburtsort der Mutter des Verfassers

das alte Grasnitz in diesem Herbst so schön wie noch nie. Gar nicht zu fassen, diese Farben! Und das Wild ist derartig vertraut. Kürzlich ist eine Bache mit Frischlingen nachts an der Haustür vorbeigekommen und hat sich bei hellem Mondschein längere Zeit auf dem Rasen unter dem Fenster aufgehalten.

Was mich betrifft, so meint meine Tante, es wäre am besten, ich bliebe erst einmal da. Es würde schon irgendwie gehen. Vielleicht würden die Polen ganz froh sein, wenn sie hörten, daß ein Arzt da ist. Sie hätten sonst keinen in der Nähe.

Von ihren Angehörigen weiß meine Tante nichts. Ihr Mann und zwei Töchter sollen in einem Lager gesehen worden sein und Grüße bestellt haben. Die Söhne waren zum Teil im Felde, als der Krieg zu Ende ging. Wir verzichten darauf, uns mit Vermutungen zu plagen, was aus unseren Lieben geworden sein könnte. Daß wir beisammen sein können, ist im Augenblick schon Glück genug.

Nachdem ich zwei Tage im Bett gelegen habe, sind meine Füße so weit heil, daß ich wieder Schuhe anziehen kann. Meine Anwesenheit ist noch nicht bekannt geworden, denn weder der Kommandant noch die in Langgut stationierten polnischen Soldaten haben nach mir gefragt. Auf alle Überraschungen gefaßt, halte ich mich zunächst im Hintergrund und hüte das Haus, während die Frauen nach Langgut zur Arbeit gehen.

Wenn ich morgens herunterkomme, finde ich bereits Stube und Küche gescheuert, die Tonne mit Wasser gefüllt, die vom Tage vorher durchgelaufenen Socken gestopft und das Frühstück auf dem Tisch. Nach dem Frühstück bleibe ich allein mit der alten, gänzlich geistesverwirrten Ili, der Überlebenden von den beiden achtzigjährigen Fräuleins, und versuche mich nützlich zu machen. Ich hacke Holz, hole Wasser aus dem dreiunddreißig Meter tiefer gelegenen Flüßchen, koche Kartoffeln, alles streng nach den Vorschriften meiner Tante. Es ist wichtig zu wissen, wie und wann Feuer angemacht wird, wieviel Holzscheite zum Brotbacken eingelegt werden müssen, daß das Kartoffelwasser nicht weggegossen werden darf, weil es zur Suppe gebraucht wird, und vieles andere, was sich zur Erhaltung des Daseins als notwendig herausgestellt hat.

Gegen Abend gehe ich den Frauen entgegen, wenn sie von der Arbeit kommen; an jedem Tag etwas weiter. Auf die Dauer läßt sich mein Vorhandensein ja doch nicht geheimhalten. Jede Frau bringt zwei Körbe Kartoffeln von der Ernte mit nach Hause. Wir leeren sie auf verschiedenen Haufen im Keller aus, streng nach Sorten getrennt, um auf diese Weise die Möglichkeit einer Abwechslung im täglichen Menü zu schaffen. Dann wird am Küchentisch Abendbrot gegessen, Kartoffeln und eine Art Kürbissuppe, während am Herd die nassen Socken trocknen.

In den letzten Oktobertagen wird das Dorf beunruhigt durch Gerüchte von einem Transport nach dem Westen. Niemand weiß, ob es ratsam ist, sich dazu anzumelden. Diese Transporte sind mit Strapazen und Gefahren verbunden. Mitnehmen darf man nichts und wird außerdem unterwegs noch mehrmals bis aufs Hemd ausgezogen und geplündert. Die Fahrt im Viehwagen dauert auf jeden Fall mehrere Tage bis Wochen, und man kann sich unterwegs weder wärmen noch etwas zu essen beschaffen. Es besteht auch keine Garantie dafür, daß man überhaupt nach dem Westen kommt. Möglicherweise landet man in einem der gefürchteten Arbeitslager.

Aus all diesen Gründen hält meine Tante es für richtiger, sich abwartend zu verhalten. Trotzdem wollen wir versuchen, uns über die näheren Umstände des Transports zu informieren, und beschließen einen Gang nach dem fünf Kilometer entfernten, an der Bahnstrecke gelegenen Biessellen.

Auf dem Wege dorthin treffen wir im Wald mit zwei wildernden Hunden zusammen, die gerade ein Reh gerissen haben. Es gelingt uns, sie zu verjagen. Das Reh binden wir auf einem Baum fest, um es auf dem Rückweg mitzunehmen.

In Biessellen besuchen wir zuerst das alte Ehepaar S. Die Frau ist dank ihrer polnischen Sprachkenntnisse gut orientiert und kann von dem Transport nur dringend abraten. Nachdem wir bei ihr etwas zu essen bekommen haben, begeben wir uns in die Nähe der polnischen Meldestelle, wo ich mich zunächst versteckt halte. Meine Tante geht in die Baracke hinein und kommt nach einiger Zeit wieder zum Vorschein, begleitet von einer lebhaft auf sie einredenden Polin. Sie steuern mein Versteck an. Ich werde vorgestellt und erfahre, daß es sich um die sogenannte »Doktourka« handelt, eine ehemalige Krankenschwester, die es unternommen hat, die Kranken der Umgegend zu versorgen. Als sie hört, daß ich Arzt bin, will sie mich sofort zu ihrer Unterstützung nach Biessellen haben. Wir verhalten uns ausweichend, da ich noch nicht übersehe, wie das gehen soll. Immerhin kann meine Existenz nun nicht länger verborgen bleiben, und ich bin gespannt, wie sich alles weiterentwickeln wird. Auf dem Rückweg nehmen wir das erbeutete Reh mit, um es mit denen zu teilen, die so wie wir aus Mangel an »Beziehungen« schon lange kein Fleisch mehr gesehen haben.

Anfang November ist der angesagte Transport tatsächlich abgegangen. Ganz plötzlich fuhren Wagen vor, und wer sich angemeldet hatte, mußte einsteigen. In Osterode sollen mehrere hundert Menschen zusammengekommen sein, und wie wir hören, ist es ihnen schon bald schlecht ergangen. Jedenfalls sind wir ganz froh, nicht dabeigewesen zu sein.

Nachdem das Dorf sich beruhigt hat, gehen die Frauen wieder zur Arbeit. Trotz aller Warnungen wird angeordnet, die schönen Kartoffeln vom Felde in den leeren Kuhstall zu fahren, wo sie bis zur Decke aufgestapelt werden. Da vorauszusehen ist, daß sie alle erfrieren werden, legen die Frauen es darauf an, möglichst viele halboffiziell in ihre eigenen Keller zu schleppen. Aus dem gleichen Grunde gehen wir daran, uns heimlich auf dem Fünflindenberg eine kleine private Kartoffelmiete anzulegen. Vor Sonnenaufgang wird ein rechteckiges Loch gegraben und mit etwa zwanzig Zentnern der schönsten Kartoffeln gefüllt. Oben wird es mit Stroh und Erde zugedeckt und etwas getarnt. Als wir gerade damit fertig sind, kommen zwei polnische Soldaten den Feldrain entlang, stutzen einen Augenblick, gehen aber vorüber.

Abends holen mich drei Soldaten mit einem sehr klapprigen Wagen nach Langgut. Ich gehe ruhig mit, bin aber doch recht erleichtert, als ich erfahre, worum es sich handelt. Frau Schmidt hat aus naheliegenden Gründen etwas eingenommen, was ihr schlecht bekommen ist, und ich soll sie nun beraten. Von den Polen wird der Fall nicht sehr tragisch genommen. Sie bringen mich sogar mit dem Wagen wieder zurück.

Die Tatsache, daß man mich so harmlos in Anspruch genommen hat, nehme ich zum Anlaß, mich etwas freier zu bewegen. Ich setze mich mit der Doktourka in Verbindung und mache außerdem Krankenbesuche in den umliegenden Ortschaften. Bald hat sich mein Tag so geregelt, daß ich morgens nach Biessellen gehe, um in dem kleinen, von der Doktourka eingerichteten Ambulatorium Sprechstunde zu halten. Dort bekomme ich das Mittagessen und bin anschließend in den Dörfern rechts und links der Passarge unterwegs. Allmählich lernt man mich kennen und läßt mich gewähren. Auch die gefürchtete Miliz zieht mich gelegentlich zu Rate, wodurch meine Sicherheit natürlich erheblich gefestigt wird.

Trotzdem bleibt diese Zeit erfüllt mit allem, was das kleine nackte Leben an Spannung zu bieten hat. Frühmorgens trennen wir uns, nie ganz gewiß, ob wir uns am Abend wiedersehn werden. Dann gehe ich den steilen Hang hinunter zum Flüßchen, über den Steg, von dem aus wir das Wasser schöpfen, zum Wald und dann am Seeufer aufwärts, bis ich auf die Durchfahrtsstraße komme. Dort ist Vorsicht geboten wegen des durchziehenden russischen Militärs. Aus dem Walde herauskommend, gehe ich dann an einer Lichtleitung entlang zwei Kilometer über das Feld und treffe genau auf das Haus des alten Ehepaars S., das uns schon beim ersten Besuch so freundlich aufgenommen hat. Sie sehen mich schon von weitem kommen und haben jedesmal etwas Warmes für mich zu essen. Grund genug, ihrer immer in Dankbarkeit zu gedenken.

In einem Haus hinter dem Bahnübergang befindet sich das kürzlich eingerichtete Ambulatorium nebst einigen kahlen Räumen, in denen ein paar primitive Bettstellen stehen. Unten im Keller hat die Doktourka Reste eines deutschen Sanitätsparks sichergestellt, aus denen neben dem eigenen Bedarf auch die Apotheken in Osterode und Allenstein gespeist werden. An Patienten haben wir ein paar Typhuskranke, polnische und deutsche. Sie werden von zwei Mädchen aus dem Nachbardorf betreut, die bereits Typhus durchgemacht haben. Daneben haben wir gelegentlich Verunglückte aufzunehmen: Polen, die sich beim Schnapsbrennen die Vorderfront verbrannt haben; einen älteren Deutschen, den man fast verhungert neben den Schienen gefunden hat und der wahrscheinlich aus einem Transport von Rußlandheimkehrern herausgefallen oder herausgeworfen worden ist; einen jungen Polen, der zwischen Osterode und Allenstein mit Russen in Streit geraten, durch die Brust geschossen und aus dem fahrenden Zug geworfen wurde; einen netten polnischen Soldaten, der sich den Unterschenkel gebrochen hatte und von mir behandelt werden wollte. Seine Versorgung hat mir einiges Kopfzerbrechen gemacht, weil ich nicht wußte, womit ich sein gebrochenes Bein ordnungsgemäß ruhigstellen sollte. Nachdem ich mit Flaschenhülsen aus Stroh und darübergewickelten Papierbinden nicht zu Rande gekommen war, bat ich einen Kameraden des Verletzten, irgendwoher Gips zu besorgen. Er fuhr nach Allenstein und kam abends mit einer Tüte Zement wieder. Daraus ließ sich ein zwar etwas kompakter, aber leidlich fixierender Verband herstellen. Leider wurde der Patient frühzeitig abtransportiert, so daß ich nicht sagen kann, wie der Verband sich bewährt hat und besonders, auf welche Weise man ihn wieder entfernt hat.

Was ambulant zur Behandlung kommt, das sind in der Hauptsache all die Frauen und Mädchen mit den gleichen furchtbaren Krankheitserscheinungen, vor denen wir kapitulieren müssen, weil immer noch keine Möglichkeit besteht, sie sachgemäß zu behandeln. Bei ihnen wird, mehr zu beiderseitigem Trost als mit der Hoffnung auf Erfolg, eine Art Scheinbehandlung durchgeführt.

Mittags erhalte ich ein für unsere Verhältnisse fürstliches Essen, gewöhnlich aus Kartoffeln und irgendwelchen Konserven bestehend, die aus Amerika gestiftet worden sind. Und dann starte ich zu meinem Rundgang durch die umliegenden Ortschaften, wobei ich den Kreis jedesmal etwas weiter zu ziehen bestrebt bin.

Noch nie habe ich Gelegenheit gehabt, eine Landschaft mit ihren Menschen so genau kennenzulernen wie in dieser Zeit. Und weil man als Arzt gewöhnlich gern gesehen wird, ergibt sich für diese Gänge jedesmal ein besonderer Anreiz. Oft führt mich mein Weg fünfundzwanzig bis dreißig Kilometer weit, über Gusenofen nach Mittelgut, von da über die Passarge an einer Stelle, die »Von Ferne« heißt, über Penglitten, Leissen, Dietrichswalde, Woritten und über Langgut nach Hause.

Rechts der Passarge, im sogenannten Ermland, sind viel mehr Menschen zurückgeblieben als auf der linken Seite. Die Leute sind dort durchweg katholisch, sprechen etwas Polnisch und glaubten vielleicht, dadurch etwas mehr Chancen bei Russen und Polen zu haben. Arm geworden sind sie aber ebenso wie alle anderen. Lediglich die Tatsache, daß man hier noch dem einen oder anderen jüngeren Mann begegnet, läßt darauf schließen, daß auf dieser Seite eine gewisse Tarnung der Nationalität möglich ist.

Einige Familien haben noch Hühner. Auch ein paar Ziegen gibt es. Wenige Bevorzugte besitzen ein altes Pferd, sonst gibt es wohl kein Vieh mehr. Manche Verstecke sind lange unentdeckt geblieben. Eine Frau mit drei kleinen Kindern konnte mehrere Monate lang sogar ihre Kuh verborgen halten. Sie hatte sie in der Stube eingemauert, so daß man sie nur durch das Fenster erreichen konnte. Eine andere, auch mit kleinen Kindern, hat lange ein Milchschaf zwischen Tür und Schrank verstecken können, bis es sich schließlich durch Blöken verraten hat.

In den Kellern sind längere Zeit noch Schweine gehalten worden.

Auch Menschen hat man versteckt. Vor kurzem erst hat eine Frau ihre jungverheiratete Tochter aus dem Keller geholt, wo sie sie vor allen, sogar vor ihrer eigenen Schwester, seit Januar verborgen gehalten hat. In einem anderen Ort haben die Russen noch im Sommer zwei Mädchen gefunden und mitgenommen, woraufhin die verzweifelte Mutter sämtliche im Dorf noch versteckten Mädchen verraten hat.

An Verrätern hat es auch hier nirgends gefehlt. Aber die Mehrzahl wurde es nicht, wie in diesem Fall, aus Verzweiflung, sondern viel eher aus unbefriedigter Rachsucht und anderen Trieben, die in Zeiten des Chaos aus dem Dunkel des menschlichen Individuums ungebändigt hervorbrechen. Fast jeder Ort ist gezeichnet durch die verheerenden Auswirkungen eines solchen Geistes. Manche davon haben es so weit getrieben, daß selbst die Russen ihrer überdrüssig geworden sind und ihrem Tun irgendwie ein Ende bereitet haben.

Mit der Frau eines dieser Menschen, Mutter von vielen Söhnen, deren einige bereits bei der deutschen Wehrmacht dienten, habe ich eine eigenartige Begegnung gehabt. Ich war zu Gast bei einem alten Mann, der als Prediger des Ostpreußischen Gebetsvereins besonderes Ansehen genießt, und unterhielt mich mit ihm über die Nöte des Dorfes. Dabei kam ich auf den mir bereits durch Berichte bekannten Unmenschen zu sprechen. Da wurde er plötzlich ganz abweisend und versuchte, dem Gespräch eine andere Wendung zu geben. Ich begriff nicht gleich, was er damit bezweckte, und drang so lange in ihn, bis eine Frau, die mit uns am Tisch saß, plötzlich aufseufzte und sagte: »Ach ja, das war mein Mann.«

Unter den Menschen, die ich besuche, sind einige, die bereits aus russischer Gefangenschaft zurückgekehrt sind, teils aus Lagern in Ost- und Westpreußen, teils aber auch schon aus Rußland selbst. Die meisten von ihnen sind Todeskandidaten. Zwei ältere Männer, Brüder und gemeinsame Besitzer eines Hofes hart an der Passarge, kamen mit einigen Stunden Abstand aus Rußland, wahrscheinlich mit demselben Transport, gänzlich ausgetrocknet und innerlich erstarrt. Der eine starb schon nach wenigen Tagen, der andere einen Monat später.

In ähnlicher Weise erstarrt ist auch ein junges Mädchen, das aus einem Lager am Eismeer zurückgekommen ist. Sie sitzt noch am Tisch, und man kann sich mit ihr unterhalten. Ganz kalt und hart berichtet sie von dem, was ihr widerfahren ist, nicht zuletzt von seiten der eigenen Landsleute. Es klingt, als spräche jemand, der schon gestorben ist.

An manchen Tagen mache ich meinen Rundgang auch nach der entgegengesetzten Seite, mehr nach Westen und Norden, zu den herrlich am Waldrand gelegenen, sich im See spiegelnden Orten Rapatten und Dlusken, und dann über Wönicken, Pupken, Worleinen um den Eissingsee herum nach Pulfnick. In all diesen Orten ist die Bevölkerung wiederum rein evangelisch. Ich finde ein paar Kinder, die noch nicht getauft sind, und nehme die Gelegenheit wahr, dieses nachzuholen. Das geschieht jedesmal im Rahmen einer kleinen Feier, an der sich auch die Nachbarn beteiligen. Bei dieser Praxis ist mir manches über das Wesen der Taufe als Sakrament und über das seltsame Verhältnis, das wir zu ihr haben, durch den Kopf gegangen. Besonders bezeichnend fand ich die Antwort einer Frau, deren Kind schon fast zwei Jahre alt war, auf meine Frage, ob es schon getauft sei. »Nein«, sagte sie, »geimpft ist es, aber getauft nicht.«

Durch diese kleinen Feiern ermutigt, beschließe ich, in der leerstehenden kleinen Langguter Kirche Sonntagsandachten zu halten. Die erste geht mit Genehmigung des Kommandanten und unter Aufsicht eines bewaffneten Postens am Totensonntag vor sich. Ich spreche davon, daß wir uns diesmal von dem Gedanken an die Toten und Vermißten und an unseren eigenen Tod durch Gottes Wort losreißen lassen wollen, um an das Leben und an diejenigen zu denken, die uns erhalten geblieben sind und mit denen wir zusammenleben dürfen. Und daß wir dankbar sein wollen für alles, was wir unverdientermaßen noch unser Eigen nennen dürfen. Es sind auch viele Frauen aus anderen Dörfern gekommen, und sie bitten mich, auch bei ihnen Andachten zu halten.

An den Sonntagnachmittagen mache ich mit meiner Tante Erkundungsgänge, die neben dem Auskosten unserer Vogelfreiheit mit dem Zweck verbunden sind, unsere Ernährung etwas vielseitiger zu gestalten. Zu allem, was meine Tante schon an getrockneten Pilzen, Beeren und Teekräutern aufgestapelt hat, holen wir uns ein paar Zentner Kohlrüben von einem verlassenen Feld in Worleinen, um daraus Sirup zu machen, und versuchen es mit Lupinen und ähnlichen Gewächsen, an denen niemand Interesse hat. Holz zum Heizen wird aus dem Wald geholt. Kohlen besorgen wir uns illegal aus dem Keller des Gutshauses, wo sie noch unbeachtet liegen.

Bei dieser Gelegenheit sehen wir uns das nur mit einem Nagel verschlossene Haus einmal von innen an. Es enthält nichts mehr als ein paar Geweihe und einen riesigen Kleiderschrank, den man seiner Größe wegen wohl übersehen hat. Alles übrige ist längst verheizt, oder ich finde es anläßlich meiner Krankenbesuche weit verstreut in den Häusern der Deutschen und Polen. Insbesondere Hemden mit den Initialen meiner Verwandten treffe ich immer wieder auf den Bäuchen meiner Patienten an.

Ende November bekommen wir einen neuen Hausgenossen in Gestalt des früheren Chauffeurs Groß. Er ist eines Tages in Biessellen angekommen, nachdem er aus einem Gefangenenlager in Graudenz entlassen worden war. Seines schlechten Zustandes wegen und weil wir keine Transportmöglichkeit haben, behielten wir ihn zunächst dort in unserem kleinen Spital und nahmen ihn erst nach Hause, als er wieder etwas gehen konnte. Er erholte sich bald, ging angeln und wurde schließlich vom Kommandanten beauftragt, sich um die zerstörte Schneidemühle zu kümmern und sie nach Möglichkeit wieder in Gang zu bringen. Untergebracht haben wir ihn oben in meinem Zimmer. Ich bin zu meiner Tante hinuntergezogen, und wir schlafen im gleichen Raum mit der alten Ili. Diese phantasiert durchgehend von einer Zeit um die Jahrhundertwende, die sie in Wien als Erzieherin offenbar bei sehr vornehmen Leuten zugebracht hat. Dauernd muß sie aus irgendeiner Kalesche steigen, verwickelt sich dabei im Bettzeug und fällt mit dem Oberkörper auf den Fußboden. Manchmal tut sie auch sehr grimmige Äußerungen. »Herr Gott, Du bist unsere Zuflucht für und für«, so hören wir sie sprechen, und dann gleich anschließend: »Angenehme Zuflucht!« Bei aller Mühe, die meine Tante mit ihr hat, müssen wir doch manchmal sehr über sie lachen.

Die Frauen gehen weiter nach Langgut zur Arbeit. Sie müssen jetzt die mehrere Meter hoch im Kuhstall liegenden Kartoffeln in erfrorenem und verfaultem Zustand wieder auf das Feld fahren, um sie dort einzumieten. Zum Essen sind sie nicht mehr zu brauchen, und die Arbeit mit ihnen ist ungeheuer schmutzig. Es soll aber wenigstens noch Spiritus daraus gemacht werden, und zu diesem Zweck sind bereits zweihundert Zentner Weizen, ich glaube aus Korschen, mit großer Mühe herangeholt worden. Da dieser Weizen auf einem Speicher mit undichtem Dach gelagert ist, muß dann schließlich sehr eilig zu Werke gegangen werden. Die Brennerei wird notdürftig in Gang gebracht. Als es aber endlich so weit ist, daß die Maische gären kann, fällt die Außenwand der Brennerei heraus, und das erste große Faß ergießt sich auf direktem Wege in die nahe Passarge.

Ich gehe oft nach Langgut, um Kranke zu besuchen. Dabei treffe ich einmal in der Wohnung des neuen Verwalters auf einen höheren polnischen Offizier, der offenbar gekommen ist, um die auf dem Hof stationierten Soldaten zu kontrollieren. Als ich ins Zimmer trete, wirft er auf und nimmt mich scharf ins Auge. »Was ist das für einer?« höre ich ihn fragen. »Das ist der Arzt«, antwortet der Verwalter. »Papiere?« ruft er mich an. Wenn du wüßtest, denke ich, daß ich jetzt gleich anschließend dreißig Kilometer oder mehr laufen werde, bis dahin, wo du mich nicht mehr findest. Indessen greife ich gelassen in die Brusttasche meiner schilfleinenen Jacke, ziehe einen zufällig darin befindlichen Fetzen Papier heraus und mache Miene, ihm den zu überreichen. Das genügt ihm. Er winkt ab und interessiert sich nicht weiter für mich. Ich kann erleichtert weitergehen.

Wenn man zu polnischen Familien ins Haus geht, muß man meistens Schnaps trinken und bekommt auch etwas zu essen. Zum größten Teil leben auch sie in äußerster Armut, in fast leeren, notdürftig abgedichteten Räumen. Besser geht es den Leuten von der Miliz und der Gestapo, UB. genannt, weil sie mehr Möglichkeiten haben, sich etwas zu beschaffen. Von ihnen bekomme ich gelegentlich gute Dinge. Einmal läßt mich der Kommandant von Locken im Schneesturm mit seinem Wagen holen. Er hat einen Mandelabszeß und würde mich am liebsten ein paar Tage bei sich behalten. Ich bleibe eine Nacht bei ihm. Am nächsten Morgen gelingt es mir, ihn davon zu überzeugen, daß es ihm nun besser ginge, und er schickt mich nach langem Hin und Her mit seinen Pferden wieder nach Hause, nicht ohne mir noch etwas Geld, Eier, Weißbrot, Strümpfe und ein Hemd mitzugeben, letzteres wiederum mit dem Monogramm meines Onkels versehen.

Das gute Verhältnis zu der gefürchteten UB. verdanke ich wohl in der Hauptsache der Doktourka. Gleich zu Anfang hat sie einmal in meiner Gegenwart auf drei Bewaffnete, die mich anscheinend näher untersuchen wollten, so unwahrscheinlich eingeredet, daß diese halb benommen wieder abzogen. Im übrigen ist sie eifrig bemüht, mich zu polonisieren. Immer wieder fragt sie, ob nicht irgendwann einmal in meiner Familie ein polnischer Name eine Rolle gespielt hätte. Schließlich lasse ich mich überreden und teile ihr mit, daß vor dem Dreißigjährigen Kriege der Name »Mgowski« gelegentlich in Verbindung mit dem meinigen aufgetreten sei. Davon ist sie ganz begeistert, und schon wenige Tage später überreicht sie mir eine Art Ausweis, in dem ich mich zu meiner nicht geringen Überraschung als »Jan Mgowski« eingetragen finde. (Leider ist mir dies interessante Dokument bei einer späteren Leibesvisitation abhanden gekommen.)

Manchmal kann ich erhebliche Beute nach Hause bringen. Einmal sind es ganze dreißig Pfund Weizenmehl aus der Bandtmühle, wo mich polnische Soldaten hinbestellten, ein anderes Mal ein lebendes Huhn von Leuten, bei denen die ganze Familie am Typhus krank lag. Das Mehl ist uns besonders in Gedanken an Weihnachten sehr willkommen. Mit dem Huhn, Lorchen genannt, schließen wir innige Freundschaft.

Die Doktourka hat schon lange im Sinn, mich ihren Freunden in Allenstein und Osterode vorzustellen. Sehr kühn nimmt sie mich eines Tages nach Allenstein mit. Für vierzehn Zloty benutzen wir den aus drei Güterwagen bestehenden Morgenzug. In Allenstein angekommen, gerate ich zunächst einigermaßen in Aufregung angesichts dessen, was sich auf dem Bahnhof und in der näheren Umgebung tut. Es wimmelt von russischem und polnischem Militär sowie von den üblichen undefinierbaren Gestalten aus dem Gefolge der Soldaten, die etwas zu verkaufen haben oder nur so in der Gegend herumlungern. Wieder fühle ich mich tief nach Asien hineinversetzt und sehe, daß auch die Doktourka bestrebt ist, möglichst schnell aus dem Bahnhofsbereich herauszukommen. Von der Stadt ist nur ein Teil zerstört, die größere Hälfte jedoch anscheinend vollständig erhalten und dicht von Polen besetzt.

Wir suchen das Marienkrankenhaus auf, treffen dort einen Arzt und mehrere zigarettenrauchende Schwestern, mit denen die Doktourka sich lebhaft unterhält. Unterdessen besuche ich sieben deutsche Schwestern, die oben im Hause ein Schattendasein führen und nicht zur Krankenpflege herangezogen werden.

Drei Tage später nimmt mich die Doktourka nach Osterode mit, wobei ich als Träger für die der Apotheke zugedachten Flaschen mit Benzin, Äther und sonstigen Flüssigkeiten aus dem Sanitätspark fungiere. Mir ist nicht ganz wohl bei dieser Unternehmung, weil ich gar keine Lust habe, unter den Polen noch bekannter zu werden. Andererseits begrüße ich natürlich die Möglichkeit, mir unter weiblichem Schutz Osterode anzusehn.

Die Stadt ist jammervoll zerstört und viel weniger belebt als Allenstein. Nur beim Landratsamt sieht man eine größere Anzahl Menschen herumstehn sowie ein paar Fahrräder und Pferdefuhrwerke. Wir besuchen den sogenannten Kreisarzt, den einzigen Arzt, der zur Zeit vorhanden ist, machen Tauschgeschäfte in der Apotheke und allerhand kleine Einkäufe für unser Ambulatorium und für die Wirtschaft der Doktourka, die im Aufblühen begriffen ist. Gemeinsam besuchen wir auch die fünf deutschen katholischen Schwestern, die im Pfarrhaus zurückgeblieben sind und denen ich Grüße aus dem Elisabeth-Krankenhaus, ihrem Königsberger Mutterhaus, überbringen kann. Auf dem Rückweg habe ich wieder eine ganze Menge zu tragen, darunter einen Sack Knochen für unsere Küche.

Der Zugverkehr zwischen Osterode und Allenstein ist etwas mühsam, weil die Russen überall das zweite Geleise entfernt haben. Es gibt in jeder Richtung am Tage nur zwei Personenzüge, von denen der eine aus Viehwagen besteht. Aber auch diese haben Schwierigkeiten mit dem Durchkommen, weil die Strecke durch Güterzüge blockiert wird. Diese kommen voll beladen aus Berlin und fahren leer wieder zurück. Auf ihnen transportieren die Russen alles, was sie in Deutschland abmontieren, in große Kisten verpackt oder auch lose, nach dem Osten. Zehn bis fünfzehn solcher Züge sollen täglich durchkommen. Das Begleitpersonal besteht oft aus Deutschen, die von russischen Posten bewacht werden. Mit ihnen komme ich manchmal ins Gespräch, wenn die Züge in Biessellen halten, und gebe ihnen Briefe an verschiedene Adressen in Deutschland mit, hoffend, daß einer von ihnen sein Ziel erreichen möchte. Selber mitzufahren kommt kaum in Frage, weil die Züge unterwegs scharf kontrolliert werden. Trotzdem hoffe ich, eine solche Gelegenheit doch einmal ausnutzen zu können. Denn es zieht mich natürlich sehr zu meinen Angehörigen, und ich möchte mich hier nicht fester binden lassen.

Die russischen Zugbegleiter nehmen den Aufenthalt auf Stationen oft zum Anlaß zu kleinen privaten Beutezügen. Einen konnte ich beobachten, wie er mit einem Sofa auf dem Rücken keuchend den Bahnkörper ansteuerte. Da inzwischen die Lokomotive mit dem Wagen für das Personal weit aus der Station hinausgefahren war, mußte er sich etwa vierhundert Meter weit im tiefen Schnee auf dem Bahndamm abplagen. Kaum hatte er jedoch den Waggon erreicht, da setzte der Zug langsam zurück, und er mußte mit seiner Last den ganzen Weg noch einmal machen. Aber auch das war umsonst, denn als er schweißtriefend wieder anlangte, fuhr der Zug so plötzlich ab, daß ihm nichts anderes übrigblieb, als das Sofa hinzuwerfen und schnell aufzuspringen. Daß wir solche Szenen mit leichter Schadenfreude beobachten, versteht sich aus unserer Situation.

Die polnischen Bahnwärter haben es mit den Russen nicht leicht. Im Ernstfall können sie sich nur durch gänzliches Verschwinden aus der Affäre ziehn. Eines Morgens zum Beispiel war der fahrplanmäßige Zug aus Osterode in der Dunkelheit in einen russischen Militärtransport hineingefahren, und es hatte mehrere Schwerverletzte gegeben. Die wütenden Russen wollten den schuldigen Weichensteller festnehmen, der war aber bereits über alle Berge, nicht ohne vorher seinem Bruder im Dorf einen Wink gegeben zu haben. Dieser hatte es dann vorgezogen, ebenfalls zu verschwinden, weil er mit Recht fürchtete, die Russen würden sich an ihm schadlos halten. Das Auskneifen ist allerdings kein allzu großes Problem, weil kaum jemand mehr besitzt, als was er auf dem Leibe trägt. Und die Gefahr, verfolgt zu werden, ist in der unbekannten Landschaft verhältnismäßig gering.

Kurz vor Weihnachten beschäftigt uns sehr das Problem, wie wir zu etwas Fett gelangen könnten, zu einer Flasche Öl oder dergleichen. Schließlich ergreife ich meine alte Aktentasche, packe ein grünes Samtkleid ein, das einer meiner Kusinen gehört hat und das wir in einem Schutthaufen gefunden haben, nehme in Biessellen eine Fahrkarte und steige in den Zug nach Allenstein.

Dort angekommen, drücke ich mich zunächst möglichst unauffällig durch das Bahnhofsgesindel und gelange wohlbehalten zu den Schwestern im Marienhospital. Sie geben mir ein paar Tips, und ich steuere den Markt an, um dort mein Heil mit dem Kleid zu versuchen. Der Markt spielt sich in zwei engen Straßen ab, die nicht für diesen Zweck vorgesehen sind. Trotz der winterlichen Kälte erinnert mich das Getriebe, das Rufen der Verkäufer, das Herumstehn, Feilschen und Drängeln, an einen sommerlichen Besuch in Sarajewo, so ferngerückt fühlt man sich von allem, was früher einmal Allenstein war.

Dabei gibt es eigentlich nichts, was des Handelns wert wäre. Was ich sehe, geht über Streichhölzer, Zwiebeln, Stoffreste, Holzpantoffeln und alte Gartengeräte kaum hinaus. Jedenfalls habe ich, als ich auch nur die kleinste Ecke meines Samtkleides aus der Aktentasche herauswinken lasse, gleich einen ganzen Schwarm von Interessenten um mich herum. Jeder versucht, an dem Zipfel zu ziehen und den Stoff zu befühlen. Ich retiriere langsam bis an den Stand einer Streichholzverkäuferin, die mir einigermaßen vertrauenerweckend aussieht. Ihr schiebe ich die Tasche hinterrücks zu, und sie verschwindet damit unter ihrem Ladentisch, um das Kleid dort in Ruhe zu untersuchen. Viel Staat ist nicht mehr damit zu machen, und ich will auch nur so viel dafür haben, wie eine Flasche Öl kostet, also sechshundert Zloty. So viel will die Frau aber nicht anlegen und gibt mir Kleid und Tasche zurück. Sofort bin ich wieder umringt von der Meute. Plötzlich tritt aus einem Hause eine sehr energische Frau, die anscheinend aus dem Fenster gesehen hat, drängt die Leute auseinander und zieht mich in ihren Hausflur. Wir gehen die Treppe hinauf in ihre Wohnung, und dann verschwindet sie mit der Tasche, um das Kleid anzuprobieren. Ich befinde mich in einer recht netten Wohnung, die früher offenbar einem Arzt gehört hat, und bin erstaunt, wie ordentlich die Frau sich unter den obwaltenden Verhältnissen hier hat einrichten können. Sehr bald tritt sie wieder in Erscheinung, angetan mit dem grünen Kleid, das ihr viel zu eng und zu kurz und das außerdem an manchen Stellen schon recht fadenscheinig ist. Ich kann mir das Lachen nicht verkneifen. Sie geht sehr nett darauf ein und erzählt mir in leidlichem Deutsch, auf welche Weise sie nach Allenstein gekommen ist. Sie ist die Frau eines Arztes, der zur Zeit noch anderweitig beschäftigt ist, und will hier wohl die Stellung für ihn halten. Allerdings scheint sie mir nicht ganz sicher zu sein, ob er kommen wird, ob er überhaupt zu ihr zurückkehren wird. Sie steht auch irgendwie am Rande des Daseins, so wie alle hier.

Ich packe mein Kleid wieder ein und begebe mich auf die Straße zurück. Als ich an der Streichholzverkäuferin vorbeigehe, winkt sie mich heran und kauft mir das Kleid ganz schnell für fünfhundert Zloty ab. Da ich noch etwas polnisches Geld besitze, kann ich nunmehr in einem Laden die ersehnte Flasche Öl erstehen. Sie stammt natürlich noch aus deutscher Zeit, wie alles, was es in diesen zahllosen kleinen Läden an Harmlosigkeiten zu kaufen gibt.

Weihnachten rückt heran. Auf meinen Wegen durch den Wald habe ich Bucheckern gesammelt, einen Teil davon allerdings auf Wunsch meiner Tante wieder ausgestreut. »Wenn du Bucheckern hast«, sagte sie, »dann wirf doch ab und zu mal eine Handvoll auf den Fünflindenberg, den wollten wir nämlich immer schon anschonen.« Den Rest haben wir zum Backen behalten. Dazu kommt nun das Öl und eine Menge Weizenmehl. Wir sind also gut versorgt.

In den Weihnachtstagen halte ich an mehreren Stellen Gottesdienst, am ersten Feiertag in Rapatten bei einer Familie, die ihr großes Zimmer zur Verfügung gestellt hat. Ich muß mich sehr zusammenreißen, um beim Lesen der Weihnachtsgeschichte angesichts all der rührenden Gestalten vor mir nicht die Fassung zu verlieren. Hinterher machen meine Tante und ich Besuche im Dorf, und wir lassen uns von den Leuten erzählen. Alle haben zwar dasselbe durchgemacht, aber es scheint den einzelnen doch gut zu tun, wenn sie von ihrem persönlichen Schicksal sprechen können. Allen sind ihre Männer und halbwüchsigen Söhne, vielen auch die Töchter verschleppt worden. Und obgleich nun eigentlich nichts mehr zu holen ist, bleibt man gelegentlichen Überfällen der Miliz oder der durchziehenden Russen ausgesetzt. Da die Russen mit Hilfe von langen, spitzen Eisenstangen immer noch nach vergrabenen Schätzen suchen, haben die Leute, um ihnen das Handwerk zu verleiden, an vielen Stellen in der Nähe der Häuser leere Blecheimer vergraben. Auch sonst ist eine Reihe von Tricks ersonnen worden, um die Räuber auf eine falsche Fährte zu locken. Da sie zum Beispiel immer wieder an den Stellen herumwühlen, wo es ordentlich aussieht, richtet man ihnen solche Ecken mit Hilfe von unbrauchbaren Gegenständen vorsorglich her.

Der Winter ist ziemlich milde. Zeitweise liegt viel Schnee, und die Wildfährten im Wald reizen uns zu jagdlichen Unternehmungen, um so mehr, als der Wald außer uns von keiner Menschenseele betreten wird. »Du müßtest eigentlich mal was schießen«, sagt meine Tante, »es ist doch sonst zu langweilig hier für dich.« Ich frage, wie sie sich das gedacht hat, wo wir doch keine Waffe besitzen. Doch, meint sie, einer von den alten Männern hätte irgendwas von einem Karabiner gemurmelt, der in der Nähe des Eiskellers versteckt sei. Das könne eigentlich nur unter dem Rohrdach des Eiskellers selbst der Fall sein. Bei Dunkelheit begeben wir uns also dorthin und finden auch tatsächlich zwei Gewehre und die dazugehörige Munition. Unter

Beachtung aller Vorsicht nehmen wir das eine mit in die Wohnung, um es zu reinigen. Dann wird es wieder versteckt.

Am folgenden Tag ist sehr trübes, nebliges Wetter. Das versetzt mich in die Lage, einen richtigen Pirschgang zu unternehmen. Der Wald ist schnell erreicht, und dort ist die Wahrscheinlichkeit, einem Menschen zu begegnen, nur noch sehr gering. Ich habe mir vorgenommen, wenn überhaupt, dann nur auf ein Stück Rotwild oder ein Schwein zu schießen und auch nur dann, wenn ein ganz sicherer Schuß möglich ist. Aber es wird dunkel, ohne daß ich zu Schuß komme.

Am nächsten Morgen stehe ich an einer vorher ausgemachten Stelle im Wald, und meine Tante kommt durch die vor mir liegende Schonung, den sogenannten Rosengarten, um mir das darin befindliche Wild nach Möglichkeit zuzutreiben. Es sind Sauen in der Schonung. Sie brechen aber zur Seite aus, so daß uns auch diesmal kein Erfolg beschieden ist. Immerhin genießen wir das Gefühl, in dieser Zeit wenigstens einmal miteinander gejagt zu haben.

Aber auch ohne Waffe sind diese Gänge durch den Wald etwas, wovon man gar nicht genug kriegen kann. Gerade jetzt, wo das Buchenlaub vergangen ist und der Schnee die säulengleichen Stämme erst richtig zur Geltung bringt, zieht es mich immer wieder vom Wege ab und in langen Sprüngen die Hänge hinunter zu den glasklaren Wasserspiegeln der Seen, in deren schwarzer Tiefe die Fische kreisen. Wir sind uns täglich dessen bewußt, daß es eine Gnadenzeit ist, die uns hier geschenkt wird.

*Freitag, den 11. Januar*

In Biessellen werde ich mit der Nachricht empfangen, die UB. sei dagewesen, um mich abzuholen. Es scheine sich um etwas Ernstes zu handeln. Da ich keinen Anlaß sehe, mich zu drücken, begebe ich mich sofort zum Wachlokal. Dort ist man über mein freiwilliges Auftauchen einigermaßen überrascht. Ich frage, ob jemand krank sei oder was man sonst von mir wolle. Inmitten von mindestens fünfzehn mehr oder weniger unter Alkohol stehenden, zum Teil nur halbbekleideten Bewaffneten ist mir gar nicht wohl zumute. Man beäugt mich eine Weile geringschätzig, um mir dann zu eröffnen, daß ich keine Versammlungen mehr abhalten dürfe. Auf meine Frage nach dem Grund eines solchen Verbots erhalte ich keine Antwort. Dann läßt man mich wieder gehen.

*Sonnabend, den 12. Januar*

Es regnet in Strömen. In Biessellen finde ich einen Zettel von der Doktourka mit der Weisung, sofort zum »Kreisarzt« nach Osterode zu fahren, um ihm bei einer Operation zu helfen. Die Begründung ist nicht ganz glaubhaft, da es in Osterode meines Wissens zur Zeit weder einen Operationssaal noch Instrumente gibt. Sehr durchnäßt steige ich auf die Lokomotive des Zuges nach Osterode und gelange dort auf Schleichwegen zum Kreisarzt. Der Kollege begrüßt mich mit wohltuender Freundlichkeit und bittet mich, ihn erst einmal vier Tage zu vertreten. Er müsse gleich zu einem Kursus nach Allenstein fahren. Von einer Operation ist natürlich keine Rede. Aber zufällig ist gerade eben ein junger polnischer Treckerführer gebracht worden, dem ein anderer aus Versehen den rechten Oberarm durchschossen hat. Sie saßen nebeneinander auf dem Trecker, als dem Beifahrer die Maschinenpistole losging. Wir finden den Knochen zertrümmert und müssen Rat schaffen, auf welche Weise der Mann zum Zweck einer sachgemäßen ärztlichen Versorgung seiner schweren Verletzung nach Allenstein transportiert werden kann. Da kein Zug mehr geht, wird der traurige Schütze in Marsch gesetzt, um das einzige in Osterode vorhandene Auto ausfindig zu machen, welches der Miliz gehört. Dem Verletzten wird inzwischen ein Notverband angelegt. Er klammert sich an mich und beschwört mich, nach Allenstein mitzukommen. Dabei stelle ich zu meiner nicht geringen Überraschung fest, daß er aus Finckenstein* kommt. Ob das Schloß dort noch steht, weiß er nicht. Daraus schließe ich, daß es abgebrannt ist. Das ist auch das wahrscheinlichste, da es sich um das schönste der ost- und westpreußischen Herrenhäuser handelt.

Bei dem Osteroder Kollegen gibt es ein sehr schönes Abendessen. Dann müssen wir noch ein paar Stunden warten, weil die Miliz ausgefahren ist. Spät in der Nacht kommt endlich das Auto, so ein kurzer amerikanischer Lkw. mit platter Nase. Wir laden den Verletzten ein, und dann geht es in windender Fahrt los, die Straße über Jablonken, Dietrichswalde nach Allenstein. Als wir durch den Grasnitzer Wald kommen, versuche ich abzuspringen, da ich in Allenstein nichts zu suchen habe. Aber der Pole hält mich fest. Er hat sich bereits mehrfach übergeben und mich dabei stark in Mitleidenschaft gezogen. Nachts gegen ein Uhr halten wir vor dem zweiten Krankenhaus in Allenstein. Zigarettenrauchende Schwestern nehmen uns in Empfang. Wir

* Finckenstein im Kreis Rosenberg/Westpreußen.

legen den Patienten in einem stark verqualmten Raum ins Bett. Dann soll es gleich zurückgehn. Aber angeblich ist das Benzin ausgegangen. Wir müssen also den Rest der Nacht in Allenstein verbringen. Die Fahrer wissen, wo es warm ist. Wir fahren zum Zählwerk und machen es uns dort auf drei Tischen neben rotglühenden Heizkörpern bequem. Von einer grellen Lampe angestrahlt, sind meine beiden Begleiter bald eingeschlafen. Bei mir geht das nicht so schnell, da ich schon fast vierundzwanzig Stunden in durchnäßten Kleidern stecke und es nicht riskiere, aus meiner Schwitzpackung herauszukriechen. Es ist sicherer, jederzeit innerhalb von Sekunden zum Aufbruch bereit zu sein.

*Sonntag, den 13. Januar*

Wir haben leichten Frost und Glatteis. Einer von den Fahrern macht sich auf, um Benzin zu suchen. Gegen zehn Uhr hat er welches ausfindig gemacht und kommt zurück. Wir fahren durch die ganze Stadt und halten vor einem Haus, aus dem drei nicht mehr verschließbare Milchkannen voll Benzin herausgeholt und ins Auto verfrachtet werden. Außerdem wird der Tank gefüllt, und dann steigen noch sechs Leute ein, die nach Osterode mitfahren wollen. Diesmal geht es über Hohenstein. Der Weg ist zwar weiter, aber die Straße wesentlich besser, und es soll natürlich Tempo gefahren werden. Wozu hat man auch sonst ein Auto.

Wir brausen durch kahles Land. Nach einer Weile kommt das wie im Ersten Weltkrieg total zerstörte Hohenstein in Sicht. Das Tannenbergdenkmal, aus dem der vordere und der hintere Turm herausgesprengt ist, zieht wie ein schlechter Traum an uns vorüber. Dann kommt der Wald. Da ist die Straße noch glatter als draußen. Ich kann aus dem geschlossenen Verdeck nur nach hinten sehen, bemerke aber plötzlich mit Schrecken, daß die Straße immer schiefer wird. Wir kommen ins Schleudern, erst nach rechts, dann nach links, wieder nach rechts, es kracht, der Wagen hebt sich hinten in die Höhe, wir fliegen nach vorn, und dann finden wir uns benzingebadet im Verdeck des auf dem Rücken liegenden Wagens wieder. Erstaunlicherweise hat das Dach gehalten. Da ich auf ein derartiges Ereignis schon gefaßt war, krieche ich als erster heraus, die anderen folgen nacheinander. Keinem ist etwas passiert. Unser Wagen liegt, die Räder nach oben gekehrt, hilflos im Straßengraben. Neben uns auf der Straße hält ein Pkw., der offenbar die Ursache unseres Unfalls ist, weil wir beim Ausweichen von der Mitte der Straße herunter mußten. Einer unserer Mitfahrer steigt dort ein, um wieder nach Allenstein zurückzufahren. Er hat ein steifes Bein, und kein Mensch weiß, wie lange wir hier noch werden warten müssen, bis Hilfe kommt. Denn allein bekommen wir unseren Wagen bestimmt nicht auf die Beine. Nachdem wir eine halbe Stunde gedöst haben, taucht, von Osterode kommend, genau so ein Lkw. wie der unsere auf, ebenfalls in windender Fahrt. Er wird schon von weitem angewinkt, bremst, schleudert, wir springen vom Straßenrand in die Schonung. Der Wagen macht eine Drehung um hundertachtzig Grad, schlägt mit der Hinterpartie gegen einen Baum, steht. Nach überstandener Schrecksekunde ergießt sich eine donnernde Schimpfkanonade der Besatzung, ebenfalls polnischer Miliz, über uns. Es wird ein paarmal hin und her geschaltet, der Wagen macht kehrt und weg sind sie.

Nicht lange, da kommt aus entgegengesetzter Richtung ein Bauer gefahren. Als er uns da im Graben erblickt, will er anhalten. Aber sein jämmerliches Pferd rutscht aus, verliert die Beine und bleibt hilflos auf der Straße liegen. Eine Weile müht sich der Bauer ab, dann wird ihm das Pferd mit vereinten Kräften wieder auf die Beine gestellt. Vorsichtig fährt er weiter.

Mir ist allmählich kalt geworden in meinen regen- und benzingetränkten Kleidern. Ich versuche mich selbständig zu machen; gehe langsam die Straße entlang, so als wollte ich nur um die nächste Biegung sehen, und dann, als ich außer Sicht bin, in beschleunigtem Tempo weiter. Ich möchte möglichst noch am gleichen Abend in Grasnitz sein. An der Straßenkreuzung in Hohenstein steht ein Posten. Aber da ich nach Osten gehe, bin ich ihm nicht weiter verdächtig. Ich biege nach Norden ab, komme später durch Manchengut und mache dort einen kurzen Besuch bei dem alten Skibba, dessen Tochter in so trostlosem Zustand aus Chalabinsk zurückgekommen ist. Und wieder muß ich mit anhören, wie furchtbar dort oben in Rußland die eigenen Landsleute miteinander umgegangen sind. Zu achtzig Mädchen in einem Viehwagen sind sie im Februar, ohne Nahrung und Wasser und ohne daß der Wagen auch nur einmal geöffnet wurde, wochenlang durch Rußland gefahren. Viele waren schon tot, als sie ausgeladen wurden. Für die Überlebenden ging das Elend weiter, das gleiche, wie wir es in Königsberg erlebt haben. (Das Mädchen ist vier Wochen später gestorben.)

Als ich mich verabschiede, höre ich zu meiner Freude noch, daß der alte Prediger des Gebetsvereins heute am Sonntag hier einen Gottesdienst gehalten hat. Wie gut, daß die Miliz wenigstens ihm das noch gestattet. Aber später, als ich schon nahe an Biessellen bin, werde ich doch mißtrauisch. Ein Einspänner überholt mich, gefahren von dem Kommandanten der Biesseller Miliz. Er zögert, als er mich erblickt, fährt dann aber weiter, ohne mich zu beachten. Ich habe das Gefühl, als braute sich etwas zusammen, komme aber gut bis Biessellen und werde in unserem Ambulatorium mit Kaffee versorgt. Bei hellem Mondschein gehe ich weiter, mache noch einen kleinen Umweg über das Feld, um unsere Kartoffelmiete zu kontrollieren, finde sie unversehrt und bin gegen zehn Uhr abends zu Hause bei meiner Tante.

*Montag, den 14. Januar*

Frühmorgens mache ich mich in trockenen Kleidern auf den Weg nach Osterode. Ich möchte den Kreisarzt nicht sitzenlassen. Außerdem sind meine Tage in dieser Gegend nun doch wohl gezählt, nachdem man in weiteren Kreisen auf mich aufmerksam geworden ist. Ich will versuchen, nach dem Westen durchzukommen, bevor sie mich in Osterode womöglich für unabsehbare Zeit verpflichten.

Meine Tante begleitet mich durch den Wald. Wie aus einem geliebten Kinderbuch erscheint uns die Zeit, die wir zusammen erlebt haben. Nun heißt es Abschied nehmen. In der Nacht ist Neuschnee gefallen. Überall im Walde frische Fährten von Rotwild und Sauen. Die Heimat ist so stark und gegenwärtig. Ein kurzes Abschiedswort, dann laufe ich los und kann in Biessellen noch gerade von der verkehrten Seite in den Zug nach Osterode springen.

Als erstes besuche ich dort die fünf katholischen Schwestern, die mich sehr freundlich empfangen. Die jüngste von ihnen ist krank, und gerade ist der polnische Pfarrer da, um ihr das heilige Abendmahl zu geben. Als er hört, daß ich Arzt bin, streift er das Hosenbein hoch und zeigt mir eine Wunde, die nicht heilen will. Ich mache ihm einen Verband und gebe Anweisungen für die Weiterbehandlung. Dann zieht er sein priesterliches Gewand an, um zu der Kranken zu gehn. Die Schwestern folgen ehrerbietig.

Ich lasse meinen Rucksack bei den Schwestern und begebe mich unter Wahrung der üblichen Vorsicht zum Krankenhaus, wo ich den Arzt vertreten soll. Das Osteroder Krankenhaus ist, weil es außerhalb der Stadt liegt, äußerlich noch ziemlich gut erhalten geblieben. Drinnen wird aufgeräumt. Eine deutsche Diakonisse ist daran beteiligt und zeigt mir flüchtig das Haus. Zu meinem Erstaunen entdecke ich überall Teile unserer Insterburger Röntgeneinrichtung, die wir vor einem Jahr hergeschickt haben, um sie vor den Russen zu retten. Gänzlich umsonst natürlich. Die Russen waren noch einen Tag früher hier als in Insterburg. Ein paar Bettstellen sind vorhanden, und in einem sorgfältig verschlossenen Raum stehen amerikanische Tabletten und Salben, die durch die UNRRA hergeschickt worden sind. Mir wird ein kleiner Raum mit sehr bequemer Schlafstelle zugewiesen.

Es folgen drei wenig ereignisreiche Tage im Krankenhaus. Wie überall, so kommen auch hier fast ausschließlich Frauen und Mädchen, um sich zu erkundigen, ob es schon etwas gegen ihre Krankheit gibt. Furchtbar ist das dicke Fell, das man sich ihnen gegenüber schon angewöhnt hat.

Auf Wunsch des Kreisarztes stelle ich eine Liste zusammen, die alles enthält, was in einem normalen Operationssaal gebraucht wird. Er will versuchen, einiges davon in Warschau zu besorgen.

*Donnerstag, den 17. Januar*
Da der Kreisarzt heute zurückerwartet wird, will ich versuchen, mich nach dem Westen abzusetzen. Als es dunkel geworden ist, hole ich meinen Rucksack von den Grauen Schwestern ab, pirsche den Bahnhof an und springe auf den ersten besten Güterzug. Er fährt nach Osten. Ich muß also sehen, unterwegs in einen entgegengesetzt fahrenden umzusteigen.

Bei dem ersten Stop auf freier Strecke gehe ich nach vorn, finde deutsches Zugpersonal unter Bewachung von zwei gemütlichen Russen und darf auf der Lokomotive mitfahren. Sie bringen Teile einer Fabrik nach Rußland und rechnen, in zwei oder drei Monaten wieder in Deutschland zu sein. Ich biete mich ihnen als Heizer an. Sie raten ab, da sie selbst Papiere mit russischen und polnischen Vermerken haben und oft kontrolliert werden.

In Allenstein muß ich aussteigen. Auf den Bahnsteigen ist es so dunkel, daß keine Gefahr besteht, entdeckt zu werden. Im Bereich des Bahnhofs stehen viele Güterzüge. Die leeren fahren nach Westen. Ich verhandle mit mehreren deutschen Begleitmannschaften, aber sie haben alle keine Lust, mich mitzunehmen. Offenbar stehen sie stark unter Druck. Als es schließlich wieder anfängt, Morgen zu werden, bleibt mir nichts anderes übrig, als hinten in einen leeren Wagen zu kriechen. Etwas später setzt der Zug sich in Bewegung.

*Freitag, den 18. Januar*

Gegen Mittag sind wir wieder in Osterode angelangt. Die Temperatur ist inzwischen auf etwa 20 Grad minus gesunken, und ich friere derart, daß eine Weiterreise nicht in Frage kommt. Ich steige aus und beschließe, einfach wieder zum Krankenhaus zu gehen. Möglicherweise hat man meine nächtliche Exkursion dort gar nicht bemerkt.

Beim Überqueren der Geleise kommt mir zu meinem nicht geringen Schreck der Kommandant der UB. entgegen. Auch er ist erstaunt, mich zu treffen. »Doktour, komm mit!« Was hat er vor? Will er mit mir zu einem Kranken gehn? Das wäre nicht das erste Mal. Er war auch selbst schon mein Patient. Oder will er mich festnehmen? Es bleibt mir im Augenblick nichts anderes übrig, als mitzugehn. Wir gehen ein Stück schweigend nebeneinander her, betreten ein Haus, vor dem ein Posten steht, und dann bin ich umringt von mindestens zwanzig uniformierten Russen und Polen. Ich bin in die Falle gegangen.

Halb grinsend, halb gelangweilt sehen die Russen zu, wie ich von zwei Polen auseinandergenommen werde. Mein schönes, sorgsam zusammengestelltes Fluchtgepäck löst sich in seine Bestandteile auf. Die einzelnen Stücke werden herumgereicht: eine neue Hose, noch von früher, Strümpfe, ein paar Schuhe – was habe ich nicht alles auf mich genommen, um diesen Ballast bis hierher durchzubringen. »Ah, Doktour nach Hause!« Sie lachen schadenfroh. Nein, es läßt sich wirklich nicht verheimlichen, daß ich auskneifen wollte. Nach dem Rucksack kommen die Taschen dran und alle Stellen, an denen man etwas eingenäht haben könnte. Zwei Uhren kommen zum Vorschein, die Mienen werden düster. Und ich schäme mich ein bißchen, daß ich so etwas noch habe, wenn es auch Andenken von Toten sind. Viel gefährlicher aber ist ein kleines Heft, das zunächst beiseite gelegt wird – mein Tagebuch. Es steht zwar nur das Tägliche in kurzen Notizen drin, aber das reicht. Die Schrift ist glücklicherweise sehr klein und mit deutschen Buchstaben geschrieben, die werden sie vielleicht nicht lesen können. Man läßt mir die Pelzweste, die ich anhabe, und ein Brot. Die kleine Bibel muß erst kontrolliert werden. Ich frage, warum sie mich festgenommen haben. »Du hast politisch geredet und mit die Leute in Gusenofen geschossen.« Zweimal hätte es geknallt, als ich dort gewesen sei. Das erste sind die Gottesdienste, die ich mit ihrer Genehmigung gehalten habe, das zweite ist glatter Bluff. In Gusenofen gibt es überhaupt nur ganz elende Frauen und Kinder. Wer das gesagt hat mit dem politisch Reden, frage ich. »Deutsche Mann sagen.« Dem kann ich nichts entgegnen, weil es leider möglich ist. Und dann ab in den Keller.

Ein niedriger Raum, etwa sechs mal sechs Meter, oben zwei kleine Fenster. Dreißig Männer auf zweistöckigen Pritschen, in der Mitte ein eiserner Ofen. Bis auf vier oder fünf Polen sind alle Insassen Deutsche. Einer von ihnen nimmt mich auf seine Pritsche und erklärt mir die Lage. Sie sind alle bei den Russen im Lager gewesen und nach einigen Monaten entlassen worden, kamen schwerkrank nach Hause, fanden in ihren Häusern, soweit sie noch standen, Polen vor und wurden von diesen unter dem Vorwand der Parteizugehörigkeit ins Gefängnis gebracht. Bis vor kurzem waren sie unter sich und konnten sich einigermaßen sauberhalten. Jetzt sind aber Polen dabei, die wegen Schnapsbrennens eingesperrt wurden, und die machen nicht mit. Seitdem breiten sich die Läuse wieder aus. Einige von den Männern werden am Tage zur Arbeit geführt, gewöhnlich zum Straßenaufräumen. Mehrere sind schon gestorben, noch keiner entlassen worden. Im Essen ist Kalisalz, das sehr stark auf der Zunge brennt. Ich erhalte den dringenden Rat, auf meine Sachen zu verzichten und bei der ersten Gelegenheit auszurücken.

Am Nachmittag holt mich der Posten, drückt mir eine Kohlenschaufel in die Hand und befiehlt mir, im oberen Stockwerk einen Ofen zu heizen. Vielleicht denken sie, ich kann das nicht. Aus der Wachtstube, in der sie noch alle miteinander auf Tischen lümmeln, hole ich mir Glut aus dem Ofen. Nur keine Unsicherheit zeigen! Man kommt sich vor wie ein Dompteur im Löwenkäfig. Auf der Treppe zum zweiten Stock bin ich mit der Glut einen Augenblick allein. Könnte ich doch jetzt das ganze Haus in Brand stecken, das gäbe ein schönes Durcheinander, und manch einer könnte sich aus dem Staube machen. Aber da öffnet sich schon die Tür zu einem großen Raum, und mein Blick fällt auf einen umfangreichen russischen Offizier, der an der gegenüberliegenden Wand auf einem Sofa thront. Unter dem Tisch liegt zu seinen Füßen eine furchteinflößende weiße Dogge. Er nimmt keinerlei Notiz von mir, offenbar soll ich wirklich nur heizen. Als das erledigt ist, werde ich wieder in den Keller gebracht.

Abends werden wir auf den Hinterhof getrieben und bekommen im Pferdestall Suppe, die von einer Ärztin ausgegeben wird. Sie ist auch Gefangene. Nach dem Zusammenbruch hat sie in Osterode noch eine Zeitlang Dienst tun können, dann wurde sie von einem Milizmann zur Pflege seines Kindes weggeholt und nicht wieder herausgelassen. Ohne eine Miene zu verziehen und so, als ob wir die gleichgültigste Unterhaltung führten, erklärt sie mir, wie man aus dem Hof herauskommt. Man muß sehen, in den benachbarten Stall zu gelangen und von da durchs Fenster. Während ich nach hinten ausweichen will, versucht sie, den Posten abzulenken. Der ist aber auf der Hut und stößt mich mit dem Kolben zurück.

Nachts gehen die Gedanken hin und her. Diesmal ist es mir gar nicht klar, ob ich ausreißen darf oder nicht. Ich ahne dunkel, daß man mich verhaftet hat, weil man annimmt, daß ich trotz Verbotes den schon erwähnten Gottesdienst in Manchengut veranlaßt oder selbst gehalten habe. Ich befinde mich also in gewissem Grade zur Verantwortung des Evangeliums hier im Keller. Was soll ich tun? Das Leben ist so schön, und man schlägt ihnen allen, die sich hier als Hüter der Ordnung aufspielen, so gern ein Schnippchen. Möchte Gott nur alles richtig mit mir machen! Und während ich noch auf meiner Pritsche liege, bin ich im Geist schon unterwegs, auf der Treppe, über den Hof, in den Pferdestall, durchs Fenster, den Hang hinauf, durch den Häuserblock, die Straßen entlang und im großen Bogen um die Stadt herum auf den See zu, von dem ich nicht weiß, ob er schon zugefroren ist.

Endlose Nacht. Die polnischen Mitgefangenen treiben handfeste Späße miteinander. Ein deutscher Landser, der aus Rußland geflohen ist und vor drei Monaten hier aufgegriffen wurde, jammert zum Erbarmen. Alle anderen liegen stumm. Ab und an steht einer auf und schüttet Kohlen nach. Über uns ertönt in kurzen Abständen dröhnender Lärm.

*Sonnabend, den 19. Januar*

Gegen sieben Uhr morgens schließt der Posten oben auf, kommt die Kellertreppe herunter und öffnet unsere Tür. Ein alter Mann geht mit ihm nach oben, um Kaffee zu kochen. Ich schleiche hinter ihm her und bleibe auf der obersten Stufe stehen. Die Tür ist nur angelehnt, dahinter steht der Posten. Wieder geht eine geraume Zeit hin, es friert Stein und Bein, ich fange schon an, steif zu werden. Draußen beginnt es zu dämmern. Auf einmal wird der Posten irgendwoher angerufen, er antwortet, macht ein paar Schritte – wie im Traum schiebt meine Hand die Tür auf, ich bin draußen auf dem Hof, erreiche den Stall, krieche durchs Fenster, renne den Hang hinauf – jetzt brauchte nur einer aus dem Fenster zu sehn –, erreiche den Häuserblock, bin auf der Straße, laufe nach Westen, biege später nach links ab und halte dann in großem Bogen immer mehr ostwärts. Nach Möglichkeit will ich die Verfolger auf eine falsche Fährte locken, des Hundes wegen. Der ist der einzige, vor dem ich bange bin. Aus einem zerstörten Haus nehme ich ein handliches Stück Eisen zu meiner Verteidigung mit, laufe am Krankenhaus vorbei, über die Hohensteiner Straße, durch Gärten – glücklicherweise sind noch keine Menschen zu sehn – und dann querfeldein. Später kreuze ich die Bahnlinie, dann die Straße nach Jablonken und nehme, um Ortschaften zu vermeiden, Richtung auf den Schillingsee. Nichts als Schnee und flaches Land. Dann kleine buschige Kiefern, Bodenwellen, sandiger Untergrund. Ich laufe über den Exerzierplatz. Einzelne Bäume, von Rauhreif starrend, erglühen schon im Rosenschimmer des Tages. Am Boden noch bläuliche Schatten. Ich laufe und laufe, bis vor mir, plötzlich und steil, das Ufer zum See abfällt. Drüben der Wald! Dahinter geht schon die Sonne auf. Ich rutsche den Hang hinunter zum See, schlage mit dem Eisen ein Loch ins Eis, schliddere, mich mehrmals auf den Bauch werfend, über die knackende, krachende Fläche und erreiche den Wald. O Leben und Freiheit! Oben am Hang, zwischen den herrlichen Stämmen des Taberbrücker Forsts, lasse ich mich nieder und beobachte das Ufer, von dem ich gekommen bin. Aber es rührt sich nichts auf meiner Spur.

Und dann geht es weiter in gerader Linie nach Osten, quer durch den Bestand. Hier ist bestimmt seit einem Jahr kein Mensch mehr gewesen. Ganz erstaunt wird mitten im Altholz ein Rudel Rotwild hoch und geht erst flüchtig ab, als ich schon fast zwischen den Tieren bin. Hier wird mir bestimmt niemand nachkommen. Aber dann höre ich plötzlich einen großen Hund hinter mir bellen. Ich werde auf einmal sehr müde, lehne mich an einen Baum und fasse das Eisen fest. Näher kommt das Gebell, es kracht im Unterholz – mein Gott, ein Hirsch in scharfem Troll und hinterher ein großer, zottiger Hund. Alles Leben strömt in mich zurück. Ich winke mit der Hand, der Hirsch weicht aus und trollt weiter, der Hund macht kehrt und verschwindet schuldbewußt. Mein Herz ist voll Dank. An diesem Morgen gehört mir der ganze Wald.

Eine Stunde später bin ich in Grasnitz. Sie können hier noch nichts von meinen letzten Abenteuern gehört haben. Sicherheitshalber lasse ich mich aber von niemandem sehen. Meine Tante finde ich zu Hause. Sie ist wegen einer Muskelzerrung nicht zur Arbeit gegangen und wundert sich gar nicht über mein plötzliches Auftauchen. Wir haben schon manches Unerwartete miteinander erlebt. Noch ist niemand dagewesen, um nach mir zu fahnden. Das kann aber jeden Augenblick passieren. Ich lege mich aufs Bett, während meine Tante mir Keilchen kocht und aufpaßt, ob jemand kommt. Wir überlegen, was weiter zu tun ist. Ich muß auf jeden Fall gleich wieder fort. Aber was wird aus ihr? Werden die Polen sich nicht an ihr schadlos halten? Mitnehmen kann ich sie aber nicht mit ihrem lahmen Bein und bei der Kälte. Auch wissen wir nicht, wohin wir uns wenden sollen. So bleibt sie denn, sehr viel zuversichtlicher als ich, allein zurück und winkt mir nach, als ich eine Stunde später mit neuem, diesmal recht spärlichem Gepäck ungesehen den Hof verlasse.

Es scheint mir das sicherste, zunächst nach Ponarien zu gehn, wo ich vor drei Monaten den Preuß angetroffen habe. So weit wird man mich voraussichtlich nicht verfolgen. Unter Ausnutzung von Waldstücken, Bodenwellen und sonstiger Deckung gelange ich auch zunächst bis Brückendorf. Dort kommt mir auf der Straße ein Fuhrwerk entgegen. An seinen Pferden erkenne ich den Langguter Verwalter noch rechtzeitig genug, um in einem leerstehenden Hause verschwinden zu können. Von der Mittagssonne geblendet, fährt er vorüber, ohne mich erkannt zu haben.

Hinter Gallinden kürze ich diesmal den Weg ab und gehe durch den Tomlacker Wald nach Reichau. Dort in der Scheune eines leerstehenden Gehöftes, im Stroh sitzend, warte ich die Abenddämmerung ab. Es ist erbärmlich kalt. Ich bin ziemlich erschöpft, und die Sorge um meine Tante läßt keinen rechten Vorwärtsdrang mehr aufkommen. Bei beginnender Dunkelheit komme ich auf einem Umweg durch den Wald in Ponarien an. Kein Mensch ist zu spüren. Ich klopfe bei Preuß an die Tür, sie ist verschlossen. Aber daneben die Kutscherwohnung, die ist offen. Sehr verängstigt erscheint Frau Klein. Preuß mit seiner Frau und andere Familien sind im November herausgesetzt worden. Ihr Mann ist seit einem Jahr fort. Aber Böhnke, der Schmied, ist noch da. Sie bringt mich zu ihm.

*Sonntag, den 20. Januar*

Eine Nacht und den Tag über bin ich bei Böhnkes gewesen. Fräulein Görke, die noch da ist und für den polnischen Verwalter kocht, wurde benachrichtigt und kam, um mir ein Stück Speck zu bringen. Frau Lemke, deren Mann verschollen ist, kam auch und brachte zwei Paar Socken mit. Es sind jetzt mehr Polen hier als im Herbst. Preuß wurde aus seiner Wohnung herausgesetzt, weil man seine Sachen haben wollte. (Später haben wir erfahren, daß er und seine Frau auf dem Transport gestorben sind.)

Abends gegen zehn Uhr ziehe ich bei Vollmond wieder los. Es ist noch kälter geworden. Landweg bis Hermenau, von dort Chaussee bis Mohrungen, keine Menschenseele auf der Straße. Aber dicht vor der Stadt, da biegen auf einmal Männer um die Ecke und kommen schnell auf mich zu. Ich kann nicht mehr ausweichen und gehe ihnen mitten auf der Straße entgegen. Es sind Soldaten, richtiges Militär. Mit denen kommt man immer noch am ehesten zurecht. Der erste hält mich im Vorbeigehn an, murmelt irgend etwas von »starosta«, grüßt und läßt mich weitergehn. Vielleicht hat er mich für den polnischen Landrat gehalten. Die anderen nehmen daraufhin keine Notiz von mir. Ich schwenke vor der Stadt nach rechts ab, gehe hinter den Kasernen durch Übungsgelände mit Drahtzäunen und zugefrorenen Gräben, kreuze die Bahnstrecke und gelange wieder auf die Straße, die nach Westen führt. Den Spuren nach scheint sie stärker befahren als die früheren Straßen, auf denen ich ging. Man muß also auf der Hut sein.

Bald erreiche ich den Bestendorfer Wald und dann den Ort Bestendorf. Das Gutshaus steht noch. Aus dem Dorf dringt lautes Gejohle. Gegen Mitternacht mache ich einen Augenblick Rast in einer Feldscheune links der Straße, stecke Stroh an, um mir die Hände zu wärmen, lösche es aber gleich wieder aus, weil die Scheune meinetwegen nicht abbrennen soll.

An der Straßenkreuzung bei Maldeuten wird die Frage akut, wohin ich mich wenden soll: nach Marienburg und von dort aus weiter nach dem Westen oder dorthin, wo vor einem Jahr noch die Eltern und der Bruder waren. Das Risiko eingehen, womöglich auf Eisschollen über die Weichsel zu müssen, oder noch einmal nach Hause an die Gräber, und dann kommen lassen, was will. Ich weiß, daß in Januschau die Russen sind. Trotzdem zieht es mich mit Gewalt dorthin. Vielleicht finden sich in der Nähe noch Deutsche. So lasse ich mich treiben.

Das Straßenschild sagt: 11 Kilometer bis Saalfeld. Auch hier die alten Ortsnamen mit russischen Buchstaben geschrieben. Saalfeld sieht aus der Entfernung sehr ramponiert aus. Ich lasse die Stadt rechts liegen, kreuze die Bahnstrecke nach Liebemühl; auch hier ist der Schienenstrang abgeräumt. Der nächste Ort, Weinsdorf, weist erhebliche Schäden auf. Ich gehe mitten hindurch, höre aber plötzlich Schritte und nehme Deckung hinter der Kirche. Zwei Männer gehen eilig und fröstelnd vorüber und verschwinden in einem Haus. Ich setze meinen Marsch fort. Nach einer weiteren Wegstunde taucht Gerswalde aus dem Mondnebel vor mir auf. Ich überlege, ob ich den Ort passieren soll, biege dann aber nach links ab, komme auf den See, gehe an einer langen Reihe hölzerner Fischerhäuser vorüber, ohne daß sich etwas rührt, überquere die weite Eisfläche des Geserich und komme in der Nähe der Försterei Eichenlaube wieder ans Land. Zwischen den jungen Eichen bricht eine Rotte Sauen im Mondlicht, ganz vertraut. Es scheint sie hier niemand zu stören. Noch ein Blick zurück auf den See, dann kreuze ich die Straße nach Schwalgendorf, gehe quer durch den Bestand und gelange an der Provinzgrenze wieder auf die Hauptstraße.

Westpreußen! Finckensteiner Wald! Wie heimatlich wird es hier. Die Heidemühle steht noch und ist, wie es scheint, in Betrieb. Die Wege dorthin sind breit ausgefahren wie noch nie. Dann der Januschauer Wald. Auch hier der Hauptweg breit ausgefahren wie eine große Verkehrsstraße. Was mögen die Russen hier treiben? Aber rechts und links im Bestand, da ist noch alles wie früher. Zwischen den Buchenstämmen hindurch der Blick auf den See, und jede Biegung des Weges erfüllt von tausendfältigem Erinnern an Nächte und Tage aus einem früheren Dasein. Ein Mensch allein kann das alles kaum fassen. Aber nach einem Marsch von sechzig Kilometern bin ich wieder in einer Verfassung, die verbunden ist mit der Vorstellung, es ginge noch einer mit.

Draußen auf dem Felde ist der Weg noch breiter ausgefahren, der Boden zu beiden Seiten der Allee wie gewalzt. Es dämmert schon, als ich schräg über das Feld den Park ansteuere. Das Nantehaus ist abgebrannt. Noch ein paar Minuten, dann werde ich die Gräber wiedersehen. Und dann stehe ich wirklich dort, wo liebste Menschen ihre letzte Ruhe gefunden haben, sehe im Morgengrauen über die Felder und muß lachen darüber, daß die Gräber aufgewühlt sind und daß abgebrochene Werkzeuge darin stecken, die zum Graben nicht geschaffen sind.

Was habt ihr hier gesucht, ihr törichten Menschen? Offensichtlich habt ihr euch große Mühe gemacht.

Und dann ein paar Schritte bis zur Aussicht durch den Park. Da steht noch das liebe alte Haus. Auf der Veranda eine grelle Lampe, alle Fenster erleuchtet, Türenschlagen, Fluchen, Rädergeräusch – das sind die Russen.

Allmählich wird es immer heller. Irgendwo muß ich bleiben. Die drei Kilometer bis zum Vorwerk Brausen werde ich noch schaffen. Vielleicht sind dort noch Deutsche. Dicht vor Brausen, wo die Straße den großen Graben kreuzt, überholt mich ein berittener Russe in dem allgemein üblichen Stechtrab, ohne sich für mich zu interessieren. Gleich darauf kommt mir ein mit vier vermummten Gestalten besetzter Wagen entgegen, hält an, ich bleibe stehn. Eine Weile sehen wir uns prüfend an – es ist der alte Tiedtke mit drei Januschauer Mädchen, die zur Arbeit fahren. Mit kurzen Worten berichten sie das Wichtigste: Alle Januschauer, die noch leben, sind in Brausen. Der Treck im vorigen Winter ist nur bis in die Gegend von Stuhm gekommen, etwa vierzig Kilometer weit. Meine Mutter und mein Bruder sind dort von den Russen erschossen worden. Mit ihnen starben sechzehn weitere Menschen aus Januschau.

Ich frage, bei wem ich in Brausen unterkommen kann. Sie verweisen mich an Lasner. Bei dem wird es wohl gehen. Von weitem zeigen sie mir das Haus, in dem er jetzt wohnt. Ich soll mich aber vorsehn, das Dorf wird bewacht. Laut singend gehe ich kurz darauf an dem Posten vorbei, der in Pelzmütze und Pantoffeln, mit der Maschinenpistole unter dem Arm, am Schlagbaum lehnt. Zehn Minuten später liege ich wohlbehalten in Lasners Bett.

## 7
## Januschau
### *21. Januar bis 2. August 1946*

*Montag, den 21. Januar*

Ein paar Scheiben Brot mit herrlichem Rübensirup haben mich wieder in Gang gebracht. Denn neben durchgelaufenen Füßen war mir zuletzt die Luft sehr knapp geworden. Zu meinem Erstaunen erfahre ich, daß das Thermometer beim Kommandanten minus 30 Grad zeigt. Das ist mir trotz meiner verhältnismäßig dünnen Kleidung gar nicht zum Bewußtsein gekommen.

Wie ich höre, wird das Land mit den umliegenden Gütern noch von den Russen festgehalten*. Alles Vieh und alle Vorräte aus den Speichern sowie alles bewegliche Inventar ist hier zusammengeschleppt worden. In den Koppeln türmen sich die Dreschmaschinen, Pflüge, Wagen und sonstigen Geräte der ganzen Umgebung. Den Polen hat man nur die zerstörte Stadt Rosenberg und die ausgeräumten Bauerndörfer überlassen. In Brausen befinden sich einige hundert Deutsche: Frauen, Kinder und alte Männer, dazu eine Menge Russen, deren Zahl dauernd wechselt. Der Kommandant soll ein ganz umgänglicher Mensch sein. Gearbeitet wird auf den Feldern nicht, nur das Vieh wird versorgt, etwa hundertvierzig Kühe, die Reste der Herden, die im Winter verlorengingen, dazu einige Schweine. Gefüttert werden sie mit Rübenschnitzeln, die aus der Zuckerfabrik in Rosenberg herangeholt werden. Von diesen Rübenschnitzeln lebt das ganze Dorf mit. Sehr begehrt ist die Tätigkeit im Kuhstall, weil dabei ein Teil der Magermilch abfällt. An Hunger gestorben ist hier keiner, nur zu Anfang einige an Krankheiten und Kälte. Kartoffeln sind noch in ausreichender Menge vorhanden, da im Frühjahr mehrere hundert Morgen bepflanzt worden sind. Das Getreide ist abgeerntet worden und steht zum Teil noch in Säcken auf dem Speicher. Die Russen werden hier offenbar weniger gefürchtet als überall da, wo ich sie bisher erlebte. Mit denen, die schon länger da sind, ist man zum Teil schon reichlich intim geworden.

* Die Rote Armee hatte meist die großen landwirtschaftlichen Besitzungen in Kolchosen umgewandelt, um zur Versorgung der Truppen beizutragen. Manche blieben deshalb noch in russischer Hand, während sonst bereits überall die polnische Verwaltung eingerichtet worden war.

Am Abend werde ich in das gegenüberliegende Haus geleitet, wo der alte Förster H. mit seiner Frau, zwei verheirateten Töchtern und deren drei Kindern wohnt. Sein Forsthaus im Wald (Zollnick) ist abgebrannt. Er ist jetzt bei den Russen als Fallensteller und Holzhacker angestellt und muß mit auf die Jagd fahren. Die Töchter arbeiten auf dem Hof, die eine bei den Kühen, die andere im Hühnerstall des Kommandanten. Ihre Wohnung, bestehend aus einem großen Raum und einer kleinen, durch Vorhang abteilbaren Küche, haben sie jetzt für sich allein. Bis vor wenigen Wochen mußten sie sie mit einer weiteren Familie und mehreren Einzelpersonen teilen. Aber nachdem die Russen eine Reihe von Leuten nach dem Westen mitgenommen haben, konnten sich die Zurückgebliebenen mehr verteilen, und die Familie H. ist in der Lage, mich aufzunehmen. Das Bett in der Küche hinter dem Vorhang wird für mich freigemacht, und tief befriedigt mache ich meine müden Beine darin lang.

*Dienstag, den 22. Januar*
Wir überlegen, was weiter mit mir zu geschehn hat. Zur Fortsetzung meiner Reise ist es zu kalt, und versteckt bleiben kann ich nicht länger, weil sich meine Anwesenheit wahrscheinlich schon überall herumgesprochen hat. H. hält es für das beste, mit mir zum Kommandanten zu gehn und ihm zu sagen, ich sei der Arzt, gehöre hierher und sei endlich zurückgekehrt.

Der Hof ist durch ein großes hölzernes Tor abgesperrt, über dem ein Stalinbild angebracht ist. Ein Teil der Russen bewohnt das vollständig erhaltene Gutshaus. Der Kommandant, ein dicker, älterer Mann im Leutnantsrang, kommt gerade aus dem Garten ins Haus zurück. Er hat nichts weiter an als einen kurzen Pelz und hohe Stiefel. Ich werde ihm vorgestellt. Ohne weitere Auskunft zu fordern, ist er damit einverstanden, daß ich dableibe und mich der Kranken annehme. Wohnen soll ich bei H. Dann verabschieden wir uns, und durch die Menge der Russen, die in der gewohnten Formlosigkeit den Flur belagern, bahnen wir uns den Weg, um vieles gefestigter, als wir gekommen sind.

Abends wird von der Flucht erzählt. Vor einem Jahr verließen sie Januschau mit ihrem Treck, die Kinder und die alten Leute auf den Wagen, alle anderen zu Fuß. Als man in die Gegend von Stuhm gekommen war, wurde ein Radfahrer nach Marienburg vorausgeschickt. Der sollte feststellen, ob Aussicht bestünde, mit dem Treck über die Nogatbrücke zu kommen. Er kam zurück und äußerte sich zweifelnd, weil zahllose Trecks im Anmarsch auf die Brücke wären. Das bestärkte meinen Bruder und den Oberinspektor in ihrer Auffassung, die Flucht sei ohnehin sinnlos. So blieb man auf einem kleinen Gutshof bei Altmark und wartete dort auf die Russen. Sie kamen am 25. Januar gegen Abend. In dem Durcheinander, das nicht geschildert zu werden braucht, weil es überall das gleiche war, wurde mein Bruder mit dem Messer schwer verletzt. Meine Mutter konnte ihn noch notdürftig verbinden. Dann kamen andere Russen, fragten, wer er sei, und erschossen ihn dann mit meiner Mutter zusammen. Ich bin tief dankbar, daß alles so schnell gegangen ist. Seitdem ich weiß, daß sie nicht aus Westpreußen herausgekommen sind, hat mich der Gedanke an ihr mögliches Schicksal auf Schritt und Tritt verfolgt.

Beim Zusammentreffen mit den Russen wurden noch sechzehn weitere Menschen erschossen oder verbrannt. Den Frauen ging es wie überall. Was an jüngeren Männern noch da war, wurde mitgenommen. Der Förster H. büßte trotz seiner Jägeruniform erstaunlicherweise nur seine Stiefel ein und konnte sich mit seiner Familie dann acht Tage lang in einem abgelegenen Gehöft versteckt halten. Dann sind sie, sehr ausgehungert, zurückgegangen und durch tiefen Schnee mit letzter Kraft in Januschau angekommen. Dort wurden sie mit vielen anderen zusammen in die Schule quartiert, wo die Frauen wieder malträtiert wurden. Dann verwies man sie nach Brausen, wo sich allmählich die meisten Bewohner wieder einfanden. Ein Deutscher, der Polnisch konnte und die Russen verstand, wurde Vertrauensmann der Russen. Er hat, obgleich er bis dahin ein ganz harmloser Mensch gewesen war, seinen Leidensgenossen in ihrer Bedrängnis noch viel Schaden zugefügt, ehe er zur allgemeinen Erleichterung im Sommer starb.

*Mittwoch, den 23. Januar*

Meine Füße haben sich so weit erholt, daß es mir möglich ist, die Töchter des Hauses (Frau S. und Frau L.) bei einem Unternehmen zu begleiten, das sie schon seit längerer Zeit vorhaben. Sie wollen sich die Kreisstadt Rosenberg einmal von innen ansehen und bei der Gelegenheit versuchen, eine von ihren Tischdecken, die sie mit Erfolg vergraben hatten, bei den Polen gegen Fett einzutauschen. Unauffällig verlassen wir das Dorf und gelangen auch ohne Zwischenfall ans Ziel.

Die Stadt sieht jammervoll aus. Der Markt ist ein Trümmerhaufen. Auf der Straße sieht man einzelne Polen. Von früher ist allem Anschein nach kein Mensch mehr da. Zögernd betreten wir einen kleinen Laden. Die stark geschminkte Verkäuferin, die »Warszawianka«, wie das Türschild besagt, mustert uns, eine Zigarette im Mundwinkel, von oben bis unten. Wir zeigen die Tischdecke, und es entspinnt sich ein lebhafter Handel. Sie spricht gebrochen Deutsch. Als wir im Hintergrund des Ladens zwei Russen sitzen sehn, ziehen wir uns langsam zurück, bevor es zu einem Handelsabschluß gekommen ist. Im nächsten Laden, einer Bäckerei neben der Post, haben wir mehr Glück. Die Inhaberin, eine freundliche Frau, gibt uns Brötchen und Geld für die Decke. Es sind die ersten Brötchen, die ich seit einem Jahr zu sehen bekomme. Die Bäckerin warnt uns vor der Miliz. Wir schleichen durch die Trümmer aus der Stadt heraus. Auf dem Rückweg werfe ich noch einen Blick in das leerstehende Krankenhaus, das nicht zerstört ist und sogar noch eine Menge Fensterscheiben hat.

*Donnerstag, den 24. Januar*
Heute halte ich zum erstenmal Sprechstunde in einem der neuen Zweifamilienhäuser, in dem bisher Nadja, eine russische Krankenpflegerin, allein behandelt hat. Die Haustür steht offen, da sie nicht in den Türrahmen paßt. Im Flur erhebt sich eine ansehnliche Schneewehe. Daneben steht eine Bank für die wartenden Patienten. Die Tür zum Behandlungsraum hat keinen Drücker, da alle Türklinken sofort herausgerissen und mitgenommen wurden. Ich erhalte einen Drücker von Nadja zu meinem persönlichen Gebrauch. Zu behandeln gibt es in der Hauptsache eiternde Beine. An Medikamenten stehen lose Tabletten, Salbenreste aus Wehrmachtbeständen und einige undefinierbare Mixturen aus russisch beschrifteten Bierflaschen zur Verfügung. Nadja ist ruhig und gemütlich, spricht leidlich Deutsch und hält nicht viel von Sauberkeit.

*Sonnabend, den 26. Januar*
Heute fahren die Russen auf Jagd. Die Munition wird in zwei Kartoffelsäcken mitgenommen. Abends kommen sie mit einem Stück Rotwild und einer Sau nach Hause. Mehrere Stücke wurden krankgeschossen. Da auch die Treiber sich am Schießen beteiligen, sind etwa zweitausend Schuß gefallen. Obgleich Jagden dieser Art zweimal die Woche stattfinden, soll es immer noch

viel Rotwild geben. (Als wir das letzte Mal hier jagten, fielen sechsunddreißig Schuß, und sechzehn Stück Wild lagen auf der Strecke.)

Abends kommt H.s Schwiegertochter aus Schwalgendorf durch den Wald gegangen und bringt Fische mit. Sie hat die Schwiegereltern lange nicht gesehen. Ihr Vater hatte früher den Geserich und mehrere andere Seen gepachtet. Sie ist von der Flucht allein zurückgekehrt und kocht jetzt für die Russen, die in ihrem Hause wohnen und Fischerei betreiben. Vorher hat sie in der Gegend von Marienwerder ein paar Monate bei den Russen als Maschinenschlosser gearbeitet. Ihr Mann ist, ebenso wie sein Bruder, in Rußland gefallen. Die Gegenwart dieses jungen, starken, furchtlosen Menschen hat für uns alle etwas Befreiendes.

*Sonntag, den 27. Januar*

Von Tag zu Tag steigert sich bei mir die Sorge um meine in Grasnitz zurückgebliebene Tante. Was mag aus ihr geworden sein? Haben die Polen sie weggeholt oder ist nichts weiter passiert? Ich kann keine Ruhe finden, ehe ich nicht Gewißheit über ihr Schicksal habe. Deshalb muß ich versuchen, noch einmal dorthin zu gelangen.

Am Nachmittag begleite ich also die junge Frau H. auf ihrem Rückweg nach Schwalgendorf. Januschau umgehen wir der Russen wegen. Sie sollen dort ein Depot von etwa tausend Pferden haben. Der Wald ist unberührt; überall liegt noch das geschlagene Holz von früher. Vor einem Jahr haben wir hier noch gejagt, ganz gewiß, daß es das letzte Mal sein würde. Daß man jetzt wieder hier geht, ist fast unbegreiflich. Wir kommen an den Seen vorüber, passieren die ost-westpreußische Grenze, die gleichzeitig Januschauer Gutsgrenze ist, sehen den »Weißen Mann« am Wege stehn. Das ist ein weißgetünchter Mann aus Holz, den jemand früher einmal mitten im Wald an einer Weggabelung aufgestellt hat, um seine Gäste zu erschrecken, die nachts auf dem Heimweg an dieser Stelle vorbeifahren mußten. Jetzt ist er nur noch zur Hälfte vorhanden, den Hinterkopf haben ihm die Russen weggeschossen.

Eine halbe Stunde später sind wir in Schwalgendorf, dem großen Fischerdorf am Geserichsee. Etwa die Hälfte der Häuser ist abgebrannt. Es wohnen noch eine Menge Deutsche hier, wie überall Frauen, Kinder und alte Männer. Die jüngeren Männer sind, soweit sie noch leben, in Gefangenschaft oder im Westen.

Von ihnen weiß man nichts. Wir kehren bei dem alten Fischer Kuczmarski ein. Die Leute leben hier im wesentlichen von Fischen, die beim Fischfang der Russen beiseite gebracht werden. Sämtliche Männer werden zum Fischen herangezogen.

Nach kurzem Aufenthalt gehe ich die Treppe zum Seeufer hinunter und steuere über die Eisfläche hinweg den Ort Weepers an. Dort bin ich an einen Fischer gewiesen worden, der eine Landkarte haben soll. Ich finde ihn zu Hause, und es gelingt mir nach einiger Überredung, ihn zum Vorzeigen seiner Karte zu bewegen. Mitgeben will er sie mir nicht. Ich sehe sie mir also genau an und mache mir eine kleine Skizze der Hauptwege und Ortschaften, die in der gewünschten Richtung liegen. Der alte Mann schüttelt bedenklich den Kopf und warnt mich vor den Polen.

In der Abenddämmerung passiere ich Gablauken, wo noch Deutsche wohnen. Ich wechsle ein kurzes Wort mit ihnen und erreiche, als es schon völlig Nacht ist, den letzten Ausläufer des Geserich am sogenannten Kragger Winkel. Von früher her ist mir das ein geläufiger Begriff, obgleich ich zufällig nie hiergewesen bin. Jetzt ist es mir vergönnt, dies alles kennenzulernen. Ich versuche, dem Ufer des offen dahinfließenden Kanals zu folgen, um den Weg abzuschneiden. Dabei komme ich aber zu sehr von der Richtung ab und muß wieder kehrtmachen, um dann doch den vorgezeichneten Weg zu benutzen. Er führt mich nach Passieren eines Ortes wieder an den Kanal und eine ganze Zeit an diesem entlang durch Wiesengelände bis zu dem Ort Liegen, den ich mir auf meinem Plan eingezeichnet habe. Von dort gehe ich quer über die Felder in gerader Richtung auf das Städtchen Liebemühl zu. Es ist so stark zerstört, daß ich es für unbewohnt halten muß. Rechts und links der Straße starren Ruinen im beginnenden Mondlicht. Nirgends ein Zeichen von Leben, obgleich es erst sechs Uhr abends sein kann. Die Brücke über den nicht zugefrorenen Kanal ist glücklicherweise erhalten.

Ich überquere den Marktplatz – da schlägt plötzlich die Turmuhr, klar und hart, so daß es einem durch alle Glieder fährt. Bald bin ich am Ausgang der Stadt, wo die Straße sich gabelt, rechts nach Osterode, links nach Mohrungen. Da sehe ich Licht zur linken Hand, und schon tritt mir ein polnischer Milizmann in den Weg. Er fragt, wo ich hin will, und hält mich hohnlachend fest, als er merkt, daß ich kein Pole bin. Ich nehme meinen Hammer aus dem Gürtel. Er läßt los. Ich gebe ihm einen

Schubs, laufe, ehe er sich gefaßt hat, ein Stück auf der Osteroder Chaussee entlang, biege nach links ab und versuche, durch die Felder den Wald zu gewinnen. Über den gefrorenen Acker laufend, kommt mir der Gedanke, wie die Sache wohl weitergehn würde, wenn ich mir jetzt einen der so überaus banalen Knöchelbrüche zuzöge. Ein paar Kilometer, dann ist der Wald glücklich erreicht. Der Posten wird es kaum riskiert haben, mich in der Dunkelheit zu verfolgen.

Am Waldrand entlangpirschend, gelange ich auf die Straße nach Mohrungen, folge ihr ein Stück und warte gespannt auf die nächste Biegung, die sie macht. Dort darf ein abzweigender Waldweg nicht verpaßt werden. Wenn ich den verfehle, gibt es einen großen Umweg. Schon erkenne ich die kritische Stelle, aber gleichzeitig schrecke ich auch schon zurück vor einem riesigen schwarzen Gegenstand, der den bewußten Waldweg zu versperren scheint. Lange starre ich ihn an, ohne mich zu rühren, bis mir klargeworden ist, daß es sich wieder um einen der vielen abgeschossenen Panzer handelt.

Der Weg durch den Wald zeigt eine Menschenspur im Schnee, die bald nach rechts abbiegt. Von da an spürt sich nur noch Wild. Die Richtung ist jetzt nicht mehr zu verfehlen, da der Himmel klar ist und der Polarstern mir den Weg weist. Bald gerate ich mitten in eine Rotte Sauen hinein, die friedlich zu beiden Seiten des Weges bricht. Später, auf einer Lichtung, läßt mich ein Rudel Rotwild dicht herankommen. Und dann bin ich zu meiner eigenen Überraschung schon wieder auf einer Straße. Ich sehe mich um, rechts, nicht weit entfernt, zweigt eine weitere Straße in östlicher Richtung ab. Eck-Schilling! Auf einem Stein sitzend, ruhe ich ein paar Minuten aus, tief dankbar, diese unverkennbare Stelle mitten im Walde glücklich erreicht zu haben. Ganz in der Nähe muß der Schillingsee beginnen, den ich ein paar Kilometer weiter südwärts vor wenigen Tagen überquert habe. Noch eine Stunde Weges auf der Straße nach Osten, und dann wieder ein charakteristisches Merkmal: eine besonders starke Kiefer, die sich vom linken Straßenrand bogenförmig nach rechts herüberneigt. Gefühlsmäßig sage ich mir, dies kann nur die unmittelbare Nähe eines Ortes anzeigen. Ich werde wieder vorsichtiger, sehe, daß der Wald sich etwas lichtet, erkenne links ein Haus, rechts ein hohes Gatter, dahinter eine Koppel und weitere Häuser. Taberbrück kann das nur sein, das begehrteste Forstamt der ganzen Provinz. Napoleon hat sich von hier schon sein »Bois de Tabres« nach Paris geholt.

Ich muß jetzt nach rechts abbiegen, krieche durch das Gatter, springe über einige oberflächlich zugefrorene Gräben, komme dicht an den Forsthäusern vorbei, die bewohnt scheinen, finde den Weg, der nach Dungen führt, und komme aus dem Wald heraus. Das Dorf wird im großen Bogen umgangen. Als ich mit dem Eis eines großen Grabens zusammenbreche, fangen Hunde an zu bellen. Gleich darauf aber bin ich auf bekannten Wegen angelangt, die Försterei Pupken, wo wir den polnischen Förster manchmal besucht haben, der Wönicker Weg, Grasnitzer Wald – so schön wie im Traum. Am Waldrand in der Kastanienallee noch eine Rotte Sauen, die mir den Weg nur unwillig freigibt, dann stehe ich vor dem Hause meiner Tante und klopfe atemlos vor Spannung an ihr Fenster. Es erscheint eine Gestalt – sie ist es. Ich trete aus dem Dunkel hervor.

Seit ich hier fort bin, ist nichts Bemerkenswertes vorgefallen. Einmal war Miliz da und hat nach mir gefragt, ohne besondere Gründe anzugeben. Die Bewohner vermuten mich im Gefängnis in Osterode. Es ist noch nicht Mitternacht, so daß mir noch eine gute Zeit zum Schlafen bleibt.

*Montag, den 28. Januar*

Meine Tante ist unter Hinweis auf ihr lahmes Bein heute nicht zur Arbeit gegangen. Wir sind den ganzen Tag beisammen geblieben, haben von den Toten gesprochen und an alle die gedacht, von denen wir nicht wissen, ob sie noch leben. Gegen zehn Uhr nachts breche ich auf. Die alten Schuhe machen nicht mehr mit und werden in den Rucksack gesteckt. Ich ziehe ein Paar Filzstiefel an, die ich mir kürzlich selbst repariert habe. Ein Neues Testament und ein Losungsheft aus dem Jahre 1935, das mit Sonn- und Feiertagen genau auf das laufende Jahr paßt, darf ich mitnehmen. Bis Liebemühl gehe ich denselben Weg zurück, auf dem ich gekommen bin. Dann aber weiche ich nach rechts aus und suche mir, am Kanal entlanggehend, die Eisenbahnbrücke. Sie muß weit außerhalb der Stadt liegen. Glücklicherweise ist sie erhalten geblieben. Als ich sie mit angehaltenem Atem überquere, schlägt drüben wieder die Turmuhr, zwei Schläge.

Dann geht es lange querfeldein; in der sternklaren Nacht ist die Richtung gar nicht zu verfehlen. Als ich am Kragger Winkel angekommen bin, sind die Sohlen durchgelaufen. Deshalb gehe ich, obgleich es einen kleinen Umweg bedeutet, auf dem Eis des Sees weiter. Als ich in Weepers ankomme, wird es schon dämmerig. Ich melde mich bei dem alten Fischer zurück und lasse mir von ihm die genaue Richtung über den See angeben. Eine halbe Stunde später taucht Schwalgendorf vor mir aus dem Nebel auf. Bei Kuczmarski kann ich mich ausruhen, bekomme Fische zum Frühstück und noch einen ganzen Rucksack voll Fische zum Mitnehmen aufgepackt.

Als ich, schon wieder in Westpreußen, am Zollnicker Berg angelangt bin, bemerke ich zu spät, daß die Russen auf Jagd sind. Sie fahren an mir vorbei, einer zielt auf mich, es gibt beinah ein Unglück. Aber H. ist mit auf dem Schlitten und rettet die Situation. Ich darf weitergehen.

Am Waldrand liegt ein toter Fuchs, den ich auf dem Hinweg gefunden und hier versteckt habe. Der Balg ist noch gut und wird vielleicht etwas Geld bringen, wenn die Polen ihn haben wollen. Ich nehme ihn über die Schulter und lande mit hängender Zunge gegen Mittag wieder in Brausen.

Am Nachmittag ist Sprechstunde. Ein kleiner zweiundzwanzigjähriger Armenier im Leutnantsrang, der sogenannte Medizinleutnant, ist angekommen, um sich hier ärztlich zu betätigen. Man hat ihn bereits neben dem Behandlungsraum einquartiert. Er kann etwas Deutsch und gesteht mir, daß er von Medizin keine Ahnung habe. »Kranke kommen, Hans, du kucken, ich sagen«, so denkt er sich unsere Zusammenarbeit. Ohne Pause singt und pfeift er deutsche Schlager (Ma-ri-anka). Er war schon in Berlin und hat dort eine Freundin, über deren Vorzüge ich auf das genaueste unterrichtet werde. Offenbar mag er mich gern und veranlaßt, daß ich neben ihm in der Küche wohnen soll, aus der eben zwei Russinnen ausgezogen sind.

Abends wird der Fuchs abgebalgt. H.s Töchter bemühen sich inzwischen, meine Küche wohnlich zu machen. Sie schrubben die Wände und bringen mit Hilfe einer Gartenhacke den Fußboden wieder ans Licht. Vor dem Schlafengehen lese ich aus der Heiligen Schrift vor.

*1. Februar*

Das Wetter ist plötzlich umgeschlagen. Es taut und regnet. Ich gehe in den Wald und finde dicht bei Zollnick die Schweißfährte eines Hirsches von der gestrigen Jagd. Sie endigt in einem Wundbett hart am Weg nach Peterkau. Dort ist der verendete Hirsch offenbar von einem polnischen Holzfuhrwerk aufgelesen worden. Auf dem Rückweg komme ich an der Stelle vorbei, wo ich am Silvesterabend 1933 einen sehr starken Keiler erlegte, und dann über die Klavierbrücke, wo ich vor mehr als zwanzig Jahren meine erste Schnepfe schoß. Die kleine Tanne, unter der ich sie damals fand, ist jetzt schon ein ansehnlicher Baum.

H. ist heute in Schwalgendorf gewesen, um den neuen polnischen Forstmeister zu besuchen. Der Russen wegen traut er sich nicht, selbst herzukommen, und hat deshalb durch die Schwiegertochter sagen lassen, H. möchte ihn doch einmal aufsuchen. Der ganze Wald in der Umgegend ist sein Dienstbereich, also mehr als 50000 Morgen. Nur fehlt es ihm an geeigneten Mitarbeitern. Wie es scheint, ist er ein passionierter Jäger mit Verständnis und Herz für den Wald und die Landschaft. Er kümmert sich auch um die Schwalgendorfer Leute und verschafft ihnen Arbeit im Walde, durch die sie eine Kleinigkeit verdienen können. H. hofft sehr, daß einmal die Möglichkeit bestehen wird, dorthin überzuwechseln.

*3. Februar*

Der Kommandant hat mir einen Wagen zum Holzholen für meinen Wohnraum bewilligt. Ich fahre zum sogenannten Melkplatz nah am Waldrand und lade zwei Festmeter Erlen auf. Alle anderen Wagen sind ebenfalls nach Holz unterwegs, denn die Lokomobile, mit der das Licht gemacht wird, braucht täglich zwölf Festmeter. Viele tausend Festmeter liegen noch im Walde; alles, was in den Jahren 1943 und 1944 geschlagen wurde und nicht mehr abgefahren werden konnte. Darunter auch der wohl hundertundachtzigjährige Kiefernbestand gleich hinter der Grenze, den wir früher immer unseren Gästen gezeigt haben, wenn sie hochwertiges Holz sehen wollten. Nun liegen die herrlichen Stämme kreuz und quer durcheinander und faulen langsam vor sich hin. Man kann gerade noch die Jahresringe zählen.

Eine Reihe Frauen und die zwölf- bis vierzehnjährigen Jungens sind Kutscher bei den Russen. Letztere sind an Frechheit kaum zu überbieten. Es bleibt einem manchmal geradezu der Mund offenstehn bei ihren Bemerkungen in Gegenwart der Russen, wo diese doch immerhin schon eine ganze Menge Deutsch verstehn. Aber sie scheinen es nicht so tragisch zu nehmen, erstens, weil sie grundsätzlich jeder Kindererziehung abhold sind, und zweitens, weil sie selber eigentlich den ganzen Tag nur fluchen, auch wenn es sich um die gegenseitige Mitteilung der einfachsten und nebensächlichsten Dinge handelt.

»Verfluchte Weiber« muß mindestens einmal in jedem Satz vorkommen, auch wenn man etwa nur Feuer für seine Zigarette haben will. Sogar gewisse deutsche Schimpfworte haben sich als Folge des Krieges in ihre Sprache – wenn man das Rotwelsch noch so nennen will – eingeschlichen.

In der Molkerei ist eine Badewanne aufgestellt, die auch ich benutzen darf, und in der Schule schneidet ein Armenier die Haare. Das ist ein besonderes Vergnügen, und wir würdigen es dankbar als einen Beweis russischer Kultur.

*4. Februar*

Heute haben wir fünf Grad Wärme und Sturm. Trotzdem wurde wieder auf Jagd gefahren. Resultat: ein Reh, ein Fuchs, ein Eichhörnchen. Die Zahl der Schüsse wird wieder auf zweitausend geschätzt.

Ich war mit Frau L. in Rosenberg zum Handeln. Für eine Tischdecke bekamen wir ein Kilo Speck im Wert von vierhundert Zloty. H.s hatten noch mehr Sachen vergraben, die wurden aber sehr bald gefunden. Auch hier suchen die Russen immer noch mit langen, spitzen Eisenstangen, die sie sich vom Schmied machen lassen, nach vergrabenen Schätzen. – Ein Teil unserer hiesigen Russen soll, wie es heißt, demnächst nach Liegnitz in Schlesien versetzt werden. Dort ist ihre nächste vorgesetzte Dienststelle! Michael, mein armenischer Kollege, hat mich und drei seiner Landsleute auf Schnaps eingeladen. Der Schnaps wird vom früheren Schweizer, der auch jetzt für das Vieh verantwortlich ist, aus Rübenschnitzeln gemacht und ist sehr trübe. Man kann ihn nur trinken, wenn man Brot in die Nase steckt. Das hat mir ein Russe geraten. Nachts brummt mir der Schädel. Nebenan singt Michael statt Marianka sehr östliche, trillernde Lieder. Man sieht eine sonnendurchglühte Karstlandschaft mit Ziegenherden vor sich.

*6. Februar*

Drei Grad Wärme. Seit einigen Tagen ist der Boden durchgetaut. Alle Abflüsse sind verstopft. Zwischen den Haustüren und zur Pumpe geht man auf Brettern oder springt von einem Ziegelstein auf den andern. Der Schweizer hat mir Holzpantoffeln gemacht.

Ich mache Krankenbesuche in den benachbarten Dörfern Faulen und Albrechtau. Dort sind Russen, Polen und Deutsche zusammen. Der Mist aus den Ställen wird meterhoch in den

Park gefahren. Auch hier liegen Pflüge, Mähmaschinen, Hungerharken und Dreschkästen auf der Koppel. Das Gutshaus in Faulen ist abgebrannt. In Albrechtau stehen die meisten Häuser noch. Der Weg dorthin ist hundert Meter breit ausgefahren.

Meine Praxis wächst. Viele kommen zum Zahnziehen, da es sich herumgesprochen hat, daß ich eine Zahnzange habe. In mein Zimmer bekomme ich einen Blechofen, den ein »Spezialist« gemacht hat. Er wird in Sekundenschnelle rotglühend und ebenso schnell wieder kalt. Wir sägen und hacken Holz. Abends versuche ich, aus Bindegarn Schuhe zu machen. Zum Abschluß wird aus der Bibel gelesen.

*9. Februar*

Der Nachmittag ist arbeitsfrei, weil die Russen morgen zur Wahl müssen. Ein kleiner litauischer Maler, der über mir wohnt, hat schon fünfundvierzig Stalinbilder für diesen Tag hergestellt. Wir benutzen die Zeit, um Sirup zu machen. Dabei hat wegen der Enge im Raum jeder seinen bestimmten Platz einzunehmen. Die Säcke mit Rübenschnitzeln werden halboffiziell vom Speicher geholt. Eine kleine Fruchtpresse, die H.s gerettet haben, wandert im Dorf von Hand zu Hand. Wenn einer an die Tür klopft, ist es meistens wegen »de Press«.

*10. Februar*

Alle Russen der Umgebung und die Litauer, die bei ihnen arbeiten, waren heute in Bellschwitz zur »Wahl«. Da hat es offenbar reichlich Schnaps gegeben.

Wir teilen Bindegarn zum Stricken. Frau L., als Spezialistin, thront auf einem Schemel auf der Wäschekiste und teilt mit erhobenen Armen, zwei von uns sitzen zu ihren Füßen und wickeln auf. Jedes Knäul wird dann nochmals geteilt. Daraus werden alle notwendigen Kleidungsstücke gehäkelt oder gestrickt. Ein besonderes Lob gebührt der Firma, die dies Bindegarn für das Getreide erfunden hat. Sie hat es sich wahrscheinlich nie träumen lassen, was für eine Hilfe für Hunderttausende von Menschen es einmal sein würde.

*11. Februar*

Michael hat Besuch von einem Oberleutnant und einem Leutnant bekommen, beides Damen. Oberleutnant hat den Vorrang und ist mir schon im voraus eingehend beschrieben worden. Leutnant hat sich inzwischen über die Wäsche gemacht und versucht vergeblich, sie bei rasendem Schneesturm an einem Draht aufzuhängen.

Einige Russen kommen mit blutigen Köpfen zur Behandlung. Solange es nichts Ernstes ist, werden große Kopfverbände besonders geschätzt.

Der Schweizer B. ist der einzige jüngere Mann hier unter vierhundert Einheimischen. Er war zufällig nicht beim Treck, als die Russen kamen, und hat sich später von Pommern aus auf Umwegen wieder bis hierher durchgeschlagen. Er geht geschickt mit den Russen um, deshalb hat er auch das Vieh wieder übernehmen dürfen. Die Butter ist für Liegnitz bestimmt. Da jedoch nur alle vier Wochen ein Wagen dorthin geht, wird sie so lange in Blechwannen auf dem Speicher gehortet. Aus der Magermilch wird neuerdings in einer Badewanne Quark bereitet. Damit es schneller geht, wird unter der Wanne Feuer gemacht. Der angebrannte Quark wird dann im Rahmen der fünftägigen Lebensmittelzuteilung an die »Arbeitenden« ausgegeben. Ich gehöre auch dazu.

*17. Februar, Sonntag*

Klares Wetter und Sturm. Mit drei kleinen Milchkannen voll Sirup, den wir gegen Fische eintauschen wollen, gehe ich mit der sehr stabilen Frau L. nach Schwalgendorf. Januschau wird, wie üblich, umgangen. Ohne uns einmal aufzuhalten, legen wir die Strecke im Eilmarsch zurück. Bei Kuczmarski bekommen wir als Überraschung Butterbrot; er hat noch eine Ziege. Seine Tochter, Frau Buchholz, holt unauffällig Patienten zusammen, die für den Fall meines Besuchs darum gebeten haben. Auch die Zahnzange tritt ausgiebig in Tätigkeit. Neuerdings sind einige polnische Familien nach Schwalgendorf gekommen. Mit vielen Fischen beladen, kommen wir abends bei Mondschein und Sturm nach Hause.

*18. Februar*

Sturm von Nordost und Schneetreiben. Ziegel fallen von den Dächern. Sämtliche Heuwagen, die heute aus Peterkau herkommen sollten, sind umgeworfen worden. H. wurde im Walde durch einen schrägstehenden Baum vom Holzfuder gewischt und wird stark verdröhnt und verfroren nach Hause gebracht. Michael ist heute weggegangen, für ganz. Ich ziehe in seine Stube.

*19. Februar*

Bei dem gestrigen Sturm sind etwa dreißig alte Fichten am Waldrand in unserer Nähe mit der Wurzel ausgerissen worden und alle in der gleichen Richtung in den Bestand gefallen. Auch im Walde ist schwerer Windbruch.

Ich war mit Frau L. in Rosenberg. Die Bäckerin kaufte den Fuchs für fünfhundert Złoty. Ein Pfund Zucker kostet neunzig Złoty. Auf dem Rückweg Neuschnee und dann Sonne.

Nachts holt mich Nadja zur derzeitigen Frau des Kommandanten, die sich mit Leibschmerzen krümmt. Sie hat etwas eingenommen. Nadja scheint den Fall zu kennen. Sie läßt sie dreimal hintereinander zwei Liter Milch trinken und wieder von sich geben. Die schöne Milch! Wir könnten sie gut brauchen.

*20. Februar*

Ich versuche, Alice und Peter L., acht und sieben Jahre alt, Schulunterricht zu erteilen. Aller Anfang ist schwer – für beide Teile. Abends kommt ein Wagen mich nach Faulen holen. Hinten sitzt Nadja, zwei Russen vorn. Wir fahren im gestreckten Galopp von der Haustür weg. Zehn Meter weiter sitzen wir bereits auf einem Steinhaufen, der Wagen reißt mitten durch, Nadja und ich bleiben sitzen, das Vorderteil mit den Russen entschwindet in der Dunkelheit. Ich gehe zu Fuß weiter. Auf halbem Wege holt mich der zweite Wagen ein, von Berittenen begleitet. Ich steige widerwillig ein, der Kutscher schlägt im Stehen mit dem Leinenende auf die Pferde. Er will die Reiter nicht vorbeilassen. Der Wagen springt durch Schneewehen, bleibt aber heil. In Faulen stehen dreißig bis vierzig Menschen rauchend um das Bett eines jungen starken Russen, der einen tiefen Messerstich unter dem rechten Schlüsselbein hat. Er schreit mich an, fragt, ob er sterben müsse. Ich bejahe, falls nicht alle sofort den Raum verlassen. Sein diesbezügliches Fluchen hat prompten Erfolg. Er kriegt wieder Luft und beruhigt sich schnell. Ich kann das Notwendige anordnen. Wie es scheint, hat er noch Glück gehabt.

*21. Februar*

Frau Petschat hat mir aus zwei Säcken eine neue Hose genäht, hellgelb mit aufgesetzten Taschen, in der Knöchelgegend zugezogen. Das ist die neue Tracht für Männer und Frauen. – Abends hole ich einen Sack Rübenschnitzel vom Hof. Frau L. hat ihn vorher so hingestellt, daß ich ihn heimlich durch ein

Stallfenster vom Gutsgarten aus erreichen kann. Durch tiefen Schnee komme ich unbemerkt mit meiner Last zurück. Nun bin ich auch schon zum Dieb geworden. Zur Zeit fahren täglich zwanzig Wagen, von Frauen und Mädchen kutschiert, nach Riesenburg und kommen abends mit Rübenschnitzeln wieder. Riesenburg ist polnisch, die Zuckerfabrik wird aber von Russen bewacht.

*23. Februar*
Heute zwanzig Grad Frost und Rauhreif. Später wird es wärmer und fängt wieder an zu stürmen. Die Russen feiern den Tag der Wehrmacht. Was ich davon sehe, sind blutige Köpfe. Zum Spaß frage ich jedesmal, was ihnen fehlt. »Kopf kapuht« ist die stereotype Antwort. – Abends setzt tolles Schneetreiben ein. Aus einem zähen Stück Buchenholz mache ich Häkelhaken für die Schuhherstellung. Außer Bindegarn braucht man dazu noch Fahrradgummi und Telephondraht. Beides ist reichlich vorhanden, da die Fahrräder kaputt sind und die Telephonleitungen von den Masten herunterhängen.

*3. März*
Gelinde Kälte, Sturm von Südost. Ich war in Schwalgendorf und habe bei Frau Buchholz Sprechstunde gehalten. Der polnische Forstmeister kam vorbei und war sehr freundlich. Er spricht gut Deutsch. Nachdem er mich eine Weile angesehn hatte, fragte er, ob ich nicht fröre und ob er mir nicht etwas zum Anziehn schenken könnte. Ich war fast beleidigt über diese Mißachtung meines Kostüms, auf das ich ganz stolz bin. – Von den Patienten erhielten wir wieder Fische und Baumwollgarn, wovon größere Mengen in Weepers gefunden worden sind.

*5. März*
Es taut und regnet. Alle arbeitsfähigen Leute waren tagsüber in Rosenberg, um Kartoffeln zu verladen, kamen abends um neun erst zurück. Eine Stunde später werden die Männer schon wieder alarmiert. Ich melde mich auch. In mehreren Wagen fahren wir los. Es ist so finster, daß man kaum den Weg sehen kann. In der Nähe des Rosenberger Bahnhofs finden sich Russen und Deutsche aus der ganzen Umgebung zusammen. Da nichts zu erkennen ist, werden zunächst die überall herumstehenden hölzernen Kartoffeltragen abgebrannt. Wir befinden uns zwischen mehreren Kartoffelmieten neben der Bahnstrecke, auf der

ein Güterzug steht. Unsere Leute fangen an, eine Miete aufzuhacken. Überall tritt man schon auf Kartoffeln in der Dunkelheit. Eine Kontrolle ist unmöglich. Es bleibt jedem selbst überlassen, ob und auf welche Weise er die Kartoffeln in den Zug bringen will. Wir tragen sie in Säcken hinüber. Dabei verwickelt man sich jedesmal in den Signaldrähten. Zeitweise tut überhaupt niemand etwas. Als es zu dämmern beginnt, hocken etwa zweihundert Menschen müde und verklammt in den offenen Mieten. Angeblich soll es bald eine Suppe geben. Als aber bis Mittag nichts weiter erfolgt ist, melde ich mich ab und gehe nach Hause zur Sprechstunde. Mit Holzlatschen und einer Forke über der Schulter kommt man heutzutage am sichersten durch Rosenberg. Die Stadt heißt bei den Polen Susz.

Bei den Russen sind Soldaten und Zivilisten schwer auseinanderzuhalten. Sie haben ziemlich dasselbe an und schießen alle. Unsere Russen waren großenteils als Gefangene in Deutschland und haben nun Angst vor Rußland.

*7. März*

Aus Schwalgendorf kamen mehrere Frauen zum Zahnziehen. – Nachmittags war ich in Rosenberg und habe Zucker, Speck, Zwiebeln und Hefe erhandelt. Mit der Hefe machen wir eine Art Bier aus Rübensaft, in der Milchkanne. Wenn es drei Tage alt ist, kann man es ganz gut trinken. – In Rosenberg werden dreitausend russische Soldaten erwartet. Die Polen können dort nur provisorisch leben. Die Russen sind unruhig und sprechen von Krieg. Amerikaner und Engländer sollen an der Elbe aufmarschiert sein und auch die Deutschen bewaffnet haben. Heute ist bei den Russen Muttertag.

*10. März*

Heute ist Sonntag. Die Russen feiern ihn nicht. Ich taufe bei Lasners das jüngste Enkelkind, das letzte rein deutsche im Ort. Abends wird der Geburtstag der Mutter gefeiert. Russen sind auch eingeladen. Drei von den zugelaufenen alten Männern, die seit einem Jahr hier arbeiten, haben sich aus Kisten und Drähten Musikinstrumente selbst gemacht. Die Melodie zu ihrem Getöse macht eine asthmatische Ziehharmonika. Zum Schluß tanzen die Russen wie die Wilden ihre Tänze.

*11. März*
Wassilj, genannt Waschko, der Brigadier, war gestern auf Jagd und hat bei Klein-Brausen ein Stück Rotwild krankgeschossen. Dann ist er durch das Seebruch und den Heidemühler Wald auf der Schweißfährte nachgegangen bis zu einem »Fluß«, über den er nicht hinüberkam. Der Fluß ist die Verbindung zwischen zwei Waldseen. Ich ging heute dorthin und nahm die Fährte auf der anderen Seite des Flusses wieder auf. Dreihundert Meter weiter lag das Stück verendet. Es war ein beschlagenes Alttier. Ich brach es auf und hängte die Leber an einen Baum, um sie vor wildernden Hunden zu hüten, von denen ich zwei ganz in der Nähe gesehen hatte. Im weichen Tauschnee kam ich nur langsam vorwärts und war erst gegen Abend zu Hause. Waschko, dem ich Bericht erstattete, war sehr erstaunt und ließ sofort anspannen, um das Stück zu holen. Ich bat ihn, den Hirsch an das Dorf zu verteilen. Er sagte es zu und begleitete mich im Wagen. Als wir im nächtlichen Dunkel an die Stelle kamen, wo das Stück lag, fragte er mich etwas unsicher, wie es käme, daß ich den Weg fände. »Ich kenne hier jeden Baum«, gab ich zur Antwort. Das konnte er offenbar nicht recht begreifen. Als wir zu Hause ankamen, erklärte er mir, ich dürfte das Stück selber verteilen.

*12. März*
Der Schweizer hilft mir, das Alttier aus der Decke schlagen. In früheren Zeiten fand man, daß an so einem Stück nicht allzuviel dran sei. Diesmal freuen sich ein paar hundert Menschen. Sie haben seit Monaten kein Fleisch mehr bekommen.

Bei den Russen ist allgemeine Kriegsstimmung. Stalin soll eine Rede gegen England gehalten haben. Eine Menge Pferde werden abtransportiert. In Januschau sollen viele Pferde geschlachtet worden sein, um Konserven davon zu machen.

*15. März*
Gestern früh ging ich nach Nipkau, um mir dort von einem russischen Apotheker Medikamente zu holen, in der Hauptsache etwas gegen Krätze. Auf dem Rückweg wurde ich in Rosenberg von der UB., der polnischen Gestapo, angehalten und in eine Gefängniszelle gesperrt. Als Zellengenossen hatte ich einen jungen Polen, der bei einer Keilerei jemand erschlagen hat. Er betete die ganze Nacht. Da wir zusammen nur eine Matratze

hatten, wechselten wir mit Schlafen ab. Morgens wurden wir für fünf Minuten auf den Hof gelassen und aufgefordert, uns vom Schutthaufen Gefäße zum Essenempfang mitzunehmen. Ich fand ein halbes Weckglas und erhielt Kaffee hineingegossen, den ich zum Auswaschen des Glases benutzte. Nachmittags wurde ich zum Kommandanten gebracht, der sich für eine Tischdecke interessierte, die außer den Medikamenten noch in meinem Rucksack war. Er war in Zivil und sprach gut Deutsch, möglicherweise ein Russe. Nach einigem Hin und Her und auf meine Vorhaltungen hin, daß die Russen in Brausen auf mich warteten, gab er mir überraschend fünfhundert Złoty für die Decke und schickte mich in Begleitung eines Postens nach Nipkau zurück. Der Posten verhandelte lange mit dem Apotheker, der mir die Medikamente gegeben hatte, und ließ mich dann dort. Ich bat ihn, mir eine Bescheinigung auszustellen, damit ich nicht gleich wieder festgenommen werden kann. Die konnte er mir aber nicht geben. Statt dessen erhielt ich erst einmal etwas zu essen und wurde bedeutet, auf den nächsten russischen Wagen zu warten, der nach Brausen führe. »Wann wird denn das sein?« fragte ich. »Ach, vielleicht morgen, vielleicht in drei Tag. Du hierbleiben, essen, schlafen. Keine Angst.« Ich legte mich also aufs Ohr, bis es dunkel war, und ging dann im Bogen um Rosenberg herum nach Brausen zurück. Abends haben wir bei Lasner gesessen und uns darüber unterhalten, was wir machen, wenn es tatsächlich Krieg gibt und die Russen plötzlich abziehen und alles mitnehmen, was noch irgendwie zu brauchen ist. Ob wir nicht beizeiten versuchen sollen, wenigstens ein paar Kühe in einem der entlegenen Waldgehöfte zu verstecken.

*17. März, Sonntag Reminiszere*

Zehn Grad Kälte und reichlich Neuschnee. – Die Russen sind wieder auf Jagd gefahren, Ergebnis: drei Rehe, ein Schwein, zwei Hasen; ein Keiler und ein Hirsch krankgeschossen. Nachgesucht wird nicht. Ich kann das leider diesmal auch nicht, weil ich mit Fieber im Bett liege.

*20. März*

Gestern brachten wir aus Schwalgendorf außer Fischen einen lebenden Hahn mit. Allmählich hat sich herausgestellt, daß es hier und da doch noch Hühner gibt. Wir haben selber nicht weniger als fünf, nur fehlt der Hahn. Den hat ein kleiner Russenjunge mit dem Tesching erlegt. Jetzt haben wir als Überraschung einen neuen mitgebracht. Zum Dank für einen gezogenen Zahn fuhr uns Schlichting aus Schwalgendorf mit seinem Schlitten bis zur Grenze. Er hat noch ein altes Pferd.

Abends kommt der litauische Maler zum Essen. Wir feiern den Geburtstag meines Großvaters Oldenburg. Es gibt Fisch in verschiedener Form, warm und kalt, angerichtet mit allen Schikanen. Frau S. hat in einem großen Haushalt kochen gelernt, Frau L. drei Jahre eine Bäckerei geführt. Die Lampe hängt dicht über dem Tisch, so daß man die Betten nicht sieht. Der Litauer schüttelt den Kopf angesichts dessen, was unsere Frauen unter Nichtachtung der allgemeinen Misere zuwege gebracht haben. Er meint, diese Lust am Widerstand gegen das Chaos sei einer der Gründe, weswegen wir Deutsche den Russen so unheimlich seien.

*22. März*

Gewaltiger Frühlingssturm. Stare, Kiebitze und Kraniche sind gekommen. Der Teich im Dorf schlägt große Wellen. Auf der Dorfstraße steht das Wasser einen halben Meter hoch. Wir machen große Umwege zur Pumpe mit unseren Kannen. Die Russen sind plötzlich auf den Gedanken gekommen, noch Eis in den Eiskeller zu fahren, was bisher versäumt worden ist. Die Frauen stehen im Jaucheteich auf dem Hof und versuchen, das Mittelstück, das dort noch schwimmt, mit Stangen heranzuentern. Abends kommt der russische Schneider und bringt mir eine graue Hose, an die er unten nach Augenmaß einen halben Meter schwarzen Futterstoff angesetzt hat.

*24. März*

Auf einem Gang durch den von Vogelrufen erfüllten kleinen Walds traf ich den Gerber. Er bearbeitet die kleinen und mittleren Eichen mit einem Hobel, weil die Rinde zum Gerben gebraucht wird. Dabei bekommen sie alle einen vollständigen Gürtel von einem Meter Breite, was sie kaum vertragen werden. Ich versuche, ihm klarzumachen, es sei besser und bequemer, ein paar Eichen zu fällen und sie dann ganz abzuschälen. Das leuchtete ihm aber nicht ein. Es ist ihnen ja überhaupt ganz gleichgültig, was aus den Dingen wird. Was ist es nur, dieses durchaus Ordnungswidrige, dies Fehlen jeder Beziehung zu etwas Gewordenem? So gibt es das doch bei keinem Tier – außer vielleicht bei dem seiner Daseinsgrundlage beraubten Haustier; aber bei dem geschieht es dann aus Angst. Immer wieder fragt man sich nach den Urgründen des Menschseins. Vermag der Mensch noch ein echtes Naturwesen zu sein, nachdem er einmal von Gott angesprochen worden ist? Sind nicht die Worte Jesu »Der Mensch lebt nicht vom Brot allein, sondern von einem jeglichen Wort, das aus dem Munde Gottes geht«, eine ganz nüchterne Feststellung und kennzeichnend für eine Verpflichtung, um die wir gar nicht herumkommen?

*26. März*
Der Frühling kommt mit Macht. Ich war in Januschau und habe die Gräber in Ordnung gebracht. Auf der überschwemmten Wiese am Heidemühler Weg schwammen fünf Schwäne. Im Parkhäuschen, das meine Mutter zu ihrem fünften Geburtstag gebaut bekam, haben die Russen eine Schnapsfabrik eingerichtet. – Auf dem Rückweg ging ich am Toten See vorbei, um nach Fischen zu sehen. Ein paar Enten schwammen darauf. In der Mitte ist noch Eis.

Nachmittags haben wir Einkäufe in Rosenberg getätigt, nachdem wir eine weitere Tischdecke zu Geld gemacht hatten. Unter den Ladeninhabern haben wir schon ein paar Freunde. Auch die »Warszawianka« lächelt schon ein bißchen, soweit ihr verschwollenes und verschmiertes Gesicht das zuläßt. Am Krankenhaus blühen die Schneeglöckchen. Ich habe mir eine der letzten Fensterscheiben von dort für mein Zimmer mitgenommen. Nachts fingen sich in unserer Wohnung innerhalb von zehn Minuten drei Ratten im Tellereisen. Sie fressen immer an unseren Schuhen und Schnürsenkeln und haben es besonders auf die Fische abgesehen, die wir deshalb an Drähten aufhängen müssen.

*31. März*
Ich war mit Frau L. in Schwalgendorf, zum erstenmal in selbstgemachten Schuhen. Die Insel im Tromnitzsee ist bereits von Reihern und Kormoranen bezogen. Letztere vermehren sich in bedenklichem Ausmaß und haben die Reiher schon teilweise auf die andere Insel verdrängt. In der Art, wie sie sich breitmachen, erinnern sie an die Russen. – Auf dem Geserich lag noch Eis, das im Laufe des Tages wegtaute. Als wir fortgingen, glitzerte die Sonne in zahllosen kleinen Wellchen. – Es war schon fast dunkel, als wir kurz vor Brausen von zwei berittenen Russen angefallen wurden. Sie schlugen mir über den Schädel und rissen Frau L. mit sich fort. Es folgte Schreckliches. Später lag ich

die ganze Nacht wach und dachte darüber nach, ob es wohl anders gekommen wäre, wenn ich meinen Hammer mitgehabt hätte. Frau L. war bald wieder da.

*1. April*
Mit meinen vier Schulkindern und der vierjährigen Helga S. ging ich nach Albrechtau, um die Kirche zu besehen. Sie ist zur Hälfte ausgeräumt. Aber der Altar ist noch da und der Taufengel, dem nur der eine Fuß fehlt. Die Kinder stellten wesentliche Fragen, kamen unweigerlich auch auf das Kernproblem zu sprechen: Warum hat Gott die Schlange ins Paradies gelassen. – In Albrechtau werden Schafe und Jungvieh gehalten. Ein paar Russen wohnen dort in Eintracht mit einigen deutschen Familien.

*3. April*
Russen sind mit Lkw's gekommen, um Kartoffeln zu holen, angeblich für Königsberg. Es gelingt mir, einen von den Fahrern zu sprechen. Er behauptet, die Schwestern mit den großen Hauben zu kennen, und nimmt einen Zettel von mir für Schwester Raphaela mit. Ich bitte sie, jedem zu raten, sich nach Möglichkeit aufs Land durchzuschlagen, am besten bis hierher. Leider ist die Wahrscheinlichkeit nicht sehr groß, daß sie meinen Wisch erhält.

Wir haben schönstes Frühlingswetter bei zwanzig Grad Wärme. H. und ich gingen nach Merinos, wo früher die Finckensteiner Schafe gewaschen wurden. Der Ort ist leer. Das Seeufer war so blau von Fröschen, wie ich es noch nie sah, und die Hechte bewegten sich im Schilf.

*5. April*
Der Wald ist voll von Anemonen, Leberblümchen und Seidelbast. Ich habe im Januschauer See gebadet und eine Weile den Fischen zugesehen. Eine Ringelnatter kam vorbeigeschwommen. Als ich durch die Kiefernschonung ging, traf ich am Feldrand unversehens auf einen unbekannten Russen, der auf die Jagd ging. Er war glücklicherweise ebenso verblüfft wie ich und fragte mich, ob ich »Kossas« gesehen hätte, womit er offenbar Rehe meinte. Ich überlegte, wo er am wenigsten Unheil anrichten würde, und schickte ihn nach Annhof, dem alten Fischerhaus am See.

*7. April*

Ich ging mit Fischreusen zum See, konnte sie aber nicht stellen, weil ein Kahn dort lag und ganz in meiner Nähe Schüsse fielen. Ich fürchte für die Schwäne, die wegen ihrer Größe und Vertrautheit kaum vorbeizuschießen sind, besonders wenn sie brütend auf dem Nest sitzen. – Das Blühen im Wald ist überwältigend.

Ein Teil unserer Russen zieht heute nach Bellschwitz um. Unsere Leute fürchten, mitgenommen zu werden. Die Russen begreifen das nicht. »Hast doch da auch Quartier.« Wohnen gibt es für sie nicht. Wenn sie ausziehn, wird alles mitgenommen, auch die Fenster. Wir schickten die achtjährige Alice nachsehen, ob eine bestimmte Russengruppe schon ausgezogen sei. »Nein«, meldete sie, »die Fenster sind noch drin.«

Anatolj, dem ich kürzlich bei Kerzenbeleuchtung mit einer Rasierklinge einen riesigen Abszeß am Bein aufgemacht habe, kam mit selbstgemachtem Schnaps, um mit mir zu feiern. Glücklicherweise sah ich ihn rechtzeitig kommen und konnte durch das Fenster entweichen.

Frau Aust, die alte Förstersfrau aus Faulen, wohnt in Klein-Albrechtau mit ihrer noch älteren Schwester in einem Stübchen unter den Polen. Sie waren schon bis Pommern geflüchtet, mußten aber wieder zurück. Frau Austs Mann ist im Sommer gestorben. Die beiden Frauen stricken für uns Strümpfe und Handschuhe aus Bindegarn.

*11. April*

Ein Haufen Russen ist gekommen, um die Kartoffelmieten am Rosenberger Weg zu kassieren, unsere letzte Reserve. Ich habe das schon lange kommen sehen, aber leider versäumt, Sicherungsmaßnahmen zu ergreifen. Wir hätten ohne Schwierigkeit schon längst eine der Mieten anbohren und irgendwo auf dem Feld ein Depot anlegen können. – Ich schleiche nachts an die aufgerissenen Mieten, um zu sehen, wieviel Kartoffeln noch da sind, grabe ein metertiefes Loch auf dem Feld und beginne, es mit Kartoffeln aus der Miete zu füllen. Beim zweiten Sack schon werde ich vom Wege aus angerufen. Ich türme sofort querfeldein, der Posten schießt dreimal hinter mir her. Außer Reichweite mache ich einen großen Bogen und komme dabei durch den Kleinen Wald. Was für eine herrliche Frühlingsnacht! Lockend ruft der Waldkauz. Zwei Dachse jagen sich fauchend auf dem Waldweg, der eine überschlägt sich vor Schreck, weil er mein

Hosenbein gestreift hat. Durch das alte Unkraut pirsche ich meine Haustür an und gelange unbemerkt in mein Bett zurück.

*14. April*

Zu meinem gestrigen Geburtstag ist die junge Frau H. mit Fischen aus Schwalgendorf gekommen, und wir haben groß gefeiert. Heute am Sonntag haben wir sie zu dreien nach Haus gebracht. Als wir den Januschauer Park hinter uns haben und über das Feld hinweg den Zollnicker Wald ansteuern, kommt von links ein Rudel Rotwild angetrollt. Hinter uns fallen plötzlich ein paar Schüsse. Wir sehen uns um – oben vor der Januschauer Haustür stehen Russen und feuern aus mindestens achthundert Metern Entfernung auf die Hirsche – oder auch auf uns. So weit reichen aber ihre Maschinenpistolen nicht. Weit hinter uns schlagen die Kugeln auf dem Acker ein.

Als wir nah am Wald sind, kommt ein zweites Rudel noch weiter links flüchtig über das Feld, ein herrlicher Anblick. Die Hirsche benutzen genau die gleichen Wechsel wie früher. Nach alter Gewohnheit laufe ich am Waldrand vor und lasse, wie in besten Zeiten, ein Stück Wild nach dem anderen an mir vorbei in den Wald trollen.

So ein Gang durch den Wald, vorüber an den Seen, auf denen das Leben der Wasservögel jetzt immer intensiver wird, ist jedesmal ein berauschendes Erlebnis. Früher galt eine Fahrt nach Schwalgendorf schon immer als größere Unternehmung. Heute gehen wir die gleiche Strecke immer wieder, ohne daß die Kilometer ins Gewicht fallen. Das Leben spielt sich überhaupt viel mehr in der Bewegung ab, und die Füße erfüllen jetzt erst ihren wahren Zweck. – Schwalgendorf hat Besuch von der Miliz aus Saalfeld bekommen, und ich werde auch prompt festgenommen, als wir den Ort betreten. Da wir bei den Russen arbeiten, läßt man mich jedoch vorsichtshalber wieder los. Wir gewöhnen uns allmählich daran, Russen und Polen gegeneinander auszuspielen. – Auf dem Heimweg gehen wir diesmal, um Januschau ganz zu vermeiden, an der Seenkette entlang über die Fischerei Annhof und von dort am Waldrand weiter. Als wir in der Abenddämmerung über den Melkplatz kommen, einen von Birken und Erlen bestandenen Weideplatz am Waldrand, ziehen die Schnepfen mit lautem Quorren, so wie man sich das früher immer gewünscht und nie erlebt hat.

*16. April*
Wieder ein Tag voll Sonne und Wärme. Früher hätte man sich über die Trockenheit aufgeregt und Regen herbeigesehnt. Da jedoch auf den Feldern nicht das mindeste gesät worden ist, kann man das Wetter unbeschwert genießen. Den Russen ist das Land vollkommen gleichgültig, weil sie es voraussichtlich doch bald verlassen werden. Und die wenigen Polen bestellen nur gerade so viel, wie sie für den eigenen Bedarf brauchen.

Die Birken werden schon grün. Spät abends mache ich mit dem litauischen Maler einen Vollmondspaziergang durch den Kleinen Wald. Zuerst ist er etwas ängstlich; aber dann sitzen wir auf einem gefällten Stamm, und er erzählt mir von seiner Frau und zwei kleinen Kindern, die er zurücklassen mußte, als die Russen ihn mitnahmen. Von denen weiß er nun schon seit fast zwei Jahren nichts mehr. Ich suche ihn zu trösten, mit dem einzigen Trost, den es auf Erden gibt, und dringe in ihn, sich doch nicht so der Verzweiflung und dem Schnaps auszuliefern, dessen Wirkung auch bei ihm schon deutliche Spuren hinterlassen hat.

*17. April*
Vier Schwalgendorfer Frauen besuchen uns auf dem Wege nach Rosenberg zur Miliz. Zwei davon wollen ihre Männer suchen. Die Miliz hat sie geraubt, um den Russen einen Streich zu spielen. Abends kamen zwei von den Frauen wieder bei uns vorbei. Die beiden anderen sind nach Charlottenwerder weitergegangen, weil sie aus Andeutungen entnommen haben, daß ihre Männer dorthin gebracht worden sind.

Spät abends, nach zwei heftigen Gewittern, die nördlich und südlich von uns niedergingen, bin ich bei den Litauern eingeladen. Sie wohnen zu elf Mann in einem großen Zimmer. Aus einem großen und einem kleinen Glas, welche die Runde machen, gibt es für alle Rübenbier und Rübenschnaps. Dazu werden Studentenlieder nach deutschen Melodien gesungen.

*18. April*
Die Russen scheinen wirklich abzuziehen. An jedem Tag gibt es eine neue Parole. H. will mit dem polnischen Forstmeister verhandeln und versuchen in Schwalgendorf unterzukommen, wo noch viele Wohnungen frei sind. Ich begleite ihn, um in Schwalgendorf Krankenbesuche zu machen, diesmal auch bei einer neu zugezogenen polnischen Familie. Wir kommen mit vielen Fischen zurück. – Die beiden alten Männer aus Schwalgen-

dorf, darunter der Tischler Schwarz, sind tatsächlich in Charlottenwerder bei der Miliz. Wenn die Russen sie nicht bis dahin heraushauen, wollen sie versuchen, in den Osterfeiertagen auszurücken.

Unsere offizielle Verpflegung wird sehr knapp. Sie wird überhaupt nur noch an zwanzig »Arbeitende« ausgeteilt, darunter an mich. Auf dem Speicher steht aber noch sehr viel vermufftes Mehl in Säcken, und die beiden Mädchen, die nachts auf der Mühle arbeiten, haben beschlossen, einen Teil davon unter das Volk zu bringen. Auch wir sollen einen Sack erhalten. Verabredungsgemäß trete ich gegen ein Uhr nachts am Hoftor an, werde in die Mühle eskortiert, und dann muß der Russe an der Maschine das Licht so lange ausschalten, bis ich mit meinem Zentnersack über der Schulter vom Hof herunter bin.

*19. April, Karfreitag*

Ich mache Krankenbesuche in Klein- und Groß-Albrechtau. In einem Haus finde ich zwei Frauen und sechs Kinder, die alle um einen Tisch herumsitzen und stricken, Jungen und Mädchen. Das Bindegarn ist unerschöpflich. – Abends lese ich die Passionsgeschichte nach Lukas.

*21. April, Ostern*

Ich halte Gottesdienst in meinem Behandlungsraum, den wir sehr feierlich hergerichtet haben. Trotz fehlender Gesangbücher wird recht anständig gesungen. Auch der russische Schneider, der anscheinend einer Sekte angehört, ist dabei. Als Text habe ich die Auferstehungsgeschichte nach Johannes gewählt. Da ich fast nur Frauen als Hörer habe, paßt sie am besten.

Nachmittags werden in der Kiesgrube im Kleinen Wald für die Kinder erbsengroße Ostereier versteckt, die ich in Rosenberg erstanden habe. Die Kinder sind selig. Auf dem Rückweg von dort sehen wir plötzlich eine Fontäne sich über dem Wald erheben, gefolgt von einer Detonation. Der Kommandant fischt im Toten See mit Sprengstoff. Ich finde später die Seeoberfläche bedeckt mit kleinen toten Fischen. Bei Annhof kracht es noch einmal. Sie haben den Kahn an den Wagen gebunden und sind damit zwei Kilometer über Land bis zum nächsten See gefahren. – Die anderen Russen feiern mit Schnaps und großer Keilerei im Dorf. Die Frauen stehen in den Türen und sehen voll Spannung zu.

*22. April*

Fünf Russen kommen zur Behandlung mit klaffenden Kopfwunden von der gestrigen Keilerei. Sie wollten den Litauern ihren Schnaps wegnehmen, drangen in deren Haus ein, wurden aber von dem größten der Litauer mit einem Zaunpfahl niedergeschlagen und durch das Fenster nach der anderen Seite wieder hinausbefördert. Das ganze Dorf hat zugesehen, wie sie vorn hineinliefen und hinten wieder herausflogen. Heute sitzt der lange Litauer im Loch.

Eine dicke Rauchwolke veranlaßte mich, nach dem Toten See zu gehen, wo ich einen ansehnlichen Waldbrand vorfand. Vom Seeufer aus, wo die Russen Feuer gemacht hatten, brannte das trockene Unterholz halbkreisförmig in einer Linie von etwa dreihundert Metern Länge. Ich zog das Hemd aus, und es gelang mir, mit Fichtenästen ein paar Breschen zu schlagen. Auf einem Fußsteig, gegen den das Feuer in schräger Front anrückte, konnte ich es dann zu meiner eigenen Überraschung ganz ersticken. Glücklicherweise hatte das Feuer noch nicht auf die Baumkronen übergegriffen. Die Stubben schwelen weiter. Es ist so trocken und heiß, daß mit weiteren Bränden zu rechnen ist, besonders jetzt, wo die Russen überall Feuer anmachen, um die explodierten Fische gleich zu braten.

*25. April*

Morgens bin ich mit einem Eimer zum Toten See gegangen und habe Stubben gelöscht. Nachmittags längerer Spaziergang mit H. Über dem Wald stand wieder eine große Rauchwolke, sehr weit entfernt. – Neuerdings bekommen wir »Gehalt«. Nach dem Schweizer und dem Schmied bin ich am höchsten eingestuft und erhalte pro Monat 77 polnische Złoty. (Ein Pfund Zucker kostet 90 Złoty.) Bei den übrigen geht es herunter bis 18 Złoty. Im »Büro« sind drei Russen mit Rechenmaschinen tätig, um die Gehälter auszurechnen.

*28. April*

Nachts endlich Regen, am Tage wieder schönstes Sommerwetter. Ich ging mit Frau S. über Annhof und Zollnick nach Schwalgendorf. Zollnick, nur aus dem Forsthaus bestehend, mitten im Wald auf einer kleinen Blöße zwischen zwei Seen gelegen, ist abgebrannt. Auf dem Hof unter dem Ahorn ein Grab mit Birkenkreuz und Stahlhelm. In der Scheune zeigt mir Frau S. eine vergrabene Kiste, die von Polen gefunden und geöffnet wurde. Neben der Kiste, die leer in der Erde steckt, liegen noch die Jagdwaffen vergraben. Aus dem Garten nehmen wir Schnittlauch mit. Wir überschreiten die Grenze in der Nähe des Weißen Bruchs. Bei jagdlichen Unternehmungen stand ich dort immer am liebsten, weil der Wald, des fehlenden Unterholzes wegen, weithin durchsichtig ist und man dort fast immer Wild sah. Auch bei Pirschfahrten und -gängen bin ich hier oft zu Schuß gekommen.

Mitten im Wald steht eine Mähmaschine, in der Nähe liegt ein Toter. Auf der vierjährigen Kiefernkultur im staatlichen Forst bleiben wir beide im gleichen Augenblick mit freudigem Ausruf stehn: Morcheln! Es gibt bereits Morcheln! Und was für welche! In kurzer Zeit haben wir unsere beiden Rucksäcke vollgesammelt und lassen sie bis zum Rückweg liegen, um nicht den Neid der Schwalgendorfer zu erregen. Aus dem Garten der leerstehenden Försterei Alt-Schwalge wird der erste Rhabarber mitgenommen und aus einem Krähennest, das sich leicht erklettern läßt, zwei Eier für H. zum Geburtstag. In Schwalgendorf sind zwei Schonungen abgebrannt und ein abgelegenes Gehöft. Der Pole, der dort eingezogen war, hatte nur das alte Gras auf seiner Wiese abbrennen wollen. Auf dem Rückweg kommen wir wieder an den Seen vorbei. Auf seinem Nest in der Nähe des Ufers liegt ein toter Schwan. Das Schilf ist schon stark im Wachsen, Blaurake und Wiedehopf sind da. Seit Wochen gehen wir barfuß.

Angeregt durch das ständige Barfußgehen, habe ich in diesem Jahr das Evangelium von der Fußwaschung anders gelesen als sonst. Denn wenn man abends barfuß nach Hause kommt, ist das Bedürfnis, sich die Füße zu waschen oder sie gewaschen zu bekommen, in der Tat sehr groß, und man beginnt zu verstehen, warum der Heiland sich gerade dieses Mittels bediente, um etwas deutlich werden zu lassen von der wichtigsten Beziehung, die es unter Christenmenschen gibt. Es geht doch hier um das Reinwerden, um das Aufrechterhalten der Verbindung mit Christus und untereinander. Ich glaube, wir Protestanten machen es uns in diesem Punkte zu schwer. Wie Petrus, so meinen wir auch, es ginge bei der Sündenvergebung immer um die Reinigung des ganzen Menschen. Aber Jesus sagte zu Petrus: »Wer rein ist, dem brauchen nur die Füße gewaschen zu werden. Und ihr seid rein – nämlich um des Wortes willen, das ich zu euch geredet habe.« Hat nicht Jesus auch zu uns geredet? Aber wir nehmen diese unsere grundsätzliche Reinheit, wie mir scheint, gar nicht recht in Anspruch und schleppen deshalb die Gewissensbelastungen unnötig lange mit uns herum. Hätten wir das Bild der Fußwaschung vor Augen, dann würden wir wahrscheinlich unsere Schuld – die täglich dazukommende, fast unvermeidbare – bald in der gleichen Weise als störend empfinden lernen wie Straßenschmutz an bloßen Füßen. Und wir würden von der Möglichkeit, sie uns von dem Weggenossen fortnehmen zu lassen, in ganz anderer Weise Gebrauch machen als bisher.

*30. April*

Gestern und heute die Geburtstage des Ehepaars H. Es gibt Kuchen. Gearbeitet wird hier fast gar nicht mehr. Die Schweine sind weg, nur das Vieh ist noch da. Seit Tagen brüllen die Kühe in den Ställen, weil sie die frische Weide riechen. Die Russen trauten sich nicht, sie auf die Koppel zu lassen. Heute haben sie sich endlich dazu überreden lassen. Wie betrunken vor Freude tobt das Vieh den ganzen Vormittag draußen herum. Abends arbeiten Frau S. und ich am Begräbnisplatz und bepflanzen die Gräber. Bei Sonnenuntergang gehen wir mit Harke und Spaten über der Schulter nach Hause.

Das Arbeiten an den Gräbern meiner Lieben gehört zu dem Schönsten, was mir in dieser Zeit zu tun vergönnt ist. Wie groß ist Gott, daß er mir eine solche Freude schenkt, daß er mich das Leben lieben läßt trotz allem, was über uns hingegangen ist. Mit dem jüngsten Bruder fing es an. Er fiel mit achtzehn Jahren bei Maubeuge, zehn Tage nach Beginn des Frankreichfeldzuges. Nach zwölf Spähtrupps, an denen er beteiligt war und die er zum Teil selbst hatte führen dürfen, machte beim Zusammentreffen mit französischen Panzern ein Kopfschuß seinem Leben ein Ende. Sein Tod warf mich um. Ich hatte ihn fast ein Jahr nicht mehr gesehen. Zuletzt hatten wir uns hier in Januschau getroffen, wenige Monate nach seinem Abitur, während seiner Arbeitsdienstzeit. Man ahnte schon den Krieg. Um des Zusammenseins willen gingen wir auf die Jagd. Als ich abreiste, morgens um vier Uhr, ging ich, seinem Wunsche entsprechend, noch einmal in sein Zimmer. Er lag wach. Wir sahen uns einen Augenblick etwas zweifelnd an. Aber ehe die bange Frage nach der Zukunft Raum zwischen uns gewinnen konnte, ließ er seinen unverwüstlichen Schalk aufblitzen und rettete die Freude des Augenblicks. Seine Erscheinung ist mir stets gegenwärtig, aber nicht wie ein Bild, das da ist und feststeht, sondern immer nur in der Bewegung, im Kommen und Gehen, im Geben und

Empfangen. Ich sehe ihn die Treppe herunterkommen, um Menschen zu begrüßen, die auf ihn warten; einen Strich langsamer als sonst, eine Spur linkischer, als er es nötig hat, einen kleinen Zorn auf der Stirn wegen all der Blicke, die ihn umfangen – aber doch ohne verhindern zu können, daß eine Welle von Lebensfreude vor ihm hergeht und sich den Wartenden mitteilt. Durch ihn war etwas Neues in unseren Geschwisterkreis gekommen. Schon vor seiner Geburt war die Mutter anders gewesen als sonst. Irgendwie schien sie zu schweben – und diese Wirkung auf Menschen ist dem Kind immer erhalten geblieben. In seiner Gegenwart wurde die Welt weiter, der Himmel höher, die Streitobjekte verloren an Wichtigkeit, die Triebe schämten sich ihrer Gewalt. Sein Wesen verlieh dem oft recht verworrenen Selbstverständnis unserer brüderlichen Gemeinschaft ganz neue, klärende Aspekte. Wir empfanden ihn ganz als den unseren, den eigentlichen von uns, und gingen doch sehr behutsam mit ihm um, weil wir fühlten, daß er uns nicht allein gehörte, sondern auch noch seinen eigenen Weg ging, und daß wir ihn nicht würden aufhalten können. Es ist mir immer haftengeblieben, wie einmal jemand, in seinen Anblick vertieft, zu meiner Mutter sagte: »Den werden Sie früh – ich wollte sagen, viel reisen lassen müssen.« Damals war er ein fünfjähriges Kind. Und dann sammelten sich bald alle Kinder der Umgegend um ihn, ohne daß er sie rief, und die Erwachsenen ließen sich gern ein bißchen von ihm auf den Arm nehmen, weil es so wohl tat, und nie habe ich erlebt, daß jemand aus irgendeinem Grunde neidisch auf ihn gewesen wäre. »Ich schreite über Brücken, dieweil ich fliegen darf«, diese Worte aus einem Gedicht von Hermann Kükelhaus kommen mir in den Sinn, wenn ich an ihn denke.

Als er gefallen war, begrub ihn der um zehn Jahre ältere Bruder, der im gleichen Regiment diente, mit acht Kameraden am Straßenrand, eingewickelt in eine Zeltbahn. Und dann, als der Frankreichfeldzug beendet war, tat er etwas Verbotenes: Er grub bei Nacht den Toten wieder aus und brachte ihn heimlich nach Januschau. Er tat es, weil er glaubte, daß die Mutter es sich wünschte. Seitdem ist hier das Grab.

Daneben liegt der zweitjüngste Bruder. Er starb sechs Wochen später. Nach einem schweren Sturz mit dem Pferde auf der Rennbahn in Karlshorst als Achtzehnjähriger war er nie wieder ganz in Ordnung gekommen. Nun hatte der Tod des geliebten Bruders ihm den Rest gegeben. Nachdem er die letzten Wochen fast nichts mehr gesprochen hatte, machte eine plötzliche Hirnblutung seinem Leben ein Ende. Im Gedanken an ihn ergreift mich ein großes Schuldgefühl. Er war von Geburt an kleiner als seine Brüder, entwickelte sich langsamer, holte dann aber dank seines starken Willens den ganzen Rückstand auf, wurde ein ausgezeichneter Reiter, lernte besser als seine Brüder, war charakterfester und insofern dem Jüngsten ähnlich, als er nichts aus sich machte und immer für den Schwächeren eintrat. Nur fehlte ihm das ausgleichende Moment, die Geborgenheit in sich. Er ist in seinem ganzen Leben überfordert worden, und das auch noch, als er ein Jahr nach dem Schädelbruch nur noch ein Schatten seiner selbst war. Wir ließen ihn Soldat werden. Er hielt sich mit letzter Kraft, bis sein Wesen ganz zerfiel. Wir waren damals blind. Jetzt steht alles wieder vor mir auf, und ich ahne, was er gelitten hat.

Ein paar Schritte entfernt steht ein Stein mit dem Namen des Bruders, dem ich altersmäßig am nächsten war und mit dem ich die ganze Kinderzeit hindurch in konstanter Fehde lag. Er war schroff, leidenschaftlich, voller Ecken und Kanten, und erst das Soldatentum bot ihm die Möglichkeit, seine Persönlichkeit zu meistern und seine menschlichen Qualitäten zur Geltung zu bringen. Nach dem Frankreichfeldzug, wo der jüngste Bruder neben ihm fiel, war er in Rußland, erst vor Moskau, dann als Führer einer Aufklärungsabteilung vor Leningrad. Als er dorthin versetzt wurde, im November 1942, sahen wir ihn das letzte Mal. Er war drei Tage in Berlin gewesen, hatte sich dort sehr genau umgesehen, hatte ein Stück von dem Abgrund erfaßt, über dem unsere Führung ihr Spiel trieb, und war bereit, die notwendigen Konsequenzen zu ziehen. »Ich weiß, daß es ganz falsch ist, wenn ich jetzt an die Front zu meiner Abteilung gehe«, sagte er mir. »Wenn man erst draußen bei seinen Leuten ist, dann denkt man, es ist alles in Ordnung, wenn du nur deine Pflicht tust. Und dabei ist alles schon verloren, und man jagt die Leute nur ins Verderben. Ich müßte jetzt etwas ganz anderes tun. Aber drei Tage sind einfach nicht genug, um ins reine zu kommen. So muß ich jetzt noch einmal den leichteren Weg wählen.« – In der Nacht vom 14. zum 15. Januar begegnete er mir im Traum in riesiger Gestalt. Ich wußte, daß er gefallen war, noch ehe die telephonische Nachricht kam. Am Ufer des Ladogasees hatte er mit seiner Abteilung den Angriff der in vielen Wellen über das Eis kommenden Russen erwartet und zunächst aufgehalten. Dann war er aufgesprungen, um einen verwundeten Mann aus dem Gefahrenbereich herauszuholen, und dabei tödlich getroffen worden. Wie mir jemand berichtet hat, hatte er gerade am Tage vorher zu seinen Leuten davon gesprochen, daß man nicht besser sterben könne als beim Retten eines Kameraden.

Auf diesen Platz gehören nun noch der älteste und letzte meiner Brüder und die Mutter. Obgleich sie gar nicht weit von hier umgekommen sind, wird man ihre Leiber doch niemals hierher überführen können, weil sie, wie verlautet, erst mehrere Wochen nach ihrem Tode dort irgendwo in einem Massengrab verscharrt worden sind. Der Bruder, der uns jenseits aller Rivalität der Kinderjahre und bei aller Kritik an unserer oft etwas leichtfertigen Art immer mit Liebe und Verantwortungsgefühl zugetan war, hatte sich den ganzen Krieg über in Polen, den Donauländern und im südlichen Rußland herumgetrieben und war nur einige Male für mehrere Monate nach Hause gekommen, um seinen Januschauer Besitz zu verwalten. So war er auch gerade ein paar Tage vor dem Zusammenbruch Ostpreußens auf Urlaub gekommen, und wir hatten uns noch am 19. Januar telephonisch gesprochen. Es ist mir eine Beruhigung, daß er und die Mutter in der Todesstunde beieinander waren.

Von der Mutter zu sprechen ist schwer. Sie ist noch so nah, das heißt, sie wird immer gleich nah sein, und wenn man noch viele Jahre leben sollte. Unser Dasein wurde durch sie bestimmt. Wir lebten ihr Leben viel mehr als das des Vaters, an dessen festumrissenem Arbeitsgebiet, der Pferdezucht, wir zwar mit größter Passion teilnahmen, den wir aber, wie das wohl natürlich ist, zur älteren Generation rechneten. Das kam uns bei der Mutter niemals in den Sinn. Wir konnten gar nicht anders, als uns nach ihr ausrichten. Das führte manchmal zu Zerreißproben. Aber ich wüßte gar nicht, wer ich überhaupt wäre ohne die Mutter. Sie war für uns das Maß aller Dinge, und unser Bemühen ging darauf aus, mit ihr im Einklang zu leben. Nicht etwa, daß wir im einzelnen immer ihre Ansicht teilten oder das taten, was sie erwartete – im Gegenteil, es gab uns hin und wieder ein erhöhtes Lebensgefühl, gegen ihre Fahrtrichtung zu schwimmen. Aber das doch immer nur in ihrer unmittelbaren Reichweite und so, daß man sich im Ernstfall von ihr an Bord ziehen lassen konnte. Sie war ein Tatmensch und stand mitten im Geschehen, ja, das Geschehen ging mitten durch sie hindurch. Ihr spontanes Handeln hatte manchmal eine empfindliche Schockwirkung; aber jedesmal wurde dadurch eine schiefe Situation zurechtgerückt, eine latente Unwahrheit beseitigt. Sie konnte falsch und doch goldrichtig handeln. Falsch und Richtig als Alternative gab es für sie überhaupt viel weniger als Klein und Groß. Sie konnte wohl verletzen, aber noch besser heilen, und wenn es um schwerste Entscheidungen ging, konnte sie einen mit schlafwandlerischer Sicherheit aus der Klemme reißen. – Als der jüngste Bruder fiel, machte sie eine schwere Krise durch. Zuerst war es wieder dies Schweben, ähnlich wie vor seiner Geburt. Es kamen seine Freunde und Kameraden, und deren Verwaistsein hielt sie aufrecht. Aber dann fielen die auch, einer nach dem anderen. Sie hörte auf zu essen. Und obgleich sie weiterhin ganz stark mit uns anderen verbunden blieb, war sie doch in unbeobachteten Augenblicken so fern, daß ich glaubte, der Verfall sei nicht mehr aufzuhalten. Erst das Gefordertsein, der Kontakt mit den verfolgten Juden in Berlin, wo meine Eltern damals wohnten, die Zuspitzung der Kriegsereignisse, die Bombenangriffe, rissen sie wieder hoch. Als dann der Bruder in Rußland fiel, war sie gerade bei mir in Insterburg, und ich mußte ihr morgens die Nachricht bringen. So schwer es war – heute bin ich dankbar, daß ich es tun durfte. Als ich sie abends zur Bahn brachte, sagte sie: »Glaube nicht, daß ich mir schon jemals den Tod gewünscht hätte. Ich weiß, daß ich die glücklichste Mutter bin.«

*1. Mai*

Der erste Mai macht seinem Namen wirklich Ehre. In den letzten Jahren hatten wir fast immer noch Schnee um diese Zeit. Diesmal sind die Birken längst in vollem Laub, die Eichen grünen schon, Maiglöckchen blühen, die Maikäfer fliegen und der Kuckuck ruft. Wir machen einen großen Ausflug, ausschließlich zur Feier des Tages. Sogar die vierjährige Helga wird mitgenommen, teils zu Fuß, teils auf dem Rücken getragen. Auf dem ganzen Rückweg schläft sie friedlich, in einen Mantel geknöpft, den wir zu zweien an einer Stange über der Schulter tragen. Unser Ziel ist der Uroviec, ein herrlicher See in der Nähe von Schwalgendorf, an dem wir sonst immer vorbeigehn. Er soll achtzig Meter tief sein und hat das klarste Wasser, das man sich denken kann. Dort angekommen, werden erst die Rucksäcke noch einmal mit Morcheln gefüllt, und dann baden wir bei strahlender Sonne im See unterhalb der Försterei Alt-Schwalge, wo noch ein Steg ins Wasser hinausragt. Dort verläßt uns die junge Frau H., die zu den Geburtstagen gekommen war, und wir machen noch einen weiten Umweg durch den Wald. Aus dem Garten in Annhof wird Rhabarber mitgenommen. Spät am Abend sind wir wieder zu Hause.

*4. Mai*

Wir machen uns einen Garten. Gleich hinter unserem Haus wird das Land gerodet, ein dichter Filz von Kletten, Nesseln, Disteln und Meerrettich ausgestochen. Als Dünger werden ausgepreßte, in Gärung befindliche Rübenschnitzel eingestreut. Sieben mal sieben Meter groß ist der Garten. Stangen und Maschendraht zur Umzäunung holen wir aus dem Wald. Die Leute lachen uns aus. Erstens würden die Russen uns alles ausreißen, und zweitens würden wir nicht mehr so lange hier sein, bis etwas wüchse. Wir lassen uns nicht irremachen. Schon das Arbeiten macht Spaß. Irgendwer wird schon noch etwas davon haben. Abends werden Pflanzen gesetzt. Frau H. hat in Faulen, wo eine Art Gärtnerei betrieben wird, sogar Tomaten ergattert, zehn Pflänzchen, die an der Mauer entlang gesetzt werden. Samen hoffen wir in Rosenberg zu bekommen.

Heute besuchten mich zwei deutsche Soldaten, die in Januschau bei den Russen arbeiten und die ich bisher noch nicht gesehen habe. Der eine hat seine Frau bei sich, die auch krank ist von den Russen. Der Kommandant von Schönberg hat sie lange gefangengehalten, und immer noch besteht die Gefahr, daß er sie wieder holt. In Schönberg muß es furchtbar sein. Der Kommandant ist ein Sadist. Ein Segen, daß wir nichts mit ihm zu tun haben.

Unser dicker Kommandant ist heute von hier weggegangen. Das Vieh soll in nächster Zeit ebenfalls fort.

*8. Mai*

Am Tage war es noch warm und etwas trübe, abends wurde es klar und sehr kalt. Wir fürchten für die unermeßliche Baum- und Beerenblüte dieses außergewöhnlichen Frühjahrs. Ich war mit den beiden jungen Frauen in Schwalgendorf, um in einem Kinderwagen Kartoffeln zu holen. Hier gibt es keine mehr, und wir wollen welche pflanzen. Auf dem Rückweg hatten wir es recht schwer mit unserer Last, teils auf Sandwegen, teils mitten durch den Bestand. Einer mußte immer als Vorhut hundert Meter vorausgehn, die beiden anderen zogen und schoben den Wagen, dessen Achsen nicht mehr parallel zueinander stehen. Mehrmals kippte er um, und der ganze Inhalt mußte wieder zusammengesammelt werden. Auf dem letzten Teil des Weges hatten sich die Räder so vollständig verklemmt, daß wir den Wagen als Schlitten über das Feld ziehn mußten und erst gegen Mitternacht zu Hause waren.

*9. Mai*
Die Russen feiern heute den Jahrestag unserer Kapitulation. Manche können den Schnaps auch schon nicht mehr riechen und stopfen sich Brot in die Nase. Das erstrebenswerte beim Trinken ist der Zustand hinterher, nicht der Geschmack. Ich habe in Rasenfeld Krankenbesuche gemacht. Dort sind wieder ein paar Typhusfälle unter den restlichen Deutschen aufgetreten. Dann haben wir aus Merinos Rhabarber geholt, der mit Sirup gekocht zur Zeit unser Hauptnahrungsmittel ist.

Schwalgendorf hat Post aus dem Reich bekommen! Zwei Frauen waren hier, um uns davon zu berichten. Die Gemüter sind in der verschiedensten Weise erregt, weil es nicht alles erfreuliche Nachrichten sind. Manch einer von den Männern, die schon verloren geglaubt waren, ist zwar wieder aufgetaucht; aber nicht alle scheinen geneigt, den Kontakt mit ihren Frauen und Familien wiederaufzunehmen, weil sie sich inzwischen anderweitig orientiert haben. Es sind zum Teil richtige Klatschbriefe, die der in Eintracht lebenden Notgemeinschaft des Dorfes Abbruch zu tun drohen.

*12. Mai*
Heute früh wieder leichter Frost im Rahmen der Eisheiligen. Wir haben unsere Tomatenpflanzen mit Papiertüten bedeckt. Am Tage wird es warm. Ein deutscher Landser, der in Rasenfeld bei den Russen arbeitet, kam mit einer schweren Handverletzung. Der Russe, der ihn brachte, fuhr uns nach Nipkau, wo wir dem Verletzten eine Tetanusspritze machen konnten. Auf dem Rückweg fuhren wir fast nur Galopp, wobei das hintere Brett aus dem Kastenwagen herausfiel und liegengelassen wurde. Es erschien dem Fahrer offenbar nicht der Mühe wert, wegen so einer Kleinigkeit anzuhalten.

Abends habe ich im Januschauer See, gegenüber der Badestelle, wo der Fischadlerhorst auf einer Kiefer ruht, geangelt. Der etwa zwei Kilometer lange, ganz von Wald umgebene, mit den benachbarten Seen durch Fließe verbundene See ist für mich einer der stärksten Anziehungspunkte, weil dort jetzt völlige Ruhe eingekehrt ist und das Leben sich in nichts von dem unterscheidet, was früher hier vor sich ging. Neben den Rufen der größeren und kleineren Enten, der Taucher, der Rohrweihe und des Fischadlers fehlt eigentlich nur das gelegentliche Hundegebell aus der gegenüberliegenden Fischerei Annhof, das jedesmal aufklang, wenn ein Mensch sich näherte. Sogar ein Schwanenpaar ist noch da, wenn es ihm auch wegen der Störungen des Frühjahrs nicht gelungen ist, Junge auszubrüten. – Auf dem Rückweg gehe ich dann kilometerweit durch die von Unkraut strotzenden Felder, aus denen sich Wolken von Mücken und sonstigem Ungeziefer erheben.

*14. Mai*

Sonne und Wind, abends Hitze und Sturm. Ein ganz ungewöhnliches Jahr. Ich war in Groß-Albrechtau, um zwei Kinder zu taufen, die von Russen stammen. Es ist sehr unterschiedlich, wie die Mütter zu diesen Wesen stehn, die nur zum geringeren Teil Folge von Vergewaltigungen sind, und man weiß nicht, was ihr weiteres Schicksal sein wird. Einige scheinen in ganz harmlos natürlicher Weise geliebt zu werden. Andre werden hingenommen, weil sie nun einmal da sind, manche werden lediglich als Störung betrachtet. Zu einem Problem wird die Existenz eines solchen Kindes hier nicht. Später, wenn die Menschen wieder in geordnetere Verhältnisse kommen sollten, wird es vielleicht noch hier und da Schwierigkeiten geben. Im Augenblick steht ein Teil der Weiblichkeit infolge des Überangebots an Männern derart im Banne der eigenen Dämonien, daß mit einer Besinnung kaum zu rechnen ist.

Auf dem Rückweg von Albrechtau besuche ich die alte Frau Aust, die zur Zeit bei mehreren Polen im Garten arbeitet und als Entgelt für sich und ihre kranke Schwester Essen bekommt.

Als ich gegen Abend zurückkomme, finde ich zu meiner größten Überraschung einen Brief vor, der aus dem Westen kommt und auf dem Umweg über meine Tante zu mir gelangt ist. Er ist von meiner Schwester, datiert vom 21. Januar. Also ist doch einer meiner Briefe durchgekommen. Die Post ist zu bewundern. Meine Schwester schreibt von vielen Menschen, die es noch gibt und denen es gut geht, darunter auch die Angehörigen meiner Tante. – Halb benommen vor Staunen, verlasse ich noch einmal das Haus und laufe durchs Land. Die Gewißheit, daß es noch Menschen gibt, die auf mich warten, will erst allmählich von mir Besitz ergreifen. Mit diesem Brief hat ein neuer Zeitabschnitt begonnen. – Ganz in Gedanken bin ich in Grünhof angelangt, einem kleinen Ort jenseits des Waldes, der immer noch leersteht. Dort, aus einem der verwilderten Gärten, leuchtet mir eine vereinzelte blaue Iris entgegen, fast wie ein Symbol für das frühere Dasein, das noch einmal Blüten treiben will.

*15. Mai*
Ich habe einen Brief nach Rosenberg gebracht. Im Postgebäude, das ich mit einiger Vorsicht betrat, sprach mich eine freundliche Polin an und fragte mich trotz meiner eigenartigen Bekleidung, ob ich »Studierter« sei. Sie bot mir die in ihrer Wohnung befindlichen Bücher an. Sehr dankbar, weniger für die Bücher als für ihre ganze Art, nickte ich ihr zu und ließ mir von weitem ihr Haus an der Riesenburger Straße zeigen. Frau S. hat inzwischen auch Verbindungen nach Rosenberg angeknüpft und geht dort täglich bei einer Familie mit zwei Kindern arbeiten.

Vor drei Tagen wurde unser gesamtes Vieh nach Rosenberg getrieben, um verladen zu werden. Heute ist die ganze Herde aus unerfindlichen Gründen wieder zurückgekommen. Spät abends konsultiert mich der neue Kommandant wegen einer sehr schmerzhaften Rippenfellentzündung. Er ist wesentlich dünner als sein Vorgänger und scheint dem Schnaps abhold zu sein. Einige Schnapsfabriken im Dorf hat er schon zerschossen. Es sind aber noch immer welche da.

*17. Mai*
Das Nachbargut Falkenau ist ganz leer und zum Teil zerstört. Ich war dort, um die Gärten durchzustöbern. Im Gutsgarten fand ich einen Wald von Rhabarber, den noch niemand entdeckt hat. Als ich durch die leeren Ställe ging, huschte eine Gestalt vor mir aus der Tür und verschwand um die Ecke. Ich konnte gerade noch erkennen, daß es ein Mensch war, lief ein Stück hinterher, fand aber keine Spur mehr. Bei dieser Gelegenheit stieß ich an einer windgeschützten Ecke auf sechs wunderschöne gelbe Tulpen.

Das Vieh ging heute zum zweitenmal nach Rosenberg. Hundert Stück wurden verladen, um in Liegnitz geschlachtet zu werden, alles wunderschöne Milchkühe. Die restlichen vierzig kamen zurück.

*19. Mai, Sonntag Kantate*
Auch mir ist zum Singen zumute. Ich habe beschlossen, meine Tante zu besuchen. Wir müssen unbedingt alles Neue und Aufregende besprechen, was der Brief aus dem Westen uns gebracht

hat. Bis Schwalgendorf ziehe ich einen Kinderwagen hinter mir her, den ich auf dem Rückweg, mit Kartoffeln gefüllt, wieder mitnehmen will. Und nachdem ich dort noch einige Familien ärztlich beraten habe, geht es mit vollem Rucksack weiter ostwärts. Die junge Frau H. rudert mich über den See nach Weepers. Hinter Gablauken hole ich vier deutsche Frauen ein, die mit Wasserbehältern vor mir hergehen. Ihr Ziel ist das Grab ihrer Männer und Söhne, die vor einem Jahr weggeholt und später in unmittelbarer Nähe tot aufgefunden wurden. Sie haben sie begraben und aus zwei Brettern ein kleines Kreuz aufgerichtet, das inzwischen schon wieder zerschossen worden ist. Ich lasse mich daneben nieder. Die Frauen versorgen das Grab, und dann singen wir und ich lese einen Psalm.

Später gehe ich am Kanal entlang durch die Wiesen, wechsle ein paar Worte mit deutschen Frauen, die in Liegen wohnen, laufe dann wieder querfeldein und durch Koppeln an Liebemühl vorbei und passiere den Kanal mit Hilfe der Eisenbahnbrücke. Zwei polnischen Anglern, die dort stehen, nicke ich im Vorbeigehn zu. Sie sehen mir etwas verdutzt nach.

Nicht lange, dann umgibt mich wieder der Taberbrücker Forst. An manchen Stellen ist das Buchenlaub erfroren. Eckschilling taucht vor mir auf. Diesmal gehe ich ein langes schnurgerades Gestell entlang, auf dem viele Kanzeln stehen und das in einem scheunenartigen Gattertor endigt. Hier ziehen die Schnepfen in einer solchen Menge, wie ich das noch nie erlebt habe. Es ist wohl der zweite Zug, dem man sonst keine Beachtung schenkt. An dem Gattertor warte ich die Dunkelheit ab. Von Taberbrück herüber ertönen Hornsignale, offenbar von einem Könner geblasen. Wie heimatlich klingt das. Es kommt einem ganz dumm vor, die nächsten Orte wieder umgehen zu müssen. Aber dann bin ich schon im Grasnitzer Wald, und der Boden ist übersät mit Glühwürmchen. Am Begräbnisplatz höre ich eine Rotte Sauen schnaufen. Und dann stehe ich vor der Haustür. Sie ist von außen verschlossen, und ich fahre zurück vor einem gestempelten Zettel, der daran befestigt ist.

Vorsichtig klopfe ich an das Fenster der Nachbarwohnung und trete ins Dunkle zurück. Frau Langanke erscheint, läßt mich ein, holt Groß und Fräulein Jokuteit aus ihren Dachstuben. Sie brechen in Tränen aus. Vor einigen Tagen ist meine Tante zu nächtlicher Stunde von mindestens zwölf Bewaffneten abgeholt und vermutlich nach Allenstein gebracht worden. Ein Grund wurde nicht angegeben. Wir bleiben die ganze Nacht zusammen und sprechen über das Vorgefallene und über die Möglichkeiten, etwas Näheres zu erfahren. Sie füttern mich mit dem Besten, was sie haben, und wollen meine Mitbringsel nicht annehmen. Das Huhn Lorchen hat nicht mehr gefressen, als meine Tante fort war, und ist plötzlich tot umgefallen.

Den Tag über bleibe ich versteckt und trete gegen neun Uhr abends bei schönstem Sommerwetter den Rückweg an. Wieder ziehen die Schnepfen wie toll. Dreimal treffe ich Rotwild. Unaufhörlich schnarren die Nachtschwalben und begleiten mich mit dem eigentümlichen Trillern und Klappen ihres Balzfluges. Unter den Kanzeln hindurchzugehen ist jedesmal spannend. Aber daß eine von ihnen besetzt wäre, ist wohl noch nie so unwahrscheinlich gewesen wie zu dieser Zeit.

Als ich die Brücke bei Liebemühl passiert habe, bellt mich ein Fuchs an. Vor einer Gruppe von Männern, die mir in der Morgendämmerung entgegenkommen, nehme ich im Straßengraben Deckung. Der Tau zieht meine selbstgemachten Schuhe so fest zusammen, daß ich sie ausziehen und barfuß weiterlaufen muß. Gegen fünf Uhr bin ich in Weepers. Frau P., die frühere Gastwirtsfrau, kocht mir Kaffee und sorgt dafür, daß ich über den See komme. Auf dieser Seite hat niemand einen Kahn. Wir gehen deshalb am Seeufer entlang und über den ins Wasser gebauten Damm bis zur ersten Insel. Von dort aus ruft sie durch die vorgehaltenen Hände über das Wasser, bis drüben auf der zweiten Insel ein Hund anschlägt. Gleich darauf erscheint eine Frau am Ufer. Wir winken, sie macht den Kahn los, kommt herüber und bringt mich nach Schwalgendorf.

*24. Mai*

Es geht wieder einmal das Gerücht, die Januschauer Russen seien abgezogen und das Gutshaus stünde leer. Ich gehe ziemlich unbekümmert von der Parkseite darauf zu, bleibe erst einmal staunend stehen vor einem doppelt mannshohen feurigen Busch, der pontischen Azalee, die in vier verschiedenen Rot über und über mit Blüten bedeckt ist, und platze dann bei dem Versuch, das Haus von der Vorderseite zu besehen, in einen Haufen von mindestens zwanzig Russen hinein. Schnell wende ich mich an den ersten und frage pflichteifrig nach Kranken – sie schicken mich ins Dorf, wo einer der beiden deutschen Landser tatsächlich krank liegt. Ich bin heilsfroh, so glatt herausgekommen zu sein. Um das Haus herum liegen Schutthaufen, wie überall. Die großen Steinkugeln sind von ihren Podesten heruntergeworfen. Vor der Veranda auf der Gartenseite befindet sich ein russisches Grab, umgeben von einem roten Zaun, an dem Wäsche trocknet. Im Park liegen verwesende Pferde. Aus einem der Schutthaufen steckt eine von den beiden sehenswerten Abwurfstangen heraus, die früher jahrzehntelang auf dem Tisch im Flur gelegen haben. Ich nehme sie als Andenken mit. – Ein kleines Waldgut, der sogenannte Gräberberg, mit Wohnhaus auf einer kleinen Lichtung, wird anschließend noch besichtigt. Hier ist anscheinend monatelang niemand gewesen. Alle Räume liegen knietief voll Papier und Scherben, nichts Brauchbares mehr dabei. Aber im Garten steht ein Rhabarberwald, von dem ein Teil in meinem Rucksack verschwindet.

*26. Mai, Sonntag Rogate*
In meinen beiden Räumen halte ich Andacht. Viele kommen. Waschko hat sie von der Arbeit dazu nach Hause geschickt. Wenn ich auch kaum je ein Wort mit ihm wechsle, so habe ich doch das Gefühl, als gäbe es einen Punkt, an dem wir uns verstehen. Unsere Leute mögen ihn gern. Am Nachmittag habe ich wieder Sprechstunde in Schwalgendorf. Auf dem Rückweg finden wir die bisher leerstehende Försterei Alt-Schwalge besetzt. Der neue Förster ruft mich herein zu seiner kranken Frau, und wir dürfen ein Pfund Speck für die Beratung mitnehmen. Anschließend baden wir noch im Uroviec; die Russen sollen kürzlich achtzig Zentner Karpfen auf einen Zug herausgefischt haben.

*7. Juni*
Diesmal gab es in Schwalgendorf wieder etwas Besonderes. Der Ort war von polnischen Partisanen besetzt, als wir ankamen. Vierzig Mann waren mit zwei Autos gekommen. Die ortszugehörigen Russen saßen bereits in Unterhosen eingesperrt in ihrem eigenen Keller. Andere Russen, die sich dort offenbar verabredet hatten und im Laufe des Tages angefahren kamen, wurden auf der Dorfstraße coram publico entwaffnet, ausgezogen und in den Keller abgeführt. Ihre Pferde wurden ausgespannt und darauf herumgeritten. Ich selber wurde von den Partisanen ärztlich in Anspruch genommen und anschließend zum Essen eingeladen, das Frau H. jun. gerade für die Russen gekocht hatte. Den ganzen Tag durfte niemand den Ort verlassen. Spät abends brausten sie ab. Wir blieben die Nacht in

Schwalgendorf, starteten morgens um vier Uhr mit Kartoffeln, Fischen und Honig, den uns der andere polnische Förster gegeben hat. Dieser ist besonders nett zu uns, ebenso wie seine Frau. Er war früher im Korridor-Gebiet tätig, sie ist Lehrerin in Lodz gewesen.

Es gibt wieder ein paar Bienenstämme. Auch der alte Müller Jepp hat sieben Völker durchgebracht, hält sie aber noch geheim. Die Russen haben im Winter alle Bienenkörbe aufgemacht und den Honig herausgenommen. Jetzt finden sie ihn nur noch gelegentlich in hohlen Bäumen an den Straßen und haben Leute eingesetzt, die nach solchen Bäumen fahnden und sie fällen müssen. Die fallen dann meistens quer über die Straße, werden aus Bequemlichkeit nicht weggeräumt, und alle Wagen fahren von da an durch den Straßengraben aufs Feld. Auf diese Art sind die Wege stellenweise mehr als fünfzig Meter breit geworden, was aber belanglos ist, da die Felder ohnehin nicht bestellt werden.

Gegen acht Uhr sind wir zu Hause. Nachts sind die Partisanen hiergewesen, haben auf dem Hof gehalten und die in Gang befindliche Lokomobile beschossen. Ein Russe hatte zufällig eine Handgranate in der Hosentasche und warf sie über den Gartenzaun. Ein Autoreifen wurde getroffen und platzte. Daraufhin ließen die Partisanen das Auto mit der Beute des Tages stehn und machten sich aus dem Staube. Die Russen haben dann noch eine Stunde lang geschossen.

*9. Juni, Pfingsten*

Ich halte Andacht im Behandlungsraum, lese die Pfingstgeschichte. Dauernd wird geschossen. Zwei Autos mit Russen sind gekommen, um die Partisanen zu erwarten. Abends kommen an dreißig fremde Russen in die Häuser. Wann die Frauen einmal zur Besinnung kommen sollen, ist nicht abzusehn.

In Schwalgendorf sind die meisten Deutschen jetzt sogenannte »Masuren«. Das ist eine neue Erfindung und soll wohl die polnische Stammeszugehörigkeit betonen bzw. die deutsche verneinen. Ich kann den Leuten auch nicht abraten, Masuren zu »werden«, weil es im Augenblick weniger darum geht, das Deutschtum zu vertreten, als am Leben zu bleiben. Einige haben noch Sachen versteckt, die sie allmählich an Polen verkaufen oder gegen Lebensmittel eintauschen wollen. Ich werde bei solchen Geschäften gelegentlich zu Rate gezogen und muß die Vermittlung übernehmen, weil die Leute zu leicht ausgeplündert werden, wenn es herauskommt, daß sie noch etwas haben. Frau Tiedtke hat noch Anzüge ihres Mannes vergraben. Ihr Haus ist abgebrannt. Sie wohnt mit einer verkrüppelten und einer epileptischen Schwester zusammen. Die epileptische kriegt Anfälle, sobald sie Russen zu Gesicht bekommt. Sie mußte damals aus dem brennenden Hause vom Balkon springen.

Unsere Russen sind sehr aufgeregt wegen der Partisanen und schießen auf alles, was sich bewegt. Das Ehepaar H. wurde beim Kräutersammeln im Großen Graben beschossen.

*14. Juni*

Vormittags haben wir gegraben, nachmittags Kartoffeln gepflanzt. Plötzlich Alarmsignale: ein Auto mit Schwerbewaffneten im Stahlhelm fährt durchs Dorf. Die Russen liegen im Unkraut und rühren sich nicht. Eine Stunde später kommt das gleiche Auto zurück und wird wieder stillschweigend durchgelassen.

Zwei Polen, die früher einmal in Zollnick gearbeitet haben, kommen H. besuchen und bringen Schnaps mit. Sie wollen sich in der Nähe ansiedeln und verhalten sich sehr freundschaftlich, obgleich H. den einen von ihnen einmal ziemlich verhauen hat. – Nach der Schulstunde verzog ich mich in den Kleinen Wald, traf dort zwei Schwarzstörche, die mir auf dem Fahrweg begegneten, und sammelte Blaubeeren. – Unsere Russen sprechen von Krieg, aber das tun sie oft. Die Partisanen waren in Finckenstein und haben Schweine geschlachtet.

*16. Juni*

Heute gehen plötzlich alle russischen Soldaten weg. Nur der Kommandant und zwei Zivilisten bleiben zurück. Keiner weiß, was das nun wieder bedeuten soll. – Wir sammeln Walderdbeeren, hacken Holz und machen Schuhe. Auf dem Weg zu Typhuskranken traf ich Polen mit Fahrrädern, die ein leerstehendes Haus zum Wohnen suchten. Sie zogen eine Kuh hinter sich her und fragten mich, ob ich wüßte, wo ein Kuhbock wäre.

Der Ort Faulen wurde ganz den Polen überlassen. Januschau und Schönberg sollen angeblich auch bald geräumt werden. Die Polen sieht man überall noch pflügen und Kartoffeln pflanzen.

Unter meinem Schreibtisch haben wir eine Henne auf achtzehn Eier gesetzt. Das ist die einzige Stelle, wo sie einigermaßen ungestört brüten kann. Ein Russe kam von weither und gab mir hundert Zloty für einen Zahn, den ich ihm zog.

*23. Juni*

Nach der sonntäglichen Andacht haben wir in Annhof und Zollnick mehrere Eimer Blaubeeren und Erdbeeren gepflückt. Wir haben dabei gar keine Konkurrenz, da niemand sich so weit in den Wald traut, auch Polen und Russen nicht, wegen der Partisanen.

Das Grab in Zollnick auf dem Hof ist vor einiger Zeit wieder aufgerissen worden. Auch die leere Kiste aus der Scheune ist fort, ebenso die daneben vergrabenen Waffen. Die Pumpe auf dem Hof, die bisher immer noch Wasser gab, ist abmontiert worden.

Heute werden mit großem Aufgebot landwirtschaftliche Maschinen aller Art, die vor fünf Tagen mit Autos und Treckern fortgeschleppt worden waren, wieder hergebracht und hinter der Schule aufs Feld geworfen. Die Polen sollen sie nicht haben.

*2. Juli*

Seit Tagen brütet die Hitze über unserem Dorf. Ich werde zur Arbeit geholt und muß mit einigen Russen nach Albrechtau, wo bei den Polen in der Scheune noch ein versteckter Dreschkasten entdeckt worden ist. Mit unsäglicher Mühe wird er hergeschleppt und mitten auf der Dorfstraße stehengelassen. Acht andere Dreschkästen liegen schon auf der Koppel. – Im übrigen sind wir den ganzen Tag im Heu. Der drei- und vierjährige Klee wird gemäht und eingefahren. Er steht wie Schilf so hoch und dick und wickelt sich wie Draht um unsere Beine. Wer ihn fressen soll, wissen wir nicht. Jedenfalls wird er uns noch lange beschäftigen, denn die ganze Gegend ist voll davon. Auffallend ist, wie sich die Hasen darin vermehrt haben. Die kleinen werden von den Jungens und Mädchen mit großem Geschick gefangen.

Mir geht es nicht gut. Ich habe keine Spucke und trage eine Kanne Wasser bei mir, aus der ich alle zehn Minuten einen Schluck in den Mund nehme. – Maruschka, die gefürchtete Kommandantin – eine Polin, wie es heißt –, kam bisher immer auf einem dicken Schimmel aufs Feld geritten, wo sie von den arbeitenden Frauen und Mädchen jedesmal mit einer Flut von Schimpfworten begrüßt wurde. Neuerdings muß sie mitarbeiten, weil sie aus Eifersucht eine vermeintliche Nebenbuhlerin überfallen und im Bett mit einem Holzscheit malträtiert hat. – In den Arbeitspausen haben wir uns aus den Feldgehölzen mit Himbeeren versorgt. Die Linden blühen.

Vor zehn Tagen haben wir Pech gehabt. Als wir, barfuß und mit vier Kannen Sirup, am Vormittag nach Schwalgendorf zu entweichen suchten, liefen Frau L. und ich dem Kommandanten in die Arme und wurden sofort in den Schulkeller gesperrt. Dort saßen wir eine Nacht, dann wurde Frau L. wieder herausgelassen. Die nächsten Tage wurde ich durch den Wachtposten aus der Russenküche gut verpflegt und erhielt außerdem alles mögliche an Beeren durchs Fenstergitter gereicht. Mein Behandlungszimmer wurde geräumt. Angeblich wurde dabei ein ganz gefährliches Gift gefunden, wahrscheinlich in einer der russisch beschrifteten Bierflaschen, die noch aus der Zeit meiner Vorgängerin Nadja stammen. Darüber herrschte große Aufregung, und ich sollte bestraft werden. Außerdem hat eine Einheimische den Russen erzählt, ich sei Spion und mit den Partisanen im Bunde. Es stand also ziemlich kritisch. Außerdem bekam ich Schüttelfrost und hohes Fieber, all meine Mücken- und Flohstiche fingen an zu eitern, und es stellten sich Wadenkrämpfe ein. Am dritten Tage wurde ich herausgeholt und vor die Kommandantin geführt. Sie schrie mich an und maß mir persönlich die Temperatur, weil sie nicht glaubte, daß ich krank sei. Ich antwortete in annähernd gleicher Tonart, weil man damit immer noch am besten fährt. Zu meiner größten Überraschung durfte ich dann in die Bodenkammer über meiner bisherigen Unterkunft ziehen. Dort wohne ich jetzt. Ich glaube, daß Waschko ein Wort für mich eingelegt hat.

*7. Juli*

Wegen des Regens ist heute arbeitsfrei. Die Frauen müssen wie üblich Säcke flicken. Von Januschau her kamen über hundert kleine Russenwagen durchs Dorf gefahren. Wir verzogen uns wieder in den Kleinen Wald zum Beerenpflücken. Eigentlich dürfen wir den Ort nicht verlassen. Wegen des hohen Unkrauts, das uns umgibt, läßt sich aber keine Kontrolle durchführen. Kletten und Disteln sind so hoch, daß man fast aufrecht darin gehen kann, ohne gesehen zu werden. Auch neue Schnapsfabriken sind darin angelegt worden.

*13. Juli*

Nach Sonnentagen und Sturm regnet es wieder. Ich habe den ganzen Tag in der Schmiede gesessen und Haumesser für die

Mähmaschine geschliffen. Gestern arbeitete ich mit drei Litauern auf dem Speicher, wo das Mehl in Säcken allmählich ganz verrottet. Ein Lastauto kam und fuhr bei einer zu kurzen Wendung den kleinen Vorbau an der Küche des Gutshauses ab. In der Scheune stehen verrottete Autos und Möbel aller Art über- und durcheinander. Der Kommandant wurde kürzlich von dem langen Litauer, dem er an den Kragen wollte, gepackt und so heftig mit den Füßen auf den Boden gestoßen, daß er auf der Schwelle liegenblieb. Der Litauer wanderte ins Loch, kam aber inzwischen wieder heraus. Am Nachmittag haben wir verfaulende Rübenschnitzel aus dem Speicher auf den Hof geschippt.

Die Russen sind schon wieder in Aufregung wegen neuer organisatorischer Änderungen. Es soll wieder Vieh aus Schlesien herkommen. Die Schweine, die dank der Rübenschnitzel enorm fett geworden sind, dürfen nicht geschlachtet werden, sondern erhalten eine Art Abführmittel, damit sie wieder abnehmen. Von den Pferden verschwindet ab und zu eins, wahrscheinlich von den Russen selber heimlich verkauft. Eins wurde kürzlich nach ausgiebiger Suchaktion dreißig Kilometer entfernt bei einem Polen gefunden. Dieser hatte es von einem Russen gekauft, der nur noch gelegentlich hier aufkreuzt. Niemand weiß, wo er sich aufhält. Der Kommandant hat ihn für vogelfrei erklärt. Wer ihn sieht, soll ihn totschießen.

2. *August*

Ich war vierzehn Tage krank mit hohem Fieber und schweren Kopfschmerzen, zeitweise nicht ganz bei Trost. Jetzt bin ich reichlich heruntergekommen, liege seit einer Woche wieder in H.s Küche, da die Pflege in meiner glühend heißen Dachkammer zu schwierig war. Auf dem Balken über meinem Kopf liefen die Mäuse hin und her, und wenn ich rief, konnte es niemand hören. An einem Sonntag fing es an. Wir arbeiteten bei sengender Hitze im Heu bei Groß-Albrechtau, hielten kurze Mittagspause in der Kirche. Mir ging es von morgens an schlecht. Die dicke Maruschka, wieder hoch zu Roß auf ihrem Schimmel, konnte ich nur wie durch einen Schleier sehen. Nachmittags kam ein Auto mit russischen Soldaten und holte die Litauer vom Felde weg, wahrscheinlich nach Rußland. Einer riß aus und verschwand im Wald. Der Lange hat sich schon ein paar Tage früher aus dem Staube gemacht. Erst nach Sonnenuntergang kamen wir nach Haus. Am nächsten Morgen kam ich dann nicht mehr hoch. Nun fange ich langsam an, mich wieder zu erholen.

Die Partisanen waren in Januschau, haben alle Pferde weggeholt und den sechs Russen, die dort noch sind, Stiefel und Gewehre fortgenommen. Einer von den Russen kam bei uns vorbeigelaufen. Er wollte nach Nipkau, um Verstärkung zu holen. In Rosenberg wurde er aber von der UB. festgenommen und für eine Nacht in den Keller gesperrt. Man weiß hier nie, wer eigentlich gegen wen ist. Die polnische Polizei ist zwar Todfeind der Partisanen, läßt sich aber keine Gelegenheit entgehen, den Russen ein Schnippchen zu schlagen.

In unserem Gärtchen hinter dem Haus wächst es enorm bei tropischer Hitze: Gurken, Tomaten und Zwiebeln. Die Rosenberger Polen haben mir sagen lassen, ich sollte doch möglichst bald zu ihnen übersiedeln, da ihr Arzt eingesperrt sei. Sie haben das frühere Gesundheitsamt als Krankenhaus eingerichtet. Frau S. hat mich dort für alle Fälle als Patienten angemeldet.

## 8
## Rosenberg
*6. August 1946 bis Mai 1947*

Seit zwei Tagen bin ich im Rosenberger Spital. Der polnische Arzt hat mich sehr freundlich aufgenommen, desgleichen die deutsche Frau, die hier als Schwester arbeitet. Das Haus liegt hart am Seeufer. Frau S. kam mich abholen. Wir gelangten unbemerkt aus dem Dorf hinaus und bis an die Durchgangsstraße. Dort trennten wir uns. Meine Begleiterin ging mit meinem Rucksack durch die Stadt, weil sie ja dort schon bekannt ist. Ich wählte den Weg durch die Felder um den See herum. Es waren aber Arbeiter auf der Straße. Die sahen, daß wir uns trennten, und einer fuhr mit seinem Rad in die Stadt, um die Miliz zu alarmieren. Deswegen erschien meine Begleiterin erst viele Stunden später im Krankenhaus als ich, nachdem sie von der Miliz gründlich durchsucht und ausgefragt worden war.

Ich habe ein Zimmer für mich allein im ersten Stock mit Aussicht auf den See und schönem, weißbezogenem Bett. Im Augenblick gelte ich als Patient und hoffe nur, die Russen holen mich nicht gleich wieder weg. Es gibt gutes Essen aus amerikanischen Büchsen.

Das Haus hat dreißig Betten, die fast alle belegt sind. Ich darf die Visite mitmachen. Was die Diagnosen betrifft, so bin ich etwas skeptisch. Die eine Hälfte der Patienten soll Typhus haben, die andere Lungenentzündung. Die Mehrzahl macht aber einen ganz munteren Eindruck. Die Typhuskranken erkennt man an ihren rasierten Köpfen, Männer wie Frauen. Diese Maßnahme erscheint mir reichlich drakonisch und dazu überflüssig, weil sie nur bei Fleckfieber angebracht ist, und davon kann hier keine Rede sein. Fieberkurven werden nicht geführt. Medikamente sind in riesiger Menge vorhanden, die Auswahl ist aber nicht groß. Sie kommen alle aus Amerika und sind nur englisch und französisch beschriftet. Ihre Verwendung war also bisher ziemlich problematisch. 180000 Schlaftabletten sind dabei, dazu mehrere Flaschen mit konzentrierter Salz- und Schwefelsäure. Besonders begehrt und daher gefährdet ist aber ein Kanister mit zehn Litern absolutem, unvergälltem Alkohol. Schwester Erna hat den Schlüssel, sehr zum Leidwesen der polnischen Schwestern.

Auch hier grassiert die häßlichste aller Krankheiten, die uns auf Schritt und Tritt verfolgt. Glücklicherweise stehen Medikamente aber in ausreichender Menge zur Verfügung. Zur Zeit werden etwa vierzig Kuren gemacht, alle mit ein und derselben Spritze. Schwester Erna, die keinerlei medizinische oder auch nur pflegerische Ausbildung genossen hat, sondern nur durch Zufall hier hängengeblieben ist, hat bereits eine staunenswerte Routine im intravenösen Spritzen erworben. Täglich treten zehn bis fünfzehn Patienten bei ihr an, gesunde junge Männer, auch Frauen. Gerade in letzter Zeit sind viele neue Fälle dazugekommen. Es ist nicht auszudenken, was das alles noch für Folgen haben wird.

Rosenberg, von den Polen Susz genannt, war früher eine friedliche Kleinstadt von etwa sechstausend Einwohnern, Mittelpunkt eines Kreises, in dem der Großgrundbesitz vorherrschte. Jetzt liegt das Städtchen in Trümmern, das Land weit und breit verödet, die herrlichen Gutshäuser zum größten Teil in Schutt und Asche. Um den zerstörten Stadtkern herum haben sich etwa zwölfhundert Polen in den noch vorhandenen Wohnungen angesiedelt, aber die wenigsten scheinen schon seßhaft geworden zu sein. Die Mehrzahl von ihnen ist in ständiger Unruhe; und der Zug, der ein- oder zweimal täglich die Bahnstrecke befährt, ist vollgestopft mit Abenteurern, die kommen und gehn, weil sie noch keine feste Bleibe gefunden haben oder nach besseren Möglichkeiten Ausschau halten wollen. Sie stammen aus allen Teilen Polens und verkörpern deshalb die verschiedensten Typen, östliche und westliche, die in ihrem Wesen und ihrer Mentalität kaum etwas miteinander zu tun haben. Offenbar verläuft eine sehr einschneidende Trennungslinie zwischen Ost und West mitten durch Polen hindurch. Allen gemeinsam ist nur, daß sie wurzellos geworden sind, sonst kämen sie wohl nicht freiwillig hierher, in ein Land, das wüst liegt und zu dem sie keinerlei Beziehung haben, abgesehen vielleicht von den wenigen, die während des Krieges hier auf dem Lande gearbeitet haben und nun auf den verlassenen Höfen eine neue Existenz aufzubauen suchen. Die ersten sind schon vor anderthalb Jahren gekommen, unmittelbar im Gefolge des Russenheeres. Ihnen geht es relativ am besten, weil sie noch manches haben sicherstellen können, was in den verlassenen Wohnungen bei der ersten Plünderung übersehen worden war. Sie gehen einigermaßen gekleidet und bilden bereits ein gewisses, wenn auch lockeres Gefüge.

Jeder Neuankömmling versucht, irgendein Geschäft anzufangen oder ein Amt zu übernehmen. Vorhanden sind bereits Bürgermeister, Pfarrer, Arzt, Dentistin, Rechtsanwalt, Forstmann, Postmeister, Bahnvorsteher, Schornsteinfeger, Friseur, Schuster, Schneider usw., wenn auch keiner davon in seinem Fach übermäßig versiert zu sein scheint. Daneben lauter Handeltreibende, vom Bäcker, Fleischer und Gastwirt bis zum simplen Streichholzverkäufer. Sie leben, und ihrem Tun und Treiben ist lediglich durch die allgemeine Misere eine Grenze gesetzt sowie durch das Vorhandensein von Miliz und UB., die nach reichlich primitiven und launebedingten Gesichtspunkten ihres gefürchteten Amtes walten.

Deutsche leben in der Stadt nur noch sehr wenige. Man kann sie an zwei Händen abzählen. Zwei alte Männer sowie ein paar Frauen und Kinder, die die Straße reinigen, Trümmer wegräumen und in polnischen Familien Hausarbeit verrichten. Was sonst noch an Deutschen in dieser Gegend ist, lebt auf den Gütern, hauptsächlich unter Aufsicht der Russen und in geschlossenen Gruppen. Allein würden sie kaum eine Lebensmöglichkeit haben und jeder Willkür preisgegeben sein.

Das kleine Krankenhaus, an dem ich arbeite, gibt mir die Möglichkeit, dies alles aus einer relativ umfassenden Perspektive zu beobachten. Ich werde im allgemeinen sehr zuvorkommend behandelt, nachdem ich das Glück gehabt habe, gleich in den ersten Tagen durch ärztliche Eingriffe mit gutem Ausgang in Erscheinung zu treten.

Mein erster Patient war ein achtzigjähriger Bauer mit einem riesigen Nackenkarbunkel, der von seinen besorgten Angehörigen im Wagen gebracht wurde. Sehr im Zweifel, ob der alte Mann noch zu retten sei, wies ich auf den Ernst der Situation hin und traf die Vorbereitungen zur Operation. Die beiden polnischen Schwestern, die mir versicherten, solche Eingriffe schon oft gesehen zu haben, wollten mir assistieren, stürzten aber mit allen Zeichen des Entsetzens aus dem Zimmer, nachdem ich den ersten von vier langen Schnitten gemacht hatte. Sie glaubten, ich würde ihm den Kopf abschneiden. Der alte Mann fühlte sich sofort erleichtert, erholte sich und will mir eine Gans schenken, sobald sein Genick in Ordnung ist. Seine Söhne haben das Gehöft jenseits des Sees bezogen und ihn und seine ebenfalls achtzigjährige Frau dort aufgenommen. Jeden dritten Tag gehe ich hin, um ihm einen neuen Verband zu machen. – Der zweite dramatische Fall war eine Geburt, die nicht vom Fleck kam. Die Hebamme kam händeringend zu mir, und nach entsprechender Untersuchung gingen wir in die Küche und kochten in einem Kochtopf die Zange aus, die glücklicherweise zur Verfügung steht. Das Kind kam dann ziemlich rasch zur Welt, wobei die Hebamme sich fortwährend bekreuzigte, weil sie der Ansicht war, das Kind säße noch zu hoch für die Zange. – Nachdem diese beiden und noch andere etwas abenteuerliche Fälle gut abgelaufen sind, beginne ich mich einigermaßen sicher zu fühlen. Außerdem sollen Unterschriften gesammelt worden sein für ein Schreiben an die Miliz mit der Bitte, mich nach Möglichkeit in Freiheit zu lassen. Für den Ernstfall habe ich allerdings in meinem Zimmer einen festen Strick bereit, mit dem ich mich aus dem Fenster lassen kann, denn ich möchte mich nicht noch einmal hinter Schloß und Riegel setzen lassen.

Durch die täglichen Spritzen, bei denen ich Schwester Erna unterstütze, habe ich von den jungen Polizisten schon eine Reihe kennengelernt und die Auffassung gewonnen, daß sie mich in Ruhe lassen werden, solange nichts Besonderes passiert. Trotzdem wird es eines Sonntagmorgens kritisch, als zwei etwas ältere, mir bis dahin noch unbekannte Uniformierte das Haus betreten und nach mir fragen. Ganz gegen ihre sonstige Gewohnheit bei der Ankunft von Männern haben sich die beiden Schwestern in den letzten Winkel zurückgezogen. Eine Weile stehen wir uns wortlos gegenüber. Sie mustern mich von oben bis unten. Auf meine Frage, ob sie krank seien, reagieren sie zunächst gar nicht. Dann zeigt der eine auf seine Zähne, während der andere langsam hinter mir herumgeht. Ich starre in das makellose Gebiß meines Gegenübers und denke: »Das könnte dir da hinten so passen! Wenn du auch nur eine Hand rührst, bin ich mit einem Satz auf der Treppe, aus dem Fenster und im Wald untergetaucht, ehe du dich besonnen hast.« Die Besichtigung meiner Kehrseite hat aber offenbar auch keinen Anlaß zum Eingreifen ergeben, und die beiden Besucher verlassen ohne Gruß das Haus. Gleich kommen die Schwestern aus ihrem Versteck hervor und beglückwünschen mich zu dem unerwarteten Ausgang dieser Begegnung. Es seien die beiden gefährlichsten Menschen der ganzen Gegend gewesen, die Kommandanten von UB. und Miliz.

Meine erste Fahrt zu einem Patienten dauerte fast den ganzen Tag. Mit einem Pferd von der Größe einer besseren Ziege holte mich ein Bauer ab, und wir fuhren im Schneckentempo, viel langsamer, als man zu Fuß gegangen wäre, durch sandige Wege bis nach Heinrichau, etwa fünfzehn Kilometer weit. Der Schwerkranke wurde auf den Wagen geladen – einfacher wär es gewesen, der Bauer hätte ihn gleich mitgebracht –, und dann ging es auf einem etwas anderen Wege wieder zurück. Dabei kamen wir durch Neudeck und Langenau, die beiden Hindenburgschen Güter, fanden das Gutshaus des Reichspräsidenten abgebrannt, ebenso das in Langenau, und auch den Ort Neudeck sehr verwüstet. Die Felder natürlich, wie überall, tief unter Unkraut verborgen.

Innerhalb der Stadt und der nächsten Umgebung werde ich oft zu Kranken geholt und gewinne dabei Einblick in die Lebensverhältnisse. In vielen Fällen handelt es sich nicht um regelrechte Ehen, sondern um Pärchen, die mehr oder weniger zufällig und wohl nur vorübergehend zueinandergefunden haben. Trotzdem ist der Kindersegen überraschend und die Hebamme Cecylia froh, in mir auch für die unkomplizierten Fälle eine Hilfe gefunden zu haben, da sie allein nicht alles bewältigen kann. Oft sitze ich viele Stunden, manchmal ganze Nächte bei so einer Familie, bis das trotz allem meistens freudig begrüßte Kind da ist, schlafe dabei etappenweise auf irgendeinem Stuhl oder auf dem Fußboden, muß hin und wieder einen Schnaps trinken und bekomme manches zu hören, was die Leute normalerweise nicht erzählen würden. Der Krieg hat sie elend durcheinandergeworfen, wobei es offenbleibt, von welcher Seite ihnen mehr Schaden und Unrecht zugefügt worden ist, vom Westen oder vom Osten. Oft bin ich tief beschämt über die Bereitwilligkeit, mit der sie als Reaktion auf ein menschliches Wort alle berechtigten Rachegefühle zurückstellen und das, was wir ihnen durch Hitler angetan haben, als eine dem deutschen Wesen fremde Verirrung ansehn. Und gerade diejenigen, die am meisten gelitten und verloren haben, sind es, mit denen man am leichtesten über solche Dinge sprechen kann. Aber darüber wundere ich mich nicht, denn damit ist es wohl überall auf der Welt das gleiche, namentlich da, wo die Menschen etwas von der Vergebung wissen.

Abgesehn von einigen wenigen, die ihre Hände an der amerikanischen Spendenquelle haben und damit ihr Schäfchen ins trockene zu bringen wissen, ist es ein armes Volk, das auch kaum Gelegenheit haben wird, in absehbarer Zeit über das Lebensnotwendigste hinauszukommen. Dazu sind die Unordnung und Willkür zu groß, das gegenseitige Vertrauen zu gering, Kleidung und Lebensmittel zu teuer und im Verhältnis dazu der Schnaps zu billig. Kaum einer von den Männern, der ihn nicht als willkommenes Trostmittel über Gebühr in Anspruch nimmt. Ich finde den Czysta Wodka zwar auch recht gut im Vergleich zu dem entsetzlichen Rübenschnaps, der bei den Russen gebraut wurde. Aber ihn bereits morgens auf nüchternen Magen zu trinken kostet mich doch einige Überwindung und behindert mich auch ganz wesentlich in der Ausübung meines ärztlichen Dienstes. Trotzdem bleibt mir manchmal nichts anderes übrig, um die Leute nicht zu kränken. Aber nicht nur die Männer, sondern auch die Frauen trinken gerne Wodka, und manche ist durch dessen Folgen deutlich gezeichnet.

Die Ernährung im Krankenhaus ist dank der amerikanischen Spenden ausgezeichnet. Daneben bekommen wir von Patienten gelegentlich etwas Eßbares zugesteckt. Manche bezahlen sogar in bar bis zu 100 Złoty für Zahnziehen und zwischen 500 und 700 Złoty für Entbindungen, für unsere Verhältnisse unvorstellbare Summen. Für 80 Złoty kann man ein Pfund Zucker kaufen. Roggen kostet 1500 Złoty, Weizen 2000 Złoty, Kartoffeln 600–700 Złoty pro Zentner, Speck 800–900 Złoty das Kilo. Alles andere interessiert uns zunächst nicht, denn an Lebensmitteln fehlt es überall, und da ich für mich persönlich im Krankenhaus alles habe, was ich zum Leben brauche, kann ich das darüber hinaus Verdiente an unsere Leute weitergeben. Sie kommen schon von weither mich hier besuchen, und ich bin sehr froh, daß mir die polnischen Mitarbeiter in dieser Beziehung keine Steine in den Weg legen. Wenn es nötig ist, dürfen wir sie sogar ins Krankenhaus aufnehmen, ohne etwas dafür zu bezahlen, und sie genau so behandeln wie die polnischen Patienten. Und es wird auch ein Auge zugedrückt, wenn wir jemand aufnehmen, der nicht direkt krank, sondern nur schutz- und pflegebedürftig ist.

Glücklicherweise sind unter den amerikanischen Medikamenten eine Reihe brauchbarer Narkotika, deren Annehmlichkeiten sich auch inzwischen herumgesprochen haben, nachdem ich zunächst große Widerstände bei ihrer Anwendung zu überwinden hatte. Jetzt wollen auf einmal alle etwas in die Vene gespritzt haben, wenn geschnitten oder ein Zahn gezogen werden muß, und täglich haben wir im Eßzimmer ein paar Leute liegen, die ihren Rausch ausschlafen.

Gewisse Aufregung gibt es meistens mit den jungen Leuten von Miliz und UB., sehr wohlgenährten und besonders an Alkohol gewöhnten Individuen, die sich nicht so leicht narkotisieren lassen. Die Szenen, die ich mit ihnen erlebe, würde ich am liebsten filmen, um sie der Nachwelt zu überliefern; beschreiben kann man sie kaum. Es fängt damit an, daß ich sie auffordere, die Handgranaten aus den Hosentaschen zu nehmen, worauf sie meistens nicht reagieren, sondern mich verächtlich ansehn, als ginge mich das nichts an. Schließlich helfe ich dann selber nach und deponiere die Handgranaten an einem sicheren Ort. Dann wird der Betreffende auf einem Feldoperationstisch angeschnallt und erhält die Spritze, die aber meistens nur so lange vorhält, bis der Eingriff begonnen hat. Dann kann es vorkommen, daß der Patient sich mit Gewalt aufrichtet, den Operationstisch verbiegt, mit diesem zusammenkracht, wieder hochkommt und mit dem Tisch auf dem Rücken im Zimmer herumtanzt, während ich mit der Zange an einem seiner Backenzähne hänge und nur darauf bedacht bin, ihn so zu dirigieren, daß er nicht in eins der beiden Fenster oder in den Glasschrank fällt. Mit Hilfe von Schwester Erna gelingt es denn auch meistens, zu dem gewünschten Ziel zu kommen, während die beiden anderen Schwestern regelmäßig das Hasenpanier ergreifen.

Abgesehn von den schon erwähnten Gegenständen zum Zahnziehen und für die Geburtshilfe ist mein Instrumentarium sehr primitiv. Größere Schnitte werden mit Rasierklingen gemacht. Das einzig vorhandene Skalpell hüte ich in meinem Bett, damit es nicht zum Bleistiftanspitzen, Bindfadendurchschneiden und zu noch gröberen Zwecken benutzt wird. Ein Rotstift, den ich für die Fieberkurven mit Mühe ergatterte, war lange Zeit verschwunden, bis die Lippenfarbe des Stubenmädchens mich auf die richtige Fährte brachte und ich ihn in der Küche auf dem Fensterbrett wiederfand. Die sehr häufig notwendigen Ausräumungen bei weiblichen Wesen, die halb verblutet und oft in bewußtlosem Zustand eingeliefert werden, mache ich mit einem scharfen Löffel, da eine Curette nicht zur Hand ist und angeblich auch nicht beschafft werden kann. Größere Operationen lassen sich hier überhaupt nicht durchführen. Solche Fälle müssen auf irgendeine Weise nach Marienwerder, jetzt Kwidzyn genannt, transportiert werden. Vorgesehen ist dafür der aus Amerika gestiftete Sanitätswagen, aber der ist meistens in Geschäften unterwegs nach Danzig, Allenstein oder Warschau. Wir müssen uns also gewöhnlich nach anderen Fahrgelegenheiten umsehn. Das ist sehr zeitraubend, weil die UB., der das einzige weitere Auto, ein kleiner Volkswagen, zur Verfügung steht, auch meistens andere Sorgen hat. Schließlich muß dann irgendein Pferdefuhrwerk herhalten, das immerhin mehrere Stunden für die Fahrt braucht.

Nicht selten kommen Leute mit Schußverletzungen, was bei der Unzahl an Maschinenpistolen, mit denen hier hantiert wird, kein Wunder ist. Einen brachte mir die Miliz mitten in der Nacht. Ich wachte davon auf, daß mindestens zwölf Mann mit Blendlaternen in mein Zimmer stürzten, ganz mit Staub bedeckt. Unten auf dem Tisch lag einer ihrer Kameraden mit einem Einschuß in der Leistengegend. Da das Geschoß möglicherweise in der Bauchhöhle saß, was einen größeren Eingriff notwendig macht, riet ich, den Mann möglichst umgehend nach Marienwerder zu schaffen. Darauf verschwanden alle miteinander ebenso schnell, wie sie gekommen waren, angeblich, um ein Auto zu besorgen, und ließen mich mit dem Verletzten allein. Erst sechs Stunden später erschienen einige von ihnen wieder und nahmen mir den Mann ab, nachdem sie ihren Schreck in der Gastwirtschaft ertränkt hatten. Sie waren ihrer Meinung nach in der Nacht auf Partisanen gestoßen, hatten blindlings geschossen und dabei einen der Ihrigen getroffen.

Die sprachliche Verständigung mit den Polen macht keine besonderen Schwierigkeiten mehr. Erstens können die meisten etwas Deutsch, besonders wenn sie krank sind, und dann habe ich natürlich inzwischen die nötigsten Worte aufgeschnappt. Über Essen und Krankheiten kann ich mich also schon einigermaßen fließend mit ihnen unterhalten, wobei die recht schwierige Grammatik allerdings links liegengelassen wird. Mein Polnisch wird so etwa ihrem Deutsch zu vergleichen sein, dieser Sprache mit lauter Nominativen, Infinitiven und fehlenden Artikeln. »Doktour, kommen zu meine Frau, Kind kommen«, eine Art Esperanto, das jedem Deutschen geläufig ist, der mit Polen und Russen zu tun gehabt hat. Natürlich muß man auch die polnischen Flüche können, wenn man sich durchsetzen will. Ich habe sie lange geübt und in einigen Fällen auch angewandt. Den größten Erfolg hatte ich damit in einem Krankenzimmer mit vier jungen Leuten, die alle zur Beobachtung wegen der häßlichen Krankheit aufgenommen worden waren. Die kleine polnische Schwester Jadja wurde mit ihnen nicht fertig und kam mich holen. »Herr Doktor, Sie müssen kommen. Die Männer sind so frech.« »Ja, was soll ich denn da machen? Sie hören doch nicht auf mich.« »Ach, schimpfen Sie einfach. Die frechen Kerle brauchen das!« Ich lief nach oben, riß die Tür auf, schrie alle Schimpfworte hintereinander und fuhr dann deutsch fort: »Kinder, wartet nur, bis ich genug Polnisch kann, dann werde ich euch schon was erzählen!« Sie waren sprachlos, brachen dann in eine Lachsalve aus und waren anschließend ganz gut zu dirigieren.

Auch meine englischen und französischen Sprachkenntnisse haben sich hier schon als nützlich erwiesen. Der Postmeister und verschiedene andere Leute waren da, um sich Briefe, die sie aus Frankreich und Amerika bekommen haben, übersetzen und beantworten zu lassen, und außerdem sind, wie gesagt, alle Medikamente, die wir haben, in diesen Sprachen beschriftet.

Russische Patienten sind im Hause nicht sehr beliebt. Jadja meldet sie mir meistens etwa folgendermaßen an: »Herr Doktor, ein Russe ist da, und was für einer! Kommen Sie schnell, sonst macht er noch alles kapuht.« So schlimm ist es gewöhnlich nicht. Aber sie fühlen sich natürlich als die Herren und nehmen sich, was sie brauchen. – Bei einer Russin, die ein totes Kind nicht zur Welt bringen konnte, mußte ich mit der Zange nachhelfen. Es war sehr aufregend, da drei Russen vor der Tür standen und sich nur schwer zurückhalten ließen. Natürlich gab es einen großen Riß, der genäht werden mußte. Trotzdem ging die Sache für mich glimpflich ab; nachdem acht Tage vergangen waren, erschienen die drei Russen wieder und nahmen die Frau mit, ohne von uns irgendeine Notiz zu nehmen oder sich dem Krankenhaus erkenntlich zu zeigen.

Draußen auf der Straße war man mir gegenüber zunächst sehr zurückhaltend. Ich wurde nicht gegrüßt und kam mir manchmal etwas verlassen vor. Jetzt scheint sich das allmählich aufzulockern, besonders nachdem der Friseur, an dessen Laden ich vorüberging, mich hereinholte und mir vor allen Leuten, die dort warteten, umsonst die Haare schnitt. Es ist wirklich ein sehr erfreuliches Gefühl, auch offiziell wieder als Mensch angesehn zu werden.

Von den beiden Kirchen, die es hier gibt, ist die katholische wieder instand gesetzt worden, und es finden dort regelmäßig Gottesdienste statt. Der Pfarrer hat ein schwieriges Amt, da er in Ermangelung einer ausreichenden Rechtsvertretung von der Bevölkerung zum Schlichten von Streitigkeiten herangezogen wird. Besonders drastische Fälle werden in der Predigt bekanntgemacht, die sich auch bei den weniger kirchlichen Leuten großen Zuspruchs erfreut.

Der Sommer vergeht, ohne daß es mir möglich gewesen ist, die alten Gänge wiederaufzunehmen und die gewohnten Orte und Menschen zu besuchen. Die Menschen kommen aber zu mir, und ich höre laufend, was weiter bei ihnen geschieht. Aus Schwalgendorf kommt die Frau des neuen Försters zur Entbindung. Ihr Mann ist vorübergehend in Allenstein eingesperrt gewesen. Der Forstmeister kommt als Patient. Frau Tiedtke schickt mir Tauschobjekte. Ich soll versuchen, eine Ziege für sie zu ergattern. H.s ziehen am 13. September nach Schwalgendorf, wo er beim Forstmeister Arbeit gefunden hat. Frau L. übernimmt die Wirtschaft des Forstmeisters. Die Russen wollen Brausen ganz den Polen überlassen und überhaupt die Gegend bald räumen. Sie nehmen alles mit, was noch brauchbar erscheint. Auch die Wohnungen werden noch einmal leicht überplündert. In Januschau soll nur noch ein Russe zeitweilig zur Bewachung sein, sonst ist das Dorf leer. In Schönberg haben die Russen alle Deutschen innerhalb von zwei Stunden auf die Straße gesetzt.

Am 30. September kommt H. mit dem Fahrrad von Schwalgendorf, um mich zu seiner kranken Tochter zu holen. Ich nehme das Fahrrad, um schneller dort zu sein, finde Frau L. schon gebessert, besichtige die neue Wohnung und mache einige Besuche. Abends bin ich beim Forstmeister. Er hat einen sehr starken zurückgesetzten Hirsch geschossen. Wir besehen das Geweih im Keller, wo der Schädel abgekocht wird. Zum Abendbrot gibt es Hirschleber. Ein Stück davon bekomme ich noch mit auf den Weg.

Am 13. Oktober, einem Sonntag, begleitet mich Schwester Erna auf einem Gang durch den Januschauer Wald. Wir hatten schon erhebliche Nachtfröste, aber unter dem glasklaren Himmel vibriert das Land noch in herbstlicher Pracht, und auf dem tiefblauen Wasser der Seen liegt der Widerschein des goldenen Buchenlaubes. Wir kommen am Januschauer Gutshaus vorbei;

eine einzige rotleuchtende Ranke wilden Weins schlängelt sich an der kahlen weißen Wand über zwei Stockwerke bis zum Dach hinauf. Durch die Haustür, die noch den alten vertrauten Ton von sich gibt, treten wir in die Halle ein, werfen einen Blick in den Gartensaal – eine einzige Wüstenei. Aus dem Stroh, das den Boden bedeckt, erhebt sich eine Gestalt – der Russe natürlich, der das Haus bewacht. Er sieht uns fragend an, unschlüssig, wie er sich verhalten soll, und ist offenbar ganz froh, daß wir von uns aus auf eine weitere Besichtigung des Hauses verzichten. Im Walde liegt noch immer das geschlagene Holz von früher. In der Ferne fallen ein paar Schüsse. Als wir uns dem Zollnicker Berg nähern, nehmen vor uns plötzlich drei Leute mit Fahrrädern Deckung im Unterholz. Ich bin schon geneigt, den Rückzug anzutreten, aber meine Begleiterin besteht darauf, daß wir weitergehen. Als wir an der besagten Stelle vorbeikommen, tritt aus dem Gebüsch der Forstmeister mit zwei Forstbeamten. Wir begrüßen uns erleichtert. Sie haben uns für Russen gehalten, von denen eine größere Gruppe seit Tagen schon wieder den Wald beunruhigt.

Die Zeit der Steinpilze, deren Fülle in diesem Jahr alles bisher gekannte Maß überschritt, ist vorbei. Auf der Zollnicker Lichtung reifen die Moosbeeren. Kormorane, Reiher und Fischadler, Wiedehopf, Blaurake und die meisten Wasservögel sind schon fort. Aber wo der Buchenhang zum See abfällt, treibt ein Schwanenpaar auf dem stillen Wasser und dreht sich in ruhigen Kreisen umeinander.

Es macht mir solche Freude, einem Menschen das alles zu zeigen und davon zu erzählen, wie es früher hier war. Von meinem Großvater Oldenburg*, dessen Name mit diesem Stück Land immer verbunden bleiben wird, solange es die Begriffe Preußen und Deutschland noch gibt. Von seiner Menschlichkeit, die es jedem so leicht machte, ihn zu lieben, und von der eine Unzahl von Anekdoten Zeugnis ablegen. Von dem Rückhalt, den sein Dasein für jeden bedeutete, der im Wandel der Zeit seinen Standort zu verlieren drohte und nicht wußte, wie er der Verantwortung vor Gott für Familie, Gefolgschaft, Heimat und Vaterland noch gerecht werden sollte. Und von meiner persönlichen Bindung an ihn, auf die ich unendlich stolz bin und die zur Folge gehabt hat, daß mir seine Gestalt überall vor Augen tritt, wo es um Fragen menschlichen Verhaltens geht.

* Elard von Oldenburg-Januschau (1855–1937), bekannter Landwirt und Politiker, Reichstagsabgeordneter der Deutschnationalen Volkspartei.

Ich berichte von all den bewegenden Ereignissen, die wir hier seit frühen Kindertagen miterleben durften, nicht zuletzt von den Besuchen des alten Feldmarschalls und späteren Reichspräsidenten Hindenburg. Wie das ganze Dorf daran teilhatte, indem es bei seiner Ankunft Spalier bildete und sich abends an den Scheiben des Eßzimmers die Nasen plattdrückte.

Seit September bekomme ich laufend Briefe aus dem Westen, von lauter verschiedenen Menschen, fast jeden Tag einen. Wie die Post das macht, ist mir unbegreiflich. Die Briefe gehen vier Wochen, anscheinend über Warschau, sind aber, soweit ich sehen kann, unzensiert. Auch meine Antworten erreichen ihren Bestimmungsort fast regelmäßig. Im Krankenhaus beneidet man mich unsagbar wegen dieser Briefe. Jadja überreicht sie mir halb bewundernd, halb vorwurfsvoll. »Herr Doktor, schon wieder ein Brief!« Sie nimmt an, daß alle von weiblichen Absendern stammen. Die Adresse muß natürlich ganz polnisch geschrieben sein. Von meinem Vater erhalte ich zwei Briefe in französischer Sprache. Einmal werde ich auf die Post zitiert, weil ein ganz aufregender Brief angekommen ist. In riesigen Lettern steht die Adresse diagonal über den Umschlag geschrieben. Ich erkenne die Schrift schon von weitem und muß lachen, daß die Polen ein solches Aufheben davon machen. Für mich ist er allerdings auch etwas Besonderes, denn er stammt vom Grafen Brünneck, einem der bekanntesten und verehrungswürdigsten Männer unserer Provinz. In seinem Gutshaus in Bellschwitz haben jetzt die Russen ihre Zentrale und rauchen seine berühmte Bibliothek als Zigarettenpapier auf.

Für mich rückt durch diese Briefe der Westen immer mehr in greifbare Nähe. Und immer stärker wird der Wunsch, die Menschen wiederzusehen, denen man in Gedanken verbunden ist. Außerdem denke ich immer, man müßte von dort aus etwas für die Königsberger tun können. Auf der anderen Seite fühle ich mich auch hier gebunden und möchte meinen Posten nicht ohne direkte Weisung aufgeben. Auch muß ich erst wissen, was aus meiner Tante wird. Durch einen Mittelsmann habe ich einen Brief von ihr aus Osterode bekommen und ihr auf dem gleichen Wege etwas Geld schicken können. Sie befindet sich dort im Gefängnis.

Mitte Oktober wird der Frost stärker, und gegen Ende des Monats fängt es an zu schneien. Mit dem frühen Einsetzen des Winters wird es im Krankenhaus immer schwieriger. Die Heizung funktioniert zwar, es sorgt aber niemand für den Koks, obgleich die Möglichkeit dazu durchaus besteht. Der einzige Ort, sich aufzuwärmen, ist dann die Küche, die wir sonst gerne meiden, weil sie der Mittelpunkt für allen Klatsch und Tratsch ist. Dort spielen sich heftige Wortgefechte ab, die gelegentlich in Tätlichkeit übergehen. Eifersucht und Aberglaube spielen dabei die Hauptrolle.

Eines Tages ist das Entsetzen groß: zwei weiße Menschenspuren zeichnen sich auf der kohlschwarz berußten Zimmerdecke ab, eine größere und eine kleinere. Am Abend vorher war ich der letzte dort gewesen und hatte mir redlich Mühe gegeben, mit dem zweijährigen Mädchen des Hausmeisters Freundschaft zu schließen. Es lief immer schreiend vor mir weg, während der fünfjährige Junge sehr zutraulich war und immer auf meinen Schultern reiten wollte. Plötzlich kam ich auf den Gedanken, ihn an den Beinen hochzuheben und ihn, den Kopf nach unten, mit seinen nackten Füßen an der Decke entlanggehen zu lassen. Der auch für mich überraschende Effekt löste bei den Kindern großen Jubel aus. Sofort sprang das kleine Mädchen an mir in die Höhe, und ich mußte auch mit ihren Füßen eine Geisterspur anlegen. Am liebsten hätte ich meine noch danebengesetzt. Aber es reichte auch so schon, um die Gemüter in helle Aufregung zu versetzen.

Der Aberglaube in seinen primitivsten Formen feiert hier überhaupt Orgien. Dreimal am Tag werden die Karten gelegt, und je nachdem, was dabei herauskommt, sind die Gesichter erfreut oder verfinstert. Dabei spielt es keine Rolle, ob das Geweissagte noch im Bereich der zeitlichen und räumlichen Möglichkeiten liegt. Die Aussicht, im gleichen Jahr noch zwei Kinder und einen Mann zu bekommen, reicht aus, um einen Vormittag lang guter Laune zu sein.

Die Versorgung mit Licht und Wasser wird auch immer dürftiger. Die Leitungen sind zwar noch da, und das elektrische Licht brennt auch zeitweise. Aber eine Birne nach der anderen verschwindet und kann nicht mehr ersetzt werden. Ängstlich hüte ich eine große Fünfhunderter, die wir im Operations- und Entbindungsraum nach Bedarf ein- und ausschrauben. Eine andere Birne, die nicht mehr brannte, habe ich »repariert«, d. h. so gedreht, daß die Drahtenden wieder zueinanderfanden. Daraufhin bekomme ich jetzt die unmöglichsten Gegenstände zum Reparieren auf den Schreibtisch gelegt.

Wasser konnte bisher gepumpt werden. Es friert aber eine Leitung nach der anderen ein, und nur noch zwei Pumpen für die ganze Stadt sind betriebstüchtig geblieben, eine davon auf dem Bahnhof. Das Spülwasser holen wir uns aus dem See, keine zwanzig Schritte entfernt, wo wir ein Loch ins Eis geschlagen haben.

Unter den deutschen Patientinnen, die uns aufsuchen, sind einige, denen gegenüber wir sehr vorsichtig sind, weil sie offenbar Spitzeldienste für die Russen tun. Eine davon, deren rein deutsche Herkunft mir allerdings im Verlauf des Gesprächs zweifelhaft wurde, behauptete, eine entfernte Verwandte meines Großvaters zu sein. Als ich ihr nachgewiesen hatte, daß das kaum stimmen könne, ging sie auf ein anderes Thema über. In letzter Zeit kämen Briefe aus dem Westen mit der Andeutung, D. S. würden demnächst wieder in Ostpreußen sein; damit könnten doch nur deutsche Soldaten gemeint sein, und was ich davon hielte. Ich gab ihr ganz arglos den Rat, mit solchen Äußerungen vorsichtiger zu sein und sich durch so törichte Briefe nicht beunruhigen zu lassen. Wenn sie in Not sei, würde ich versuchen, ihr zu helfen. Daraufhin verschwand sie ziemlich plötzlich, und es wurde mir erst nachträglich klar, daß unser Gespräch eine Provokation darstellte.

Inzwischen habe ich auch wieder ein paar Russenkinder getauft und bei dieser Gelegenheit kleine Feiern gehalten. Der Wunsch dieser Mütter, ihr Kind taufen zu lassen, ist mir ein ausreichender Grund dazu, wenngleich ich mich nicht darüber täusche, daß das eigentliche Motiv manchmal sehr vordergründig ist. Sie finden es ganz unterhaltend, wenn ich mal zu ihnen komme, und haben sonst nichts, womit sie mich locken könnten, solange sie nicht gerade krank sind. Trotzdem habe ich mich einmal geweigert, die Taufe gleich zu vollziehen, und mich zunächst zu dem Versuch einer Vorbesprechung angesagt. Es handelte sich um eine mir aus früheren Zeiten bekannte Person, deren Art des Zusammenlebens mit den Russen auch unter Berücksichtigung aller losgelassenen Dämonen nicht mehr vertretbar schien. Das Gespräch fand statt, und nun warte ich, daß die Frau sich wieder bei mir meldet.

Am 24. November kommt Jadja ganz aufgeregt und meldet: »Herr Doktor, da ist eine Frau, die sieht so aus wie Sie.« Ich springe auf – hinter ihr steht meine Tante. Sie ist aus Osterode entwichen, mit einem Transportzug bis Dt. Eylau gefahren und von dort zu Fuß hergekommen. Wir haben für diesen Fall schon vorgesorgt. Sie soll erst als Patientin aufgenommen werden und dann in einer polnischen Familie als Hausgehilfin unterkommen. Das ganze Haus freut sich mit mir und tut alles, um ihr den Aufenthalt angenehm zu machen. Sie hat wieder einige Strapazen hinter sich, und wir verleben mit ihr drei glückliche Tage. Zur rechten Zeit hat mir ein polnischer Patient eine lebende Ente in den Kleiderschrank gesetzt, als ich gerade unterwegs war. Die bildet den Mittelpunkt eines Festessens, zu dem auch Frau S. eingeladen wird. Das ist aber gleichzeitig auch schon der Abschied, denn meine Tante will sich hier nicht aufhalten, sondern versuchen, nach dem Westen durchzukommen, wo ihre Familie auf sie wartet. Eine uns befreundete Polin besorgt ihr die Fahrkarte nach Stettin, mit der fährt sie am 27. November ab; ohne Papiere eine ziemlich gewagte Angelegenheit. Nach bangen acht Tagen kommt ein Brief von ihr aus Stettin. Sie hat das mitgenommene Bestechungsgeld dazu benutzen können, sich in das Aussiedlerlager einzuschmuggeln, und sitzt nun dort, bis der nächste Transport geht. Da es damit noch länger dauern kann, hat sie Arbeit in der Lagerküche angenommen und bedauert heftig, ihre Holzpantinen auf mein Zureden hin bei uns gelassen zu haben. Dort muß sie den ganzen Tag im knöcheltiefen Dreck stehen.

In diese Tage fallen ein paar Autofahrten, die ich mit der Miliz machen durfte. Das erste Mal ging es nachts mit der »Sanitarka« nach Dt. Eylau, Iława genannt, zu einem angeschossenen UB.-Mann. Die schöne Stadt ist unbeschreiblich kaputt und eigentlich nur noch an ihrem See wiederzuerkennen. Die ungemein bedrohliche Atmosphäre bei der UB. brauchte ich glücklicherweise nicht lange auf mich wirken zu lassen, da die Angelegenheit schnell erledigt war und wir den Mann mitnehmen konnten. Auf dem Rückweg war das Tempo infolge genossenen Alkohols wieder sehr beflügelt; nur einmal wurde scharf gebremst, um einen überfahrenen Hasen mitzunehmen.

Als nächstes kam eine Fahrt mit dem Volkswagen der Miliz in westlicher Richtung nach Bischofswerder. Ein Mann war von dort gekommen, um einen Arzt für seinen Freund zu suchen, der sich mit großen Schmerzen quälte. Drei Tage war er schon unterwegs, ohne jemand zu finden. Grund genug für die Miliz, um mit mir in einem Tempo durch die Gegend zu rasen, als gälte es, einen Ertrinkenden zu retten. Der Nordwestwind, gegen den wir anfuhren, war so stark, daß wir beim Passieren jeder Ortschaft beinahe gegen die Hauswände flogen. Sieben Kilometer vor dem Ziel fuhren wir auf einen Prellstein auf und rissen dabei den rechten Vorderreifen und das Schutzblech ab. Das machte aber fast gar nichts, denn ganz an der rechten Kante wölbte sich die Straße etwas nach oben, und da ging es auch ohne Reifen. Nur daß uns jetzt ein kontinuierlicher Sandstrahl mitten ins Gesicht traf. Eine Windschutzscheibe hatte es schon vorher nicht gegeben. Ich zog meinen Mantel über den Kopf und beobachtete die rechte Straßenkante durch ein Knopfloch. Eine Zeitlang ging es gut, aber dann knallten wir gegen eines der im Straßengraben liegenden Wracks; das heißt, ich war einige Meter vorher herausgesprungen. Die Fahrt war zu Ende. Wir hatten noch eine halbe Stunde zu gehen, bis wir bei dem Kranken eintrafen. Als wir die Tür öffneten, atmete er auf, legte sich zurück und erklärte, jetzt wäre alles in Ordnung. Aus Angst vor einem heftigen Schmerz in der linken Seite hatte er drei Tage lang nicht durchzuatmen gewagt, sondern nur auf den Arzt gewartet. Ich blieb bei ihm, bis das Auto repariert war, und dann ging es im gleichen Tempo wieder nach Hause.

Am 10. Dezember wurde ich bei Schneegestöber wieder abgeholt, ohne zunächst zu erfahren, worum es sich handelte. In Riesenburg, jetzt Prabuty genannt, waren zwei Züge ineinandergefahren, ziemlich die einzigen, die überhaupt auf dieser Strecke verkehren. Mehrere Wagen waren zusammengedrückt und die Verletzten größtenteils schon in einem Sanitätszug geborgen, der sie nach Marienburg bringen sollte. Fünfunddreißig Menschen waren zu Schaden gekommen, einige tot, mehreren die Beine zerquetscht. Ich wurde nach Marienburg mitgenommen, wo wir gegen acht Uhr abends mit unseren Verletzten im Krankenhaus landeten. Vorgewarnt, hatte ich mich darauf eingerichtet, in Marienburg kein deutsches Wort von mir zu geben. Nichtsdestoweniger wurde ich von dem dortigen Kollegen und seinen Mitarbeitern spontan auf deutsch begrüßt und sehr herzlich aufgenommen. Bis zum Morgen versorgten wir die Verwundeten gemeinsam im Operationssaal, dann bekam ich ein Zimmer zugewiesen und nach einigen Stunden Schlaf ein Frühstück mit richtigem Bohnenkaffee. Dadurch ermutigt, machte ich einen kleinen Rundgang durch die Stadt. Im Gegensatz zum neuen Teil ist die Altstadt mit ihren charakteristischen Bogengängen ganz zerstört. Das Schloß, nur in seinen Umrissen noch erkennbar, starrt wie ein riesiges Gänsegerippe zum Himmel. Weit und breit kein Mensch zu sehn. Ich war der einzige, der dort noch Anteil nahm.

Kurz vor Weihnachten geht es nochmal mit dem Auto nach Dt. Eylau. Aus Raudnitz sollen zwei Kranke geholt werden. Ich steige in Dt. Eylau aus und besuche Frau F., die frühere Inhaberin des Friseurgeschäfts, die mir eine dicke Jacke machen will. Als Entgelt will ich ihr ein Paar Schuhe machen und noch etwas zuzahlen. Sie wohnt in einem der kleinen Holzhäuser am Seeufer, die auf Pfählen über dem Wasser gebaut sind. Dort sitzen die restlichen Deutschen in einer Art Ghetto beieinander. Die Innenstadt ist zerstört, die Polen wohnen in den Außenbezirken. – Da ich ein Hemd von der UNRRA bekommen habe und ein Patient mir Lederschuhe gemacht hat, hat sich meine Kleidung inzwischen ziemlich normalisiert. Außerdem haben wir eine Menge Stoff für Weihnachtsgeschenke ergattert.

Für die Schwalgendorfer habe ich eine Reihe von Tauschgeschäften gemacht. Für eine Höhensonne, die sie mir heimlich brachte, bekam Frau Tiedtke eine zweite Ziege. Wegen Versagens des elektrischen Lichtes konnte ich die Höhensonne im Krankenhaus nicht ausprobieren, sondern gab sie – ziemlich leichtsinnig – auf Treu und Glauben einem Patienten mit, der seines Zeichens Elektriker ist. Drei Tage hörte ich nichts. Dann ließ es sich nicht mehr verheimlichen, daß die Lampe funktionierte, denn der Mann lief mit feuerrotem Gesicht in der Stadt herum.

Ein fünfzig Pfund schweres Ferkel habe ich auf dem Markt unauffällig erhandeln können und ließ es mir von dem Verkäufer an einen vorher verabredeten Ort bringen. Dort wurde es von Frau L. abgeholt, die in der Nacht mit dem Handwagen von Schwalgendorf gekommen war. Fünf Stunden Rückmarsch durch den Wald, dann hatte sie es glücklich durchgebracht und konnte ihre Eltern damit überraschen.

Die Dentistin, die hier arbeitet, lernte ich durch einen Krankenbesuch bei ihrem einjährigen Kind kennen. Sie spricht fließend Deutsch und behandelt mich sehr freundlich. Ihr Bohrgerät mit Fußbedienung wird mit Vorliebe auch von Russen beansprucht. Sie läßt sich nicht so leicht einschüchtern. Wenn Zähne gezogen werden müssen, schickt sie die Leute manchmal zu mir. Ihr Mann arbeitet in Bromberg. Dorthin kann man auf zwei verschiedenen Wegen gelangen, entweder über Thorn, was ein großer Umweg ist, oder über Marienwerder, was wiederum einigen Mut erfordert. Denn die neue Eisenbahnbrücke, die unter russischer Aufsicht von deutschen Kriegsgefangenen über die Weichsel gebaut worden ist, soll sehr wacklig sein und schon mehrfach bedenklich in ihren Fugen gekracht haben.

Die Weihnachtstage verbringen wir in jeder Beziehung friedlich. Zum Abendessen bin ich bei der Dentistin und ihrem Mann eingeladen, anschließend besuche ich die Christmesse und werde dann zu einer Entbindung in die Stadt geholt. Am ersten Feiertag mache ich mich mit schwerem Rucksack auf den Weg, sitze eine Weile bei der alten Frau Aust und ihrer noch älteren Schwester, die als einzige Deutsche immer noch in Albrechtau wohnen, bleibe ein paar Stunden in Brausen, mache einen kurzen Besuch an den Gräbern in Januschau und treffe noch vor Dunkelheit in Schwalgendorf ein. Dort mache ich viele Besuche, übernachte bei H. und werde am nächsten Morgen von einem der polnischen Förster mit seinem Einspänner wieder nach Rosenberg gefahren.

Seit einigen Tagen haben wir starken Frost ohne Schnee. Zu meinem größten Erstaunen sehe ich um die Mittagszeit die Venus deutlich am bleigrauen Winterhimmel stehn. Man sieht überhaupt so vieles, was einem früher entgangen ist, und gewöhnt sich, den scheinbar selbstverständlichen und geringen Dingen große Bedeutung beizumessen. Auch schärft sich das innere Ohr und macht uns bereit, spontanen Eingebungen Folge zu leisten. Noch nie ist es mir so leicht gewesen, Entschlüsse zu fassen, wie in dieser Zeit. Plötzlich habe ich das Gefühl, schnell mal nach Schwalgendorf gehn zu müssen. Und wenn ich dort ein paar Stunden später ankomme, kann ich sicher sein, daß ich mit den Worten begrüßt werde: »Ach, da sind Sie ja schon! Gerade haben wir überlegt, wie wir Sie herholen könnten.«

Das neue Jahr fängt damit an, daß ich einen großen Fehler mache. Um nicht als Spielverderber zu erscheinen, folge ich der Aufforderung der vollzählig versammelten Belegschaft und hebe einen der vor mir auf dem Fensterbrett aufgereihten sechs Blumentöpfe hoch. Darunter erscheint ein kleines Grab. Alle sind bestürzt, behaupten, das gälte nicht, weil ich zu schnell zugegriffen hätte. Ich muß noch einmal greifen. Wieder erscheint das Grab. »Seht ihr wohl?« sage ich. Es ist, als schlüge mir jemand auf die Finger. Keiner wagt mehr, etwas zu sagen. Aber es war für uns alle eine ganz gute Kur. Seitdem ist auch das Kartenlegen etwas aus der Mode gekommen.

Zufällig werde ich in diesen Tagen mehrmals zu Sterbenden geholt, einmal nach Schwalgendorf, wo ich die Nacht bleibe, dann nach Gollnau zu einem Vater von neun Kindern. Ein anderer dagegen, von dem ich glaubte, er läge schon längst unter der Erde, kommt plötzlich ganz munter an und bedankt sich für meinen Besuch.

In Brausen rüsten die Russen zum endgültigen Abmarsch. Ich gehe hin, um mich von Waschko zu verabschieden und ihm dafür zu danken, daß er in heikler Situation für mich eingetreten sei. Er sieht mich halb mißtrauisch, halb verwundert an, holt mich herein, wir sitzen am Tisch mit noch zwei anderen Russen. Tabak wird angeboten, wir rauchen schweigend vor uns hin. Es ist qualvoll. Schließlich erhebe ich mich, grüße, sie erwidern kurz, ich bin draußen und hole dreimal tief Luft. Wir haben uns nicht verstanden. Der Dank war unangebracht und deshalb peinlich. Er hat es nicht deswegen getan. Schade! Er wird mich als ein komisches Etwas in seiner Erinnerung behalten.

In der ersten Januarhälfte hatten wir dreißig Grad Kälte. Drei Tage lang fehlte der Koks, und wir mußten die meisten Patienten nach Hause schicken. Den übrigbleibenden wurden alle Decken gegeben. Trotzdem froren ihnen die Backen und Nasen an. Wir schliefen zu sechs Personen im Zimmer unseres Heizers und Krankenpflegers auf dem Fußboden am eisernen Öfchen. Am Tage war ich dauernd unterwegs und spürte die Kälte nicht so. Auf zehn Kilometer im Umkreis gibt es kaum einen Ort, den ich in diesen Tagen nicht besucht hätte, manchen zum erstenmal. Von vielen solchen Gängen kam ich erst nachts zurück, zweimal von Charlottenwerder auf der Bahnstrecke entlang, einmal von Groß-Albrechtau, wo wieder ein Russenkind fällig war. Urahne, Großmutter, die sechzehnjährige Mutter und das zu erwartende Kind waren im Raum versammelt. Die trübe Lampe reichte gerade aus, um schließlich mit Bedauern festzustellen, daß von den in Frage kommenden Russen der kleine freundliche Mongole als der Vater bezeichnet werden mußte. »Siehst, auch noch von dem Schlitzaug!« Mit diesen Worten hielt die Großmutter der jungen Mutter das Neugeborene hin.

Am 16. Januar ist plötzlich Tauwetter eingetreten. Der polnische Kollege kommt mich mit der Sanitarka abholen zu einer

Fahrt nach Stradem, in der Nähe von Dt. Eylau, um einen Kranken dort anzusehn. Unterwegs erzähle ich ihm von meiner ersten Autofahrt mit den Polen und deren vorzeitigem Ende durch Salto in den Straßengraben. An diesem Tag ist es genau ein Jahr her. Er hört erst nur mit halbem Ohr hin, dann wird er plötzlich ganz wach und fragt: »Ja, sagen Sie mal, wo war denn das?« Ich bezeichne ihm den Ort. Darauf hält er den Wagen an und erzählt mir seinerseits von dem Unfall, den er genauer gesehn hat als wir. Er saß in dem Wagen, der uns entgegenkam und der neben uns auf der Straße hielt, als wir aus dem Graben kletterten. Er hatte schon gedacht, wir wären alle zu Mus.

Am 20. Januar haben wir Frau Aust und ihre kranke Schwester aus Albrechtau hergeholt, weil es dort bei der neu einsetzenden Kälte nicht mehr ging. Frau Aust wurde bei der Bäkkerin als Kinderpflegerin untergebracht, ihre Schwester als Patientin aufgenommen. Leider war diese Regelung nicht von langer Dauer, da die Schwester starb und Frau Aust ihrerseits als Kranke aufgenommen werden mußte. Sie war in ihrem Zimmer, das keine Heizung hatte, vor Kälte ohnmächtig geworden.

Allmählich werde ich hier in einer Art gesellschaftsfähig gemacht, die zwar sehr freundlich gemeint, aber gleichzeitig auch dazu angetan ist, meine Situation in ein schiefes Licht zu rücken. Zweimal war ich in einem Kreis zu Gast, der sage und schreibe Bridge spielte. Als es das dritte Mal sein sollte, kam glücklicherweise eine Operation dazwischen. Beim viertenmal mußte ich dann meine Absage etwas deutlicher erklären, auch auf die Gefahr hin, nicht verstanden zu werden. Aber meine Vogel- und Narrenfreiheit steht mir hier besser zu Gesichte als die scheinbare Eingliederung in ein gehobenes Milieu. Kürzlich war ich schon drauf und dran, mich dieser Entwicklung durch die Flucht zu entziehen und die brieflichen Rufe nach dem Westen als Befehl aufzufassen. Ich machte mich an die nach Liegnitz abziehenden Russen heran, geriet aber dadurch innerlich wieder so ins Schwimmen, daß ich ganz froh war, als Schwester Erna meinen Plan entdeckte und mich von der Notwendigkeit meines Bleibens überzeugte.

In diesen Tagen hatte ich die erste direkte Nachricht aus Königsberg, einen Brief von Else Peto, der an eine Adresse im Westen und von dort zu mir gelangt ist. Der Inhalt ist für mich nicht überraschend, aber tief bewegend. Sie schreibt, daß Erika am 22. Dezember 1945 gestorben ist. Sie hat die letzten Wochen nur noch für mich gebetet.

In den ersten Februartagen liegt dicker Schnee. Ein Volk von zwanzig Rebhühnern hat sich in der Nähe des Krankenhauses angefunden. Wir holen unser Wasser jetzt nur noch aus dem See, weil die letzte Pumpe eingefroren ist. Das Eis ist achtzig Zentimeter dick und jeder Eimer, den wir herausheben, voll mit winzigen Fischen. Die Kommission staunt, als ich ihr einen solchen Eimer Wasser zum Händewaschen anbiete.

Die Kälte ist noch gewaltig. Aber die weiße Schneedecke und die allmählich höher steigende Sonne geben unserer Unternehmungslust neue Impulse. Zweimal sind wir mit dem Schlitten und einem geborgten Pferd nach Schwalgendorf gefahren, Schritt für Schritt und dazu noch meistens zu Fuß nebenher, um das Pferd zu schonen, aber es war ein großes Vergnügen für alle Teile. Man kann es so einrichten, daß man fast die ganze Strecke von etwa zwanzig Kilometern nur durch Wald fährt.

Der 19. Februar ist der kälteste in der Reihe der vielen kalten Tage: vierzig Grad minus. Dazu liegt so dicker Schnee, daß die Züge nicht fahren können. Bis weit in den März hinein bleibt es kalt. Ich bin acht Tage grippekrank gewesen, habe im Bett gelegen, zeitweise ohne Heizung, und ›Quo vadis‹ gelesen, um mich mit einem polnischen Schriftsteller zu beschäftigen. Man liest ja in so primitiven Zeiten, wie wir sie erleben, ganz anders und viel intensiver als sonst. Jedenfalls hat mich das Buch, obwohl ich es schon als Halbwüchsiger gelesen und für eine Art Reißer gehalten habe, tief bewegt. Noch stärker war der Eindruck, den ich anschließend durch Bergengruens ›Großtyrann‹ hatte. Bei der Lektüre der beiden letzten Kapitel liefen mir regelrecht die Freudentränen.

Mitte März bin ich wieder auf den Beinen und in der Lage, einen Gewaltmarsch nach Schwalgendorf zu machen. Frau L. kommt mich holen, dreht mehr oder weniger auf dem Absatz um, und auf derselben Spur, die sie gekommen ist, stapfen wir hintereinander durch Sturm und Schnee, wobei hin und wieder die Position gewechselt wird. Schweißgebadet und schwach in den Knien komme ich an. Frau Aust, die seit einigen Wochen dort ist – wir brachten sie im Schlitten hin –, hat Gesichtsrose und hohes Fieber. Mir fallen all die Menschen ein, die uns in Königsberg daran zugrunde gingen. Aber gottlob scheint es ihr schon wieder besser zu gehn. Während meines Dortseins bricht Tauwetter ein. Ich bleibe einen Tag in Schwalgendorf, erhole mich, mache viele Besuche, ziehe Zähne, verbringe einen Abend mit guten Gesprächen. Am nächsten Tag geht es zurück über die

Heidemühle. Ein Seeadler streicht über den noch zugefrorenen Geserich. Der Heidemüller fährt mich mit seinem Schlitten bis nach Albrechtau.

Oft bin ich in Finckenstein, wo es noch eine Reihe deutscher Familien gibt, die unter polnischen Verwaltern arbeiten. Früher blieb einem sozusagen die Spucke weg, wenn man durch das eiserne Tor in den Schloßhof einbog. Jetzt läßt das heruntergebrannte Schloß nicht das leiseste mehr ahnen von der Atmosphäre, die es durch zwei Jahrhunderte verbreitet hat. Das einzige, was noch an Kultur erinnert, ist der Dackel des Speicherverwalters, der erste echte Hund unter Tausenden von Fixkötern, die ich in den letzten zwei Jahren gesehen habe. Sein Besitzer, früher auf polnischer Seite am Karraschsee ansässig, hat ihn aus Schönberg. Er hat mir mitgeteilt, in Januschau sei ein Teppich mit lauter eingestickten Wappen gefunden worden und läge jetzt auf dem Bett eines seiner Kollegen, nicht weit von hier. Es ist der sogenannte Trauteppich meiner Familie, und ich sinne natürlich darüber nach, wie ich ihn, ohne aufzufallen, wieder in meinen Besitz bringen könnte.

Und wieder hält mit Macht der Frühling seinen Einzug. Die Nacht vom 23. zum 24. März war erfüllt von dem Pfeifen und Schwirren zahlloser Flügel, am Morgen singen die Stare von den Dächern, Enten und Tauben streichen über den See, und am jenseitigen Ufer sieht man Kiebitze im Balzflug taumeln. Zusehends schmilzt das Eis. In der Mittagssonne wagen sich die ersten Schmetterlinge hervor. Auf einen Ruck ist die Temperatur um zwanzig Grad gestiegen.

Zwei Tage später gehe ich durch den Wald. Kraniche rufen, die Reiher stehn an ihren Nestern auf der Insel. Am Ufer, wo das Eis weggetaut ist, tummeln sich Enten und Taucher. Es ist eine Gnade, noch einmal das Erwachen der Natur so miterleben zu dürfen.

Am 30. März ist Palmsonntag. Ich habe Frau S. gebeten, mit mir nach Heinrode zu fahren und von dort an die Stelle zu gehn, wo meine Mutter und mein Bruder vor nun mehr als zwei Jahren umgekommen sind. Sie war damals dabei und kann mir alles genau zeigen. In Altmark besuchen wir den katholischen Pfarrer. Es ist noch derselbe, bei dem sie damals mit dem Treck übernachteten, ehe die Russen kamen. Wir bleiben zum Mittagessen und gehen dann auf einem sehr lehmigen Weg bis nach dem kleinen Ort Kontken, dicht an der Bahnstrecke, wo der Treck sein Ende gefunden hat. An der Hauswand, wo zuletzt die Toten gelegen haben, spielen Kinder. Weiter entfernt, im Gartenland, steckt ein kleines selbstgemachtes Holzkreuz ohne Bezeichnung. Ein Mann, der in der Nähe wohnt, kommt und berichtet uns, wie er drei Wochen später als erster Pole eintraf und die Toten begrub. Bis auf den einen im Gartenland liegen sie alle an eben der Hauswand, an der jetzt die Kinder spielen.

Als wir zum Bahnhof zurückwandern, ziehen Scharen von Wildgänsen ganz niedrig über das flache Land hin. Wir lassen uns im Straßengraben nieder, warten auf den Zug und lesen die Schriftstelle des Palmsonntags, den Einzug Jesu in Jerusalem.

Zu Ostern sind wir wieder in Schwalgendorf. Frau S. hat ihre Stelle in Rosenberg aufgegeben und bleibt in Schwalgendorf, um den Eltern zu helfen. Am zweiten Feiertag werde ich von einem Haus ins andere geholt, zu Deutschen und Polen, muß überall etwas essen, zuletzt und am meisten bei der Forstsekretärin und ihrer Mutter, die mich immer mit »Herr Professor« anredet.

Seit die Russen fort sind, geht es den Deutschen in Faulen und an mehreren anderen Orten von Tag zu Tag schlechter. Sie können sich eigentlich nur noch vom Stehlen und Betteln ernähren. In besonderer Not ist die Frau des Schäfers Schmolla. Sie hat fünf kleine Kinder bisher durchgebracht und geht nur noch mit einer ausgefransten Decke bekleidet, in die sie sich Löcher für die Arme geschnitten hat. Sie ist nicht mehr ganz bei Sinnen und war mehrmals drauf und dran, in den Teich zu gehen. Vor dem Gröbsten habe ich sie aber bisher bewahren können.– Die Leute werden seit Monaten in dem Glauben gehalten, es ginge bald der nächste Transport nach Deutschland, und da würden sie alle mitgenommen. Sie hocken zu fünfzehn bis zwanzig Menschen in einem Raum mit ihren gebündelten Sachen und warten auf die Abfahrt. Auch für die Leute in Brausen wird das Dasein immer kümmerlicher.

Zwei Frauen leben ganz allein in Januschau. Ihnen geht es etwas besser. Sie haben offenbar unser vergrabenes Silber gefunden. Das habe ich von einem polnischen Ladeninhaber erfahren, an den sie kürzlich drei ineinander passende silberne Becher verkauft haben. Er hat sie mir gezeigt und will sie mir für den gleichen Preis verkaufen, den er dafür ausgegeben hat, fünfhundert Złoty, ein Spottgeld. In seinem Laden befinden sich noch viele andere Gegenstände, die uns früher gehört haben.

Es lohnt sich aber nicht, ihm das zu erzählen, weil er immer sehr freundlich zu mir ist, besonders, nachdem ich ihm schmerzlos einen Haufen Zähne gezogen habe. – Mir selbst haben die Frauen wohlweislich nur eine Menge Gesangbücher und unsere Taufbibel angeboten, die sie ebenfalls gefunden haben. Ich nehme sie dankend entgegen, um sie in Schwalgendorf unterzubringen.

Es ist erstaunlich, wie sich das Federvieh in der kurzen Zeit vermehrt hat. Die Bauern leben hauptsächlich davon und bringen als Entgelt für ärztliche Behandlung auch mit Vorliebe Eier mit. Sie sind im Verhältnis viel billiger als alles andere. Fünfzehn bis zwanzig Stück für Zahnziehen oder eine sonstige Behandlung sind keine Seltenheit. Damit läßt sich schon manche Not lindern. Auch in der Stadt gibt es viele Hühner. Die Schneiderin zum Beispiel ist in ihrem Zimmer umgeben von sechs brütenden Hennen. Die Leute haben ihr Vieh, auch das größere, möglichst nah bei sich, weil sie so gewöhnt daran sind, daß es gestohlen wird oder daß sie aus der Wohnung hinausgeworfen werden und alles im Stich lassen müssen, was sie nicht nah bei der Hand haben.

Am 10. April erscheint bei uns eine mir bekannte junge Polin und flüstert mir zu, die UB. in Dt. Eylau wünschte mich so bald wie möglich zu sprechen. Am besten führe ich gleich mit dem nächsten Zug hin. Ich frage sie, was das zu bedeuten hätte und ob ich dann nicht lieber gleich ganz verschwinden sollte. Sie verspricht mir, das sei nicht notwendig; es handle sich nicht um meine Person. Mit sehr gemischten Gefühlen begebe ich mich also in die Höhle des Löwen. Was auch der Anlaß sein mag, solche Besuche sind nicht ohne inneres Widerstreben möglich. Schon die ganze Aufmachung des Lokals ist schreckenerregend. Und die Geräusche, die man hört, lassen hinter jeder Tür etwas Scheußliches vermuten. Das ändert sich auch nicht, wenn man plötzlich relativ freundlich deutsch angesprochen wird. Auch das kann ein Trick sein. Diesmal allerdings geht es in der Tat nicht um mich, sondern um die Zustände an unserem Krankenhaus. Meine Auskünfte sind sehr dürftig, weil ich keine Veranlassung habe, jemand bloßzustellen. Besonders eingehend erkundigen sie sich nach dem Verbleib des aus Amerika gestifteten Alkohols. Ich verheimliche ihnen nicht, daß wir ab und zu einen Schluck davon nehmen. Das amüsiert sie königlich; und nachdem ich, meinen Ohren kaum trauend, so etwas wie einen Dank für meine bisher unentgeltlich geleistete Arbeit zu hören bekommen habe, bin ich heil wieder auf der Straße.

Nach kalten Tagen ist es Mitte April wieder ganz warm geworden. Am 19. April gehen wir im Wald schon barfuß, und ich nehme ein kurzes Bad im Uroviec. Die erste Schwalbe ist da. Als ich aus dem Wasser steige, erheben sich am gegenüberliegenden Seeufer zwei Hirsche aus der Suhle. Wenige Tage später holt mich der Forsteleve aus Schwalgendorf mit zwei Fahrrädern ab, weil ich zu einem Kranken kommen soll. Um ihm mehr von der schönen Gegend zu zeigen, fahren wir auf dem Rückweg nicht über Grünhof, sondern quer durch den Wald. Bald reißt ihm die Kette, und wir müssen schieben. Ihm wird etwas bänglich zumut, als es langsam dunkel wird und wir immer tiefer in den Wald kommen. Aber dann sind wir am Tromnitzsee, und ich zeige ihm die Kormorane, von denen er schon gehört hat. Bei stockdunkler Nacht ist er dann sehr erleichtert, als plötzlich der Wald zu Ende ist und wir vor dem Forstamt stehen.

Am Sonntag, den 27. April, war ich in Januschau, um auf den Wiesen Kiebitzeier zu suchen. Im Walde blühen Anemonen, Leberblümchen und Seidelbast. Am Karpfenteich, der großen Waldwiese, die jagdlich früher von besonderer Bedeutung war, kamen mir vier Hirsche entgegen. Mit einem Strauß für die Gräber ging ich durch die wüsten Felder den Fußsteig entlang, den wir allein im letzten Jahr auf unseren Gängen nach Schwalgendorf ausgetreten haben. Am Kronprinzengraben fand ich ein Nest mit vier Kiebitzeiern, ließ sie aber liegen, da wir keine Not leiden. Der Kiebitz dankte durch lautes Jauchzen, und ich antwortete spontan mit einem unbeschreiblichen Jubelruf. Was so ein Schrei, den niemand hört, die Seele befreit! Ich habe in letzter Zeit eine Menge mir bis dahin unbekannter Melodien und Lieder aus dem Gesangbuch gelernt und singe sie auf meinen Wegen mit lauter Stimme.

Oft bin ich in Finckenstein und den umliegenden Ortschaften, meistens zu Fuß, manchmal mit den unmöglichsten Fahrzeugen. Bei diesen Fahrten passiert immer irgend etwas; entweder wir sitzen am Baum oder im Straßengraben, oder das Pferd geht nicht mehr weiter, ein Rad geht ab, die Deichsel bricht, falls überhaupt eine dran ist, oder die Sielen reißen. Außerdem geht es auch ohne Panne viel langsamer als zu Fuß. Ich darf die Leute aber nicht kränken, da sie sehr stolz auf das Fahren sind.

Am 29. April bin ich nach Schwalgendorf gelaufen, um Frau Aust von dort zu holen. Man hatte mir von einem kleinen Transport erzählt, der am nächsten Morgen über Stettin nach Deutschland gehen sollte; und sie möchte so gern noch einmal zu ihrem Sohn, der im Westen eine Försterei hat. Ein Bauer in Schwalgendorf gab uns sein Pferd, und wir waren noch gerade rechtzeitig wieder in Rosenberg, um Frau Aust in eine Gruppe von Frauen zu schieben, die sich auf dem Bahnhof versammelt hatte. Leider hatten wir aber kein Glück. Die Frauen wurden weggejagt; es ginge kein Transport und mit dem normalen Zug dürften sie nicht fahren. Nun habe ich Frau Aust in Brausen untergebracht, um sie für alle Fälle mehr in der Nähe zu haben.

Am 4. Mai wurde ich frühmorgens nach Brausen zu einer Entbindung geholt. Es fror stark in der aufgehenden Sonne. Als ich mich wieder verabschieden wollte, kam die Nachricht, gegen zehn Uhr würden Autos erscheinen und alle Leute nach Dt. Eylau ins Lager bringen. Von dort würden sie nach Deutschland abtransportiert werden. Das wollte ich noch abwarten. Tatsächlich kamen die Wagen, und dann mußte alles sehr schnell gehen. Jeder konnte nur ein kleines Päckchen mitnehmen. Frau Aust wurde, obgleich zahlenmäßig nicht dazugehörig, mit hineingeschmuggelt.

Als sie glücklich abgefahren sind, gehe ich nach Rosenberg zurück. Wie ich sehe, werden auch die Deutschen aus Faulen mitgenommen. Das erleichtert mich sehr, denn sie haben eigentlich nichts mehr zum Leben. Nachmittags liege ich auf meinem Bett und überlege gerade, ob ich wieder ein Paar Schuhe machen soll. Da kommen auf einmal drei Milizianten ins Zimmer und fragen mich: »Doktour, wollen nach Hause?« – »Ja, sehr gerne«, antworte ich, »wann denn?« – »Gleich mitkommen!« – »Wieviel darf ich mitnehmen?« – »Vierzig Pfund.« – »So viel habe ich gar nicht.«

Schnell packe ich meine Sachen in den Rucksack und verabschiede mich eilig von den ziemlich bestürzten Mitarbeiterinnen. Dann werde ich auf die Wache mitgenommen. Dort erscheinen laufend Menschen, um mir Lebewohl zu sagen. Sie bleiben nicht ohne Arzt, denn während der letzten Wochen ist als Ersatz für den zur Marine gegangenen Dr. B. ein netter Kollege gekommen und hat sich im Krankenhaus schon alles zeigen lassen. Man läßt mich wahrscheinlich auch nur aus diesem Grunde fort.

Die Nacht über muß ich auf der Wache bleiben. Der Kommandant holt mich zum Essen in seine Wohnung und will mich trotz der Enge auch dort schlafen lassen. Aber sein neuer Kollege ist damit nicht einverstanden, und so werde ich wieder in das Wachlokal komplimentiert. Dort wird inzwischen ein fast nackter Russe, den man randalierend aufgegriffen hat, vernommen und bei der Gelegenheit ziemlich geboxt und gekniffen.

Morgens führt man mich und einen deutschen Landser, der hier als Schmied gearbeitet hat, zum Bahnhof, begleitet von Menschen, die uns freundlich zuwinken. Es geht nach Dt. Eylau. Dort bringt man uns ins Lager, wo bereits die am Tage vorher abtransportierten Leute versammelt sind.

Drei Tage warten wir auf den Transport. Wir sollen an einen Zug angehängt werden, der aus Allenstein kommt. Eigentlich dürfen wir das Lager nicht verlassen, mich holt aber die Miliz laufend zu ihren eigenen Familien heraus. Bei der Gelegenheit gelingt es mir, mein ganzes polnisches Geld, das ich sonst abgeben müßte, in Lebensmittel umzusetzen. Die Milizianten äußern sich sehr skeptisch über das Ziel unseres Transports. Insbesondere halten sie es für unwahrscheinlich, daß ich als Arzt aus Polen herausgelassen werde. Ich müsse mich darauf gefaßt machen, unterwegs herausgeholt und anderswo eingesetzt zu werden.

Überraschenderweise erhalten wir im Lager täglich zweimal eine Suppe, und die Abschiedsplünderung verläuft auch ziemlich glimpflich. Glücklicherweise ist der Landrat dabei, den ich schon von freundlicher Seite kennengelernt habe. Er verhindert wenigstens, daß die Kleider aufgetrennt werden. Einiges Eingenähte muß aber doch herausgegeben werden. Ich möchte gern meine drei silbernen Becher retten und frage den Landrat, wie es damit wäre. Staatseigentum muß herausgegeben werden, antwortet er. Da mein Name auf den Bechern steht, ist die Sache zweifelhaft. Er überlegt, schließlich gibt er dem Plünderungsleiter einen Wink, und die ganze Aktion wird abgeblasen.

Ehe wir schließlich zum Bahnhof geführt werden, geschieht etwas Sonderbares. Wir müssen alle mehr oder weniger in Reih und Glied antreten, etwa vierhundert Menschen, und dann bittet mich der Landrat, in seinem Sinn ein paar Worte zu dem Haufen zu sprechen. Etwas bestürzt frage ich, was er sich ungefähr gedacht hätte. Er meint, es läge ihm daran zu betonen, daß die Art, wie wir hier als Deutsche behandelt würden, keine Schikane sei, sondern Vorschrift. Die Deutschen hätten es mit den Polen auch so gemacht. Dafür müßten wir jetzt mitbüßen, auch wenn der einzelne vielleicht keine Schuld auf sich geladen hätte. – Ich trete also vor die Front und sage etwa folgendes: »Liebe Landsleute, hört mal alle her! Hier der Herr Landrat, dem tut es leid, daß wir in diesem Zustand die Heimat verlassen müssen. Aber er kann es auch nicht ändern, weil unsere Leute es früher mit den Polen ebenso gemacht haben, und das ist leider wahr. Wir wollen ihm aber danken für die schöne Suppe, die wir hier im Lager bekommen haben, und bitten ihn, dafür zu sorgen, daß der nächste Transport ebenso gut behandelt wird. Und nun wollen wir hoffen, daß wir auch wirklich nach Deutschland kommen.«

Am Abend schon bummelten wir im Güterzug durch das Land, immer dreißig Menschen in einem Waggon, über Thorn, Bromberg, Posen. Die Felder lagen überall in gleichem Maße verödet wie bei uns. Aber die Städte sahen viel besser aus. Wir durften während der Fahrt die Türen aufmachen und die Beine heraushängen.

Nach zwei Tagen kamen wir in Kohlfurt an. Dort trafen wir mit anderen Transporten zusammen, blieben zwei Tage liegen, wurden mit Läusepulver bestreut und nochmal kontrolliert. Die beiden deutschen Ärzte, die dort wirkten, ließen mich in ihrer Behausung übernachten. Sie wären gern mit uns gefahren, wenn sie gekonnt hätten. Aber trotz der Nähe der Grenze war das Ausrücken hier ebenso schwierig wie bei uns. Ein nächtliches Durchwaten der stark bewachten Neiße blieb nur als ultima ratio übrig.

Und dann fuhren wir, wie im Traum, ganz langsam über einen kleinen Fluß. Und als der Zug wieder hielt, durften wir aussteigen, ohne gleich wieder zurückgeholt zu werden. Wir waren in Deutschland.

Gegen Abend kamen wir in Wehrkirch an. Dort begrüßte uns ein Willkommen-Schild mit dem Bild von Thälmann. Die Kranken wurden uns abgenommen und freundlich behandelt. In der Nacht rollte der Zug langsam weiter und traf morgens in Hoyerswerda ein. In der Nähe befand sich das Lager Elsterhorst, unsere letzte Kontrollstation. Es bestand aus einem mehrfach mit Stacheldraht umgebenen Rechteck, halbiert durch eine Straße, an der zu beiden Seiten die Baracken standen. Dort wurden wir hineingeführt. Einige hundert Meter entfernt, von Kiefern umgeben, war ein ähnlicher Komplex für die Kranken eingezäunt. Dort arbeiteten Ärzte und Schwestern in ausreichender Zahl. Sie nahmen mich in ihren Kreis auf, gaben mir ein Zimmer und ließen mich an den Untersuchungen teilnehmen. Auch eine Krankenstation wurde mir zugeteilt.

Beim Anblick meiner Patienten fühlte ich mich noch einmal in die Königsberger Zeit zurückversetzt. Es waren fast ausnahmslos sogenannte Dystrophiker, Verhungerte, Menschen, die gerade noch lebten, Skelette mit maskenhaften Gesichtern und geschwollenen Beinen. Womit hatte man es verdient, daß man wieder gesundheitsstrotzend und seiner Sinne mächtig zwischen ihnen einhergehen konnte? Sie rekrutierten sich aus einer gesonderten und mit einem Extra-Stacheldraht umgebenen Abteilung unseres Lagers. Dort wurden die sogenannten »Rabauken« untergebracht, lauter jüngere Männer, die um ihres Deutschtums willen aus den Donauländern nach Rußland verschleppt worden waren und jetzt nach Deutschland abgeschoben wurden. Sie galten als ganz vertiert und wurden deshalb besonders streng gegen die Außenwelt abgegrenzt. Nicht weit entfernt davon befand sich ihr Friedhof, ein mit kleinen aus Zweigen gefertigten Kreuzen bestecktes Viereck im weißen Heidesand. Sprechen konnte man mit ihnen nur sehr behutsam. Instinktiv fühlte man: Hier darfst du nur das Nötigste tun. Nur nicht fragen, nur nichts anrühren in ihnen. Ein kleines Aufflakkern der Seele könnte die Lebensgeister zum Erlöschen bringen.

Pfingsten erlebten wir noch im Lager. Und dann trennten sich unsere Wege, d. h. wir entzogen uns einer bevorstehenden Typhus-Quarantäne durch die Flucht. Nachdem ich in der Abenddämmerung Frau Aust unter dem Stacheldraht hindurch in die Arme ihres draußen wartenden Neffen praktiziert hatte, konnte auch mich nichts mehr halten. Ich warf mein Gepäck über den Zaun, kletterte hinterher und fuhr mit dem ersten Zug nach Berlin.

Und dann das Wiedersehen! Wie ein Rausch kam es über mich und nahm mich die ersten Tage und Wochen gefangen. Wie wenige wußten in Wahrheit, was da im Osten über uns hingegangen war, und was konnte man ihnen alles sagen! Aber dann geschah es, daß ein Mensch, dem ich berichtete, mitten im Strom meines Erzählens ein Stück Brot aus der Tasche nahm, es durchbrach und mir die eine Hälfte davon reichte – eine Geste, wie sie in jenen Tagen des Mangels üblich war. Da wußte ich: Nun gilt es, die ersten Schritte zu tun auf dem Wege, den ein neues Dasein mir anbietet. Und ich stand vor der Frage: Wie wird dies neue Dasein aussehn und wer wird darüber bestimmen? Wird es ein gleichgültiges sein, eins, das gar nicht gelebt zu werden brauchte? Oder wird Gott in seiner Barmherzigkeit es fügen, daß mir und all denen, die das gleiche erfahren haben, die Gnade zuteil wird, durch unser Leben etwas aussagen zu dürfen von dem, was wir gesehn und gehört haben?

O S T S E
N
0 10 20 30 40 50 km
Brüsterort
Neukuhren
Rauschen
Palmnicken
Craam
Pobethen
Germau
Metgethen
Pillau
Wittenberg
Frisches Haff
Zinten
Danzig
Weichsel
Braunsberg
Frauenburg
Preußisch Eylau
Landsberg
Passarge
Hanshagen
Elbing
Nogat
Wormditt
Liebstadt
Marienburg
Stuhm
Mohrungen
Ponarien
Reichau
Kontken
Saalfeld
Gallinden
Weinsdorf
Locken
Allenstein
Liebemühl
Riesenburg
Grasnitz
Langgut
Marienwerder
Rosenberg
Schwalgendorf
Biessellen
Januschau
Osterode
Bellschwitz
Deutsch Eylau
Tannenberg-Denkmal
Hohenstein
Bischofswerder

Kurisches Haff
Tilsit
Memel
Labiau
Deime
Inster
Pillkallen
Eydtkuhnen
Stallupönen
Tapiau
Pregel
Insterburg
Gumbinnen
Wehlau
Trakehnen
Gerdauen
Rominten
Goldap
Alle
Angerburg
Steinort
Mauersee
Rastenburg
Lötzen
Löwentin-
See
Lyck
Spirding-
See
Johannisburg
Ortelsburg

# Eine Weltgeschichte des 20. Jahrhunderts in 14 Bänden

**Hans Herzfeld:**
**Der Erste Weltkrieg**

**Gerhard Schulz:**
**Revolutionen und Friedensschlüsse 1917–1920**

**Helmut Heiber:**
**Die Republik von Weimar**

**Ernst Nolte:**
**Die faschistischen Bewegungen**

**Hermann Graml:**
**Europa zwischen den Kriegen**

**Gottfr.-K. Kindermann:**
**Der Ferne Osten**

**Erich Angermann:**
**Die Vereinigten Staaten von Amerika**

**Karl-Heinz Ruffmann:**
**Sowjetrußland**

**Martin Broszat:**
**Der Staat Hitlers**

**Lothar Gruchmann:**
**Der Zweite Weltkrieg**

**Thilo Vogelsang:**
**Das geteilte Deutschland**

**John Lukacs:**
**Konflikte der Weltpolitik nach 1945**

**Franz Ansprenger:**
**Auflösung der Kolonialreiche**

**Wolfgang Wagner:**
**Europa zwischen Aufbruch und Restauration**

## dtv-Weltgeschichte

## Geschichte in Dokumenten

Ferdinand Lassalle:
Reden und Schriften

Bismarck und die
preußisch-deutsche
Politik 1871–1890

Lebenszeichen aus Piaski
Briefe Deportierter
aus dem Distrikt Lublin
1940–1943

Kirche und Staat
Von der Mitte
des 15. Jahrhunderts
bis zur Gegenwart

Utopie und Mythos
der Weltrevolution
Zur Geschichte der
Komintern 1920–1940

Das politische Tagebuch
Alfred Rosenbergs

Katholische Kirche und
Nationalsozialismus

Meldungen aus dem
Reich. Aus den geheimen
Lageberichten des
Sicherheitsdienstes
der SS 1939–1944

dtv-dokumente

dtv